京师艺术论丛

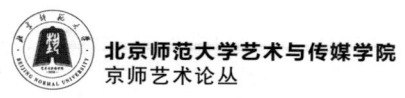

北京师范大学艺术与传媒学院
京师艺术论丛

总　主　编　肖向荣
执 行 主 编　甄　巍

从历史走向未来
北京地区博物馆展陈发展研究

杨茗　韩晓玲 / 著

中国国际广播出版社

图书在版编目（CIP）数据

从历史走向未来：北京地区博物馆展陈发展研究 / 杨茗，韩晓玲著. — 北京：中国国际广播出版社，2023.2

（京师艺术论丛）

ISBN 978-7-5078-5318-6

Ⅰ.①从… Ⅱ.①杨…②韩… Ⅲ.①博物馆－陈列设计－发展－研究－北京 Ⅳ.①G269.271

中国国家版本馆CIP数据核字（2023）第042525号

从历史走向未来：北京地区博物馆展陈发展研究

著　　者	杨　茗　韩晓玲
责任编辑	屈明飞
校　　对	张　娜
版式设计	陈学兰
封面设计	邱爱艳　赵冰波
出版发行	中国国际广播出版社有限公司［010-89508207（传真）］
社　　址	北京市丰台区榴乡路88号石榴中心2号楼1701 邮编：100079
印　　刷	环球东方（北京）印务有限公司
开　　本	710×1000　1/16
字　　数	420千字
印　　张	29
版　　次	2023 年 6 月　北京第一版
印　　次	2023 年 6 月　第一次印刷
定　　价	85.00 元

版权所有　盗版必究

本书系北京社科基金重点项目"新中国70年北京博物馆建设历程与经验研究"（项目编号：19YTA003）的研究成果之一。

京师艺术论丛
编委会名单

总主编：

肖向荣

编委会主任：

王卓凯

编委会副主任：

邓宝剑　杨乘虎　张　璐　陈嘉婕

编委会委员：（按照姓氏拼音排序）

陈　刚　郭必恒　吕　兵　王　鹏　虞晓勇　张　荪
周蓬勃　周　雯　朱　杰

学术委员会主任：

于　丹

学术委员会委员：（按照姓氏拼音排序）

邓宝剑　郭必恒　黄会林　佟　军　王宜文　肖向荣
杨　慧　张同道　甄　巍　周　雯

执行主编：

甄　巍

执行副主编：

王兰侠

坚守学术研究初心　铸造艺术学科灵魂

肖向荣

北京师范大学艺术与传媒学院院长、教授

北京师范大学的前身京师大学堂师范馆自创立伊始，便为"各省之表率，万国所瞻仰"，更被誉为"众星之北斗""群学之基石"，会聚了一大批学贯中西、融汇古今的学术大师和思想名家，不断引领着中华文明的发展走向。2022年是北京师范大学120周年华诞，120年以来，北京师范大学与时代共同进步、一起成长，各项事业取得了长足的发展，已经成为中国教育改革的示范引领者、国家自主创新的重要基地、文化传承与创新的国家重镇，综合办学实力位居全国高校前列。

北京师范大学艺术学科自1992年改建为艺术系，成为中国重点高校复合型艺术创建性学科之始；2002年成立艺术与传媒学院，是中国高校第一个全学科艺术学科汇聚、艺术与传媒结合的新兴学院。2022年，迎来了艺术与传媒学院建院20周年，恢复艺术教育30周年的独具意义的年份。

本套京师艺术论丛通过深入基础艺术与高等艺术教育教学研究，建立了适应国家艺术学科发展需要、弘扬艺术文化精神的新型人文艺术研究体系，是站在百廿师大与艺术学科的悠久历史基石之上，坚守学术研究初心、表达严谨学术态度的艺术学科专业研究著作。

广度与深度：全学科艺术重镇　厚重式学术基地

北京师范大学艺术学科的综合性教学研究体系的形成，伴随着国家发展而克服艰难曲折前行，建立在北京师范大学丰厚的人文艺术的厚实土壤之上。北京师范大学艺术与传媒学院是我国高校首批具有艺术学一级学科博士学位授权点单位，有艺术学理论、戏剧与影视学两个一级学科博士点，戏剧与影视学、艺术学理论、音乐与舞蹈学、美术学四个一级学科硕士点。可以说，在艺术学科的学术理论研究与人才培养方面，具有全国领军的优势地位。

在近百年历史背景下，北京师范大学的艺术学科逐渐形成了具有现代性特征的独特艺术学科，伴随着中国艺术教育事业的发展，成为包容音乐学、美术学、设计学、书法学、戏剧影视学、舞蹈学等多门类综合艺术学科群的全学科艺术重镇。这也促使本套丛书兼具了全面学科广度与厚重学术深度为一体的特色。

时代与前沿：立足时代需求　探索前沿视野

文艺是时代前进的号角，要与时代同频共振。这一点同样体现在艺术学术研究上。可以看到，本套丛书的时代特征十分明显，比如许多关于新时代中国艺术发展的流变特征、热点现象，以及创作观及价值取向等多元化的时代议题，通过立足于新时代文艺事业，扎根人民生活，跟随时代多方拓展，让学术研究真正服务于时代需求和国家发展建设。

本套论丛注重学术研究的前沿探索性，以多学科交叉融合展开创新研究。艺术的灵魂与本质要求就是创新，多学科交叉融合是艺术院校学科发展的必然趋势。通过借助科学技术的快速发展进行艺术学科研究，可以获得更新的学科视野和扩张力。本套丛书遵循这一学科发展方向，通过利用学科之间的有效融合、适应时代科技发展、优化学科结构、打通学科壁垒，不断探究新文科建设背景下艺术学科的交叉创新潜能，并进一步提升艺术学科的发展活力。

传承与创新：春风桃李根深枝茂　木铎金声源远流长

　　本套丛书集结了北京师范大学百年艺术学科研究的中坚力量，集中展示了最前沿的艺术学科学术研究成果，虽为"科研专著"，却也可以很好地保留艺术色彩，为各位"艺术家"生动形象地描绘出了一个精彩纷呈的艺术世界，相信各位定有所获。

2022 年 8 月

新外大街 19 号的艺术研究与写作
——"京师艺术论丛"主编序语

甄 巍

北京师范大学艺术与传媒学院副院长、教授

2022年,京师艺术论丛首期专著付梓。欣喜之余,想提笔写下几句话,为在这个特殊时代、特殊情境下默默耕耘的京师艺术学者,表达心存的感激。

北京师范大学的艺术教育与人文学科底蕴深厚,经由120年前的京师大学堂师范馆赓续至今。艺术与传媒学院于2002年成立,是中国高校第一个全艺术学科汇聚、艺术与传媒结合的新兴学院,下设影视传媒系、音乐系、舞蹈系、美术与设计系、书法系、数字媒体艺术系、艺术学系。在百廿师大的校园里育人,在"影·视·剧·音·舞·书·画·新媒体"相互交融的氛围中开展学术研究,学者们感悟与思考的角度自有其独特之处,这些也在此次入编丛书的著作里有所体现。

首先,我所感受到的,是一种自由探索的气息。人类文明发展至今,进入了以数字为特征的信息技术时代。AI人工智能介入知识的生产与传播链条当中,容易让人对规模、速度、效率、效果以及"智能"产生一种过度的信赖与追求,不知不觉中忘记了人文艺术学科的深厚意蕴,往往来自个人内心原始和原创的天赋性情。我很赞成集体合作式的研究，也认同命题写作的意义与价值。但翻阅人类古代典籍和文献，会发现很多重要思想与观念，出自个人与他人、与宇宙、与自我的对话中。专著的意义，就在于这种具身性的书写体验是无法用"智能"检索出的人性的洞察。有时是偶然，有时是疑惑，有时是欣喜若狂，有时又会充满悖论与反思。人类的理性和逻辑性，体现在艺术学的研究与写作中，最有趣的恰恰是个体思考与经验的唯一性与偶然性。我在论丛专著的作者身上，就看到了这种不事"算计"的质朴与自由，弥足珍贵。

其次，是一种跨越学科界限，以问题为导向的求真之风。学问就像生活本身，并非按照学科与专业条分缕析，有那么多界限和藩篱。论丛专著写作的问题意识，凸显的是把著作"写在祖国大地上"的笃实与扎实。为了解决实际的学术问题，可以采取跨文化的视角，可以运用多学科的方法，也可以在本学科的工具范畴内做深入钻探，但最重要的是"实事求是"的求真态度。论丛中影像与心理学、舞蹈与社会学、艺术与管理、影视与法律等选题体现了艺术学研究的文化思维特征。知识的重新链接与整合，以及新知识、新命题的创建与探索，既需要勇于迈入学术"无人区"的勇气，也需要对学问审慎、认真的郑重与尊重，以及对于情感与个体局限性适度的体认与把控。借助北京师范大学独特的学风、校风，充分展现多学科交融、艺术与传媒两翼齐飞的学术姿态，京师文脉的研究写作之风可期可待。

最后，我还读到一种朴素的美育情怀和向善力量，渗透在京师艺术学者的血脉之中。论丛作者既有潜心笔端耕耘的理论专家，也有长于创作实践的学者型艺术家。他们的共同点，是笔端墨迹中流露出的兼善天下、以美育人的情怀。即便是充满理论性的学术探讨，也具有价值导向和知识传递的潜在意涵。仿佛在这样的写作中，总有那未来时态的、跨越时代更迭的读者对象——写作是为了让所有的一切变得更好。只有充满理想的土壤，才能生长出有温度的知识。北京师范大学，新外大街19号，这片颇显局促又充满生机的校园，大概就是这样一个还能安置住学术理想的地方。

谨以春天动笔、冬天出版的序言，祝贺并致敬我的同事们、学者们、老师们！

2022年8月

目录
CONTENTS

博观而约取，厚积而薄发	001
辉煌的历程，华彩的乐章	001
引　言	001

上篇
北京地区博物馆展陈发展历史 001

第一章　北京地区博物馆发展史　　　　　　　　　　　　　　004
　　第一节　北京地区博物馆的初始阶段（1912—1949年）　　004
　　第二节　北京地区博物馆的新生阶段（1949—1978年）　　006
　　第三节　北京地区博物馆的正规化、专业化阶段
　　　　　　（1978—2000年）　　　　　　　　　　　　　　007
　　第四节　北京地区博物馆的蓬勃发展阶段（2000—2012年）　009
　　第五节　北京地区博物馆的新时代发展阶段（2012年至今）　011
第二章　北京地区博物馆展陈模式发展史　　　　　　　　　　　014
　　第一节　民国时期依托古建空间的陈列体系　　　　　　　014
　　第二节　社会主义初期教科书式的陈列方法　　　　　　　015
　　第三节　改革开放后博物馆展陈的现代化模式　　　　　　017

第四节　21世纪以来博物馆展陈的国际化趋势　　020
　　第五节　新时代博物馆展陈的多元化体系　　022

第三章　北京地区博物馆人才培养与学术成果发展史　　025
　　第一节　北京地区博物馆人才培养发展史　　025
　　第二节　北京地区博物馆学术成果发展史　　027

第四章　北京地区博物馆展陈社会影响力发展史　　032
　　第一节　新中国成立前后社会影响力初显　　032
　　第二节　改革开放至20世纪末社会影响力增大　　033
　　第三节　21世纪以来国际影响力显著提升　　035

中篇
北京地区博物馆展陈发展现状　　039

第五章　北京地区博物馆的类型与布局　　042
　　第一节　北京地区博物馆的类型　　042
　　第二节　北京地区博物馆的布局　　052

第六章　北京地区博物馆的展陈设计　　055
　　第一节　博物馆的空间设计　　055
　　第二节　博物馆的参观动线设计　　068
　　第三节　博物馆展陈的陈列对象及其陈列原则与方法　　080
　　第四节　博物馆展陈的平面设计　　096
　　第五节　博物馆的照明设计　　109

第七章　北京地区博物馆的文创与智慧服务　　123
　　第一节　博物馆的文创研发　　123
　　第二节　博物馆数字化建设与智慧服务　　135

下篇
北京地区博物馆展陈"馆长说未来"   149

国家的过去、现在和未来   153
    ——中国国家博物馆

弘扬伟大抗战精神   凝聚民族复兴伟力   179
    ——中国人民抗日战争纪念馆

中国革命的红色序章   189
    ——中国共产党早期北京革命活动纪念馆

唱响人民的心声   阐释历史的旋律   204
    ——没有共产党就没有新中国纪念馆

与鲁迅先生相遇   216
    ——北京鲁迅博物馆（北京新文化运动纪念馆）

深耕沫若文化之田   打造名人故居精品   225
    ——郭沫若纪念馆

守正创新踏歌行   247
    ——中国铁道博物馆

讲好中国妇女儿童故事   传播中华传统优秀文化   258
    ——中国妇女儿童博物馆

讲好海关故事   感悟国家脉动   267
    ——中国海关博物馆

放眼世界   面向未来   281
    ——北京汽车博物馆

打造生物演化的自然科学殿堂   300
    ——中国古动物馆

美好中国   理想家园   309
    ——中国园林博物馆

打造农博苑　助力中轴线　　　　　　　　　　　320
　　——北京古代建筑博物馆

中国的周口店　世界的北京人　　　　　　　　331
　　——周口店北京人遗址博物馆

考古传递理性　艺术激励创新　　　　　　　　341
　　——北京大学赛克勒考古与艺术博物馆

涵养新风　向美而行　　　　　　　　　　　　352
　　——清华大学艺术博物馆

万物并作　吾以观复　　　　　　　　　　　　364
　　——观复博物馆

华夏文明的先声　　　　　　　　　　　　　　382
　　——古陶文明博物馆

超越时空　感染观众　　　　　　　　　　　　391
　　——博物馆陈列中的艺术表现

大象无形　大音希声　　　　　　　　　　　　400
　　——全球语境下的博物馆陈列设计转换与实践

理解与阐释：新时代博物馆陈列设计的思考　　416

结语与展望　　　　　　　　　　　　　　　424
参考文献　　　　　　　　　　　　　　　　426
致　谢　　　　　　　　　　　　　　　　　432

博观而约取，厚积而薄发

设计是连接精神文化与物质文明的桥梁。人类希望通过设计来改善自身的生活环境。设计师是一个导演，同样的内容通过个性化设计，会产生不同风格与感染力的作品。

博物馆的陈列设计是按照博物馆的规律创造新的形式，使内容得以充分表示。形式不是随意性的，会受到各方面的制约，因此，形式要依博物馆的个性、文物、主题而定，依环境、历史、文化传统而定，依功能结构、材料、新技术工艺而定。当然，设计师的修养、实践经验、独创性也是形成设计不可或缺的。博物馆陈列设计的理性思维和艺术的形象创造相结合，既有利于创作原理的继承和发展，又有利于形象的借鉴与创造。

北京历史文化悠久，拥有灿烂辉煌的文化遗产与历史遗存，其博物馆类型齐全，代表性很强，是名副其实的"博物馆之城"。我作为新中国成立后国内第一批博物馆设计从业者，见证了我国特别是北京地区博物馆事业的起步、发展及壮大。近年来，北京地区的博物馆发展态势迅猛，然而理论研究略显滞后，很高兴能够看到两位年轻作者立志研究，编撰此书。她们起笔之前曾拜访我并诚恳求问，这种治学态度值得肯定。今日，两位作者基于自己的展示设计教学及博物馆陈列实践经验，在对北京地区众多类型博物馆进行实地调研和访谈的基础上形成研究成果，实为不易。书中对相关理论及实践的研究，虽有一些感性认识，但也具备理性思考。恩格斯曾说过："一个民族要想站在科学的最高峰，就一刻也不能没有理论思维。"

虽书中资料、认识、结论等不尽完善，但两位作者细致的梳理、认真的思考是值得被关注与认可的。

  我愿年轻的设计师读万卷书、行万里路，深入生活，体验生活。近代史专家尚明轩曾讲："没有理智就没有真实，没有情感就没有血肉。"在新时代，祝年轻的朋友们："在征途上高歌猛进，像那恒星在瑰丽的太空飞奔，像那英雄争胜利而一往无前。"最后，博观而约取，厚积而薄发，是我对这部著作和两位作者的寄语！

2022 年 11 月 12 日

辉煌的历程，华彩的乐章

北京具有悠久的历史文化和光荣的革命传统，长期以来是中国政治、经济、文化中心和中华文明的标志，具有创办各种不同类型博物馆的资源与条件。博物馆是保护和传承人类文明的重要场所，是连接过去、现在、未来的一道桥梁。随着社会文化和经济的发展，北京地区博物馆事业发展已经走过了100多个年头，博物馆已经成为社会文化事业的重要组成部分和重要标志。在这百年历程中，北京地区的博物馆数量从少到多，门类由单一到丰富，博物馆管理法规从无到有，从业人员的素质从参差不齐到普遍提高，许多科研成果和教育活动模式对全国博物馆产生了较大影响。尤其在近几年，北京各博物馆不断探索与努力，提出了新的思维和理念，开创出新的工作模式，适应了新时代的发展要求。

如今，北京的博物馆已经成为提高人民文化素养的重要阵地，成为加强北京全国文化中心地位、提升北京城市文化品位、建设人文北京的重要标志。新时代新征程，北京地区博物馆界以习近平总书记"一个博物院就是一所大学校""搞历史博物展览，为的是见证历史、以史鉴今、启迪后人""守护好、传承好、展示好中华文明优秀成果"等一系列重要指示为指引，在工作中努力践行并落实总书记的指示精神。北京博物馆事业持续激发出活力，首都"博物馆之城"建设在加紧推进，可以预见，北京的博物馆建设将迎来更大更好的发展，全方位满足广大民众的文化需求。

该书的研究视域广阔，工作量庞杂，既涵盖了北京地区博物馆的宏观发展历史，也有针对性地研究了博物馆展陈艺术、文创设计、数字建设等微观层面的问题。本书的研究资料翔实，研究数据丰富，书中的图像、资料均来自作者及团队的现场勘测与文献收集，对资深老专家的访谈亦弥足珍贵，既是交流又是启迪。这样浩大的工作量，体现出两位作者对博物馆事业的热忱及对待科学研究工作的严谨、勤奋、认真的态度。这是一本理论和实践相结合的优秀著作，值得博物馆工作者和相关部门参阅、使用。希望这部著作能够推进北京地区博物馆的交流互鉴，为北京文博事业的发展、为社会主义文化强国的建设做出新的贡献。

2022 年 9 月 24 日

引 言

博物馆是国家文化的重要组成部分，博物馆的内容几乎涵盖了人类自然和人文遗产的各个方面，它见证了人类文明的发展，在人类文明发展史上占有重要的地位。1936年杨成志在《现代博物馆学》一文中说道："一国的文野，视乎其文化程度的发达与否，惟其文化的真精神，全恃博物院代为表现。故欧美各先进国莫不视博物馆为文化的宝库、科学的大本营、教育的实验场、宣传的集团军、专家的资料库。其政府既目此为国家元气，其人民复借此求知识源泉，诚有以也。"这段话将博物馆在一国的地位描述得淋漓尽致。北京作为我国的政治、经济、文化中心，具有悠久的历史文化和丰富的历史遗存，为建立和创办各种博物馆、纪念馆提供了丰富的资源。

北京地区的博物馆作为公共文化服务事业的重要组成部分，对社会文明发展存在着难以量化的无形效益，对国家文化软实力的影响也越来越明显。在构建国家文化软实力的诸多文化形态中，北京地区博物馆具有知识多样性、视听形象性、影响广泛性的特征，被认为是"无形"而最具有影响力的文化结构之一，是塑造国家形象的立体广告和通道。通过博物馆对文化的传播，国家的价值观念、文化形态被渗透给民众，这种非强制的精神牵引力所造成的文化向心力，能够强化国民的文化认同、增强民族凝聚力和民族认同感。北京地区博物馆对文化的影响力往往从人的视觉感性入手，逐渐向理性渗透，在长期的影响下形成对人的思想观念、价值标准的有力感召和再次塑造，使人们在得到精神享受的同时获得全面发展，对提高民众文化素质和国家精神文明起到重要作用。

从世界各国文化发展历程看，利用博物馆进行历史文化、民族传统与爱国主义教育，几乎成为所有国家的共同举措，同时也成为衡量一个国家和民族文明程度的标志。北京地区博物馆的发展历程，在中国近代博物馆发展历程中充当着重要角色，占据着十分重要的地位。新中国成立以来，北京地区的博物馆数量从少到多，门类由单一到丰富，博物馆管理法规从无到有，从业人员的素质从参差不齐到普遍提升，使北京逐渐成为全国乃至世界大都市中博物馆事业比较发达的地区。本书基于笔者及研究团队历时3年对北京地区几十家博物馆的调查与研究，分析了北京地区博物馆及博物馆展陈发展的历史，重点选取了北京地区具有代表性的博物馆作为研究样本，根据不同博物馆的藏品类型进行系统分类、实地调研、数据记录与统计，并对北京地区博物馆的空间、展陈设计载体及平面视觉传达等方面进行研究，旨在梳理北京地区博物馆及展陈发展的历史脉络，最后通过与博物馆馆长的深度访谈探寻北京地区博物馆的发展方向。

全书从历史学视野入手，借用设计学的学科分类方法，结合田野调查法与访谈研究法等方法对北京地区博物馆进行不同维度的研究。全书研究的主要内容分成上、中、下三篇，分别对应北京地区博物馆展陈的历史、现状与未来。

上篇为历史篇，主要分析了北京地区博物馆及博物馆展陈发展的历史。首先，梳理了北京地区博物馆的发展史，将其分为5个重要阶段。其次，重点分析了北京地区博物馆展陈模式发展的历史，从民国时期的依托古建的陈列体系到学习苏联的展陈模式，再到改革开放后博物馆展陈的现代化、国际化和多元化发展趋势。最后，研究了与博物馆展陈相关的人才培养、学术成果以及社会影响力的发展史。

中篇为现状篇，主要研究了当下北京地区博物馆展陈发展的现状。首先,对北京地区博物馆的类型进行总结,并根据调研结果分析了当前北京地区博物馆的空间位置布局。其次,重点研究了博物馆展陈设计的要点,包括与博物馆展陈密切相关的空间设计、参观动线设计、展陈的载体与方法、平面设计以及照明设计。最后,研究了与博物馆展陈相关的文创研发,以及服务于博物馆展陈的数字化建设与智慧服务等问题。

下篇为未来篇,主要以探寻北京地区博物馆未来发展方向为宗旨。众所周知,北京地区博物馆未来的发展,不是一个人或者几篇文章能解决的问题,故此,本篇作为本书的特色部分,通过采访北京地区18家具有代表性的博物馆的馆长,从他们的角度去探讨、思辨北京地区博物馆及博物馆展陈发展的未来。此外,本篇还特邀采访了我国博物馆展陈设计的3位资深专家,对他们70余载的设计实践进行了深度访谈,既勾勒出国内博物馆70年展陈的发展演变历程,又梳理出博物馆人对陈列艺术的认识、观点、设计理念及对未来的期许。

上篇
北京地区博物馆展陈发展历史

北京作为我国首都，汇聚了中华民族辉煌灿烂的文明遗产，拥有政治、经济、军事、文化等各方面的代表性文物，为北京地区博物馆的建立及蓬勃发展奠定了基础。北京地区博物馆种类齐全、代表性强，中国最早、最大的几座著名博物馆皆位于此。因此，北京在我国博物馆的建设和发展历程中有着举足轻重的地位，分析北京地区博物馆的发展历程对弘扬民族优秀文化及其他城市博物馆的发展有着强有力的引领作用。本篇将梳理北京地区博物馆的发展历史、归纳北京地区博物馆的人才培养与学术成果发展史、研究博物馆展陈模式发展史以及展陈的社会影响力发展史。

第一章　北京地区博物馆发展史

第一节　北京地区博物馆的初始阶段（1912—1949年）

北京作为全国文化中心，文物古迹众多，具备良好的建立博物馆的基础和条件。北京地区的第一个正式博物馆是由著名的教育家蔡元培先生倡议，经过当时在教育部任职的鲁迅先生筹划，于1912年7月在北京国子监旧址筹建的历史博物馆。这个博物馆建馆之初，由官员倡议和官方主办，展品以太学内收藏的礼器等百余件（套）古物为基本陈列。1914年，民国政府内务部成立了古物陈列所。1917年，历史博物馆迁往故宫午门，利用城楼和两翼亭楼，开辟了10个陈列室，藏品达5万余件（套）。此后，历史博物馆历经14年的筹备，于1926年10月正式对外开放，这是由国家开办的第一个公共博物馆。到1932年，历史博物馆的藏品达21万余件（套）。

1925年10月10日正式成立的故宫博物院也是北京地区博物馆早期发展史上的一件大事。故宫博物院以皇宫三大殿以北的内廷为院址，其任务是"掌握故宫及所属各处之建筑物、古物、图书、档案之保管、开放及传播事宜"。1935年，以故宫博物院的藏品为主的我国近千件（套）文物精品参加了在英国伦敦举办的中国艺术国际展览会。这是自民国以来中国政府第一次参加国际展览活动。1947年，古物陈列所并入故宫博物院。历史博物馆和故宫博物院都由官方主办，展览内容以历代官方或皇家收藏古物为主，带有浓厚的中国传统文化及皇都特色。

除此之外，1913年，交通部所属的北京铁道学院的交通博物馆建成，陈列了工务、机务、车务和图籍仪器以及铁路沿线出土的文物。1916年，在农商部地质调查所标本陈列室的基础上发展而成的地质矿产陈列馆，是我国开办的第一座地质博物馆，也是我国地质专业性博物馆事业的开端。1929年10月，北平天然博物院改组完成（北京动物园的前身）。1931年，由北平静生生物调查所筹建通俗博物馆，陈列内容注重生物分类和生态分布，是全国性自然博物馆的最早雏形。1933年，由中央观象台改组建成了天文陈列馆，陈列了古观象台上明、清时代的天文仪器。1934年，北京大学以教学为目的设立了地质陈列室，设置了地层古生物、矿物岩石和普通地质3个陈列室。这一时期新建的博物馆形成了北京科技自然类博物馆发展的第一个峰值。另外，北京地区还开放了一些具有博物馆性质的馆所，比如卫生陈列所、通俗教育馆、国货陈列馆、国剧陈列馆、礼品陈列所等。

随着北京地区各种博物馆的相继筹建和对外开放，博物馆建设逐渐引起了人们的重视，这对全国其他城市建立博物馆起到了推动作用。然而，随着1931年九一八事变的爆发，北京地区博物馆的发展被搁置，大部分博物馆相继关闭。1933年，故宫博物院为了保护国家文化遗产免受战争侵害，将文物分五次南迁上海，并设立故宫博物院驻沪办事处。上海战役发生后，又继续西迁。这都是战时状态下保护文物的重要措施，也是故宫博物院为中华民族文化史立下的功绩。北京（当时称北平）解放前夕，北京地区的博物馆事业萧条冷落，仅剩历史博物馆和故宫博物院勉强维持。

北京地区早期的博物馆是官办起步的，文化资源优势明显，具有较强的文明古国及都城特色，博物馆门类分化初显，可分为古物展示、科学技术及自然标本三大门类。初始阶段的博物馆虽然在一定程度上满足了人民的精神需求，但整体上数量少、水平不高，特别是陈列内容方面仅以文物收藏保管和基本展示为主。

第二节 北京地区博物馆的新生阶段（1949—1978年）

新中国成立后，国民经济进入了恢复时期，北京地区博物馆的发展也重获新生。政府大力投入资金到文物抢修和博物馆建设中来，北京原有的博物馆发生了本质上的变化，这对博物馆的发展具有重要的历史意义。同时，中央人民政府文化部成立了文物局，采取了保护和征集文物、标本，整顿与改造旧有博物馆的政策，制定了相关政策法令。北京市政府也提出博物馆应该进行爱国主义教育，使人民大众正确认识历史和自然，热爱祖国，提高政治觉悟和生产热情。

北京地区博物馆事业从接管、整顿和改造旧有博物馆逐步发展到创造条件筹建新型博物馆。1949年9月，中国人民解放军北平市军事管制委员会文化接管委员会在许广平先生的指导下完成了鲁迅故居的原状陈列。1952年，北京地区基本完成了部分旧有博物馆及古建修复改造，并逐步创造条件，筹建新型博物馆。1954年，文化部决定建立鲁迅博物馆，并于1956年10月建成开放。1953年，通过学习苏联莫斯科地质博物馆的经验，首都历史与建设博物馆开始筹备建立，成为反映北京自然、历史和社会主义建设全貌的综合性地质博物馆。新中国成立初期，北京地区还成立了中央革命博物馆筹备处、徐悲鸿纪念馆、中央自然博物馆筹备处和北京天文馆。这对加强北京地区博物馆建设工作给出了重要指示。

值得一提的是，北京地区博物馆事业在迎接新中国成立10周年之际迅速发展，建立了中国历史博物馆、中国革命博物馆、中国人民革命军事博物馆，这三大博物馆是20世纪50年代北京地区博物馆事业迅速发展的集中表现。1959年竣工的首都"十大建筑"中，除上述三大博物馆外，还包括民族文化宫、全国农业展览馆等，博物馆总面积达20多万平方米，这是国家对北京地区博物馆发展的大力支持的重要体现。1959—1965年，北京自然博物馆、中国地质博物馆、定陵博物馆、周口店遗址博物馆、焦庄户地道战遗址、中央美术学院陈列馆等博物馆相继建成。到1965年底，北京地区共建成各类博物馆、纪念馆15座，博物馆建设已初具框架，这为后续博物馆的大规模发展打下了坚实的基础。然而好景不长，1966—1976年，北京地区博物馆发展陷入瘫痪，博物馆事业受到重创。直到"文化大革命"中后期，各博物馆才逐步恢复正常运行。

这一阶段的北京地区博物馆发展远超初始阶段，博物馆门类体系基本形成，包括人文历史类、自然科技类、军事史及装备类、美术艺术类、民族民俗类。其中，全国农业展览馆是占地面积最大的一座专题类博物馆，中国地质博物馆收藏地矿标本数量是亚洲地区之冠，北京天文馆、北京自然博物馆代表了中国该类别博物馆的最高水平，民族文化宫则承担了中国民族博物馆的职能。这一时期博物馆的投资主体单一（完全由中央人民政府投入高额资金），无论在建筑、设备还是专业人员配备等方面均是高起步。博物馆的展览、教育等业务工作模式为大多数省市级博物馆效仿，北京地区博物馆特色优势第一次得到了集中体现。

第三节　北京地区博物馆的正规化、专业化阶段（1978—2000年）

1978年十一届三中全会后，博物馆事业随着国家经济建设的日益发展，进入了新的发展时期。为了适应改革开放和文博事业发展的需要，北京市率先成立了北京市文物事业管理局，全面负责北京地区的文物博物馆工作，开始对北京地区的文物、博物馆事业进行统一管理，统筹制定北京地区博物馆事业的长期发展规划，使北京地区博物馆事业步入正规化、专业化发展的阶段。1982年，党的十二大报告明确指出，"大力推进社会主义物质文明和精神文明的建设"，"……图书馆、博物馆等各项文化事业的发展和人民群众知识水平的提高，它既是物质文明的重要条件，也是提高人民群众思想觉悟和道德水平的重要条件"。这为北京地区各博物馆发展指明了方向。1986年10月，北京市政府在《关于"七五"期间加强社会主义精神文明建设的若干措施》中规定，要把参观博物馆列入中、小学教育计划，并且提出每个区县至少要有一个有特色的博物馆。

20世纪80年代以来，北京地区博物馆的建设速度加快，开始向着专业化、正规化、多元化迈进，逐步形成了具有独特地域特点的博物馆体系。在新建博物馆的同时，充分发挥地方的优势，形成了多方参与、各行各业办馆、地方办馆的趋势，建设了一批具有地方特色的中、小型博物馆（如徐悲鸿纪念馆），同时对外开放一批带有博物馆性质的文物保管所（如五塔寺、白塔寺等）。这些新建和筹建的不同规模、不同类型的博物馆达38座。博物馆建设不但在数量上有较大的发展，而且在门类和规模上也形成了多种多样，大、中、小结合（以中、小为主）的行业特点。1988年建成的中国科学技术馆，是我国第一座国家级科技馆，是融科学性、知识性、趣味性为一体的公众科普教育阵地。

20世纪90年代，随着经济建设的发展和人民生活水平的提高，博物馆数量快速增长，私人博物馆成为民办博物馆的主力军和特色之一，例如1991年建成的规模最大的炎黄艺术馆。1993年发布的《北京博物馆登记暂行办法》是国内第一部关于博物馆登记工作的地方政府规章。依据这部地方政府规章，北京市于1995年成立了北京地区博物馆资格评委会，对北京地区已经开发的博物馆进行综合考评。1996年，观复博物馆、古陶文明博物馆、何扬·吴茜现代绘画馆等博物馆通过了民办博物馆注册资格，这是改革开放后北京地区首批被文物博物馆行政管理部门依法批准举办的民办博物馆。这在北京地区文化建设和博物馆发展史上具有里程碑意义。1996

年十四届六中全会提出,"大中城市应重点建设好图书馆、博物馆,有条件的还应建设科技馆"。由此,北京地区的博物馆进一步壮大起来。1999年开始,北京地区兴起了社会办馆的热潮,博物馆数量不断增加。不少区县也着手新建或改扩建博物馆,一批中国古代建筑腾退修缮后也被辟为博物馆。新增的博物馆具有一定的行业特征,填补了北京地区博物馆门类的空白,这一时期相继建立了大钟寺古钟博物馆、北京艺术博物馆、云居寺石经陈列馆、北京考古遗址博物馆(大葆台西汉墓遗址)、北京考古遗址博物馆(金中都水关遗址)、北京古代建筑博物馆、北京石刻艺术博物馆、北京古代钱币博物馆、中国古动物馆、中国体育博物馆、中国医史博物馆、中国航空博物馆、航天博物馆、中国长城博物馆、中国邮票博物馆、中国第四纪冰川遗迹陈列馆、中国印钞造币博物馆、北京市自来水博物馆、北京警察博物馆、中国马文化博物馆等。这些博物馆的建成丰富了北京地区博物馆的门类,形成了具有鲜明地域特色和时代特征的博物馆体系。

截至1999年,北京地区的博物馆占全国1800余座博物馆的6%,博物馆与常住人口比为1∶11万,远高于全国的1∶69万。北京地区博物馆从1978年正式开放的14座到1999年正式开放的110座,不仅数量增加了几倍,质量也朝着正规化、专业化的道路发展。这些博物馆具有不同的特点,分别坐落在北京城区、近郊区,初步形成了具有一定规模的博物馆体系。

第四节 北京地区博物馆的蓬勃发展阶段(2000—2012年)

21世纪,随着国家经济建设的突飞猛进,特别在喜迎2008年北京奥运会的推动下,北京地区博物馆事业迎来了蓬勃发展时期。2000年9月,北京市正式通过了《北京市博物馆条例》(简称《条例》)的地方法规,这是全国第一部关于博物馆的地方立法,进一步明确鼓励行业办馆和公民个人办馆。2002年党的十六大报告中明确指出，"国家支持和保障文化公益事业，并鼓励它们增强自身发展活力，坚持和完善支持文化公益事业发展的政策措施""加强文化基础设施建设"。这些政策进一步明确了博物馆在文化建设方面的重要地位。2003年北京市文物工作会议提出，"今后几年，北京的博物馆事业要有跃进性的发展，博物馆数量和质量都要处于全国领先水平"。

21世纪初，北京地区掀起了社会办馆的热潮，博物馆数量不断增加。在新馆开放、博物馆数量增加的同时，一批老馆如中国国家博物馆、首都博物馆等开始了改扩建和重建，有的博物馆重新进行装修改陈，使展览效果得到了提高。2001年起，首都博物馆、中国美术馆、北京自然博物馆、中国地质博物馆、中国人民革命军事博物馆、北京天文馆、中国科学技术馆等大馆开始陆续改扩建，在原有基础上得到进一步充实和发展。之后，中国人民抗日战争纪念馆、中国电影博物馆、中国钱币博物馆、中华世纪坛世界艺术馆相继创办。此外，北京邮政博物馆、中国电信博物馆、中国印刷博物馆、中国现代音乐博物馆、北京戏曲博物馆等各类中小型博物馆也陆续建成。

2006—2008年，随着北京地区博物馆建设速度进一步加快，北京地区博物馆事业发展取得了重大的进展，一大批新建大型博物馆和博物馆改扩建工程陆续立项、开工或竣工，进入新中国成立以来北京地区博物馆事业发展的第二个重要时期。2008年北京奥运会成为北京地区博物馆加快现代化建设的重要契机。为落实"人文奥运"的理念，北京地区新建和改扩建了一批彰显北京悠久历史和浓厚地域文化特色的博物馆，如首都博物馆、中国电影博物馆、中国地质博物馆、中国农业博物馆、北京晋商博物馆和中国科学院动物研究所标本展示馆等，向全世界人民展现了具有鲜明民族特色的北京城市形象，使北京地区博物馆事业取得了突飞猛进的发展。至2008年，北京注册博物馆总数148座，开放博物馆总数达137座，注册博物馆总数比2005年增加24座，增幅达19.4%，使北京地区成为全国博物馆数量最多的城市，也创下了国内博物馆数量增长速度之最。

2009年，在中华人民共和国成立60周年大会的激励下，以国家博物馆新馆落成开放为标志，北京地区博物馆事业跃上了新台阶，在博物馆现代化、社会化的进程中实现了历史性的跨越。众多新馆、大馆以及民办博物馆的建设，国家级文物收藏的增加以及国际国内精品展览的接踵而至，使得北京地区博物馆事业取得了大发展和大繁荣。中国化工博物馆、民航博物馆、中国妇女儿童博物馆、中国消防博物馆、中国藏学研究中心西藏文化博物馆、北京汽车博物馆、北京怀柔喇叭沟门满族民俗博物馆、中国房山世界地质公园博物馆等行业馆、专题馆相继建成开放。区县博物馆和民办博物馆展览及宣传教育活动水平普遍提高，例如，北京空竹博物馆的建成开放标志着北京地区新博物馆形态的出现。

这一时期北京地区博物馆发展的特点是，法规的建设为博物馆发展提供了支持和保障，办馆多元化，门类和数量快速增长，博物馆事业进入了高速发展期，整体实现了跨越式的发展，博物馆建设与管理在全国领先的优势较为明显。

第五节　北京地区博物馆的新时代发展阶段（2012年至今）

2012年11月29日，习近平总书记和中央政治局常委同志等参观中国国家博物馆的"复兴之路"展览，首次系统阐述了中华民族伟大复兴的"中国梦"，这也标志我国进入了中国特色社会主义新时代。2014年2月25日，习近平总书记来到首都博物馆，在参观北京历史文化展览时强调"搞历史博物展览，为的是见证历史、以史鉴今、启迪后人"，这为北京地区博物馆建设指明了方向。根据国家统计局的相关数据统计，"十二五"期间北京地区每29万人拥有1座博物馆，"十三五"期间，北京地区的博物馆已发展为每25万人拥有1座。2013—2019年，北京市博物馆年均增长率为16%，而同期博物馆参观人次的年均增长率为66%，远高于博物馆增长率，并且到目前，每个博物馆的年均接待人次仍以25%的速度增长。

进入新时代发展阶段，北京地区博物馆实现跨越式发展，不断有新的博物馆落成、开放。2014年3月，中国海关博物馆正式建成并向社会开放。2016年9月，清华大学艺术博物馆正式向社会开放。2019年9月，在中华人民共和国成立70周年前夕，在香山双清别墅纪念馆基础上建成香山革命纪念馆，对公众开放。同年年底，中国考古博物馆（中国历史文化展示中心）向社会开放。2021年，中国共产党早期北京革命活动纪念馆、中国共产党历史展览馆、没有共产党就没有新中国纪念馆等相继开馆，这些革命类纪念馆使得北京地区的革命文化传承得到了进一步提升，在革命文物保护与精神弘扬方面取得重大进展，实现了"革命文物保护利用成果更多惠及人民群众"的目标。同一时期，中央礼品文物管理中心、北京云汇网球木拍博物馆、北京莱恩堡葡萄酒文化博物馆、颐和园博物馆、北京市海淀区中关村村史馆等正式开馆。2022年2月，中国工艺美术馆·中国非物质文化遗产馆落成开馆。2022年7月，中国第一历史档案馆面向社会公众开放预约。2022年8月，北京金漆镶嵌艺术博物馆开馆。

北京博物馆学会在社会科学文献出版社出版的《博物馆蓝皮书：北京地区博物馆发展报告（2019~2020）》中写道，截至2020年底，北京地区备案的博物馆已至197座，由于部分展馆合并，现行独立机构的博物馆为187座，在数量与质量上均居全国前列。2020年4月发布的《北京市推进全国文化中心建设中长期规划（2019年—2035年）》中明确指出，北京要打造一个布局合理、展陈丰富、特色鲜明的"博物馆之城"。在2020年5月的国际博物馆日，北京首次提出了打造"博物馆之城"的目标。目前，北京地区的博物馆数量以及可移动文物普查总数与珍贵文物数量均居全国前列，博物馆的国内、国际影响力和传播力持续提升，可以说，无论在博物馆的硬件方面还是软件方面，北京都具备了打造"博物馆之城"的必然条件。

截至2021年底，北京共有注册博物馆204家，是全世界博物馆资源最多的城市之一，其广度、密度和深度为全国城市之首。同年，《北京市"十四五"时期文物博物馆事业发展规划》（简称《规划》）提出推动"博物馆之城"建设，促进博物馆资源融入教育体系。在博物馆建设方面，《规划》提出，完成大运河博物馆（首都博物馆东馆）建设；支持故宫博物院北院、国家自然博物馆等国家级博物馆建设；鼓励各方力量发挥各自优势，依托文物遗址、历史建筑、工业遗产、农业遗产、文化景观和非物质文化遗产等设立博物馆；丰富自然科学、现当代艺术等博物馆品类，倡导社区、生态、科技等新型博物馆建设；实现"十四五"末期北京地区每10万人拥有1.2座博物馆，博物馆数量超过260家。

在新时代发展阶段，北京地区博物馆的发展特点是，博物馆数量虽然增长速度变缓，但是更加注重追求特色和质量提升。同时，随着北京成为国际化大都市，博物馆事业也向国际化迈进。北京地区博物馆事业在全面贯彻习近平新时代中国特色社会主义思想方面，发挥了示范作用。

第二章　北京地区博物馆展陈模式发展史

北京地区的第一个正式博物馆是由著名的教育家蔡元培先生倡议，经过当时在教育部任职的鲁迅先生筹划，于1912年7月在北京国子监旧址筹建的中国历史博物馆。这个博物馆从建馆之初，由官员倡议和官方主办，展品以太学内收藏的礼器等百余件（套）古物作为基本陈列。自此，北京地区博物馆的百年展陈史开启了新纪元。

第一节　民国时期依托古建空间的陈列体系

民国时期的国立历史博物馆、古物陈列所等大部分陈列在古建空间内部，所以形成了依托古建空间的陈列体系。1912年，中国历史博物馆陈列以100余件（套）太学的辟雍礼器等器皿为基本陈列品，同时还陈列秦刻石鼓及一些唐代墓志等文物。古物陈列馆举办了一些专题陈列，如钟翠宫前殿的"宋元明书画专门陈列"、后殿的"扇面、成扇专门陈列"、景阳宫前后殿的"宋元明瓷器专门陈列"等，陈列内容丰富，这时期确立了宫廷原状和历代艺术两大办展体系，奠定了后期故宫博物院陈列的基础。其中，历史艺术按年代顺序陈列青铜、书画等文物，仍是今天博物馆的主要陈列方法之一。此后，故宫博物院以宫廷史迹陈列为主，另有一些专题陈列（主要以艺术品为主）、宫廷文物和善本图书。故宫宫廷原状陈列以中路太和殿、中和殿、保和殿为主，并保留了殿内安装的暖气管道等设施，这体现了民国时期博物馆陈列设计人员对历史的尊重。

1916年建立的地质矿产陈列馆，其藏品按照分类方法和标本方法进行展示，这种陈列方法被青岛海洋大学海洋陈列馆学习引用，这也为以后的自然类博物馆所继承。1926年刊登在《国立历史博物馆丛刊》的《国立历史博物馆陈列所总平面图》，反映了当时博物馆陈列设计人员克服古建弊端进行展示实践的尝试：展陈设计采用竖版的形式，选用东入口左行方向逆时针参观流线。这一时期的展陈由于经验不足，展览空间又由古建空间改成，虽然文物与空间的风格比较契合，但是因为古建空间的局限性，这种依托古建空间的陈列体系也存在展厅间数多、展厅空间小、空间高低不一、密封防尘差、照明及取暖不便等问题。古建空间的局限性加上陈列缺乏总体分类规则，陈列基本上是把整理出来的精品文物罗列展出，致使文物陈列类似摆"古董摊"，且整体陈列仅有文物名称卡片而无其他充分的文字说明。这一阶段博物馆的整体展陈主要是依托古建的陈列体系，即专题陈列与古建本身的历史陈列相结合的体系，这也被日后古建内改造的博物馆陈列所继承并沿用至今。

第二节　社会主义初期教科书式的陈列方法

新中国成立后，自1952年开始北京地区完成了部分旧有博物馆及古建修复改造，使原有的博物馆在本质上发生了变化，展陈空间获得明显改善，陈列逐渐改变了过去那种"古董摊"的布局方式，北京地区博物馆事业开启了新的发展时期。这一时期，由于借鉴了西方博物馆的综合学科理论体系来指导陈列，文物展品陈列开始与时代和社会生活联系起来，陈列设计也按照历史发展规律进行了科学的编排。从1958年吴劳著的《展览艺术设计》一书中可以看出，这一时期的博物馆展陈设计已初步具有了相应的方法，即按照设计准备工作、展览馆的空间布局、展览馆的陈列家具设计、照明设计、色彩与装饰等程序进行设计。这一时期的展览强调博物馆展陈的教化作用和教科书式倾向，即展陈形式采用图版介绍加文物展柜的固定形式，有的博物馆陈列僵化，有的博物馆陈列内容雷同，有的博物馆陈列形式枯燥、缺乏感染力，有的博物馆展览主题平铺直叙。具体特征有以下五个方面。

一、尊重历史形成的博物馆陈列传统

以故宫博物院为代表，改造了原有的陈列内容，布置了"清代革命史料""帝国主义侵华史料"等展览，开放了部分宫殿复原陈列。另外，在艺术专题方面又陈列了反映宫廷生活的大量珍贵文物，设立了"珍宝馆"；选择宫中收藏的各国钟表，设立了"钟表馆"。故宫博物院1952—1956年逐步完成了按时代发展的综合艺术通史陈列，1959年将其定为"历代艺术馆"。上述陈列内容形成了故宫博物院的两大陈列体系：一是宫廷史迹，包括宫殿建筑和宫廷文物陈列；二是以宫中收藏为主题的历代艺术陈列。

二、初步建立了历史类博物馆陈列体系

以中国历史博物馆的古代中国陈列为例，在《苏联博物馆学基础》的指导下，"中国历史陈列"把马克思主义注入博物馆陈列，使展览具有鲜明的意识形态属性。其陈列方针包括：以科学的历史观点和方法将中国历史按照年代、事件、人物进行布置陈列；设立物质文物专题陈列室，如对生产工具、建筑、科学发明等历史上物质文化的发展过程予以系统的陈列，并纳入考古科学体系；陈列设计中贯彻科学性、思想性和艺术性。

三、确立了新中国红色主题陈列的原则与基调

以中国革命历史博物馆和中国人民革命军事博物馆为代表，两馆的陈

列设计形式以少而精为主，强调气势，给观众强烈的情感震撼，主题陈列严格遵循以高度的政治性和真实性相结合的原则。1977年建成的毛主席纪念堂为红色革命陈列奠定了基调。毛主席纪念堂的陈列围绕"东方红"的主题，陈列形式上使用了艺术作品、半景画、全景画等创作表现场景，这为下一阶段声、光、电等多媒体手段在展览中的应用奠定了基础。

四、重视名人故居的保护与陈列

以北京的鲁迅故居与徐悲鸿故居为代表的展馆重视名人故居的保护，探索了文化名人生平的陈列方法，形成了故居和陈列馆相结合的模式，这种模式成为后来很多名人故居陈列的范本。

五、探索城市博物馆和考古遗址类博物馆的建设

首都博物馆的筹建是城市博物馆建设的代表。另外，周口店北京人遗址博物馆（原名为周口店遗址博物馆）等采用的遗址原状陈列和在遗址保护范围内新建陈列室的方法与民国时期把遗址出土的文物全部搬运到某一博物馆进行展示相比，有了很大的进步。

第三节　改革开放后博物馆展陈的现代化模式

1978年改革开放以来，随着大众文化需求的上升，观众对博物馆要求越来越高，经过博物馆工作者的努力，北京地区的博物馆有了很大的发展，展陈模式也出现了新气象。北京地区博物馆的展陈理念在早期的以文物收藏和宣传理念为主的基础上经历了两个转变：一是办展从"以物为中心"转变为"以人为本"。观众是博物馆的立馆之本，博物馆不再是传统意义上的冰冷墙体建筑，而是专业人员与普通民众实现知识分享的社会空间。二是"展览叙事"理念的觉醒和广泛传播。我国第一代博物馆陈列设计专家

费钦生在接受采访中说道："（20世纪）80年代以前并不是没有叙事理念，叙事萌芽始于对陈列展览编写说明，在这之后叙事理念有所递进、发展，到了80年代展览叙事似乎有了大觉醒，其标志便是陈列展览中大量使用辅助陈列展品。"自20世纪80年代起，为了把陈列展览搞活，积极丰富展览的内容，突破陈列形式的教科书化，博物馆展陈向专题化、现代化发展。

一方面，博物馆转变了依靠行政手段等待观众来馆参观的传统模式，开始注重了解社会需求，根据观众关心的社会热点，结合本馆藏品和场地特点，有针对性地策划展览。多数博物馆都结合自身优势，对现有的陈列展览进行了调整、修改和充实，举办了很多颇具特色的临时展览和巡回展览。以中国历史博物馆第四次改陈为例，新的展陈注重对建筑空间的利用，针对不同历史阶段营造不同的历史氛围。另外，中国历史博物馆专门开辟了临时展厅（临展），开始根据临展设定主题和选定文物，临展也从为政治服务转化成为观众服务、为社会服务。

另一方面，受新材料、新工艺等高科技手段的影响，博物馆展陈形式设计和宣传手段开始改进和更新。展览注重语言和导向功能，展陈模式也从静态模式发展到声、光、电多种科技手段相结合的现代化的模式。一些民族、民俗新题材的陈列展览也突破了过去常用的图版加展柜的固定形式，使用了多层次的展陈形式。例如中国人民抗日战争纪念馆筹办的"卢沟桥事变"半景画馆，是我国博物馆运用绘画、塑形、灯光、音箱相结合的模式表现重大历史题材的第一次尝试。该馆还将所表现的内容编出程序并用计算机进行控制，使观众在空间真实感受中深受教育。

1990年，中国革命博物馆的"中国革命历史陈列"展览，突破了原有的陈列手法，改变了镜框式陈列加屏风造型的文物组合方式。该展览根据内容需要和展厅节奏，设计了辅助场景10余处，增加了展览的观赏性、趣味性。陈列设备以轻钢方管为框架，并采用设计模数理论将展线分割为有机的格栅形式，使得展线和展板的平面设计和空间分割秩序化，便于图片、文字和文物的组合。展架的合理性、整体性和互换性较好，既有利于安装和修改，又有利于静电喷塑的黑色方管和不同灰色系列的展板协调统一。这种展架作为一个基本要素，解决了较大空间的统一和连贯问题，成为革命博物馆陈列设计的代表性语言。

1995年，首都博物馆在新改陈中改变了过去平铺直叙的展示设计方法，新的展览由大量典型文物组成不同的历史专题展示北京历史，在900余平方米的展厅内陈列了700余件（套）文物，使观众在欣赏文物的过程中了解北京历史。该展览在对梁柱和门窗的处理及博物馆如何利用古建筑做展厅等方面做了深入探索。

1995年8月开馆的西周燕都遗址博物馆为了在设计上突出西周的文化韵味并与建筑风格相协调，在室内设计上采用了"金釭"装饰符号和古铜色铝格栅，在陈列设计上采用了大壁龛和中心柜（中心柜的台座造型为斗拱承托案框）。其中，为了营造丰富的展示形象和真实展现墓坑原状，设计师为每个墓坑设计了幕墙玻璃构成的一座座"金字塔"。金字塔4个面的倾角均为45度，这样让观众一进展区就能看到金字塔内各个面反射的虚像。这种对墓葬坑展示的处理方法在全国同类型博物馆中取得了较好的效果。该陈列设计获得了北京博物馆学会授予的最佳陈列设计奖。同年，故宫博物院的绘画、陶瓷、青铜三馆经过重新布展完善了陈列形式，并制作了三级说明，改成了现代化的文物陈列馆，被北京市文物局评为"首都十大优秀博物馆展览"之一。北京自然博物馆也重新组合展览，依据仿生学原理，采用现代科技手段布置了观众可以动手触摸、身临其境的"恐龙世界"展览。中国科学技术馆也充分利用现代化互动设备进行展品的展示，使观众能亲身参与。北京考古遗址博物馆（大葆台西汉墓遗址）结合展览，开展了"模拟考古"活动，增加了与观众的互动。

1996年，北京天文馆扩大展区，布置了太阳奥秘主题区域。1999年，北京古代建筑博物馆举办了"中国古代建筑文化"展览，虽然展品比较单一，但设计形式新颖，辅助手段巧妙。1997年9月，中国历史博物馆推出的"中国通识陈列"成为全国唯一以中国通史为表现对象的陈列。该展览保持了既按社会发展阶段分期，又按朝代顺序排列的陈列体系，加强反映了历史时期的经济发展、社会生活、科学技术、文化艺术和少数民族的历史，补充了近千件（套）新出土的文物精品，同时减少了复制品、美术创作、图表及其他辅助展品的数量，进一步突出了用文物表现历史进程的特点。

1997年，中国人民抗日战争纪念馆推出"中华民族的抗日战争"陈列，其陈列设计采用了大版面、大色块、大灯箱的组合，营造了磅礴豪迈的战争气势。大版面是指采用高达4米的展墙布置图片，巨幅照片与展柜（壁龛）文物、巨幅灯箱和视频组合成一体，区别于其他革命史类博物馆陈列"三段式"的立面分割形式。大色块是指整体陈列色彩以黑色、灰色与铁锈红交替使用，以色相明度的强烈对比烘托图片、文献与文物。大灯箱的尺寸高达4米、长宽7—8米（这是在20世纪90年代末博物馆陈列中首次采用）。

此外，全国博物馆十大精品展览的评选为北京地区博物馆的展陈设计指明了方向，陈列展览精品项目的示范引领效应不断显现。1997年，中国人民抗日战争纪念馆推出的"中华民族的抗日战争"陈列首次获得第一届十大陈列展览精品奖，北京鲁迅博物馆（北京新文化运动纪念馆）推出的"鲁迅生平展"也获得了精品奖。中国历史博物馆推出的"全国考古发现精品展"和中国革命博物馆推出的"洗雪百年国耻，喜庆香港回归"展览获第一届十大陈列展览特别奖。

第四节　21世纪以来博物馆展陈的国际化趋势

21世纪，随着现代数字技术的发展和国际交流的增多，北京地区博物馆进入了新的发展时期，博物馆展陈设施的现代化水平提高，展陈的组织管理（从策展到实施过程）居于全国前列，展陈模式不断接近或达到国际水平。全市很多博物馆改变了"有什么就展什么"的传统做法，开始通过市场调研了解社会需求，引入策展理念并有针对性地策划展览。策展人模式在这一阶段出现。一些综合性大馆具备了专业化的展览队伍，他们对引进的展览进行系统研究和分析，使展陈向国际化水平发展。2010年上海世界博览会的召开，使北京地区博物馆陈列艺术达到了一个新的高度。多媒体等新兴技术手段逐渐改变了博物馆静态陈列的传统，博物馆的教育形式逐渐从"看中学"转化为"玩中学"，博物馆的展陈也逐渐从看展览向阅读展览、参与展览转化。主要体现在以下几个方面。

一、大型博物馆在展陈方案设计上引入公开招标机制

2005年，首都博物馆新馆展陈招投标吸引了国内外众多展览制作企业的高度关注，来自国内外的10余家设计单位提出了40余个设计方案，最后实施的首都博物馆陈列设计成为北京地区地志博物馆展陈的典范。其他的博物馆（如中国电影博物馆的电影展区、电影博览区和电影放映区等）的展陈方案也进行公开招标。另外，北京天文馆新馆在基建工程顺利进行的同时，也通过招投标等方式确定了展陈设计单位。展览设计方案招标是博物馆建设的一大进步。

二、各大博物馆推出了大量高质量的展览

21世纪以来，各大博物馆推出了很多高质量的展览，如故宫博物院的"历代书画精品展""帝后服饰展"，中国人民革命军事博物馆的"孙子兵法展"，中国科学技术馆的"中国古代科技发明创造展"，保利艺术博物馆的"从三星堆到金沙展"，中华世纪坛世界艺术馆的"传承与守望——翁氏家族藏书展"，北京古代建筑博物馆的"中国古代建筑展"等。此外，故宫博物院午门的展厅展陈改造工程获国际大奖。

三、民办博物馆的个性化风格成为博物馆陈列设计的补充

一些民办博物馆如古陶文明博物馆、观复博物馆、何扬·吴茜现代绘画馆、老甲艺术馆等文化艺术馆，弥补了北京地区博物馆在文化艺术类上的不足。民办博物馆的展陈更加注重公众的参与，如睦明堂古瓷标本博物馆的展厅内设有触摸区、研习区、阅览区，为观众提供了一个"触摸历史"的平台。

四、区县博物馆和行业博物馆的展陈条件进一步提升

密云区博物馆的搬迁和重新开馆标志着区县博物馆展陈条件的提升；延庆博物馆在展览筹备阶段引入了策展的理念和方法，形式设计采用了黑、白、灰等色彩，突出了地方特色和博物馆特色。

第五节 新时代博物馆展陈的多元化体系

2012年11月，党的十八大闭幕之后，习近平总书记和中央政治局常委同志等到中国国家博物馆参观"复兴之路"展览，并首次系统阐述了中华民族伟大复兴的"中国梦"。自此以后，北京地区博物馆迎来了多元化发展，形成了多元化的展陈体系，即国家级综合类博物馆展览体现国家重大历史题材和展示重要文物精品；红色题材的革命纪念馆传承展示当代中国的红色文化；行业博物馆展览突出不同领域的行业特色；自然科学类博物馆展示自然科学历史和科技创新发展；市属各类博物馆展现北京地方特色；社区博物馆展示不同社区的居民文化生活。

在展陈设计方面，各博物馆根据展览展示行业发展规律，深入研究馆藏文物特点，注重展览大纲撰写、形式设计、实物制作、展品布置等主

要环节，综合利用实物、照片、图表、场景复原、全息立体成像和现代化的声、光、电等手段，不断改进和创新展示手段，把知识性、专业性和趣味性有机结合起来，增强了感染力、说服力和教育效果，极大提高了基本陈列水平。如2019年首都博物馆推出的"锦绣中华——古代丝织品文化"展，展陈设计通过空间、材质、色彩三个部分凸显了"锦绣中华"的主题，打破了展柜、展墙隔离空间路线的传统设计模式，营造了较为开放的空间氛围。中国国家大剧院引进的"穆夏——新艺术运动先锋"展，展陈色彩选用了沉静的绿色、蓝色，空间造型方面取自穆夏的画作，场景造型选用了圣维特大教堂彩色玻璃窗、《斯拉夫大团结》穹顶、《风信子公主》等，并用电子语音导览替代传统的墙面文字，均体现了较高的展陈水平。

与此同时，新材料、新工艺在展陈制作中大量使用，工厂化、模块化、标准化、装配式的展览施工理念也越来越多地被运用于展陈设计制作。例如北京市档案馆"档案见证北京"基本陈列的展陈设计施工工期仅25天，总面积为1600平方米，造价约为2000万元，现场施工通过精细化设计，将结构构件设计标准化，工厂制作、现场装配式安装的方式大大提高了展览制作的工业化水平。另外，低反射玻璃也在展览中大量使用，不仅提升了展示效果，还有效隔绝了紫外线，有利于文物的保护。例如中国国家博物馆中位于公共空间的宋代石刻展柜采用了低反射玻璃，取得了较好的视觉效果。2019年，故宫博物院钟粹宫、中国钱币博物馆新改造的基本陈列、中国考古博物馆的新馆展陈均采用了低反射玻璃，大大提升了观赏效果。

新时代，随着高科技、数字化的发展，北京地区博物馆的展陈设计逐渐向数字化展示拓展。墙面触摸、虚拟翻书、全息投影、幻影成像、弧幕影院、互动投影等数字媒体技术被广泛运用到博物馆展陈中。2012年，首都博物馆的"'假'如这样——真假文物对比展"首次引入"信息流"这个概念，使观众可以任意下载、传输，把展览带回家。从此以后，多媒体技术在北京地区多个博物馆均有应用。2015年，故宫博物院启动了"全景故宫"项目，利用360度全息摄影的方式，展示了故宫博物院的各个院落。2016年，故宫博物院将端门这座木结构建筑，整体用作数字展厅，为观众打开了数字之门。2019年，中华世纪坛世界艺术馆推出的"彩绘地中海——一座古城的文明与幻想"展览，通过134组精美文物和多媒体影像、3D投影相结合，以全新的视角、浸入式的体验方式还原了历史。中国长城博物馆、中国电影博物馆等单位新建展馆，全面应用最新布展技术手段，增强了展览展示的吸引力。2019年9月，中国电影博物馆改陈后推出了"光影抒华章、奋斗新时代"主题展览，设置了CC造型体感互动、VR月球梦体验、3D沉浸式互动、智能配音互动等多个高科技互动项目。

2019年5月国际博物馆日之际，"北京市博物馆大数据平台"公共服务客户端正式上线，在线上公开了包括首都博物馆在内的29家博物馆的33137件（套）藏品，极大地满足了新时代观众在线欣赏文物的需求。2020年，北京市文物局汇总了北京地区100余家博物馆、纪念馆、美术馆等线上展览资源。观众可以通过多种新媒体手段在各机构网站、微信公众号等平台观看线上展览，或借助全景虚拟技术等在线逛展馆，实现了足不出户的观展需求。

北京地区的博物馆作为公共文化服务事业的重要组成部分，其展陈模式的发展经历了五个主要阶段，呈现出多元化、国际化、高科技化的发展趋势。北京地区博物馆丰富的展陈模式在发挥博物馆塑造北京城市形象、引领城市文化发展等方面具有重要的意义，为传统历史文化的传播提供了重要的平台和窗口，满足了不同年龄段观众的精神文明需求，推动了社会文化的发展。未来，随着北京城市功能的重新定位，北京地区的博物馆将迎来更多的发展空间和机遇，博物馆的展陈设计和模式定会日臻完善。

第三章　北京地区博物馆人才培养与学术成果发展史

第一节　北京地区博物馆人才培养发展史

北京地区博物馆的人才队伍培养主要包括高校培养和社会培训。从民国时期至新中国成立初期，国立社会教育学院（今苏州大学前身）、北京大学、西南师范学院等学校曾进行"图书博物馆学系""博物馆专科""图书博物馆专修科"等博物馆学方面的教学，培养了早期的博物馆界人才。新中国成立后，北京大学开办了北京第一个博物馆专业班——博物馆专修科。20世纪80年代初，全国不少高校相继设立博物馆学本科专业，虽然各校设立的专业名称不统一，但大致可称为"文博"专业，这标志着中国博物馆人才培养本科专业教学体系正式建立了。发展至今，北京地区的北京大学、中国人民大学、北京师范大学、中央民族大学、中央美术学院、首都师范大学、北京联合大学、北京城市学院等高校均开设了与博物馆学相关的研究生人才培养课程。

社会培训方面，1985年，故宫博物院与北京师范大学合办"业大"，对院内百余名中青年进行专业培训。1986年，北京博物馆学会、北京市文物局和北京师范大学合办了学制两年的博物馆专业大专班，定向培养博物馆在职青年干部40多人，充实了博物馆的人才队伍。自1989年起，北京市文物局和北京博物馆学会连续11年组织了博物馆馆长研讨班，对馆级领导进行系统培训，并针对不同时期博物馆在管理和发展过程中面临的突出问题进行研讨。与此同时，北京市文物局和北京博物馆学会联合，每年都举办各类业务人员培训班，针对保管、讲解、鉴定等具体业务进行技能培训，使业务人员专业能力普遍提高，为博物馆各项工作的顺利开展提供了保障。北京地区博物馆充分利用文化中心的人才优势和智力资源，开展多学科、多层次的业务培训，举办博物馆学各个专业的理论研讨，培养了大批专业人才，并逐步形成了声誉良好的文化品牌。至20世纪80年代末，北京地区各级各类博物馆共有工作人员6000人，既包括老一辈专家学者，也包括中青年专家，他们是完成博物馆各项工作的主要力量。

中国博物馆协会下设的陈列艺术委员会受国家文物局的委托，于1986—2001年在国家文物局扬州培训中心先后举办了4期（每期3个月左右）全国博物馆陈列设计人员培训班。学员来自全国各博物馆从事陈列设计的专业人员。通过培训，学员们不但系统地学习了陈列艺术设计的基本理论，还参与了参观考察等实践活动，业务能力大大提升。这些学员中的许多人成了博物馆陈列设计的中坚力量，为做好博物馆工作起到了很好的作用。

北京博物馆学会为行业学术交流提供平台，学会下属的9个专业委员会和培训部定期举办相关学术研讨，如社教、保管等专业研讨会，吸引全国多个省市同行积极参与，已成为人才培养与学术研究的品牌项目。2013—2014年，学会陈列设计专业委员会和学术专业委员会共同举办了两届"北京地区博物馆陈列策展及设计人员高级研修班"，培养了一批博物馆的中青年骨干。学会陈列设计专业委员会多位委员还积极参加北京大学、中国科学院大学、中央民族大学等高校博物馆学专业的研究生培训工作，为提高陈列展览专业水平做出努力。

21世纪以来，北京地区的博物馆积极与国外博物馆合作，包括组织国际博物馆专业人员培训、推进博物馆人员相互考察等，为培养和提高国际博物馆专业人员的业务能力做出贡献。2013年7月，由国际博物馆协会、中国博物馆协会和故宫博物院合作建立的国际博物馆协会培训中心在故宫博物院正式成立，该机构是国际博物馆协会设立的重要博物馆专业培训机构，以博物馆管理、藏品、教育与展览为4个基本主题循环举办培训，授课者为中、外博物馆界各领域的著名专家学者，课程以课堂教学和实地考察交流为主，有效促进了博物馆专业人员的互相学习和交流。2013年11月，由文化部主办、中央文化管理干部学院承办的"中非博物馆馆长论坛暨非洲博物馆馆长研修班"在北京举办。我国9个省区的13位博物馆馆长与非洲15位博物馆馆长参加了研修。培训涉及博物馆管理、博物馆公共教育、文物修复、新兴技术等方面。

2020年初，受新冠病毒感染疫情影响，博物馆大部分人才培训由线下转为线上，培训的内容也越来越丰富。2021年，中国妇女儿童博物馆联合北京博物馆学会主办了"博物馆陈列展览高级研修班"。2022年3月，由人民文博主办，文博圈承办的"全国博物馆展览实践高级讲习班"连续举办3期；同年4月，中央文化和旅游管理干部学院主办了"2022智慧博物馆（美术馆）展览策划高级线上研修班"；同年5月，全国文物交流中心主办、全国革命文物展示联盟支持、文博圈承办了"全国革命文物陈列展览"；同年6月，中国文物报社主办了"中国文化遗产公开课——2022年全国博物馆"，人民文博主办了"2022全国博物馆文创实践讲习班"。由此可见，北京地区丰富的博物馆人才培训活动为博物馆人才培养提供了便捷的学习和交流平台。

第二节　北京地区博物馆学术成果发展史

北京地区博物馆的学术成果也是博物馆科研工作的重要成果，而博物馆科研工作和陈列工作是密不可分的。博物馆的科研工作主要包括博物馆的文物保护与史料价值研究、博物馆教育功能研究、博物馆展陈设计研究、博物馆文创设计研究等。北京地区博物馆发展早期，由于建馆数量不多，相关的学术研究成果也较少。早期的学术研究成果包括1925年由清室善后委员会编著出版的《故宫物品点查报告》《故宫摄影集》；古物陈列所编著出版的《历代名人书画》；1926—1927年编著出版的《国立历史博物馆丛刊》（三册）、《国立历史博物馆讲演会讲演录》（二辑）、《国立历史博物馆陈列室物品名录》等。1931年，故宫博物院建立了故宫印刷所，编辑出版了《故宫方志目》《故宫名扇集》《宋拓麓山寺碑》《中国历代名画类编系列·故宫画谱·竹》《宋四家墨宝》《故宫已佚书籍书画目录四种》《故宫周刊》《故宫月刊》《故宫书画集》等大批书籍和刊物。

1935年5月在景山公园成立的中国博物馆协会，以"研究博物馆学术、发展博物馆事业、并谋博物馆之互助"为宗旨。该协会成立时，举办了外国博物馆图片资料展览，介绍外国各类博物馆的内容、陈列方法、博物馆建筑及出版物。同年9月，该协会出版了《中国博物馆协会会报》，还编辑出版了"博物馆丛书"。这是北京乃至中国博物馆发展史上的重要事件，对开展博物馆学的学术研究起到了促进作用。

新中国成立初期，随着各类博物馆的兴建，博物馆学的研究也开始活跃，业界陆续编辑出版了许多有关博物馆的理论和工作经验，以及文物标本征集、保管工作、陈列和群众教育等方面的专著和文章，还编辑和介绍了苏联及其他东欧国家有关博物馆学的文章和著作。在展览成果方面，中国历史博物馆配合展览编辑出版了《楚文物展览图录》《长沙出土古代漆器图案选集》《河北望都汉墓壁画》《中国历史博物馆预展说明》等学术著作。故宫博物院编辑出版了《宋人画册》《平复帖》《故宫博物院藏瓷选集》等学术著作。在博物馆展陈设计方面，具有代表性的著作是1958年由人民美术出版社出版的《展览艺术设计》，这是我国展陈设计的第一部专著，对展览艺术设计的意义、展览艺术设计者的要求与工作步骤、空间布局、陈列结局、照明、建筑艺术等进行了科学而系统的论述。

在学术期刊方面，1950年，文物出版社的期刊《文物参考资料》刊载了中国历史博物馆的通史陈列、科学研究的规划、北京鲁迅博物馆（北京新文化运动纪念馆）概况等。1965年，该刊改名《文物》，刊载了北京自然博物馆古生物陈列介绍。1959年，故宫博物院创办了《故宫博物院院刊》，至"文化大革命"共出版两期。1979年，故宫博物院恢复了停办10年的"院刊"，并定为季刊。1981年，故宫博物院开辟了对外合作出版的新途径，合作出版了期刊《紫禁城》《国宝》；北京鲁迅博物馆（北京新文化运动纪念馆）创办了《鲁迅研究动态》，后改名为《鲁迅研究月刊》；中国自然科学博物馆协会创办《大自然》。1982年，首都博物馆创办了《首都博物馆论丛》。在北京市人民政府和各博物馆的支持下，北京博物馆学会于1985年7月成立。作为北京博物馆界群众性学术团体，该学会编辑出版了《北京博物馆信息》报，着重报道北京各博物馆的工作动态和改革信息，增进各馆之间的了解。该学会还编辑出版了介绍北京对外开放的各博物馆情况的《北京博览》。

20世纪90年代以来，博物馆的学术成果日渐丰硕，学术研究主要包括通论、陈列、保管、建筑和教育等方面。在北京正式发行的文博报刊有《考古学报》《考古》《文物》《中国文物报》《文物工作》《中国博物馆》《中国博物馆通讯》《北京文物报》《北京文博》《北京文博文丛》《博物馆之声》《收藏家》《东方收藏家》《北京文物与考古》《文物修复与研究》等。此外，1995年以来，每年都有3部有关博物馆的专著出版，即北京市文物事业管理局编的《北京博物馆精华》、傅公钺主编的《北京博物馆指南》、刘宝明著的《当代北京博物馆史话》。

2005年，中国美术出版总社创办了《中国美术馆》。2006年，中国文物学会与故宫博物院创办了《中国文物科学研究》。北京博物馆学会每年会推出课题选题，如2000年的"名人故居改造"陈列的探讨等、2003年"非典"时期的"中国博物馆建筑与文化"专题研讨会的召开及系列文集的出版等、2006年邀请法国博物馆照明设计师开展的博物馆展示与照明的交流活动等、2008年苏州举办的"博物馆建筑与陈列"专题探讨等、2011年举办的"策展与策展人"专题学术研讨等。这些有意义的学术研究和讨论，对于提高博物馆展陈理论水平产生了积极影响。

值得一提的是，由北京市文物局组织重点翻译出版的国外著作为国内博物馆的学术研究打开了国际视野，2007年系列译著有《展览论——博物馆展览的21个问题》《面向未来的博物馆——欧洲的新视野》《博物馆战略与市场营销》《博物馆管理手册》等。2020—2012年系列译著有《学在博物馆》《重塑博物馆空间》《规划成功的博物馆建筑》《博物馆品牌形象的塑造——如何创立并保持形象、忠诚度和支持》等。集体和个人研究成果也相继出版，如《首都博物馆新馆建筑设计征方案集》《中国博物馆建筑与文化》《中国博物馆建筑》《博物馆陈列展览内容策划与实施》《博物馆12讲》《百年传承、创新发展——北京地区博物馆第六次学术会议论文集》等。

2015年，中国博物馆协会文创产品专业委员会创办了《中国博物馆文化产业研究》。2016年，中国自然科学博物馆学会、中国科学技术出版社有限公司、中国科学技术馆共同创办了《自然科学博物馆研究》。2016年，中国园林博物馆创办了《中国园林博物馆学刊》。2019年，中国国家博物馆创办了《博物馆管理》。

近年来，北京地区博物馆的学术研究硕果累累，来源主要分为以下几个方面。

（1）北京市属各博物馆主办的学术刊物刊登的学术文章。

（2）北京市文物局定期出版的期刊《北京文博》成为展示科研成果、培养科研队伍的窗口和阵地。

（3）北京各大高校的考古学、博物馆学、博物馆展陈艺术设计专业的学术成果。

（4）北京博物馆学会作为北京博物馆界的群众性学术团体，编辑出版了《北京博物馆信息》报和《北京博览》杂志，前者着重报道北京地区博物馆的工作动态和改革信息，后者着重介绍北京对外开放的各博物馆情况，二者为增进各馆之间的了解、推动各馆工作的开展发挥了积极的作用。此外，学会编辑出版的《北京博物馆年鉴》作为记录北京博物馆发展非常重要的一项学术成果，是反映北京地区博物馆事业发展状况的里程碑。

目前，北京地区博物馆虽然在科研和学术方面取得了丰厚的成果，但是与国外的博物馆相比还存在一定差距，具体表现为：博物馆在科研方面的投入不足，部分博物馆几乎没有开展科研工作，即使开展科研工作的博物馆，也多数停留在对藏品的研究方面。今后，北京地区博物馆应该加强科研工作，反映学界最新的研究成果，增强对博物馆展览特性及博物馆与观众关系的研究，提高博物馆教育理论水平。

第四章 北京地区博物馆展陈社会影响力发展史

第一节 新中国成立前后社会影响力初显

新中国成立前，北京市的博物馆以中国历史博物馆、古物陈列所和故宫博物院为主，陈列精品文物众多，接待观众量大。这样大型而集中的博物馆对外开放对国内甚至对世界的影响都很深远。据不完全统计，1928—1934年，古物陈列所共接待观众42万余人次，博物馆展陈对传统文化的宣传以及对社会大众精神文明的影响力初显。故宫博物院于1935年12月—1936年3月赴英国伦敦参加了"中国艺术国际展览会"，展出了我国具有代表性的铜器、瓷器、书画、缂丝、玉器、珐琅等文物735件（套）。这是故宫文物首次大规模的出国展览，展览受到各国好评并产生了世界性的影响。展品出国前在上海公开展出4周，回国后又在南京公开展出3周，在国内也产生了良好的影响。

新中国成立后第一个五年计划中，在新的博物馆筹办和开放过程中各博物馆举办了不同的专题展览。如故宫博物院举办了"敦煌艺术展""五省出土文物展""永乐宫壁画展""曹雪芹逝世250周年纪念展览"等；中国历史博物馆举办了"中国社会发展史""中国原始社会古代陈列史""中国近代史——鸦片战争、太平天国""安阳废墟挖掘成果""全国基本建设工程中的出土文物展览"等；中国革命博物馆举办了"中国共产党三十周年"等展览；北京自然博物馆举办了"祖国自然环境与矿产资料展览""农业资源展览"等。以上这些展览展示了新中国历史科学研究和考古事业的水平，取得了良好的社会影响，发挥了博物馆进行历史唯物主义、爱国主义的宣传教育作用。据不完全统计，1949年，中国历史博物馆的观众为3.7万人次，而随着博物馆的社会影响力上升，至1956年，该馆的观众数量大幅提升，达26万人次。据此可以看出新中国成立后，北京地区博物馆展陈的社会影响力随着参观人数的上升而初步显现。

第二节　改革开放至20世纪末社会影响力增大

改革开放极大地促进了经济的快速发展，为博物馆展览社会影响力的提升奠定了物质基础。20世纪80年代以来，北京地区各博物馆加强了组织接待和讲解的工作，博物馆作为社会教育机构，有效地承担了对不同需求观众的宣传教育工作。各博物馆有计划地组织大、中、小学师生到博物馆参观学习，对学校的教育发挥了配合和辅导作用。1986年，门头沟区博物馆举办了该区中学生文物博物馆夏令营，开展了关于文物保护知识的学习和参观博物馆等活动。1987年，北京地区29个博物馆共同举办了"首届北京博物馆知识竞赛"活动，共收到答卷2万多份，该活动历时4个月，为博物馆加强与社会联系开拓了新的途径，在提高博物馆社会知名度的同时促进了北京地区博物馆的自身建设。

随着北京地区博物馆对外文化交流的日益广泛，北京地区各博物馆展陈从最初的由国外承接逐步变成双向展览交流。各博物馆为了适应对外开放的需要，加强了对外友好文化交流活动并为旅游事业服务，许多博物馆先后到亚洲、美洲、欧洲、大洋洲国家举办文物珍品展览，增强了北京地区博物馆展陈在海外的影响力。例如，1984年中国历史博物馆的"中国古代文明展览"到意大利威尼斯展出时,参观人数达到60多万人次。1985年,"紫禁城珍宝展览"参加西柏林第三届"地平线艺术节",在海外取得了一定的影响。中国科学技术馆的"中国古代科技展览"也曾在加拿大和美国等各大城市巡展,获得了良好的声誉。另外,北京的一些大博物馆也引进了许多国外的展览,丰富了北京地区的博物馆展陈类型。

20世纪90年代以来,北京市人民政府和行业学会从政策层面上提供支持,进一步加强了博物馆展陈的社会影响力。1991年至今,北京市文物局和北京博物馆学会坚持每年组织全市博物馆对社会公开发行"北京地区博物馆"年票,受到了社会各界的赞誉。从1992年起,北京市教委和北京市文物局每年开展"我爱北京、我爱博物馆"征文活动,该活动从最初的征文比赛,发展到今天成为集书法、绘画、摄影、手工制作、课件制作为一体的系列活动,调动了全市中、小学生对博物馆展陈的兴趣,产生了一定的影响力。1996年5月18日,北京市文物局和北京博物馆学会联合,首次组织全市50余家博物馆在中国人民革命军事博物馆、中国农业博物馆和民族文化宫广场3个分会场开展国际博物馆日宣传活动。此后,该活动规模不断扩大,内容不断丰富,从最初的摆摊设点、发放宣传品和出版物,到形成主会场,开展鉴定、讲座、巡展、摄影大赛、网络动画大赛、"博物馆之夜"广场演出、大学生参观博物馆寻宝游等系列活动,打造了北京地区博物馆文化的活动品牌。北京的博物馆日、通票活动和征文活动已经成为博物馆展陈整体宣传活动的品牌项目。

北京地区博物馆的志愿者也积极组织活动,比如"魅力北京·百场讲述"活动,不仅开展了进工厂、进学校、进社区、下农村等实践活动,还应邀到宁波和厦门等地宣讲,受到了高度好评,成为北京地区博物馆展陈文化建设的重要成果。另外,为了提升博物馆展陈的社会影响力和知名度,不少博物馆自动联合起来,共同组织展览和文化活动。例如北京地区的名人故居馆,从最初的5家联合举办名人系列巡回展览,发展到9家,队伍不断扩大，展览的内容不断丰富，足迹不仅遍及国内各省市，还走出了国门，走向了世界，被同行称为北京博物馆界的"乌兰牧骑"。这些合作帮助博物馆同行间互通有无，架起了业务交流的桥梁，提升了博物馆展览的广度和深度，更好地为群众提供高质量的文化产品。

第三节 21世纪以来国际影响力显著提升

21世纪以来，北京地区各大博物馆举办展览的数量和质量都显著提升。到2000年，北京地区博物馆每年能够向社会推出临时展览和固定展览200项左右。2003年，中国历史博物馆与中国革命博物馆举办了"走进法老世界——古埃及国宝展"。展览开幕后每天都有上万人次观展，并且由于观众太多，每日展览时间破例延长1小时。据统计，1978年，全市博物馆年观众量约为110万人次。到2007年，全市的博物馆年接待观众总量已达3000多万人次。观众数字增长的背后，是博物馆展陈社会影响力提升的直接体现。

21世纪初，中华世纪坛世界艺术馆举办了一系列高质量的大型国际性文物及艺术品展览，如"世纪国宝展——中华的文明""神秘的玛雅——墨西哥古代文明展""2022'璃语东西'——国际当代玻璃艺术展"等。尤其是2002年12月展出的"毕加索版画展"，开展的前5天，参观人数就近2万人。另外，中华世纪坛世界艺术馆和意大利文化推广中心及佛罗伦萨博物馆联合举办的"曙光时代——意大利伊特鲁里亚文明"，展出了来自意大利数座博物馆的349件（套）出土文物，这次展览无论在学术上还是艺术上都具有较高的价值。该馆在组织策划展览的时候，十分重视主题策划和媒体宣传，引入了不少企业产品营销的策略和市场化的运作手法，成为那个年代博物馆展览与市场接轨的成功范例。

从2006年开始，北京地区各博物馆精心策划了一批具有极大社会影响力的国内和国际展览，如故宫博物院举办的"历代书画精品展""帝后服饰展"，中国人民革命军事博物馆举办的"孙子兵法展"，中国科学技术馆推出的"中国古代科技发明创造展"等。据统计，北京地区博物馆2004—2008年举办了近70个国外引进展，这些展览包括著名博物馆馆藏珍品展、国家民族民俗展、皇家收藏展、近代艺术展、国际著名人物展等。

2008年北京奥运会期间，北京市文物局从北京地区博物馆的实际出发整合属地资源，推出了"北京地区博物馆迎奥运的双百展览展示工程"。北京地区的国家级博物馆、行业博物馆及民办博物馆相继推出多项大型或专题展览。首都博物馆与湖南省博物院联手策划并组织全国近30个省市的70余家博物馆举办了"中国记忆——5000年文明瑰宝展"，开创了新中国成立以来文物精品最多、联合办展单位最多的先例，也开创了博物馆跨省市共同策划、大联合、大制作的模式。北京地区博物馆的行业合力和社会影响力开始显现。为加强博物馆的社会服务功能，北京市博物馆连续8年开展了环境整治及无障碍环境建设工作、双语标识及多语种展览说明标配制作工作，近半数博物馆使用多语种语音讲解设备，全市博物馆一线接待服务人员完成了英语及规范服务初级培训。社会与博物馆的互动也空前活跃，博物馆志愿者队伍普遍建立，成为博物馆发展不可或缺的力量。

随着社会和公众对博物馆的认知有了巨大的进步，在中央惠民政策的执行下，北京地区博物馆采取了多项优惠措施，参观博物馆展览已经成为广大民众文化生活中不可缺少的内容。2008年3月，首都博物馆、中国人民抗日战争纪念馆、北京自然博物馆等首批33家博物馆正式对市民免费开放，开放后的一个月内共接待观众41万余人次，各馆参观人数比以前有较大幅度增长，越来越多的民众走进博物馆参观，博物馆展览的社会影响力明显增强。此外，北京市连续发行北京地区博物馆通票，一方面可作为市民参观减免票价的优惠措施，另一方面起到了宣传博物馆展览的作用。

2009—2012年，随着国内博物馆与国际博物馆界交往的增多，北京地区各博物馆更加注重社会宣传，各博物馆之间联合紧密，博物馆的群体力量逐步形成。博物馆在举办展览的同时，更加注重博物馆展览的宣教等文化活动，以及品牌文化项目的建设和推广。在文化交流日益频繁的当下，北京地区各大博物馆的国际展览交流成为常态，一些国外优秀的展览被引进到国内，并进行全国巡展。例如，中国国家大剧院的"穆夏——新艺术运动先锋"展先后在南京博物院、广东省博物馆、重庆三峡博物馆、天津博物馆展出。中华世纪坛世界艺术馆的"彩绘地中海——一座古城的文明与幻想"展览在北京展出后，又前往四川省博物院进行展览。"平民情怀——平山郁夫藏丝路文物展"在敦煌研究院展出后又在中国国家博物馆、陕西历史博物馆、辽宁省博物馆进行巡展。"器服物佩好无疆——东西文明交汇的阿富汗国家宝藏"作为一个国际巡回展，到达中国前已经在20多个国家展出过，到中国后，先后在故宫博物院、清华大学艺术博物馆、敦煌研究院、成都博物馆进行展出。这些国际引进展满足了国内观众的文化需求，产生了良好的社会影响力。

近几年，随着新媒体的介入，北京地区博物馆展陈从传统的展览转化成一种文化热点。随着《国家宝藏》《国宝档案》《我在故宫修文物》等文化专题节目的播出，博物馆成为城市的热点，受到各级政府及市民的高度关注，更多的信息及资源向博物馆倾斜，成为北京地区博物馆发展的又一个新机遇。随着数字化和5G时代的到来，北京地区博物馆展陈开始拓展数字化展览模式，各大博物馆都开设了自己的官网，大部分博物馆建立了网络虚拟展厅。国内外的观众可以通过网络直接了解博物馆的展览状况。博物馆数字化平台的建设进一步拓展了博物馆的展陈模式。

2021年，为推动"十四五"时期北京市文物博物馆事业发展，北京市文物局牵头制定了《北京市"十四五"时期文物博物馆事业发展规划》(简称《规划》)，《规划》提出促进博物馆资源融入教育体系，推动博物馆与课程教学、综合实践有机结合，加强师资联合培养，强化优秀项目示范引领，提升中、小学生博物馆学习效果。在国际交流方面，要深化首都博物馆与江户东京博物馆、首尔历史博物馆论坛机制，扩大博物馆合作范围，加强博物馆国际学术交流，提升中国、日本、韩国博物馆界合作的深度与质量，更好地丰富城市博物馆的内涵与外延。

综上所述，北京地区的博物馆展陈采用多种方式形成了独特的传播渠道，培养了不同层次的观众群体，提升了博物馆的社会影响力，各博物馆在社会中的地位和作用进一步加强，最大化地实现了博物馆为社会服务的价值。

中篇
北京地区博物馆展陈发展现状

《中国博物馆学基础》对博物馆陈列设计进行了说明:"博物馆陈列是在一定的空间内,以文物、标本为基础,配合适当辅助展品,按一定主题、序列和艺术形式组合成的,进行直观教育和传播信息的展品群体。"早期的标准化博物馆展陈体现在20世纪初英国博物馆工作者设计的标准化陈列柜,这种陈列柜由三种基本类型的橱柜组成,即立柜、中心柜和桌柜,此外,配以展板和依墙屏风作为辅助设备。然而,当下博物馆展陈已经发生了很大的变化,无论从理念还是具体的展陈形式上都有很大的突破,逐步演变成了一项综合的、庞大的、复合型的设计创作,其涉及的知识面和专业都很广泛,包括与建筑学相关的水电力学工程知识、与室内设计学相关的空间布局与设计方法、与展示设计学相关的展示手段及多媒体技术与理论等。因此,博物馆展陈是一项复杂的系统工程,必须按照科学的方法和程序来展开工作。本篇将探讨北京地区博物馆展陈发展的现状,总结北京地区现有的博物馆类型与区域布局,分析北京地区博物馆展陈设计中的空间设计、参观动线设计、照明设计、陈列对象与方法、平面设计,以及博物馆的文创研发、数字化与智慧服务等内容。

第五章　北京地区博物馆的类型与布局

第一节　北京地区博物馆的类型

一、北京地区博物馆的分类依据

随着社会文化、科学技术的发展，博物馆的数量和种类越来越多。博物馆类型可以依据博物馆藏品的性质和特点进行划分，也可以依据它的经费来源和服务对象进行划分。我国博物馆的类型除了按照藏品性质和展陈内容进行划分，还可依隶属关系按主管部门和领导系统划分。"综合类博物馆、历史类博物馆、文化艺术类博物馆、纪念类博物馆以及部分自然历史类博物馆属文化部门领导管理；科技类博物馆和部分自然历史类博物馆属科学研究部门领导管理；学校博物馆属教育部门领导管理；地质、农业、纺织、煤炭、邮电、军事等专门类博物馆，分别属有关专业部门领导管理。"因此，根据博物馆的管理部门和业务活动范畴不同，北京地区博物馆类型可分为文化系统博物馆、科技系统博物馆、教育系统博物馆、园林系统博物馆等。

西方博物馆一般划分为艺术博物馆、历史博物馆、科学博物馆和特殊博物馆等四类。《中国大百科全书·文物博物馆》（1992）中关于博物馆类型的解释认为，中国的博物馆可划分为综合类博物馆、历史类博物馆、艺术类博物馆、科学与技术类博物馆等。北京地区的博物馆种类丰富，根据其实际情况，参照我国博物馆的一般分类法，可将北京地区的博物馆划分为综合类博物馆、历史类博物馆、艺术类博物馆、科学与技术类博物馆、行业类博物馆等五种类型（表5-1）。

表5-1　博物馆类型划分

中国博物馆类型	综合类博物馆
	历史类博物馆
	艺术类博物馆
	科学与技术类博物馆
北京地区博物馆类型	综合类博物馆
	历史类博物馆
	艺术类博物馆
	科学与技术类博物馆
	行业类博物馆

二、北京地区不同类型博物馆简介

（一）综合类博物馆

综合类博物馆是博物馆的主要类型之一，是指含有社会历史与自然科学的内容，兼具社会科学与自然科学双重性质的博物馆。由文化部文物局主编出版的《中国博物馆学概论》（1985）指出："综合性博物馆是由自然、历史等不同性质、不同内容的几个部分组成的。"由此可见，综合类博物馆的展陈内容较广，涵盖所有部门的资料，其种类主要是地方志博物馆，综合展示地方自然、历史、革命史、艺术方面的藏品，具有地方性、综合性、现实性的特点。目前，北京地区的综合类博物馆如表5-2所示。

表5-2　北京地区综合类博物馆名单

序号	名称	序号	名称
1	中国国家博物馆	6	怀柔博物馆
2	昌平区博物馆	7	密云区博物馆
3	首都博物馆	8	平谷区博物馆
4	延庆博物馆	9	海淀区博物馆
5	通州博物馆		

（二）历史、革命史类博物馆

历史、革命史类博物馆作为我国博物馆体系中的重要组成部分，承载了人类文化和精神文明，有助于丰富人们的精神文化生活，提高人们的文化素质。相比其他类型博物馆，其在文物及历史内涵方面更具文化深度。由文化部文物局主编出版的《中国博物馆学概论》（1985）对其定义为："历史类博物馆是以研究和反映社会历史（包括古代史、近代史、革命史、民族史的通史、专史和地方史等）的发展过程、发展规律以及历史上的重要事件和重要人物等为主要内容的博物馆。"其展示的历史内容，可以是全国性的或地方性的，也可以是一般性的或专门性的。目前，研究者关于历史博物馆的类型划分也持有不同的见解，如王宏钧在他主编的《中国博物馆学基础》中说："一种意见认为我国的革命纪念型博物馆占全国博物馆的四分之一，因此主张把历史类博物馆分成历史和革命史两类。"

1. 历史类博物馆

我国历史类博物馆包括全国通史或地方通史、专史、历史遗址和遗迹等多种博物馆，《中国博物馆学概论》（1985）对其定义为："它们根据自身的专业特点，搜集研究全国的、地方的或某一特定范围的历史文物资料，组织通史、专史或地方史的陈列。通过调查研究和科学发掘，收藏历史遗存,特别是收藏那些反映阶级斗争、生产斗争和科学文化发展的历史遗物。"由此可见,大部分的历史类博物馆是以展示通史类历史事件、文物藏品为主。

北京作为历史古都,拥有丰厚的历史文化积淀。目前,北京地区历史类博物馆有6座。在历史类博物馆中,遗址类博物馆保存有关的遗址、遗迹原貌,或进行必要的还原,是在保护历史遗址的同时传播历史文化而兴建的博物馆,在我国占有很大比重。北京地区现有的历史类博物馆如表5-3所示。

表5-3 北京地区现有的历史遗址类博物馆名单

序号	名称	序号	名称
1	北京考古遗址博物馆(金中都水关遗址)	4	北京王府井古人类文化遗址博物馆
2	周口店北京人遗址博物馆	5	北京考古遗址博物馆(大葆台西汉墓遗址)
3	北京考古遗址博物馆(琉璃河遗址)	6	上宅文化陈列馆

2. 革命史类博物馆

随着我国文博事业和红色旅游迎来大繁荣,革命史类博物馆(也称革命史类纪念馆)建设也迎来了大发展。革命史类纪念馆作为传播我国革命文化、纪念党的发展历程、进行革命传统教育的重要场所,在我国文化建设中发挥着越来越重要的作用。2021年,为庆祝中国共产党成立100周年,北京地区增建了新的革命史类纪念馆,不仅规模大,而且在展陈形式上也各具特色。革命史类纪念馆作为坚定爱国理念、加强爱国信念的重要基地,越来越被社会重视,成为公众的焦点。革命史类纪念馆的定义可以追溯到由文化部文物局主编的《中国博物馆学概论》(1985)一书,该书将革命史类纪念馆定义为:"革命史类纪念馆属于纪念馆的一种重要的类型,是纪念近现代革命历史上重要历史事件和杰出历史人物的纪念性博物馆。它通常把原始的革命遗迹作为它存在的条件，这不同于其他类型的博物馆，从而成为一个具有自己特色的博物馆类型。"由此可见，大部分的革命史类纪念馆是以纪念革命历史上重要历史事件和杰出历史人物为主要内容。

北京地区的革命史类博物馆发展处于中等水平，革命史类博物馆数量约17座。根据行业对革命史类博物馆分类，北京地区的革命史类博物馆可以分为综合类革命博物馆、人物类革命博物馆、军事类革命博物馆、其他类革命博物馆等。其中，军事类革命博物馆相对较多，如表5-4所示。

表5-4　北京地区军事类革命博物馆名单

序号	名称	序号	名称
1	中国人民革命军事博物馆	7	平西抗日战争纪念馆
2	冀热察挺进军司令部旧址陈列馆	8	平北抗日战争纪念馆
3	中国人民抗日战争纪念馆	9	中国民兵武器装备陈列馆
4	北京长辛店二·七纪念馆	10	铁道兵纪念馆
5	焦庄户地道战遗址	11	香山革命纪念馆
6	卢沟桥历史博物馆		

北京地区的人物类革命博物馆也相对较多，如表5-5所示。

表5-5　北京地区人物类革命博物馆名单

序号	名称	序号	名称
1	北京鲁迅博物馆（北京新文化运动纪念馆）	8	郭守敬纪念馆
2	徐悲鸿纪念馆	9	李大钊旧居
3	毛主席纪念堂	10	文天祥祠
4	郭沫若纪念馆	11	詹天佑纪念馆
5	北京宋庆龄故居	12	茅盾故居
6	梅兰芳纪念馆	13	老舍纪念馆
7	李大钊烈士陵园陈列馆	14	曹雪芹纪念馆

另外，北京地区的综合类和专题类革命纪念馆的建设和发展比较缺乏，2021年建成开放的综合类革命博物馆——中国共产党历史展览馆和专题类革命博物馆——没有共产党就没有新中国纪念馆填补了这一空白。中国共产党历史展览馆以"不忘初心、牢记使命"作为主线贯穿始终，是一座永久性、综合性的党史展览馆，具有展示、纪念、宣传、教育、研究等综合功能。没有共产党就没有新中国纪念馆是以革命歌曲来展示中国共产党百年历史的专题展览馆。

（三）科学与技术类博物馆

随着现代化科技水平的发展，我国科技类博物馆也进入了快速发展期。由中国大百科全书出版社出版的《中国大百科全书·文物博物馆》（1992）中将科学与技术类博物馆定义为"以分类、发展或生态的方法展示自然界，以立体的方法从宏观或微观方面展示科学成果的博物馆"，包括农业、水利、天文、地理、物理、化学、造纸、印刷、建筑、机械、电讯、医学等展陈内容，可分为自然类博物馆和科学技术类博物馆两大部分。

1. 自然类博物馆

自然类博物馆是反映自然科学范畴的客观自然规律的博物馆，主要收藏、制作和陈列天文、地质、植物、动物、古生物和人类等方面具有历史意义的标本，在自然史方面收藏较为充实。目前，北京地区有自然类博物馆5座，如表5-6所示。

表5-6 北京地区自然类博物馆名单

序号	名称	序号	名称
1	国家自然博物馆	4	中国地质博物馆
2	北京天文馆	5	中国古植物馆
3	中国古动物馆		

2.科学技术类博物馆

科学技术类博物馆是展陈反映基础科学理论、现代科学技术和工农业、交通、国防等专业内容,以及展示我国古代灿烂科学技术成就的博物馆。现阶段,我国正在大力建设科学技术类博物馆,这是由博物馆的整体性质决定的,是由党的现代化战略目标决定的,也是由博物馆事业本身发展的需要决定的。恩格斯说:"人类历史是从生产工具的创造开始的,而科学的发生与发展一开始就是由生产决定的。"科学技术类博物馆的发展,不但可以反映我国科学技术的光辉历史及中华民族在科学技术上对世界文明的贡献,还可以促进中国科技事业和科技博物馆事业的发展,为普及科技知识、提高人民的科学文化水平贡献力量。

北京是全国科技、文化、政治中心,拥有科学技术类博物馆11座(表5-7),但与西方发达国家相比,无论是科学技术类博物馆总数量还是人均拥有科学技术类博物馆数量,都有着较大的差距。

表5-7　北京地区科学技术类博物馆名单

序号	名称	序号	名称
1	中国航天博物馆	7	北京航空航天博物馆
2	中国坦克博物馆	8	中国铁道博物馆正阳门馆
3	中国科学技术馆	9	中国人民解放军海军航空馆
4	民航博物馆	10	中国铁道博物馆东郊馆
5	中国航空博物馆	11	北京航空航天模型博物馆
6	北京古代建筑博物馆		

(四)艺术类博物馆

我国对于艺术类博物馆概念的定义较为含糊隐晦,相对局限,缺乏一个通用、固定的定义,国内艺术类博物馆的发展建设状况与国际艺术类博物馆完全不同。艺术类博物馆有时被划归为专门的一类博物馆,有时被认为是社会历史类博物馆的一个分支。由文化部文物局出版的《中国博物馆学概论》(1985)中提出:"文化艺术性质的博物馆,包括反映和研究绘画、书法、摄影、雕塑、民间工艺、陶瓷、织绣、文学、音乐、舞蹈、戏剧、电影等内容的博物馆。"艺术类博物馆收藏、研究艺术类藏品,陈列内容和理念主要以艺术和美学价值为重要考量,展示的藏品包括绘画、雕塑、书法、时尚、工艺美术、音乐、文学、戏剧、建筑等。美术馆、艺术相关的专题性博物馆都可以纳入艺术类博物馆的范畴。

艺术类博物馆的建设与发展亦是当今艺术史范畴备受瞩目的热点,对于贯彻党的文艺工作"双百"方针有着重要作用,有利于推动我国文化艺术事业的发展。艺术类博物馆立足于不同的专业方向,展示我国在时光长河中凝练的历史经典,反映我国丰富多彩的文化艺术风貌和艺术事业发展,向群众普及文化艺术知识,继承和发扬我国民族文化艺术的优秀传统,为创造我国社会主义新文化服务。目前,北京地区有艺术类博物馆20座,如表5-8所示。

表5-8　北京地区艺术类博物馆名单

序号	名称	序号	名称
1	中国美术馆	11	中国工艺美术馆·中国非物质文化遗产馆
2	中华世纪坛世界艺术馆	12	北京木木艺术博物馆
3	民族文化宫博物馆	13	当代美术馆
4	金台艺术馆	14	何扬·吴茜现代绘画馆
5	北京艺术博物馆	15	老甲艺术馆
6	北京皇城艺术馆	16	观复博物馆
7	炎黄艺术馆	17	保利艺术博物馆
8	韩美林艺术馆	18	红楼文化艺术博物馆
9	中央美术学院美术馆	19	北京工艺美术博物馆
10	清华大学艺术博物馆	20	胡同张老北京民间艺术馆

（五）行业类博物馆

行业类博物馆又有专题博物馆、特殊博物馆、特色博物馆等多种名称，是收集、保护、展示某一特定领域、行业或主题相关藏品的博物馆。由文化部文物局出版的《中国博物馆学概论》（1985）中曾指出："专门性（又称专题性）博物馆是内容比较专一的博物馆。"其主题涉及多个领域，包括电影、汽车、器具、饮食等。相比于综合性博物馆的包罗万象，这类博物馆更具主题性、专业性和针对性。

近年来，行业类博物馆逐渐兴起，大量的专题性博物馆从综合类博物馆中独立出来，用更专业、更特殊的方式来收藏和展示某些特定的物品，对原有单一的博物馆类型进行了补充。2000年，上海召开"行业博物馆发展座谈会"，将行业博物馆的建设纳入文化建设和都市旅游发展规划，专题博物馆由此在全国范围内蓬勃发展。作为博物馆中较为特殊的一种，专题博物馆既可以发挥博物馆的基本功能、有助于专项文化遗产的保护，又便于观众学习了解某一领域的专业性内容。因此，专题类博物馆成为实现多元化展陈的重要载体，也成为近年来国家政策导向的风向标。北京有着深厚的历史文化底蕴，具备一定的经济发展水平，在各个行业发展的基础上建设了大量的行业类博物馆（表5-9），其展陈内容丰富多彩，兼具科普意义与历史纪念意义。

表5-9　北京地区专题类博物馆名单

序号	名称	序号	名称
1	中国体育博物馆	6	中央民族大学民族博物馆
2	北京市古代钱币展览馆	7	中国电影博物馆
3	大钟寺古钟博物馆	8	云居寺石经博物馆
4	北京大学赛克勒考古与艺术博物馆	9	中国长城博物馆
5	北京石刻艺术博物馆	10	中国蜜蜂博物馆

续表

序号	名称	序号	名称
11	雍和宫藏传佛教艺术博物馆	37	中国法院博物馆
12	北京国际药膳博物馆	38	中国人民大学家书博物馆
13	中国印刷博物馆	39	中国化工博物馆
14	十三陵水库展览馆	40	中国华侨历史博物馆
15	永定河文化博物馆	41	孔庙和国子监博物馆
16	北京中医药大学中医药博物馆	42	北京国韵百年邮票钱币博物馆
17	中华民族园（北京中华民族博物院）	43	西藏文化博物馆
18	中国钱币博物馆	44	中国佛教图书文物馆
19	古陶文明博物馆	45	北京服装学院民族服饰博物馆
20	中国医史博物馆	46	北京市姜杰钢琴手风琴博物馆
21	中国电信博物馆	47	北京警察博物馆
22	中国现代文学馆	48	中国西瓜博物馆
23	北京航空航天模型博物馆	49	北京自来水博物馆
24	北京奥运博物馆	50	北京空竹博物馆
25	北京戏曲博物馆	51	北京松堂斋民间雕刻博物馆
26	铁道兵纪念馆	52	北京汽车博物馆
27	中国消防博物馆	53	中国印钞造币博物馆
28	中国海关博物馆	54	北京英杰硬石艺术博物馆
29	史家胡同博物馆	55	中国妇女儿童博物馆
30	中国园林博物馆	56	中国皇家菜博物馆
31	北京民俗博物馆	57	中国马文化博物馆
32	中国邮政邮票博物馆	58	老爷车博物馆
33	中国紫檀博物馆	59	北京御生堂中医药博物馆
34	北京通信电信博物馆	60	北京百年世界老电话博物馆
35	北京麋鹿苑博物馆	61	北京崔永平皮影艺术博物馆
36	北京税务博物馆	62	北京晋商博物馆

续表

序号	名称	序号	名称
63	北京人民艺术剧院戏剧博物馆	78	神乐署
64	北京怀柔喇叭沟门满族民俗博物馆	79	东城区非遗博物馆
65	北京宣南文化博物馆	80	东花市社区博物馆
66	中国鼻烟壶紫砂壶博物馆	81	中国景泰蓝艺术博物馆
67	北京百工博物馆	82	全聚德展览馆
68	中华小吃博物馆	83	盛锡福博物馆
69	胡同张老北京民间艺术馆	84	同仁堂博物馆
70	北京劲飞京作红木文化博物馆	85	首都粮食博物馆
71	北京励志堂科举匾额博物馆	86	北京市腐乳科普馆
72	北京荣唐连环画博物馆	87	二商展览馆
73	北京中药炮制技术博物馆	88	内联升鞋店博物馆
74	北京二锅头酒博物馆	89	北京金漆镶嵌艺术博物馆
75	北京市大兴区月季博物馆	90	牛栏山二锅头酒文化博物馆
76	北京文旺阁木作博物馆	91	六必居博物馆
77	北京文博交流馆		

第二节 北京地区博物馆的布局

一、北京各区博物馆数据统计

回顾北京地区博物馆百余年发展历程，如今北京已形成层次多样、门类丰富、纵横交织的博物馆体系，兼顾历史纵深与学科广度，成为名副其实的"博物馆之城"。截止到2020年底，北京地区的备案博物馆已有197座（部分博物馆合并，现有独立机构的博物馆共187座），分布于北京市的16个市辖区，根据目前的分布统计：北京东城区博物馆38座，占整体博物馆数量的20.6%；西城区博物馆27座，占整体博物馆数量的14.6%；海淀区博物馆26座，占整体博物馆数量的14.1%；朝阳区博物馆29座，占整体博物馆数量的15.7%；大兴区博物馆6座，占整体博物馆数量的3.2%；丰台区博物馆10座，占整体博物馆数量的5.4%；昌平区博物馆11座，占整体博物馆数量的5.9%；房山区博物馆7座，占整体博物馆数量的3.8%；通州区博物馆7座，占整体博物馆数量的3.8%；延庆区博物馆7座，占整体博物馆数量的3.8%；怀柔区博物馆4座，占整体博物馆数量的2.1%；门头沟区博物馆2座，占整体博物馆数量的1%；密云区博物馆1座，占整体博物馆数量的0.5%；平谷区博物馆2座，占整体博物馆数量的1%；石景山区博物馆2座，占整体博物馆数量的1%；顺义区博物馆1座，占整体博物馆数量的0.5%。如图5-1所示。

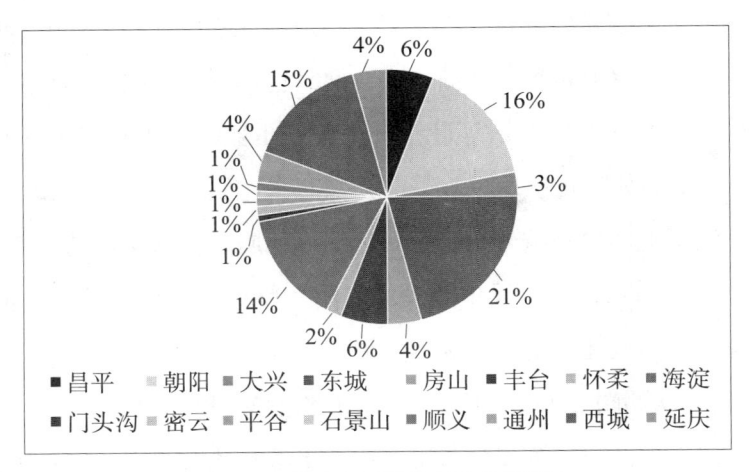

图5-1 北京各区博物馆占比图表

二、北京地区博物馆区域布局

北京地区博物馆的区域布局与城市建设密不可分。在改革开放前，北京地区博物馆大多聚集于城内核心区，如故宫博物院、中国国家博物馆、北京新文化运动纪念馆、老舍纪念馆、北京市钟鼓楼文物保管所、孔庙和国子监博物馆、中国地质博物馆、北京鲁迅博物馆、北京警察博物馆、中国铁道博物馆、中国妇女儿童博物馆、中国邮政邮票博物馆、北京古代建筑博物馆等，以东城、西城为主，沿长安街两侧分布，形成了围绕天安门为中心的地理布局。改革开放后，大部分博物馆依旧分布在城内，沿城市主干道与城市环线延伸，如北三环附近的中国人民革命军事博物馆、北京石刻博物馆、中国古动物馆、北京天文馆、大钟寺古钟博物馆、北京自来水博物馆、北京民俗博物馆等。这一时期在远郊区域也设有少数的博物馆，如中国人民抗日战争战争纪念馆、观复博物馆、何扬·吴茜现代绘画馆等。进入21世纪以来，随着国家经济的飞速发展，北京主城区内的博物馆已高度集中，博物馆开始向近郊扩展，比如中国电影博物馆、民航博物馆、中国传媒大学传媒博物馆、中国紫檀博物馆、北京汽车博物馆、清华大学艺术博物馆、中国园林博物馆等丰富了北京地区博物馆的布局。随着城市化进程的发展，北京城市范围不断扩大，北京地区博物馆继续向新的区域扩散，在建的首都博物馆东馆等进一步优化了北京地区博物馆的城市布局。具体特点表现为如下几个方面。

（1）北京地区博物馆分布状态呈现明显的向心性聚集。其原因一方面是受历史惯性与初期基础设施建设的影响，另一方面是受行政体制限制。这两方面因素造成北京地区博物馆发展未得到统一规划，多数出于自发建设，形成北京城市中心区域面积狭小、博物馆高度集中的不合理区域配置。

（2）北京地区博物馆多分布于城市主干道及环线周边。随着城市化进展及城市外扩，交通建设程度大幅提高。博物馆的选址受交通便捷程度、人流集散需求及区域经济发展水平的影响，多选在交通枢纽处、主干道沿线以及城市环线附近。

（3）北京各区博物馆分布不均。受北京各区经济发展水平及文化资源分布不均衡的影响，北京各区博物馆事业发展状况不平衡。因此，北京地区博物馆呈现出聚集为主、兼具分散的布局特点。

第六章　北京地区博物馆的展陈设计

第一节　博物馆的空间设计

博物馆的空间设计是指以建筑学、室内设计学、环境行为学为基础，以内容策划为指导，对博物馆整体及局部空间的色彩、造型、材质等要素进行处理，用空间设计语言诠释陈列内容，最终呈现出适合博物馆内容的空间形态。博物馆的展陈空间是为展览信息提供展示的基础，最早的展陈空间设计表现为展品陈列与空间相对独立。发展到今天，博物馆展陈空间和展览信息已经融为一体，展陈空间已经成为展览设计的重要组成部分。博物馆的空间设计需要遵循建筑空间设计的原则，同时也要考虑展品的展示原则。本节论述的博物馆空间主要针对向公众开放的与展陈相关的空间，不包含博物馆藏品库房及办公空间。本节的内容主要包括博物馆空间分类、博物馆空间设计的原则与要点、博物馆空间设计的内容等。

一、博物馆的空间分类

从建筑学的角度来看，博物馆的空间包括建筑外环境、建筑本体和建筑内部空间。因为博物馆是文化宣传的窗口，所以从建筑外部环境开始就可以展示博物馆的内容。北京地区博物馆种类多，有的博物馆室外空间也是重要的展陈空间，如北京石刻艺术博物馆园区中轴线的东西两侧也是重要的展陈空间。根据建筑学空间的组合和构成原理，我们将与博物馆展陈相关的空间分为入口接待空间、主题展陈空间、交通联系空间、服务空间等功能模块。

（一）门厅（进厅）

博物馆的门厅（进厅）也可以称为博物馆的入口接待空间，是引导观众进入不同主题展厅的交通枢纽，也是进入展厅的前奏空间，既具有接待、查询、存储的功能，也具有对博物馆展示内容进行初步宣传的功能。一些规模较大的综合性博物馆通常会设计一个开敞的门厅，而一些规模较小的专题型博物馆为了节省空间，经常将门厅和序厅（前言）合并一起。如图6-1（左）所示的中国农业展览馆的门厅空间可作为进入主题展厅的前奏空间；而图6-1（右）所示的首都博物馆入口的大型门厅则包含了问讯台、售票处、休息区等多种功能空间，是组织水平、垂直交通人流集散的重要空间。

图6-1　中国农业展览馆与首都博物馆的门厅

(二)序厅(前言)

博物馆的序厅是每个主题厅的开始,是博物馆展陈内容的高度提炼,其视觉效果应具有文化内涵与艺术感染力。规模比较大的博物馆通常会单独设置序厅空间,如图6-2(左)所示的中国共产党历史展览馆"不忘初心 牢记使命"展览的序厅,主题明确并配有大幅多媒体视频宣传空间;而图6-2(右)所示的中国妇女儿童博物馆古代妇女馆展览的前言墙,则采用了在空间中留出一墙面来做序言的方式。

图6-2 中国共产党历史展览馆和中国妇女儿童博物馆的分序厅

(三)常设主题展厅

博物馆的常设主题展厅即每个博物馆长期设置的基本陈列展厅和专题陈列展厅,通常作为反映该博物馆主要内容的展陈空间。每个博物馆根据各自规模和策展内容的不同,常设展厅的数量和形式也各异。以中国国家博物馆为例,基本陈列展厅有古代中国、复兴之路、复兴之路(新时代部分)3个,专题展览则有10个之多,如"中国古代玉器艺术""中国古代佛造像""镜里千秋""中国古代钱币展"等。常设主题或专题展厅的展出时间一般会持续5—10年,然后进行展陈替换或改版提升。如图6-3(左)所示的中国国家博物馆的中国古代钱币展厅和图6-3(右)所示的中国地质博物馆的史前生物厅,这两个厅都是常设主题展厅。

图6-3 中国国家博物馆和中国地质博物馆的常设展厅

（四）临时展厅

博物馆的临时展厅是博物馆对外学术交流和展示的窗口，临时展厅可以根据博物馆的办展需要经常更换展示主题，临时展览的展期一般持续数周到几个月。中国国家博物馆作为国家级大馆，其临时展厅的面积超过常设展厅面积，临展的内容丰富，包括了主题展览、精品文物展、历史文化展、考古发现展、科技创新展、地域文化展、经典美术展、国际交流展等系列。如图6-4（左）所示的民族文化宫的"青海摄影展"通过可拆卸背板围合出临展厅；而图6-4（右）所示的中国地质博物馆的临时展区则根据活动主题设计了与之相对应的背景与展板内容。

图6-4 民族文化宫和中国地质博物馆的临时展厅

（五）尾厅（结束语）

博物馆的尾厅是在展览结束时对展览内容的总结和展望，规模大的综合类博物馆往往可以设计一个独立的尾厅，如中国共产党历史展览馆［图6-5（左）］；规模小的专题博物馆可以是在展陈空间即将结束的位置留出独立墙面来做结束语，如中国铁道博物馆中关于中国铁路的发展寄语［图6-5（右）］。

图6-5　中国共产党历史展览馆和中国铁道博物馆的尾厅（结束语）

（六）社教中心

博物馆的社教中心主要是指宣传博物馆文化和进行社会教育活动的空间，一般在博物馆空间允许的情况下可以辟出独立的空间进行社教宣讲活动，如果博物馆空间不充分，也可以借用公共区域空间来作为社教活动中心。如史家胡同博物馆，设置聚力空间、多功能厅开展社会教育活动［图6-6（左）］，为展览宣传、参观者研讨提供独立的交流空间；徐悲鸿纪念馆二层进厅处设置了儿童活动区［图6-6（右）］，为举行儿童艺术科普与学术互动提供了空间。

060 / 从历史走向未来

图6-6　史家胡同博物馆和徐悲鸿纪念馆的社教活动空间

（七）服务空间

博物馆的服务空间是指服务于博物馆展陈需要的辅助性空间，一般包括游客中心、问询处、储物区、阅读空间、文创中心、餐饮空间、卫生间等。根据博物馆规模的大小，可以将服务空间与展陈空间进行穿插设计，也可以在门厅等交通枢纽的空间中单独设计。如香山革命纪念馆出口的书吧［图6-7（左）］和清华大学艺术博物馆出口的文创艺术商店［图6-7（右）］都属于服务空间。

图6-7　香山革命纪念馆博物馆和清华大学艺术博物馆的服务空间

二、博物馆空间设计的原则与要点

（一）博物馆空间设计的原则

博物馆空间设计要以观众的行为特征为依据，既要遵循建筑空间布局的科学性、审美性和技术性，又要依照展示设计学科的设计原则。

1.空间布局的科学性

博物馆空间布局的科学性是指遵循建筑空间的平面布局原则，规划出符合展陈内容的功能分区和参观动线，使观众能够有效地体验和参观展览。空间布局时要避免空间分区不合理而造成有的空间展示内容拥挤、有的空间展示内容空洞。参观动线规划要尽量顺畅，避免多次反复、折回等问题。

2.展示信息的准确性

博物馆展陈空间设计最基本的原则是要将展示信息准确地传达出来，包括展示实物的合理性、展示图文信息的可读性，设计时要避免展墙版面的信息内容过于冗杂而无法分清主次、信息内容过于单一而缺乏新颖性等问题。

3.空间语言的审美性

博物馆展陈空间语言是展陈的传播符号，是空间和展品发生关系后的直接体现，根据每个展陈内容的不同而设计独特的空间语言，既可以是传统的符号表现，也可以是地方的元素提取。空间语言设计要遵循艺术学的审美性原则，在满足空间功能需求的同时，让观众通过空间语言感受到博物馆的艺术魅力。

（二）博物馆展陈空间设计的要点

博物馆空间设计是展陈内容的形式化，体现了一座博物馆展陈设计的精髓和高度，不同类型的博物馆应根据其主题、类型及具体的展陈内容来决定空间设计的形式。在具体设计时还要考虑如下几点问题。

1. 整体空间的参观动线设计

博物馆展陈空间的参观动线是空间设计的第一个重要任务。由于汉字的阅读方式是从左往右，所以一般博物馆的参观动线也是把主要展线安排在一进博物馆的左侧，依照顺时针方向由左往右展开。参观动线的设计直接影响观众的参观质量及停留时间。参观动线可以分为多种类型，包括单线式、复线式、开放式等。

2. 展陈空间的独特性设计

独特性是区别博物馆展陈的重要依据，根据特有的展览内容和文物特点，通过深入解析展品及其相关内容，提取核心符号和元素，重新解构组合空间，运用各种空间造型手段，巧妙地将核心符号运用到空间造型中，使现有的空间形成新的独特的展陈空间。不同类型博物馆的展陈空间设计要求也是不同的，综合类博物馆展陈空间在设计上要求包容性强，文化艺术类博物馆要考虑作品的独立性和最佳观赏性，社会历史类博物馆又要求展陈空间以突出相关历史人物和事件为核心。

3. 展陈空间的层次和节奏感把握

博物馆空间组织的层次是指空间形态要有节奏、有变化，空间的过渡要顺畅，同时还要注意空间序列的整体性、连续性。节奏感是指展陈空间在展示展品的同时，要适当地增加一些"缓冲地带"，在这些地带可以安排参观者休息或者播放一些舒缓的视频、音乐等，绘画中的"疏能跑马、密不透风"讲的就是空间节奏的变化。展陈空间也是这样，不能处处摆得满满的，要有适当的空间，要有"喘息"的机会。

4. 展陈空间的情感表达

在强调"叙事空间"的博物馆展示时代，情感传达成为空间设计的重要方向。设计者应通过在展示空间中设置较强的主题、动人的故事情节、吸引人的体验互动等，形成一个双向、开放、自由的全方位展陈浏览空间。空间叙事可能是为了一个人物形象的展现、一件事物的发展或是一种精神的体现，因此整个展陈空间都将围绕着这个既定的情节主题变化而进行设计，最终传达出主题背后的情感。

5. 展陈空间的多维度拓展

展陈空间的拓展是指多维度空间和融合空间的营造，包含了博物馆展示空间与图书阅览空间、学术研究空间、产品研发空间、文创体验空间、教育培训空间等。博物馆展陈空间设计，从现有博物馆侧重于历史空间、文化空间、物理空间、现实空间的观念，转变为更加注重历史空间与当下空间、现实空间与虚拟空间、物理空间与心理空间、展示空间与研发空间、教育空间与娱乐空间的多维度有机融合。

三、博物馆空间设计的内容

博物馆空间设计应在尊重建筑原始空间的基础上，最大限度地利用建筑原始结构和空间，避免二次施工改造的浪费，具体设计内容如下。

（一）空间平面布局

博物馆展陈大纲和内容确定后，应根据展陈内容对展陈空间进行平面布局，即将展陈空间根据内容及每部分展线的长短进行空间分配。通过对展陈内容进行列表的方法，分析出重点、亮点、一般、普通的展陈内容，然后根据重要程度分配空间面积和展线长度。在构思布局的时候，应反复多次利用空间功能模块和交通流线分析空间布局是否合理。如图6-8所示的北京市房山区的没有共产党就没有新中国纪念馆，其建筑由3栋独立的单体建筑构成，展陈的空间设计统一将三层建筑平面图进行了整体规划。

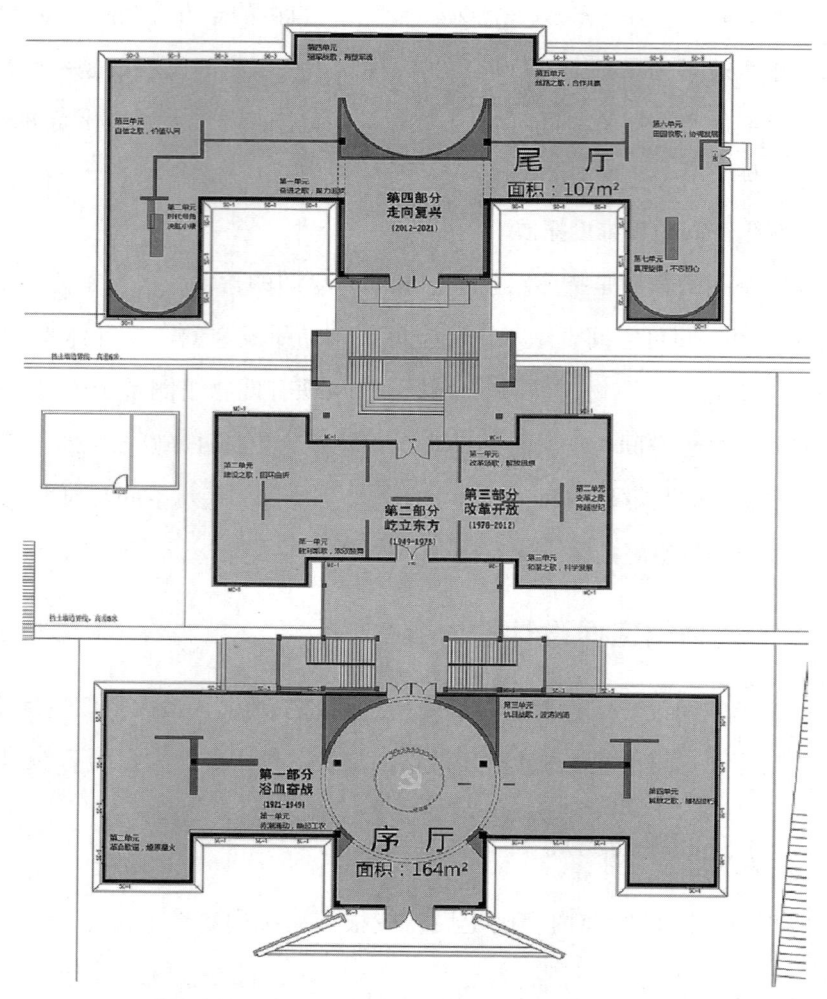

图6-8　没有共产党就没有新中国纪念馆平面布局

（二）空间界面设计

博物馆空间界面设计是构成展陈空间形象的元素，包括了序厅空间及各展厅空间的立面、天棚和地面设计，具体设计时要考虑空间形式、构图法则、艺术风格、装饰手法、材料构成等因素。如民族文化宫"各族人民心向党"展览序厅空间的界面设计［图6-9（左）］，立面为"各族人民心向党"主题浮雕与展览标题,两侧运用带有民族符号的装饰立柱并在天棚的立体造型中进行了元素延续,采用具有中国特色的红、黄色彩基调与铜板材质,与"铸牢中华民族共同体意识"的展览主题相呼应;中国科学技术馆"生命之秘"展厅空间的界面设计［图6-9(右)］,墙面与版式设计均以圆形为主,天棚悬挂螺旋造型的装饰,流线型的灯带与立面、地面铺装、展台外形相呼应,整体采用流线型元素与清新明亮的色彩,呈现出具有科技感的空间形象。

图6-9 民族文化宫和中国科学技术馆展厅空间的界面设计

(三)展陈空间重点、亮点元素设计

博物馆展陈空间的重点、亮点一般会设计在序厅(点明主题)、展陈大纲的重大人物与事件节点(主题)、尾厅(呼应主题)等位置。设计时要结合空间因素,采用辅助展陈方式,即采用主题雕塑、绘画、艺术装置、多媒体等艺术手段来渲染氛围,突出主题。如图6-10所示的中国人民革命军事博物馆中的抗美援朝纪念厅,通过大面积悬挂的红色军旗,体现中国人民志愿军浴血奋斗、艰苦卓绝的红色精神,突出了"不忘初心,牢记使命,永远奋斗"的展览主题。

图6-10　中国人民革命军事博物馆抗美援朝纪念厅的空间设计

如中国现代文学馆的现代文学展厅空间中，将立面设计为摆满作品的书架形式［图6-11（左）］，部分桌面及地面采用了现代文学作品名称的排列［图6-11（右）］，渲染现代文学展厅浓烈的书香气息。

图6-11　中国现代文学馆的空间设计

如图6-12所示的中国电影博物馆的空间设计，将胶卷的形象元素运用到了展墙、天棚悬挂装置设计中，突出了电影的展览主题。

如图6-13所示的北京鲁迅博物馆（北京新文化运动纪念馆）的序厅空间设计，运用了从地面生长出的雕塑装置作为视觉中心点，金属的材质与密密麻麻的文字，体现了鲁迅先生强烈的爱国热情与敢于斗争的民族魂。

图6-12 中国电影博物馆的空间设计

图6-13 北京鲁迅博物馆（北京新文化运动纪念馆）序厅的空间设计

以上观点为笔者通过多年的博物馆展陈实践经验总结得出，博物馆展陈的空间设计作为展览的重要部分，是一个展览项目成功的关键。设计时要充分解读展陈内容，利用空间设计原则，把握空间设计语言，同时结合博物馆学、心理学、人体工程学、建筑学、美学等相关学科的知识，全方位地诠释展陈内容，做到让博物馆的展示空间更具有文化魅力和社会吸引力，更好地展示博物馆内容的历史价值和社会价值。

第二节　博物馆的参观动线设计

博物馆的参观动线设计是与博物馆空间设计相关联的重要因素，参观动线设计是建立博物馆空间最基本的交通功能的重要前提，其他的展陈设计要素都要在参观动线设计确定的前提下进行合理的安排与设置。博物馆展陈的参观动线决定着展陈平面布局的合理性、展示空间组织的连贯性以及信息传播的有效性。合理的参观动线设计是博物馆展示设计成功的关键。本节主要论述了博物馆参观动线的功能及设计依据、影响博物馆参观动线设计的因素、博物馆参观动线的分类、博物馆参观动线的方向性等内容。

一、博物馆参观动线的功能及设计依据

（一）博物馆参观动线的功能

参观动线是指观众在博物馆展示空间内参观流动的交通路线。参观动线具有确立交通路线、组织展示空间及串联展示要素等功能。确立交通线路功能是在整体建筑空间分析的基础上，以引导参观者的动态位移为具体表现，对整体的参观动线进行分析和设计，这一功能受建筑空间的影响很大。组织展示空间功能是将参观动线作为展示空间的组织因素，即将展示空间不同的功能区域与区域节点组织起来，是把握空间顺序与方向性的关键。串联展示要素功能是指根据具体的展项与展品的属性、形状、大小来决定展线方向，即使展示要素通过有序的串联分布在展线左右。

（二）博物馆参观动线的设计依据

博物馆参观动线设计是依据博物馆的内外功能模块确立的。首

先，外部功能模块是指与展陈设计相关的展览、公共教育与服务区等，这是博物馆对观众开放的区域，由门厅、基本陈列室、临时展厅、教室、讲演厅、文创商店、餐厅等空间组成；其次，内部功能模块是指藏品库房、技术用房、办公室等，这是博物馆内部管理人员日常工作与管理的区域。因此，根据内外功能区域模块的划分，博物馆的参观动线设计可以分为参观动线与管理动线，参观动线主要针对陈列、展览、教育功能而设置；管理动线主要针对博物馆管理人员正常的服务、布展等需要而设置。

二、影响博物馆参观动线设计的因素

（一）博物馆的展览类型及参观需求

博物馆的类型划分通常是以博物馆陈列的藏品和主题内容作为依据的，依据这个标准，我国将博物馆划分为综合类博物馆、历史类（革命与自然类）博物馆、科学与技术类博物馆、艺术类博物馆等。根据不同的博物馆类型和展陈设计，设计者会设计出不同的博物馆参观动线与展线。

综合类博物馆的展览类型多样而复杂，通常会设置通史类展览和特色展览，这类博物馆的展览类型在平面功能布局上具有并列属性，在参观需求上要求既可以连续参观整体展陈空间也可以独立参观每个不同的主题空间，因此这类博物馆的参观动线设计既要强调参观的连续性，也要强调参观的灵活性。如图6-14所示的中国国家博物馆的空间导览图，其展厅既具有一定的并列属性，又具有一定的连续性，人们可以根据自身观展需求进行展厅选择。

历史类（革命与自然类）博物馆的展览类型一般按历史时间和革命事件的发展而设计展线，这类博物馆的主题展示在平面功能布局上有着较严格的时间线索，在参观需求上要求有连贯性的参观展示内容，因此参观动

070 / 从历史走向未来

线强调连续性。如图6-15所示的北京房山区的没有共产党就没有新中国纪念馆，其展陈内容和空间布局有较强的时间逻辑，因此参观动线需根据展览的时间发展序列进行设计。

图6-14　中国国家博物馆的楼层导览

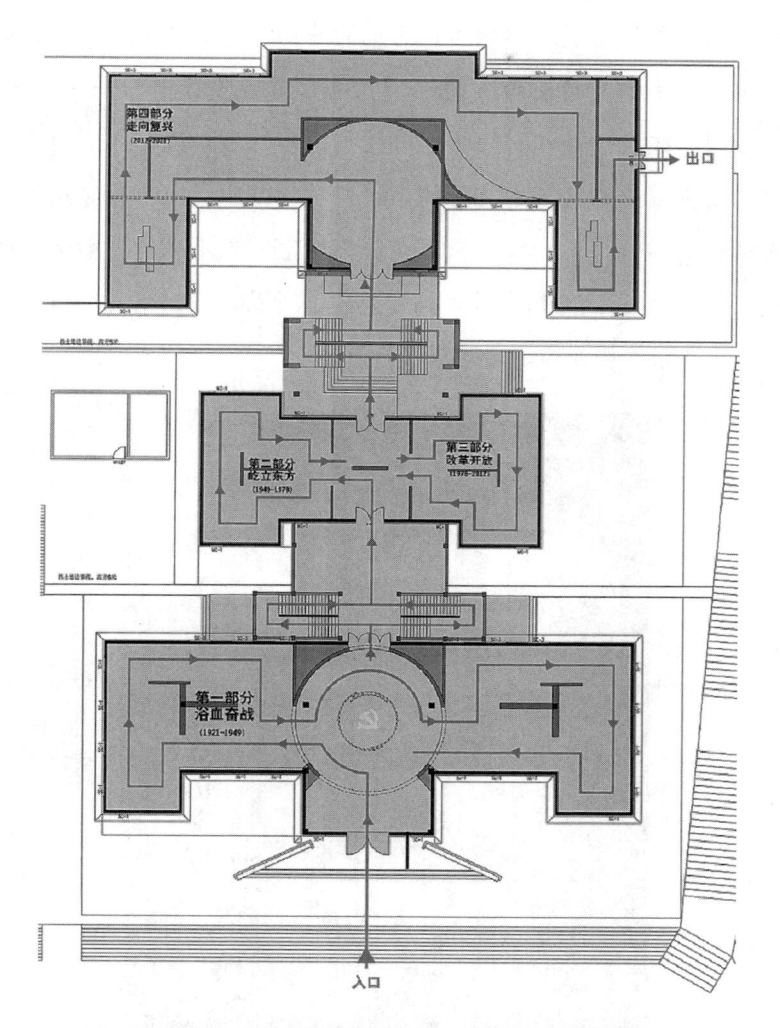

图6-15　没有共产党就没有新中国纪念馆的平面参观动线

科学与技术类博物馆、艺术类博物馆的展览类型和内容主题丰富，其展示主题在平面功能布局上具有并列属性，在参观需求上要求可选择和多样化，因此参观动线需要有更多的灵活性，以便于观众根据喜好有选择地进行参观。如图6-16所示的北京天文馆B馆平面导览图，参观动线没有明确的指向性，由游客自发选择参观动线及内容，参观动线自由多变。

此外，博物馆的类型划分还可以根据博物馆展陈方式进行，分成以叙事为主、以审美为主或以趣味体验为主的博物馆。上文提到的综合类博物馆、历史类（革命与自然类）博物馆大部分是按照叙事的手法进行展示，因此，参观动线设计强调时间的连续性和内容的逻辑性；而以审美和趣味性为主的博物馆主要是艺术类博物馆、科学与技术类博物馆，这类展馆强调个人情感的体验与参与性，所以在逻辑性上要求不高，一般会按照学科门类进行分类，展示注重并列性和灵活性。所以，博物馆应根据不同的类型及展示方式采取相对应的参观动线设计。

图6-16　北京天文馆B馆的平面导览

（二）博物馆建筑结构与空间模数

博物馆建筑结构与空间模数是影响博物馆参观动线布局的重要因素。通常来讲，博物馆的建筑是与博物馆的类型与需求相统一的，因此，博物馆展陈设计应与建筑结构、空间模数高度匹配，降低展陈设计对空间的二次调整，最大限度地节约资源和减少浪费。然而，在我国目前的博物馆展陈设计中，经常遇到通过改造其他用途建筑转变而成的博物馆或馆建分离的情况，因此，后期展陈设计对博物馆建筑结构与空间改造很大，原始建筑的格局也在一定程度上限制了博物馆展陈的参观动线设计。

因此，博物馆的原始建筑空间应该尽量通透，层高尽量高、隔断尽量少，这样的空间对于展陈参观动线设计来讲灵活性强，可以高度发挥设计创造力来凸显博物馆的展示主题。目前，我国大部分新建博物馆每个独立展厅面积能到达1000平方米左右，层高在8米左右，这样的空间模数对于后期展陈设计来讲是比较理想的。如图6-17所示的中国工艺美术馆·中国非物质文化遗产馆的首层展厅层高较高且空阔宽敞，可根据主题内容灵活安排参观动线，达到良好的观展效果。

图6-17　中国工艺美术馆·中国非物质文化遗产馆首层展厅空间

（三）观众的参观行为

博物馆展陈设计通过参观动线安排引导观众参观浏览，观众的视点、注意力与兴奋点都会影响博物馆的参观动线设计。因此，参观动线设计应满足参观者的生理、心理特点和需求，只有充分考虑观者在空间中行走、观看时的感受及体验，才能设计出主次分明、有层次、有节奏的交通流线。博物馆参观观众行为主要分为概要型参观、浏览型参观、学者型参观三类。

概要型参观主要是针对相关领导去了解博物馆的整体概况、重点及要点展项的参观行为。这类参观行为要求在比较短的参观时间内全面而快速地了解博物馆展示内容的概要以及重点，所以参观动线设计要求流畅并且重点突出。

浏览型参观是针对普通大众对博物馆内容进行普及性浏览与了解的参观行为。这类观众对于参观动线中弹性空间设置的需求会很高，要考虑参观动线设计的灵活性。

学者型参观是针对一部分专家和学者对博物馆的一些学术内容进行深入研究的参观行为。这类观众除对基本知识的学习外还需要在参观动线中增加可以停留下来深入研究和学习的平台。

三、博物馆参观动线的分类

博物馆的参观动线是依据建筑空间和展览需求进行分类的，为了避免展示空间与空间内部参观动线之间的矛盾，参观动线设计必须在考虑展陈空间布局及展览类型的前提下，产生与之相协调的参观动线形式。因此，博物馆参观动线可概括为以下三种基本类型。

（一）串联式参观动线

串联式参观动线即空间接续式的参观动线模式，会产生一系列连续式主题单元空间，上一个单元空间的结语与下一个单元空间的序言相接，即各个主题单元空间彼此首尾相连，参观者顺着明确的独立参观动线完成参观［图6-18（左）］。这种参观动线使各区域相互串联，具有较强的连续性和导向性，展示内容之间联系紧密，适用于时间连续性强的革命类、历史类叙事型展陈空间。如图6-18（右）所示的香山革命纪念馆导览图，展馆的参观动线根据明确的时间发展序列行进，路线指向明确，展陈内容衔接流畅。

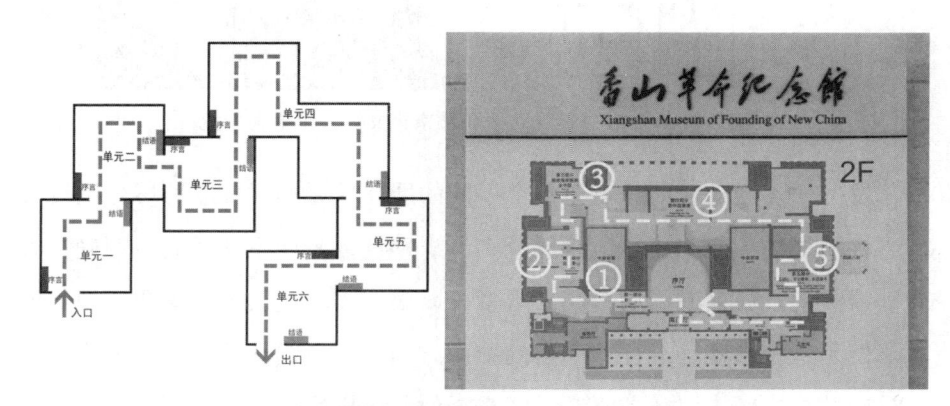

图6-18　串联式参观动线和香山革命纪念馆平面导览

串联式参观动线的优点是具有很强的逻辑性和序列性，从一个展览单元主题可以比较顺畅地过渡到下一个展览单元主题。但是这种参观动线相对固定，方向比较单一，缺乏灵活性，不利于单独关闭或开放某个展厅，且在参观人员比较多的时候，容易造成拥堵。

（二）发散式参观动线

发散式参观动线会产生一系列单元洄游式主题展陈空间，各主题展陈空间分别设置在独立的单元空间内，各个单元空间之间不产生直接的关系，而是围绕或者围合出一个共享核心空间，参观者围绕这个共享核心空间往返于各个独立的展陈空间［图6-19（左）］。科学与技术类、艺术类展览设计适合这样的参观动线，如图6-19（右）所示的北京天文馆A馆的参观动线布局就属于发散式参观动线。

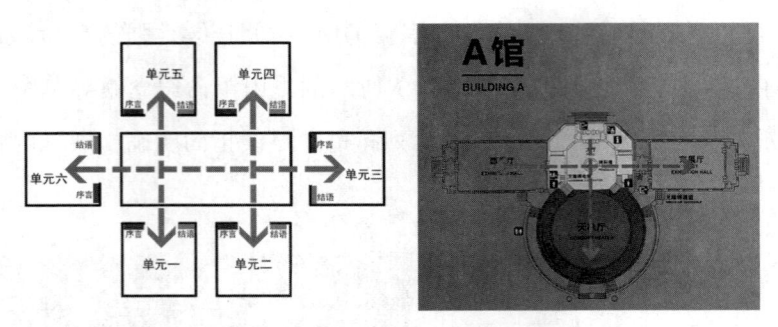

图6-19 发散式参观动线和北京天文馆A馆平面导览

发散式参观动线的优点是每个不同的展厅单元相对独立,可分别设置标志性明显的入口与出口,动静分离,识别性强,参观动线简单明确;参观动线灵活性高,不同层级的参观者可以根据需求灵活选择需要参观的展厅。但是这种参观动线在共享空间中的方向性和指向性弱,容易形成参观人员在共享空间中对各条参观动线选择的不确定性,导致参观人流的迂回交叉等问题。

(三)通道式参观动线

通道式参观动线是指由一条固定的通道将各个展陈单元联系在一起,参观人员在参观完一个展厅单元后须回到通道,通过通道再进入下一个展厅单元进行参观。通道式参观动线可以灵活地串联起多层垂直空间,具有显著有效的空间纵向组织功能(图6-20)。

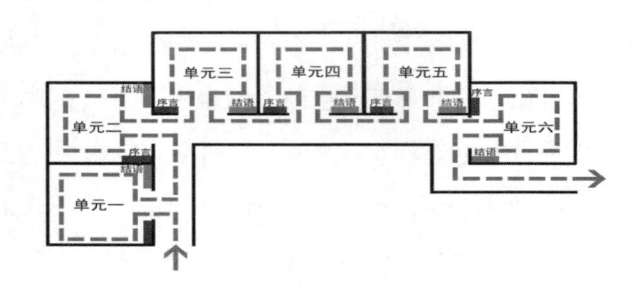

图6-20 通道式参观动线

通道式参观动线的优点是各个展厅单元相对独立，参观动线的方向性和连续性强，同时还具有一定的灵活性，不易造成参观人流的迂回交叉。图6-21所示的清华大学艺术博物馆4层的展陈空间布局就采用了通道式参观动线，因其建筑中央为楼梯空间，环绕中部外圈形成环形通道，展厅围绕中心依次排列，观众需通过走廊依次进入展厅参观并返回通道，顺随同一方向完成观展活动。

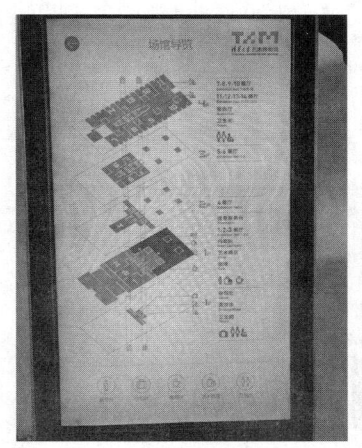

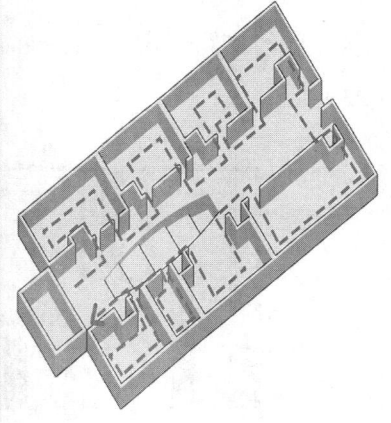

图6-21　清华大学艺术博物馆4层展陈空间布局及平面参观动线

通过对以上三种不同类型的参观动线和展陈布局进行分析，可以看出每一种参观动线都存在各自的优缺点。因此，在很多博物馆空间中，单一的参观动线并不能满足展示功能的需求，展陈设计需借助两种甚至多种参观动线模式进行组合，来完成博物馆空间的参观动线设计。

四、博物馆参观动线的方向性

参观动线在博物馆空间内部是具有方向性的，这主要体现在展线的设计与安排上。展线设计方向是依据现代文字的阅读习惯而确定的，因此大部分的展线方向以顺时针为主。但是人有右转的习惯，所以参观动线的方向性也要兼顾人的参观习惯。

（一）顺时针展线

顺时针展线是在建筑空间允许的情况下，将参观动线设计为以顺时针为主，即把主要展线安排在一进博物馆的左侧，依次由左往右进行（图6-22）。顺时针展线适合时间顺序很强、内容逻辑明晰的革命历史类展览。

例如中国现代文学馆的参观动线便是典型的顺时针展线，展厅空间面积较为空阔完整，整个展厅根据中国文学发展的时间顺序分割为不同的主题空间，从序厅的左侧进入，跟随顺时针方向最终回到序厅空间，完成参观（图6-23）。

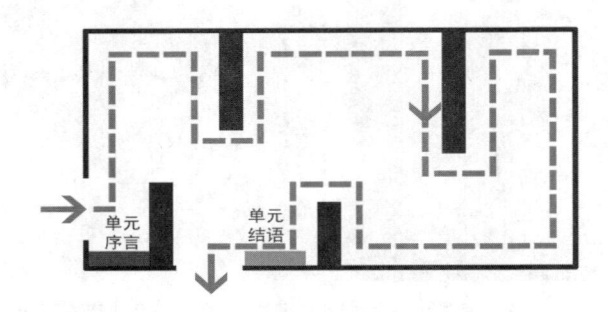

图6-22　顺时针展线

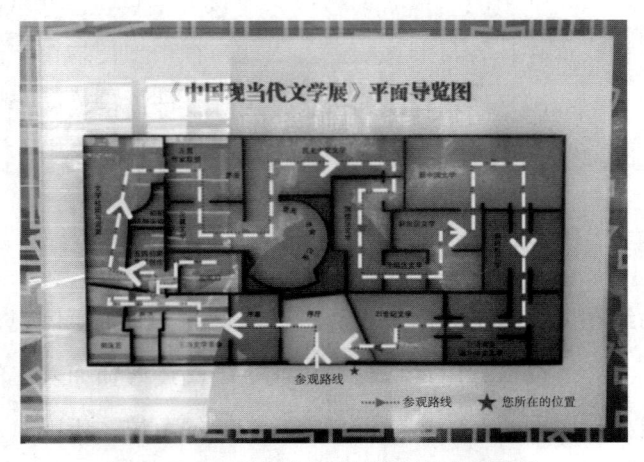

图6-23　中国现代文学馆顺时针参观动线

（二）逆时针展线

在展厅内部左侧展线比较短，而右侧展线比较长的情况下，为了不浪费展陈空间，参观动线在展厅内的方向应以逆时针为主（图6-24），这种参观动线的方向可以应用于展示内容无明显的逻辑递进关系，且具有并列属性的艺术类、科学与技术类展览。

例如首都粮食博物馆的展陈内容不受时间序列的限制，没有明显的逻辑递进关系，且空间较为狭窄，因此结合建筑上下层构造选择以逆时针方向展示，并将一层二层参观动线串联，避免了参观人流的迂回交叉等问题（图6-25）。

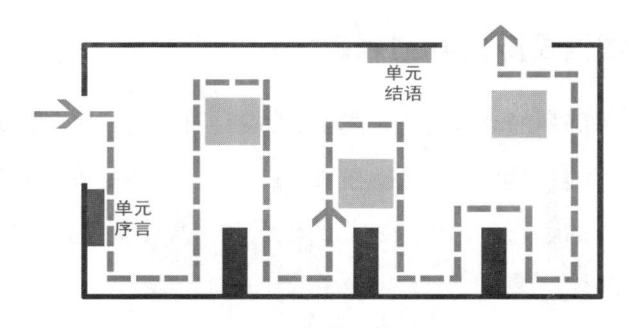

图6-24　逆时针展线

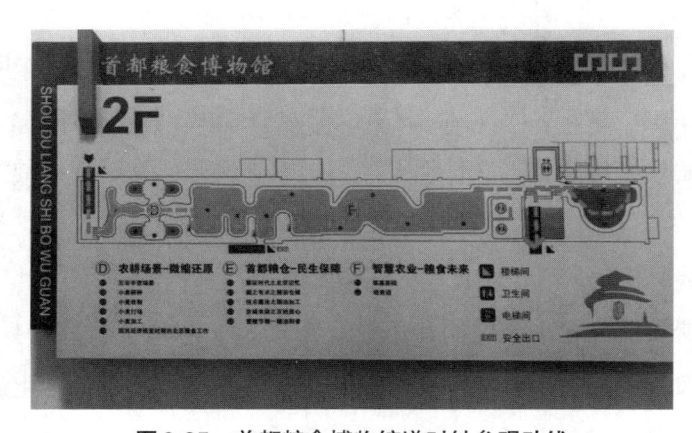

图6-25　首都粮食博物馆逆时针参观动线

博物馆参观动线设计需要综合考虑多方面的因素，除上述条件和需求外，还可以考虑将参观动线与标识导向系统联系起来以提高博物馆空间展览的浏览和认知效率，或在参观动线中设置人性化服务与弹性空间以缓解参观过程中的视知觉疲劳。综上所述，作为博物馆展陈中最基础、最核心的设计环节，参观动线的设计直接影响博物馆展览参观的成功与否。参观动线设计应该与展陈内容高度统一，充分考虑参观者的行为体验，为博物馆后续的展陈设计提供依据和基础。

第三节　博物馆展陈的陈列对象及其陈列原则与方法

一、博物馆展陈的陈列对象

博物馆展示陈列的对象是指在博物馆展厅空间里向观众呈现出来的所有展品。观众走进博物馆通过视觉、触觉、听觉去感受展品传播的信息，达到受教育的目的。因此，按照展品的形状和信息传播特点可以把展示陈列的对象分为两类。

第一类是指博物馆的各种实物展品。这类展品是博物馆展示的基石，属于静态展示资料。在展示陈列过程中通过独立的、静态的展示，将基本信息直接、客观地反映给观众。实物展品具有非常强的真实性和可信性，是博物馆展示的重要组成部分。这类展品包括文物、标本、照片、复制品、模型、沙盘、图解资料、文件档案等。如中国地质博物馆展出的实物展品［图6-26（左）］与中国古动物馆的恐龙化石标本［图6-26（右）］，虽然展品的尺寸各异，但都属于展陈设计的实物展品。

第二类是指记录人类文明和历史发展的各种音频、录像资料等影音资料，属于动态资料。这类展品能够更加直观地呈现自然、社会生活环境以及历史人物和事件的关系。这类展项的展示方法主要是通过数字技术与多媒体设备向观众展示。如中国华侨历史博物馆播放展示的中国华侨生平传记的纪录片［图6-27（左）］、中国国家博物馆中国古代书画展中山水画的作画过程演示资料［图6-27（右）］等都属于动态资料，是展陈设计的重要陈列对象。

图6-26 中国地质博物馆和中国古动物馆的文物展品

图6-27 中国华侨历史博物馆和中国国家博物馆的动态资料

二、博物馆展陈的陈列原则

文物藏品陈列的安全性是首要原则，陈列时要注意对文物藏品的保护，并注意展托、抓具等的坚固度；文物藏品陈列的科学性原则，即将文物藏品按系统分门别类地排列，同时注意文物藏品之间的逻辑顺序和主次关系，切忌杂乱无章的堆砌；文物藏品陈列的艺术性原则，即注意文物藏品与背景空间之间的美学关系，以形成富有艺术性的展示效果。

影像资料的陈列注重内容研究和科学依据，充分挖掘影像资料的历史背景，还原其内容的真实性；把握影像资料的重点展示内容和最佳表现形式之间的关系，适当借用实物、沙盘、模型、高科技设备等载体进行表现（切忌滥用高科技而忽略了内容本体）。

三、博物馆展陈的陈列方法

（一）展墙和展架的陈列方法

1.展墙陈列

展墙陈列是通过设置固定或者移动的墙体来悬挂陈列实物展品，这是博物馆陈列最基础、最常见的陈列方法，也是构成展厅的主要展线元素之一。展墙的尺寸和造型根据展陈空间和内容而定，其主要功能是安置悬挂展品，也可对展厅内部空间做分隔并对观众的参观动线做出引导。根据陈列对象的不同，展墙的陈列方法可分为如下几种。

（1）文物、标本、复制品类展品通过在展墙上设计壁龛进行展示。如大钟寺古钟博物馆在文物标本展示上采用了墙面壁龛的陈列方法，在讲述钟铃起源部分，将裱在玻璃板上的文献资料陈列于壁龛内［图6-28（左）］；在展示生产青铜的原料部分，将矿石与炼渣标本排布在透明亚克力板上，悬挂陈列于壁龛内，这种陈列方式让观众一目了然［图6-28（中）］；国家自然博物馆内展示花的部分，采用了将标本展示于墙面壁龛内的方法［图6-28（右）］。

图6-28　大钟寺古钟博物馆和国家自然博物馆展墙上的壁龛展示

（2）图片、照片、图表、地图类展品制作成轻质的图板悬挂在展墙上进行展示。如中国华侨博物馆［图6-29（左）］和北京古代建筑博物馆［图6-29（右）］等，将老照片经过高清处理后印制在不同的板材上，然后悬挂或者粘贴于展墙上。

（3）影像资料通过LED显示器、灯箱等直接镶嵌在预留孔的展墙上。如国家自然博物馆在展示果实和种子的散播部分，将影像资料的LED显示器镶嵌在展墙上，展墙的两侧和下侧还辅助图板和文字说明［图6-30（左）］。北京市档案馆也采用了这种陈列方法，在展示新时期"十大建筑"评选部分，用3个尺寸相同的LED显示器镶嵌在墙面上进行展示［图6-30（右）］。

图6-29　中国华侨历史博物馆和北京古代建筑博物馆展墙上的图文资料展示

图6-30 国家自然博物馆和北京市档案馆展墙的影像资料展示

（4）标题文字、文本内容、装饰性线条等直接粘贴或者打印在展墙上。如中国共产党历史展览馆，第一部分展示的标题文字和文本内容均采用了立体字粘贴在背景板上的方法［图6-31（左）］，这样的陈列方法使版面设计更具有层次感和立体感；中国共产党早期北京革命活动纪念馆将文献文摘等重要的内容直接做成立体字粘贴在墙面上［图6-31（右）］，一目了然。

图6-31 中国共产党历史展览馆和中国共产党早期北京革命活动纪念馆立体字展示

(5)图解资料、背景图片、底纹图案等渲染氛围的资料通过丝网印刷直接印制于专业材质上,然后贴附于展墙上。如北京鲁迅博物馆(北京新文化运动纪念馆)在展示鲁迅生平部分的一级标题设计就是将地图作为背景底图对应主题内容,直观形象[图6-32(左)];中国共产党早期北京革命活动纪念馆在展示陈独秀雕像的时候,将放大的报纸贴在墙面上作为主题雕塑的背景,起到了渲染氛围的作用[图6-32(右)]。

2. 展架陈列

展架的陈列方式与展墙的陈列方式相似,也是通过悬挂展品来进行展示陈列,展架相对于展墙具有布置灵活、节省空间、方便更换的优势,展架的形式设计丰富多样,也可以同时与背景搭配来传播信息。展架还可以形成空间中的屏风、隔断以丰富空间视觉效果。如中国共产党早期北京革命活动纪念馆在地面实物展柜后方设计展架悬挂图文信息,并搭配相同风格的铁艺标题,丰富展览内容的同时增加展览的层次感[图6-33(左)]。在一些展厅中间,还设置了独立的玻璃薄柜展架进行陈列,既能解决展示空间不足的问题,也能起到视线分割的作用[图6-33(右)]。

图6-32　北京鲁迅博物馆(北京新文化运动纪念馆)和
　　　　 中国共产党早期北京革命活动纪念馆的墙面处理

图6-33　中国共产党早期北京革命活动纪念馆的展架陈列

（二）展柜和展台的陈列方法

1.展柜陈列

展柜是陈列文物藏品的主要载体，也是博物馆陈列的基础设备之一。其展示效果要根据不同展品的特性，对展柜的形式、材质、灯光、温度、湿度、监控设施等进行相应的设计。展柜在功能上要求操作简单、拆装方便，并具有良好的文物保护功能。展柜通常分为靠墙展柜、独立展柜等。

靠墙展柜是依靠博物馆的墙面作为展柜背板，单面玻璃展示文物的一种陈列方法，这是博物馆文物陈列普刷遍采用的一种方法。靠墙展柜又有通体展柜与半高式展柜之分。靠墙通体展柜的陈列空间大，观展效果直接，这种陈列方法使空间显得整齐而有序。北京地区大部分博物馆的常设展览都采用了这种陈列方法，如北京工艺美术博物馆的靠墙通体展柜［图6-34（左）］；中国人民革命军事博物馆的"不忘初心　牢记使命"展览中的靠墙展柜［图6-34（中）］，背景墙面复原了当年打仗的岩洞崖壁效果；北京古代建筑博物馆［图6-34（右）］根据文物尺寸和观赏需要设计高低展柜搭配，这种陈列方法使空间的视觉效果更丰富。

靠墙的半高式展柜也是展陈空间中常用的陈列方式，这种展柜方便移动，布置灵活。如中国国家博物馆的"科技的力量"专题展，采用了文物靠墙低展柜展示与地图、文字墙面展示相结合的陈列方法［图6-35（左）］；中国人民革命军事博物馆在"中国共产党领导的革命战争"陈列中大量应用了靠墙的低展柜［图6-35（右）］。这种陈列方法的优势就是可以节省展陈空间，背景墙面还可以陈列与文物相关的实物、图片和文字等资料。

图6-34　北京工艺美术博物馆、中国人民革命军事博物馆和北京古代建筑博物馆靠墙高展柜

图6-35　中国国家博物馆和中国人民革命军事博物馆靠墙低展柜

独立展柜也是博物馆文物展示比较常用的陈列方法。独立展柜布置灵活，通常可以三面或者四面设置通透玻璃，文物的观赏角度和效果更佳。独立展柜又可分为独立高展柜和独立低展柜。如民族文化宫的独立长方形展柜［图6-36（左）］、北京工艺美术博物馆中整齐排列的独立方形展柜［图6-36（中）］、首都博物馆"伟大征程"特展的独立低展柜［图6-36（右）］。

2.展台陈列

展台是承托大型实物、艺术品、模型、沙盘的陈列设施。展台的形式、色彩和材质要求与展品呼应、统一。展台的尺寸根据人的视线高度而定，一般是较大的展品使用较低的展台，小型的展品使用较高的展台。如中国人民革命军事博物馆地下一层的兵器陈列，因为文物的体量大，所以基本采用了低展台的陈列方法［图6-37（左）］。同样，中国共产党历史展览馆的器械陈列也采用了展台陈列的方法［图6-37（右）］，高度根据展品的体量大小而改变，方便游客观看。

图6-36　民族文化宫、北京工艺美术博物馆和首都博物馆的独立展柜

图6-37　中国人民革命军事博物馆和中国共产党历史展览馆器械展台陈列

（三）场景的陈列方法

为了突破实物展品在展出时对信息传播的局限性，越来越多的博物馆在展示陈列过程中采用场景陈列的方法还原一些重大的历史事件或者阐述重要人物的生平。场景最初起源于戏剧和表演艺术，然后被运用到自然博物馆的生物进化史陈列。场景陈列相对于文字语言来讲不但具有更加直观的展示效果，还具有生动、鲜明、渲染力强的特点。由于展示效果能够给观众留下深刻的印象，这种陈列方法慢慢又被运用到历史类博物馆、军事类博物馆、民俗类博物馆中。场景陈列是一种融合了艺术、建筑、舞台设计等多学科理论的综合陈列方法。场景陈列包括了背景画绘制、模型和道具制作、前景空间设计、特效灯光和背景声音等诸多方面。如今，场景陈列作为一种特殊的辅助展项已经被广泛运用在北京地区及全国的各类博物馆陈列中，是博物馆展陈中具有科学性及艺术性的重要展项。场景陈列在制作难度和费用上相对较高，所以一般会选取具有重要性和典型性的内容来进行创作，它所表现出来的情景必须与展陈内容息息相关并忠实于主题思想。

1.根据展示题材和需求分类

根据博物馆的展示题材和需求不同，场景陈列可以分为自然景观场景、历史人物与事件场景。自然景观场景主要是复原历史的自然、人工等环境。如首都博物馆四层的民俗厅采用复原老北京四合院的陈列方法，将老北京的民俗活动贯穿陈列其中［图6-38（左）］。历史人物与事件场景主要是展示历史上的重要任务和重大历史事件而复原的场景。例如中国人民革命军事博物馆的"不忘初心　牢记使命"展览中的"鏖战长津湖"就采用了场景复原的陈列方式［图6-38（右）］。

2.根据陈列规模分类

根据博物馆内容的陈列规模不同，场景陈列可以分为橱窗封闭式场景和大型开放式场景。

橱窗封闭式场景即将场景装进类似橱窗的封闭式大展柜，这样的陈列方式适合自然科学类博物馆的动物标本陈列，封闭的展示环境可以对自然标本进行保护。在空间不足的情况下，橱窗封闭式场景也适合微缩的景观展示。如图6-39所示的中国钱币博物馆中的微缩橱窗场景，以缩小比例的模型再现历史场景。

图6-38　首都博物馆与中国人民革命军事博物馆的场景陈列

图6-39　中国钱币博物馆的橱窗封闭式场景

大型开放式场景是将场景直接修建在展示空间中，由于尺寸巨大，所以不需要玻璃或者隔断物去进行保护，有的场景需要设计护栏和围栏，有的场景还可以让参观者参与进去成为场景的一部分。大型开放式场景适合展示一些历史人物事件、社会民俗礼仪、传统手工艺等内容。创作的时候既可以按照当时的面貌进行复原，也可以提取有代表性的典型符号形象加以概括，同时结合声、光、电等因素使参观者产生身临其境之感。如首都博物馆"伟大征程"特展的西柏坡中央军委作战室场景复原[图6-40（左）]、国家自然博物馆通过对自然环境及动植物的模拟使参观者获得身临其境的观展体验[图6-40（右）]。

图6-40 首都博物馆和国家自然博物馆的大型开放式场景

（四）数字化陈列方法

随着高科技的发展和数字化的普及，博物馆的展示陈列手段顺应时代的发展，在传统的陈列方法的基础上，逐渐开始利用数字媒体技术实现数字化展示，突破实体博物馆在时间与空间上的限制。这种陈列方法具有沉浸性和交互性，能让观众全方位地理解展品。数字化陈列可以依托等离子（液晶）播放屏、触摸屏、投影、幻影成像、虚拟现实等现代化设备呈现。具体的展示方式主要包括以下几种。

1. 主题影片展示

主题影片展示在博物馆展示陈列中的应用十分普遍，影片通过播放器或者投影设备直接呈现。主题影片展示的主题包括历史典故、人物事迹、自然现象、科学原理等，是进行知识科普和宣传的最直观的陈列方式。如中国电影博物馆中关于冬奥会、党歌、馆藏品、影视片段等多种内容的循环放映［图6-41（左）］、北京鲁迅博物馆（北京新文化运动纪念馆）中放映的早期黑白影片［图6-41（右）］都属于主题影片展示。

图6-41　中国电影博物馆和北京鲁迅博物馆（北京新文化运动纪念馆）的主题影片展示

2. 展品数字化展示

展品数字化展示是将展品进行数字化处理后通过一定的高科技设备进行展示的方式。立体的艺术品可以通过全息投影进行虚拟展示，平面的绘画作品可以制作成二维静态或者动态图像后，通过投影或者显示器展示出来。如图6-42所示的清华大学艺术博物馆的"栋梁"展，在围合的黑暗空间中将梁思成的建筑作品进行投影并形成影像折射，相较于展板上打印的图片资料能够更加直观、真实地进行作品再现。

3. 数字影像结合空间或场景展示

数字影像结合空间或场景展示是将数字影像应用到场景和空间中，这种陈列方法能够更好地营造空间和场景氛围，提升场景的逼真程度。数字影像结合空间或场景展示以解释一些科学现象、原理或者展示地方风俗民情为主，比如幻影成像就是在设计好的场景中投影剪辑过的影片。如中国海关博物馆一层基本陈列厅通过高寒场景的塑造与真实影像的结合，生动逼真地营造了红其拉甫建关初期的艰苦生活及海关人的坚守精神［图6-43（左）］；中国共产党历史展览馆关于中国铁路的互动装置，通过火车站影像显示使得车厢内的游客获得身临其境的体验感［图6-43（右）］。

图6-42　清华大学艺术博物馆的"栋梁"展的建筑数字化展示

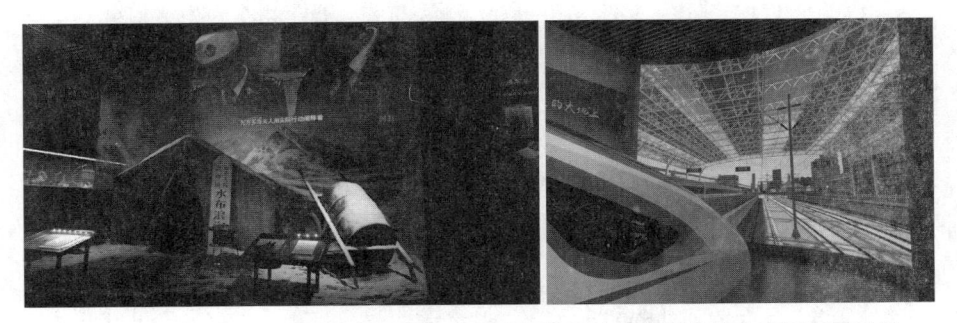

图6-43　中国海关博物馆和中国共产党历史展览馆的数字影像结合空间场景展示

（五）互动装置陈列方法

博物馆展陈为了提高观众的参与性和积极性，越来越强调互动装置陈列方法。这种陈列方法适合科技博物馆、自然博物馆、儿童博物馆等科普类博物馆。

1. 机械互动

通过电动机械的原理将展示内容陈列出来，如常见的掀板问答、机械按钮、轴承翻转等。这种陈列方法在设计时要特别注意互动装置的使用便捷性及后期维护是否方便。如图6-44所示的中国地质博物馆中传统的机械按钮及插入式互动装置，操作便捷且效果直观。

2. 人机互动

将展览的资料和信息数据写入后台软件中，通过程序编辑连接相应的显示媒介展示出来，参观者可以自由地、有选择地进行体验和获取展品信息。人机互动展示方法需要设计的要素包括UI显示界面设计、程序设计、后台软件设计、显示媒介等。人机互动的常见形式有互动答题、电子留言、交互式地面投影、实时的视频合成等。如图6-45所示的北京天文馆的人机互动装置，游客通过触碰屏幕获得相关界面信息及演示动画。

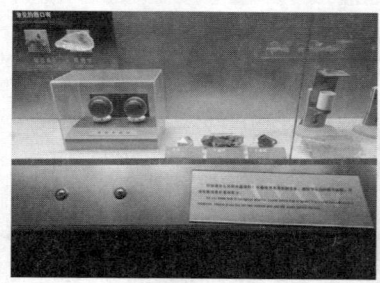

图6-44 中国地质博物馆的机械互动装置

图6-45 北京天文馆的人机互动装置

（六）艺术品装置的陈列方法

博物馆展陈的艺术品装置主要是根据展陈内容的需要而创作的造型艺术、绘画、壁画、雕塑等艺术品。博物馆里的艺术品装置受展陈要求，不同于一般的艺术创作，它要求艺术构思有科学依据，并且与陈列风格相协调，是科学和艺术的综合体。作为表现展示主题的一项内容，艺术品装置形象是经高度提炼和概括的。如图6-46所示的中国共产党早期北京革命活动纪念馆的李大钊雕像，写实的造型让观众直观地了解革命家的光辉形象[图6-46（左）]；北京天文馆中的艺术装置，根据不同行星的色彩、形态设计互动装置，供游客参观科普的同时具有娱乐休闲作用[图6-46（中）]；中国科学技术馆门厅中的大型艺术雕塑，运用与展馆空间相同的色调以及螺旋上升的形态贯穿大厅的纵向空间，与科技馆主题风格相协调，恰到好处地装饰了门厅空间[图6-46（右）]。

综上所述，博物馆的展示陈列方法丰富多样，在使用的时候一定要遵循陈列设计的原则，选择适合展品的展示方法，巧妙地利用不同的陈列方法去建设具有特色的博物馆。博物馆的本质是要通过以上这些陈列方法宣传博物馆的内容，达到让参观者受教育和娱乐的目的。博物馆的展陈设计应在满足上述要求的基础上，达到形式和本质的高度统一。随着博物馆新时代的到来，博物馆展示陈列方法也不会是一成不变的，应该随着时代的发展不断进步。

图6-46　北京地区博物馆里的艺术品装置

第四节　博物馆展陈的平面设计

博物馆属于文化展示场所，其空间属性差异较大，所以与空间配合的平面设计与普通的版式设计有一定的区别，那么该如何设计，如何与实物、装置、场景等相互配合，使其更具有表现力和说服力，这是一个值得研究的课题。博物馆展陈的平面设计是将博物馆需要陈列的文字和图片等内容在展示空间中进行一定的编排设计，使其直观地呈现给参观者。博物馆展陈的平面设计是与观众联系最密切的部分，承载着传递博物馆图文内容的重要功能。博物馆展陈的内容设计一般不包括展线里的实物、装置以及场景等，但是要配合这些实景资料来进行版式设计。博物馆展陈的平面设计最初受书籍装帧设计的影响较多，但随着高科技的发展，越来越多的声、光、电、互联网技术以及各类新型材料的介入使其设计手法变得越来越丰富多彩、新颖独特。

一、博物馆展陈的平面设计内容

（一）标题设计

标题设计主要是指博物馆展陈内容中前言、结语及每一层级标题板的设计，通常一级标题设计对应章（部分），二级标题设计对应节（单元），三级标题设计对应小组……以此类推，分层级设计。标题设计既要符合博物馆空间设计的整体风格，又要新颖、独立、醒目。如图6-47所示的首都博物馆"伟大征程"特展的标题设计。该设计结合了造型、材质、灯效等手段，呈现出丰富的视觉效果，有利于吸引观众关注并进一步了解其所蕴含的内容，同时也起到引导参观的作用。

图6-47 首都博物馆"伟大征程"特展的一级标题设计

(二)版式设计

博物馆展陈内容中的版式设计通常指的是展墙上文字与图片、表格、地图等资料的综合处理。设计时要依据展览的整体陈列风格,处理好文字与图片、实物展品之间的关系。如中国人民革命军事博物馆展陈内容的版式设计以文字和图片为主[图6-48(左)];中国法院博物馆展陈内容的版式设计中,除文字、图片外,还根据展陈内容需要将实物和视频穿插其中

[图6-48（右）]。

图6-48　中国人民革命军事博物馆和中国法院博物馆的版式设计

（三）说明牌设计

博物馆展陈内容中的各类实物展品、艺术品、场景等的说明牌设计是帮助参观者理解展品内容的重要层级，在视觉上虽然不突出，但同样是不可忽视的设计细节，设计时做到尽量简洁明了、字体美观、字号合适、突出阐释主体。大部分博物馆展陈中是将说明牌直接斜立或者粘贴于展台上，也有一些展览直接将说明文字粘贴于文物下方的柜体或者墙体上。如中国古动物博物馆将说明牌作为附件斜立在文物旁［图6-49（左）］，而中国国家博物馆的"古代铜镜文化"展则将说明文字粘贴于展柜下侧［图6-49（右）］。

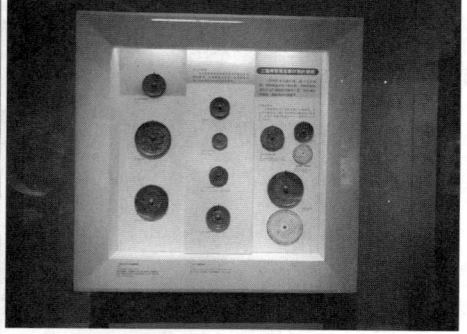

图6-49　中国古动物博物馆和中国国家博物馆的说明牌设计

（四）多媒体互动页面设计

多媒体互动页面设计是为了拓展阅读、增加趣味性和互动性，主要依靠高科技来实现人机交互。多媒体互动页面设计也是博物馆平面设计中的重要部分，设计风格要求与博物馆整体空间设计风格、色调和平面设计相匹配。如图6-50所示的北京历代帝王庙博物馆中百家姓与三皇五帝的多媒体互动页面设计与该馆的整体设计风格一致。

图6-50　北京历代帝王庙博物馆中百家姓与三皇五帝的多媒体互动页面设计

（五）空间标识导向设计

博物馆空间标识导向设计属于环境识别设计，是引导性强的视觉识别系统。博物馆空间标识导向不仅是简单的信息指示，更是让参观者快速了解整个展示空间形态构成以及各个功能区在整个空间中所处位置的向导。博物馆空间标识导向系统发挥着参观动线识别、人流导向等重要功能，让博物馆的展陈更加完整。空间标识导向系统设计首先要符合空间设计的整体风格，其次标识导向中的标题文字要醒目而清晰。博物馆空间标识导向主要包括室外展馆指示牌、室内楼层导示图、展陈空间功能分区图、展示区域标识图形等。在空间标识导向设计的时候需要注意以下几点。

（1）空间标识导向设计应考虑与整体博物馆建筑的色彩、博物馆展示主题与内容、博物馆室内展陈特点等相呼应。如图6-51所示的北京天文馆导览牌设计，其以蓝色与圆形为主的设计风格符合宇宙的展览主题。

（2）布置空间标识导向位置时要充分研究参观动线，并归纳参观者在博物馆内部的参观行为，真正起到引导参观者观展及安全疏散的作用。如中国电影博物馆的立式导览牌［图6-52（左）］与展厅内地面导向标识［图6-52（右）］，清晰明了地为观众提供参观方向指引。

图6-51　北京天文馆的空间标识导向（导览牌）设计

（3）规模较大、综合类的博物馆标识图形设计需要对所设计的标识信息进行分类，明确信息之间的上下层关系，并分层级地将信息表达出来。例如国家自然博物馆的总导览图，明确表达各楼层平面布局及空间信息对应。图6-53所示为国家自然博物馆展厅平面分布图。

图6-52　中国电影博物馆立式导览牌及展厅内地面导向标识

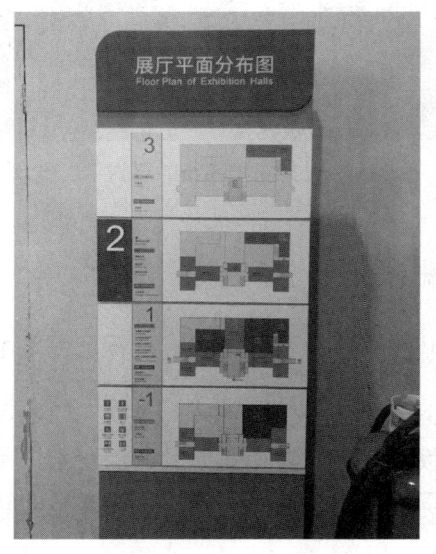

图6-53　国家自然博物馆的展厅平面分布

二、博物馆展陈的平面设计方法

（一）网格设计法

网格设计法是博物馆展陈平面设计的基础手法，通过网格设计来安排版面的图片和文字，使内容结构产生一定的秩序、节奏和韵律。如图6-54所示的北京市档案馆的展陈平面设计，将色块、文字、图像在同一模式的网格中进行分割排列，合理控制文字与图片的比例，使版面更加规范整齐，以缓解参观者的视觉疲劳。

图6-54　北京市档案馆的展陈平面设计

（二）立体编排法

立体编排法是根据展示空间需求，将博物馆展陈平面设计进行立体编排形成三维空间效果，使内容凸显生动，避免乏味。博物馆展陈平面立体编排不仅包括同一版面视觉元素相互形成的深度与广度的变化，还包括博物馆展陈平面元素的立体化处理，立体编排法使得博物馆展陈平面设计更加生动直观，与空间的匹配度更高。如中国共产党早期北京革命活动纪念馆在展示北京地区工人阶级队伍的数据对比［图6-55（左）］和数据统计［图6-55（右）］时均采用了立体编排法，这样一来内容信息更加直观易读，并使空间更加丰富生动。

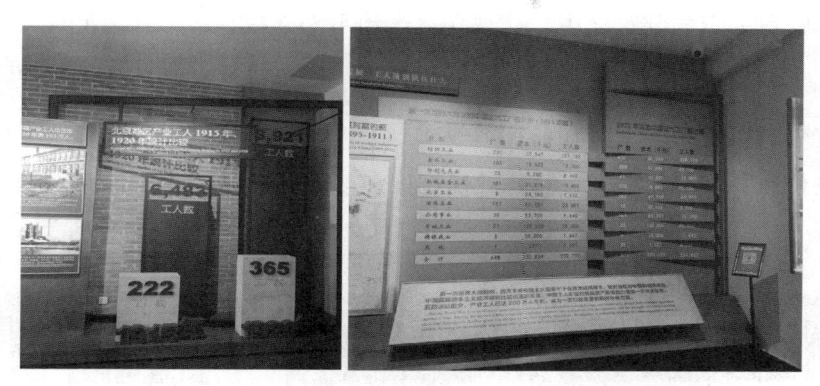

图6-55　中国共产党早期北京革命活动纪念馆的展陈平面立体编排

（三）多媒介混合设计法

随着现代化高科技的发展，越来越多的多媒介混合设计方法（如将传统印刷媒介与现代多媒体、平面视频结合在一起）使博物馆展陈平面设计达到更加丰富的视觉效果。如中国人民革命军事博物馆的多媒介混合设计，采用了图片、视频、LED板结合的搭配方式，并融入互动媒体设施，达到丰富多样的展示效果［图6-56（左）］；中国法院博物馆的多媒介混合设计，将多个显示屏中图像、视频相结合，使历史情景真实再现，感染力丰富［图6-56（右）］。

图6-56　中国人民革命军事博物馆和中国法院博物馆的多媒介混合设计

（四）互动装置设计法

互动装置以立体的形态出现在空间中，形态生动有趣，通常把展示信息隐藏在一定的装置之中，让观众自己动手来寻找答案，客观上提高了观众参与的热情和发现的乐趣，同时也提升了展览的质量和传达的深度。如老舍纪念馆中关于老舍作品的数量统计，通过旋转筒轴将相同色彩对应以获取信息［图6-57（左）］，通过抽拉展板的方式让观众获取图片资料［图6-57（右）］。

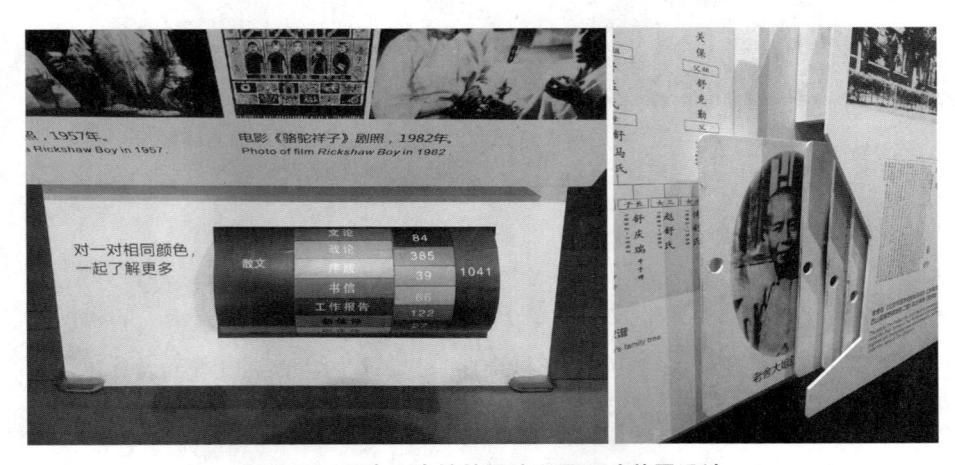

图6-57 老舍纪念馆的展陈平面互动装置设计

三、博物馆展陈的平面设计要点与人体工学

（一）平面设计中文字、图像、表格的可视化转化

博物馆展陈大纲通常是以文字、图片、表格等文本内容来呈现博物馆的主题，平面设计师需要对这些枯燥的文本内容进行综合分析，充分发挥图形语言的艺术性和装饰性特点，根据大纲重点来转化内容，使其更加容

易理解和可读。如中国人民革命军事博物馆的版式可视化转化，根据数据编排成立体柱状图，并将缴获武器进行形象绘制与数据相对应，这样的展示效果直观明了［图6-58（左）］；首都博物馆的古都北京历史文化篇版式可视化转化是利用时间轴对文物图片、重大事件进行编排，版面中的资料图像经过调整后与版面色彩协调匹配，这种可视化的转换使得展示内容易于理解［图6-58（右）］。

图6-58　中国人民革命军事博物馆和首都博物馆的版式可视化转化

（二）平面设计中的色彩搭配

色彩是平面设计中重要的视觉要素，与博物馆的整体空间色彩和材质搭配有很大的关联。通常在博物馆整体设计之初，往往会根据展陈大纲和内容给每一个展厅确定与主题内容相符的专用色，因而平面设计的主题色需要与该展厅的专用色统一。如中国现代文学馆在展示社会主义新中国文学篇章使用了大面积的红色［图6-59（左）］，红色是革命热血的象征，表达革命斗争迎来新中国时期文学的百花齐放，因此空间中的平面设计也采用了红色底色和白色字体的搭配［图6-59（右）］。

106 / 从历史走向未来

图6-59 中国现代文学馆的空间与平面设计色彩

（三）版面设计的视线范围

在博物馆版面设计中，以人的视平线为版面设计的中心位置，一般把最重要的展示内容安排在接近视平线中心的范围内。因此，版面设计视线范围的理想高度为距地面0.8—2.5米的位置，有些情况下根据博物馆主题和空间的不同，可以适当调整版面设计高度。如果空间的版面设计高于2.5米，通常会布置一些大型的图片资料作为背景来渲染氛围。如图6-60所示的中国共产党历史展览馆，因其建筑层高较高，其展墙版面信息的视线范围也相对较高，版面设计的高度为距离地面3.5—4.5米。

图6-60 中国共产党历史展览馆的版面设计

四、博物馆展陈的平面设计工艺

（一）打印或印刷

将平面设计内容打印在不同媒介上或者通过丝网印刷在布面、木板、铝板、钢板、玻璃、亚克力等建筑板材上，然后再固定于展墙的基础面上，不同的媒介有不同的基础制作工艺。这种制作工艺是目前北京地区乃至全国博物馆平面设计中应用较多、较广泛的一种工艺。如没有共产党就没有新中国纪念馆的序厅，其中心雕塑的背景是将展示内容通过丝网印刷在半透明的纱布上并悬挂于空间中［图6-61（左）］；李大钊旧居展厅展墙上的文字内容则是在铝板上丝网印刷后装裱在木工板上并固定于墙面上的［图6-61（右）］。

图6-61　北京地区博物馆中的版式设计印刷工艺

（二）立体雕刻

通过机器或者人工雕刻在木板、亚克力、铜板等不同的建筑板材上，然后再做饰面处理，这种工艺通常运用在需要重点强调或者醒目的版式设计上。如大钟寺古钟博物馆的地面浮雕，通过在铜板上局部阳刻来呈现古钟的传声范围［图6-62（左）］；中国现代文学馆走廊空间的装饰墙同样采用局部阳刻和立体浮雕的手法，使中国古文字与传统纹样的图案切合展馆主题，有利于渲染书香气息［图6-62（右）］。

图6-62　大钟寺古钟博物馆的地面浮雕和中国现代文学馆走廊空间的装饰墙

（三）板材腐蚀

板材腐蚀是将需要的图文在铜板、铁板、玻璃板材上进行腐蚀。这种工艺可以运用在一些需要重点突出的提纲或者内容上，具有很强的艺术渲染力和厚重感。如中国共产党早期北京革命活动纪念馆中的地图版式内容，将地区名称腐蚀在铜板上并结合房屋体块进行了立体化处理［图6-63（左）］；中国铁道博物馆中的内容介绍同样采用将信息蚀刻在铜板上的工艺手法［图6-63（右）］。

图6-63　北京地区博物馆中的板材腐蚀工艺

（四）声、光、电技术和普通版面的组合

声、光、电技术和普通版面的组合使用能使展陈内容重点突出，形成展陈内容节奏上的变化，其呈现方式包括灯箱、霓虹灯、LED板等。如中国电影博物馆的标题版式设计［图6-64（左）］和中国妇女儿童博物馆的"丝绸之路"［图6-64（中）］，均采用了灯箱的方式来突出内容；北京天文馆的版式内容设计［图6-64（右）］也采用了灯箱和霓虹灯的设计工艺，冷色的渐变灯光和形态给予参观者较强的科技感和未来感。

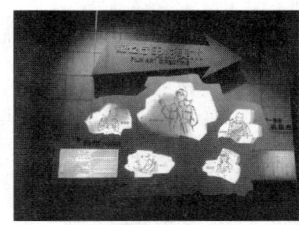

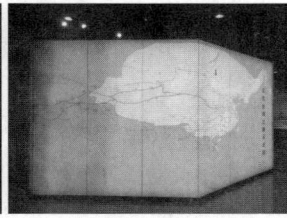

图6-64　北京地区博物馆版式设计中声、光、电技术组合

本节分析了博物馆平面设计的主要内容、方法、设计要点以及制作工艺。现代高科技的发展及设计观念的变化给博物馆平面设计带来了很大的灵活性和不确定性，博物馆平面设计也为顺应时代发展而不断更新。设计者在充分理解展陈大纲和文本的前提下，需要把握两个方面，一方面是平面设计的原则与方法的不变，另一方面是平面设计的载体与工艺的多变，若能将这两方面高度结合起来，便能保证博物馆平面版式设计形式的独特动人，给参观者提供一个最佳的阅读与参与方式，也能更好地传达博物馆的文化内涵与艺术魅力。

第五节　博物馆的照明设计

贝聿铭曾说："光一直在我的作品中扮演很重要的角色。我很喜欢早期

的立体派雕塑，没有了光，就无法欣赏它们，建筑也一样。对我来说，光对建筑实在是太重要了，没有了光的变幻，形态便失去了生气，空间便显得无力。光是我在设计建筑时最先考虑的问题之一。"一座博物馆的展陈设计也是建筑设计的一部分，陈列艺术要与建筑艺术很好地融合与互动。"光"的作用，不仅是照明，还会给空间增加活力，真实呈现博物馆的展示内容。这里的"光"指的是展陈艺术中的照明设计，它不仅能勾勒出不同质地文物展品的表情，还能划分空间区域，营造和渲染陈列空间氛围，提升展示信息传递效率。良好的博物馆照明设计既要保证参观者的舒适度，又要做好展品的保护——避免光所附带的紫外线对展出文物造成损害。所以，如何兼顾好两者的关系，是博物馆照明设计的关键。

一、博物馆照明设计发展概况

16世纪至19世纪末，博物馆照明基本是以天然采光为主。20世纪20—30年代是天然采光辅以白炽灯的时代。20世纪40年代，世界博物馆进入发展期，展陈理念有了新的变化，照明技术也随着工业发展有了创新与提高，在展陈照明上虽然还是以天然采光为主，但人工照明已开始发挥重要的辅助作用。随着大量文物、标本自库房进入展厅，基于文物保护的需求，博物馆的照明设计开始从以天然采光为主慢慢过渡到以人工照明为主的模式，这一时期博物馆建筑也出现了少窗或无窗状态，且风靡欧美地区的博物馆。在我国，20世纪50年代北京市新建的一批博物馆（如中国革命博物馆、中国人民革命军事博物馆、北京自然博物馆等）的陈列依旧以建筑的低侧窗采光作为展厅的主要照明光源。20世纪60年代开始出现针对白炽灯、金卤灯、卤素灯等传统光源的专业博物馆照明灯具开发，包括低压供电、配件研发、标准构件等。20世纪80年代，透镜、滤镜等光学配件技术逐渐成熟并开始应用于洗墙配光中，因此，以参观体验为基础的灯具开发也初步成型。20世纪90年代，国外博物馆专业照明灯具已经向细节、外观、结构等更加深入的层次迈进。进入21世纪以来，随着LED技术应用的启动，博物馆专业照明灯具开始突破传统的产品设计，向着多照度、多色温、多配光的方向全面革新。

二、博物馆照明设计的原则

（一）文物保护原则

现在大部分博物馆的照明设备多使用LED光源，虽已处理掉了绝大部分红外线和紫外线，但照明设备仍产生一定的热量，会影响到文保环境温湿度值。故博物馆照明设计要按照国家制定的相关标准及规范执行，如《建筑照明设计标准》（GB 50034—2013）、《博物馆照明设计规范》（GB/T 23863—2009）等。相关标准及规范针对博物馆展厅的照度、显色性、防眩值等有明确的要求，能最大限度地保护文物。

（二）满足全龄原则

全龄原则是指博物馆照明设计要面向各年龄段群体，即在做好文物保护的前提下，灯光照明应把握恰当的照度值，既要满足老年观众的观展识别度，又要关注到少年儿童群体的视力保护问题。

（三）低碳环保原则

低碳环保原则即从博物馆照明设计阶段开始，充分考量通过照明控制系统、照明设备类型、自然光合理运用等手段，将展厅内灯光照明的电能消耗、热量指标做好规划并在展陈制作过程中严格执行。为实现一个良好的展陈灯光照明，完美呈现展示主题，照明设计需要与展陈设计同步进行。在设计过程中，要充分考量参观者与展品和展陈空间的有机联系，把握和运用好照明设备参数和数量。具体要求有如下三个方面。

1.显色性

在博物馆照明设计及应用中,对于陈列绘画、彩色织物及多色展品等对辨色要求高的展品和背景,应采用显色指数(Ra)不低于90的照明光源;而对于辨色要求不高的区域,显色指数(Ra)一般不低于80。光源的显色性直接影响着展品色彩的色调及饱和度。

2.均匀度

一般画面的最低照度和最高照度之比不应小于0.7;特大画面的最低照度和最高照度之比不应小于0.3。

3.对比度

对比度是展品表面亮度与背景或环境亮度的比值,通过对比使其从背景及周围环境中凸显出来,让观众的视线聚焦在展品上,形成视觉上的引导。

博物馆照明设计过程中,在对以上几个关键指数做考量的同时,还要结合展陈内容和制作形式考虑灯具的安装位置及布光角度。点、线、面光的布光位置确定后,要通过照明软件和现场试验等方式验证其效果。

三、博物馆照明设计的功能

(一)空间氛围的营造

光是视觉的媒介,是博物馆空间的造型手段,也是展览空间必要的外部支撑。博物馆照明设计是准确表达设计思想的先决条件,可以直接或者间接地表现展陈的艺术主体。在设计中巧妙地使用光,可以创造舒适和谐的展陈空间,满足观众的身心需求。一般情况下,直接照明可以塑造空间的明亮感和紧凑感,间接照明可以增加空间的进深感;暖色光带来温馨舒适的氛围,冷色光形成通透肃静的气氛;高照度带来开阔感,低亮度塑造深邃感。此外,还有光色、角度等诸多可以调整的照明要素我们可以通过这些要素的设计,满足博物馆空间不同的氛围需要。

（二）空间方位的引导

光照在哪里，人的视觉就跟在哪里；光移动到哪里，人的视觉就移动到哪里。观众在博物馆中的行为主要集中在"看"这一视觉活动上，是视觉与光环境品质和展示设计优劣评价的重要指标。眼睛具有趋向明亮光线的倾向，光照射的空间越大，人们视觉感受的空间范围也越大。即使空间很大，但若光只照射某一区域，那么在照射范围以外的空间，在人们视觉上就没有存在的意义。因此，光有引导和指示人类视觉的作用。在制订展示视觉语言方案时，一方面要展示视觉语言本身的美观与艺术感性，另一方面要起到引导观众的视线的作用，通过重点照明或者高亮区域，引导参观动线，突出重点展品。

（三）陈列展品的表现与塑造

光对物体有塑造作用，照明设计也是一种艺术创作形式，照明对重点立体展品一般通过若干光源从多角度对其照射来实现。灯具的不同位置和照射角度，会带给观众不同的形象感受；如果把灯光的位置、色度、光色和照射范围都做改变，那么物体的形象变化也会随之改变。照明设计中需要用光塑造展品效果，平衡展品之间、展品与整个空间的亮度、色彩、对比度等照明要素的关系。从视觉舒适度的角度而言，不同类型的展品不建议放在一起。做好展品分区、根据展品类型分别进行灯光调试，也是文物保护方面的需要。展品的类型、材质、形态会由于照明的角度、距离、亮度、背景的不同，呈现出不同的样貌。例如，对于色彩表现要求比较高的油画，可以选取带紫外线过滤装置的射灯投光照亮，选用低色温和高显色性的光源；而对于雕塑类立体展品，可以在展品周围选择合适的位置、角度投光照亮，突出表现主要的细节和色彩，并结合环境进行布置。在照明设计中需紧扣陈列主题的要求，紧抓形式设计的艺术表达风格，利用光和影的艺术变幻来突出展品的特点。

（四）观众行为的影响

博物馆中的观众对物体的识别速度会与照明有直接的关联。当观众处在良好的陈列光环境照明条件下，可以缩短视觉所需的时间，还可以提高识别事物的效率。另外，识别事物的速度还与目标物体的尺寸大小有关，也与亮度比和环境亮度差有关。光色及色温可以表达某种意义并对人的心理产生作用。一般来说，红光给人以兴奋、激动、热闹、喜庆和光荣的感觉，黄光给人以灿烂、温暖、轻柔、高贵和希望的感受，绿光给人以明快、清新、健康、生命和青春的印象，蓝光给人以凉爽、深远、明净、和平与智慧的遐想，白光给人以纯洁、干净、庄重的想象，博物馆陈列的背光会给人一种深沉、厚重、高大、静穆的印象，文物展品的侧光也会给人带来含蓄而鲜明的感觉。因此，色温和光色的选择可以传达给观众不同的设计思想及空间主题，合理利用观众的心理尺度，能让光产生更为突出的艺术美感，提供更深层次的精神享受。

展览照明服务的对象是人，所以观众的使用需求也是照明设计需要重点考虑的内容。观众的视知觉是参观体验中最重要的内容，需要根据观众的生理、心理需要来控制照度、亮度、对比度、色彩、空间分布等照明要素。视知觉之外还需要考虑观众的一些特殊需要，如在低照度展览空间中，在台阶、障碍物处设置安全照明作为提示。还可以将安全照明与室内照明艺术效果相结合，比如以序列灯具照亮分割界面，能起到提示作用。对于空间中经常需要拍照的位置，可适当增加垂直照度，以满足拍照需要。

四、博物馆照明设计的类型

在照明设计中，发出照明光的物体，统称为光源。博物馆展陈空间中的照明光源分为利用太阳光的"天然采光"、利用人工光源的"人工照明"，以及利用天然采光和人工照明相结合的混合照明。北京地区的大部分博物馆都采用天然采光和人工照明相结合的照明方式，如中国国家博物馆、首都博物馆、中国电影博物馆、中国科学技术馆、中国美术馆、国家自然博物馆、清华大学艺术博物馆等，在公共区域都采用了天然采光。展厅内部的照明主要用于展墙、展板、展柜、文物、场景、雕塑、艺术品照明等。

（一）天然采光

自然光的变化流动是室内空间与大自然最直接的交流。天然采光能带来开放明亮的空间体验。一方面，绿色节能，显色性强；另一方面，自然光充足的空间能改善参观者的情绪体验，增加参观的舒适感。自然光可作为博物馆公共空间中最主要的光源，是场馆解读艺术与表达情感的重要工具。而在引入自然光时也要注意采光口的设计处理，比如遮光百叶的精细设计、采光玻璃的防紫外线处理等，避免因自然光所附带的紫外线、热量等因素造成展品损伤及参观者的不适。

1. 天然采光的分类

根据光源的方向和采光口，天然采光通常分为侧窗采光和顶窗采光。

（1）侧窗采光。侧窗可分为低侧窗和高侧窗，是建筑物侧面所开的采光口。低侧窗窗台高度一般距地面1米左右，高侧窗窗台高度一般距地面3米以上。侧窗采光是博物馆里常用的一种采光方式，其优点是构造简单、管理方便、自然通风较好、造价低、经济实用、维护方便；缺点是采光照度分布欠均匀，容易形成眩光。如中国法院博物馆［图6-65（左）］和中国共产党早期北京革命活动纪念馆［图6-65（右）］都是根据旧有建筑进行布展，普遍采用了侧窗自然采光的手法。

（2）顶窗采光。顶窗采光是指在建筑物顶部开设采窗口的采光方式。目前，国内外很多博物馆的公共空间都利用这种采光方式。其优点是照度均匀、照度值较高。因采光口不占用墙面，保证了展面的完整性，利于布置展品，且不易产生直接眩光。其缺点是顶窗玻璃易漏水、存尘土、积雪等，清理维护成本较高，自然通风不良的情况下还要借助室内通风系统，增加了能耗成本。如北京天文馆的大厅［图6-66（左）］和北京鲁迅博物馆（北京新文化运动纪念馆）的序厅［图6-66（右）］都采用了顶窗采光的方式。

图6-65　中国法院博物馆和中国共产党早期北京革命活动纪念馆的侧窗采光

图6-66　北京天文馆和北京鲁迅博物馆（北京新文化运动纪念馆）的顶窗采光

2. 在运用天然采光时应注意的事项

在展品保护方面，自然光往往照度很高，对展品会产生严重的损害，因此，需要区分展品能否暴露在自然光下。同时，由于紫外线、红外线对文物的损害，需通过特殊材料及技术手段进行过滤，尽量减少不可见光区域的曝光量。多数情况下可以通过漫射、降低自然光照度、增设可控帘幕、减少照射时间等方法，寻求展品保护和光环境设计效果的平衡。

在色彩及眩光方面，空间色彩也是自然采光设计的要素之一。自然光的显色性非常优秀，设计中需要考虑展品在自然光下所呈现的固有色彩与在人工照明环境下所呈现的色彩的区别，避免引起展示效果的偏差。

（二）人工照明

在博物馆陈列展览设计中，天然采光虽发挥重要作用，但因受制于光照强度、光照时间等因素，仍需要人工照明的补充。人工照明不受时间、地点、气候的影响，光源位置可调节，光照强度及色温、布光等可控，能够很好地显示文物固有的色彩和质地，增强展示的艺术效果。人工照明的投射方向与呈现的照明效果直接相关，所以在照明设计中，要依据展示物的需求和特点，合理确定投射方向、范围和强度等。人工照明的光源主要包括顶光与顶侧光、侧光、底光与底侧光、隐蔽光源等。

博物馆展陈中的人工照明讲究主光和辅光的和谐搭配，主光在照明设计中起主导作用，具有强照度，并有明确的方向性，是展品陈列的主要塑形光。辅光是展览环境中的反光和低于主光的辅助光源，能给予展品均匀的照明。在展览中，人工照明的方式主要分为以下几种。

1. 整体照明

整体照明是一个展览空间中最基础的照明系统，令观众易于看清楚展出物品及整体环境。其照度不宜太强，可采用技术处理后的顶棚自然光或均匀固定在顶部的照明设施，使光线柔和、均匀、舒适。如中国工艺美术馆·中国非物质文化遗产馆［图6-67（左）］和北京工艺美术博物馆展厅［图6-67（右）］的顶部都采用了轨道灯，均匀布置形成空间中的基础照明。

2.局部照明

局部照明是根据展览设计需要,为照亮某一局部和重点展品而设计的照明。一般来讲,展柜里面的照明、空间中的重点照明都属于局部照明。如中国钱币博物馆对钱币的重点照明[图6-68(左)];清华大学艺术博物馆的"华夏之华——山西古代文明精粹"特展中的局部照明[图6-68(右)],这种照明方式能够凸显展品的色彩与质地。

图6-67　中国工艺美术馆·中国非物质文化遗产馆和北京工艺美术博物馆的基础照明

图6-68　中国钱币博物馆和清华大学艺术博物馆的局部照明

故宫博物院慈宁宫全馆采用LED灯具,既节能又不受红外线、紫外线的辐射。由于展品均为雕塑,多数采用的是立体照明方式。由于建筑本身不能破坏，所以照明采用架空方式。灯具的外形消隐在建筑中，不破坏建筑的整体美感。另外，可采用DALI系统控制照度及光照时间。慈宁宫整个建筑空间的光照环境非常漂亮，建筑空间采用LED轨道灯具照射，单灯手动调光，使古建空间、彩画、雕刻的光照都能得到很好的控制和展现。照明系统在建筑空间8米处悬吊以碳纤维为支架的灯具。空间上实现上下两个层次的照明效果，展厅环境照明采用ERCO轨道灯，展柜照明采用WAC吊装灯具。图6-69为故宫博物院慈宁宫雕塑馆的照明设计。

首都博物馆依据《博物馆建筑设计规范》（JGJ 66—2015）、《建筑照明设计标准》（GB 50034—2013）、《博物馆照明设计规范》（GB/T 23863—2009）等进行了专业的照明设计，馆内以卤素灯为主，部分使用了LED灯具。室内功能区域照度合适，能够满足通行需求，照亮墙面展板的卤素投光灯无眩光。图6-70为首都博物馆展厅的照明设计。

图6-69 故宫博物院慈宁宫雕塑馆的照明设计

图6-70 首都博物馆展厅的照明设计

3.氛围照明

氛围照明是为了打造视觉上的艺术效果而采取的一种特殊照明方式，该照明方式通过色彩及动感上的变幻，营造展示氛围。它将照明技术与装饰艺术相结合，辅助于重点照明和整体照明，提升展示效果，给观众带来良好的视觉享受。如中国共产党历史展览馆的冷色灯光渲染萧瑟艰苦的军旅征程［图6-71（左）］、暖色灯光营造温馨的往昔时光［图6-71（右）］。

图6-71 中国共产党历史展览馆不同主题展陈的氛围照明

（三）混合照明

混合照明是由天然采光和人工照明结合形成的一种照明方式。此种照明方式的特点是运用灵活、表现手法丰富，便于营造特殊照明效果。如中国科学技术馆在公共区域采用天然采光［图6-72（左）］，在展厅空间内则采用人工照明［图6-72（右）］。

中国美术馆展览照明方式整体采用自然光与人工光相结合的方式，自然光使用可控百叶窗调节光线，人工光又可分为发光顶棚（用于布展和清扫的基础照明）、线性洗墙照明（展览照明的基础光）、轨道照明系统（以窄光、中光、宽光配光为基础，搭配多种光学透镜）、天花灯槽（用于营造氛围的间接照明）等。展览照明皆使用传统卤素光源，荧光灯为辅助；咖啡休息区、纪念品售卖区结合装修及展柜使用部分LED光源。图6-73为中国美术馆展厅内的人工照明效果图。

图6-72　中国科学技术馆公共区域的天然采光与展厅内的人工照明

图6-73　中国美术馆展厅内的人工照明

中国人民抗日战争纪念馆的照明灯具全部采用人工智能控制。照明主要采用了LED产品，并与智能控制相结合。照明与展陈的声、光、电、控相结合，模拟与还原战争和伟大胜利的历史场面。展厅照明分别为展板照明、展柜照明、场景照明、雕塑照明、文物照明、艺术品照明。其中，展板照明采用LED灯具（色温为3500K，单灯调光等），展柜内照明采用洗墙照明与重点照明方式相结合，重点照明选用LED可调光射灯。图6-74为中国人民抗日战争纪念馆序厅和展厅内的人工照明。

图6-74　中国人民抗日战争纪念馆序厅（左）和展厅（右）内的人工照明

博物馆照明设计的目标是给观展人群创造一个高品质的视觉光环境，显现博物馆独有的价值。合宜的博物馆光环境不仅要求照明技术达标，还要求光环境契合于载体。如今，博物馆照明技术飞速发展，其设计标准、规范也在不断调整，在具体照明设计时，务必遵循最新的标准、规范，与时俱进，为观众呈现最佳的视觉效果。

（注：本章鸣谢北京尤意斯科技公司吕有先生、三信红日照明公司刘宏剑先生提供的专业技术咨询）

第七章　北京地区博物馆的文创与智慧服务

第一节　博物馆的文创研发

2020年，习近平总书记在中央政治局第二十三次集体学习时强调："让收藏在博物馆里的文物、陈列在广阔大地上的遗产、书写在古籍里的文字都活起来。"这给博物馆人指明了努力的方向，除了举办展览、开展社会教育，博物馆文创产品研发成为博物馆文化推广和体验的另一种方式。把博物馆记忆带回家，满足公众需求，成为让文物"复活"的另一种手段。北京地区各博物馆从自身藏品和文化主题方面摸索实践，研发的很多文创产品获得了公众的认可和热捧，有的文创产品还形成了网络热效应，带动了民众对整个博物馆的关注，参观量也随之上升。

一、博物馆文创概念及国内外文创业发展状况

（一）博物馆文创概念

狭义的博物馆文创是指依据博物馆自身主题，利用博物馆的馆藏品、展览及展览相关的物质及非物质的文化元素，通过策划、构思所设计生产出来的文化创意产品。

广义的博物馆文创可以理解为蕴含博物馆自身文化的各种创意产出，

包含为公众提供的一切具有创造性内容的产品及服务，至少包括博物馆展览、数字展示、图书出版、教育活动、文化主题餐饮服务等。南京博物院名誉院长龚良认为，"博物馆的文化创意产品是博物馆内所有创造性劳动的产物。因此，将试点开展的文化创意产品确定至少有以下三个方面：原创展览、教育服务项目、文创衍生商品"。

博物馆文创的公众服务属性显而易见。国际博物馆协会2007年将博物馆"教育"调整到了首位，反映了国际博物馆界对博物馆社会责任的强调和对博物馆社会效益的关注，体现了博物馆由"文物藏品导向"向"社会需求导向"的一种自觉转变。"藏品是博物馆的基础，教育是博物馆的灵魂。"随着博物馆免费开放和人民生活水平的提升，公众的文化消费意识越来越强烈，加之网络电商平台的助推，各博物馆文创产品也在加速发展。为公众提供多元化服务，满足日益增长的文化需求，成为博物馆的首要使命。

（二）国内外文创产业发展状况

欧美发达国家的博物馆文创产品开发及商店运营起步较早，成果卓著。国际博物馆商店协会成立于1955年，是在美国丹佛地区成立的文物衍生品机构，旨在提供博物馆藏品再现与教育服务的机会，加强公众对馆藏品的兴趣，使公众更加喜爱和亲近博物馆。位于美国纽约的大都会艺术博物馆不但拥有美国最大的艺术博物馆商店，同时还在日本、澳大利亚、墨西哥等国家设有分店，可以说是博物馆商店的先行者。在其5000平方米的大型文创商店里，每件文创产品都是经艺术家、设计师、历史学家等研究、设计及把关的，完全满足了各类型观众的需求，已然成为最受欢迎的博物馆"展厅"。大都会艺术博物馆在文创研发的同时注重服务与营销，提供线上商店，方便全球公众选购，其每年上亿美元的收入也有效解决了博物馆部分资金不足的难题。英国的大英博物馆的文创店里，围绕一些知名的馆藏品开发了种类繁多的文化产品，遍及生活的方方面面，照顾到了不同年龄层观众的消费需求。纽约现代艺术博物馆在馆内和馆外开设了3家艺术商店，非常注重品质与材料的创新使用，主打口号是"买得起的艺术"，大大吸引了艺术爱好者及各层次的顾客，让艺术渗透到百姓生活的方方面面，并因此取得了良好的效益。

虽然我国的博物馆文化产业起步较晚，但发展速度较快。随着我国国力的增强，百姓物质生活富足之后，越来越追求精神层面的满足。2004年，我国将博物馆纳入文化产业的第四类，即公共文化服务体系建设的范围内。博物馆在满足其藏品保存、研究、展示及教育的职能之上，更致力于引起公众兴趣与文化需求的产品的体验及服务，文创产业已成为博物馆功能的重要组成部分。很多有影响力的大馆，尤其是省级博物馆在近几年都取得了可喜的成绩，产生了良好的社会效益与经济效益。如故宫博物院、中国国家博物馆、首都博物馆、上海博物馆、河南博物院、陕西历史博物馆、南京博物院、苏州博物馆等。在运营模式上，这些馆大多成立了具有独立法人资格的馆属企业，专门从事文创产品的开发及推广，如国博（北京）文化产业发展有限公司、北京首博文化发展有限公司等。

二、国家政策推动下的中国博物馆文创

20世纪90年代，我国博物馆在文化产业发展、文旅融合方面的作用已愈加凸显。《2001—2002年中国文化产业蓝皮书总报告》提到"博物馆已成为文化产业争夺的前沿"。2015年3月起实施的《博物馆条例》第三十四条明确提出："国家鼓励博物馆挖掘藏品内涵，与文化创意、旅游等产业相结合，开发衍生产品，增强博物馆发展能力。"2016年3月，国务院印发《关于进一步加强文物工作的指导意见》，明确提出"大力发展文化创意产业"。2016年5月，国务院办公厅转发文化部等部门《关于推动文化文物单

位文化创意产品开发的若干意见》，文化部、国家文物局先后确定和备案了154家试点单位。2018年7月，中央全面深化改革委员会第三次会议审议通过，由中共中央办公厅和国务院办公厅联合发布《关于加强文物保护利用改革的若干意见》，再次强调"文物博物馆单位要强化基本公共文化服务功能，盘活用好国有文物资源。支持社会力量依法依规合理利用文物资源，提供多样化多层次的文化产品与服务"。2019年5月，在中央宣传部版权管理局等部委的大力支持下，国家文物局印发了《博物馆馆藏资源著作权、商标权和品牌授权操作指引（试行）》的通知，这对开展博物馆馆藏资源授权、进一步盘活文物资源、丰富文化消费供给、满足人民群众美好生活需求具有重要意义。一系列政策促使我国博物馆文创产业快速发展，博物馆文创产品已然成为博物馆文化传播的一种行之有效的方式，极大地扩展了其社会功能，逐步形成了使文物"活起来"的共识。利用好自身资源，将优秀传统文化创造性转化和创新性发展，成为当今博物馆工作的重要目标。

三、文创产品的开发途径及营销模式

（一）文创产品的开发途径

1. 自主开发

自主开发即博物馆自己投入资金，依靠本馆的设计团队研发、创意设计，市场配合加工制作的模式。

2. 联合开发

联合开发是指虽然博物馆方了解文物内涵、掌握着文物资源，但是文化资源转化为文创产品需要投入大量资金和专业人员，博物馆方不能实现自主开发，需要与社会上的文化公司、制作单位协作的一种开发模式。这种文创产品的开发模式成为很多博物馆的首选。

3.授权开发

授权开发是指馆企合作、跨界融合，进行博物馆文创IP授权。授权开发要坚持社会效益优先的授权原则，因地制宜地选择授权事项，让馆藏资源处于可控范围之内。同时，博物馆方要加强监管力度，强化对知识产权的保护，坚守博物馆的公益性和文化性。

（二）文创产品的营销模式

1.文创联盟

北京于2020年12月创立全国红色文创联盟，成员单位有41家。江苏省则以南京博物院、全省各地博物馆以及江苏省博物馆学会为依托，成立了"江苏省博物馆商店联盟"，由江苏省各地博物馆商店自愿加盟组成，采用先进的连锁管理运营模式和市场营销理念，依据共同的章程、规则，整合全省博物馆及其商店资源，满足公众需求。黄河流域博物馆联盟是河南博物院牵头在河南省内博物馆之间成立的联盟组织，该组织提供统一的商店形象，包括统一的商标、统一的环境布置、统一的形象设计、统一的品牌、统一的色彩装饰等，在统一的运营管理体系下，统筹博物馆文化衍生产品精品系列的研发、营销及市场推广，充分利用多馆的藏品及展览资源，最大限度地降低设计、开发成本，让利于公众，更好地为社会服务，同时也打造了一个新型的一体化博物馆文创产业平台。这些联盟组织都发挥了各馆优势，整合资源后扩大了受众群及社会影响力。

2.网络营销

绝大多数博物馆在实体经营的同时，都会选择网络销售模式，在天猫、淘宝等线上平台销售，既节约了成本，又打破了空间、时间等障碍，使消费群体扩大至世界各地。同时，很多博物馆在微博、微信等平台持续推文及与粉丝良好互动，开发专题研学课程、相关小程序等，都有效建立了口碑，积攒了受众；一些博物馆还通过定期举办文创活动秀场、新品发布会等,扩展了文化品牌知名度。

3.文化创意设计大赛

近几年,很多博物馆发动社会力量参与文化创意设计,既收到了好的创意作品,又传播了博物馆文化,扩大了社会影响力,印证了博物馆文创工作是教育职能的延伸。有些创意大赛既包括文创衍生品设计,又包含社会教育活动策划、展览策划设计等,所收到的优秀原创方案也成为博物馆文创产品研发的资源储备。如南京博物院承办的"紫金奖"博物馆文创设计大赛已举办7届,已成为具有影响力的品牌活动。河南省博物馆文创设计大赛已举办10届,有力推动了河南省文博资源的创造性转化和持续性发展。

四、北京地区博物馆文创发展优势及特色

(一)北京地区博物馆文创发展优势

中共北京市委、北京市人民政府于2018年印发了《关于推进文化创意产业创新发展的意见》,明确构建了由"两大主攻方向"和"九大重点领域环节"组成的北京地区文创发展的内容体系,其中"文博非遗"被纳入重点打造的领域之内。

2018年9月,北京市文物局搭建了北京文博衍生品创新孵化中心平台,并正式上线。其主要功能是挖掘北京地区的文博资源,努力疏通资金与人才保障渠道,通过良好的政策引导、设计开发、IP授权及营销管理等方式,助力和推动北京地区文博单位的文创产业发展,打造北京文博文创的全产业链化。

自2018年始,一年一度的"北京文化创意大赛"设立了文博产品设计赛区,激发社会各方力量投身文博文创领域。同时,此举措也推动了文博衍生品创新孵化中心平台功能的完善。

（二）北京地区博物馆文创发展特色

北京地区博物馆数量较多，类别齐全，截至2020年底拥有登记备案的博物馆有197家，其中免费开放的博物馆有88家。因北京自身所具有的政治、文化中心地位，加之历史文化底蕴浓厚，北京地区各博物馆充分利用各自优势，以特色大馆为表率，开发了一系列有创意的，并得到公众认可的文创品牌。

故宫博物院借由其浓厚的历史文化底蕴及180多万件（套）的馆藏文物，通过积极开拓、独到创意、有效推广，实现了大众化传播，扩大了故宫品牌的影响力。截至2019年，其开发的文化产品已超过1.3万个品类，包括故宫日历、朝珠耳机、故宫口红、宫门箱包等，都是实用性与趣味性结合的产品，受到公众热捧。图7-1为故宫博物院文创产品。

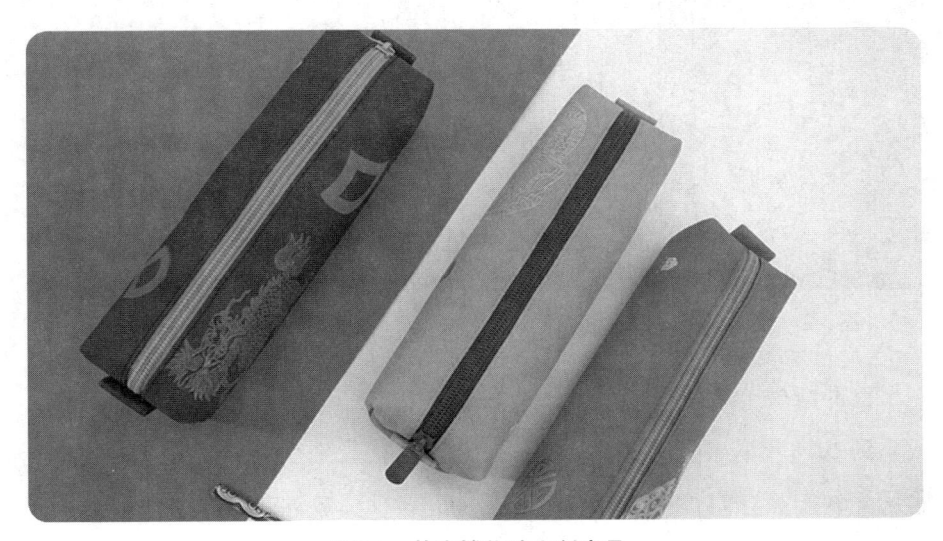

图7-1 故宫博物院文创产品

中国国家博物馆于2012年成立了经营与开发部，通过自主开发、授权开发、联合开发等手段，从公众情感诉求、大众消费者的喜好、提升社会审美与增强文化自信等几个方面进行突破，2016年开始探索"馆藏IP＋互联网"的合作新模式，与阿里巴巴集团签署全面战略合作协议，联合打造"文创中国"品牌和线上运营平台，实现了文化资源与优质产业资源的优势互补，解决了设计力量、资金、经营管理、销售空间等方面的不足及困扰。截至2021年底，中国国家博物馆已累计推出文创品类3000多款，年度的新品数量均在200款以上。同时，中国国家博物馆设置AR+现实的文创体验，以互动参与的方式解读传统文化中的精髓。中国国家博物馆通过与90多个市场品牌的授权合作，拓展了文创产品的设计思路，惠及更多公众，传播了国博文化。图7-2为中国国家博物馆线下文创区及AR+现实文创体验海报。

图7-2　中国国家博物馆线下文创区（左）及AR+现实文创体验海报（右）

首都博物馆立足京城文化，在馆藏文物的基础上，深挖传统文化精髓，截止到2018年底开发各类文创产品近700种，受到观众的喜爱。近几年开始从文创产品开发扩展到社会教育活动，各项体验课程拉近了与公众的距离。2013年起，中国博物馆协会文创产品专委会秘书处设于首都博物馆，首都博物馆也积极组织全国博物馆文创论坛、展示会，征集各馆文创产品进军营、进边疆等，推动了博物馆文创产业的发展步伐，并扩大了社会影响力及专注度。图7-3为首都博物馆文创产品。

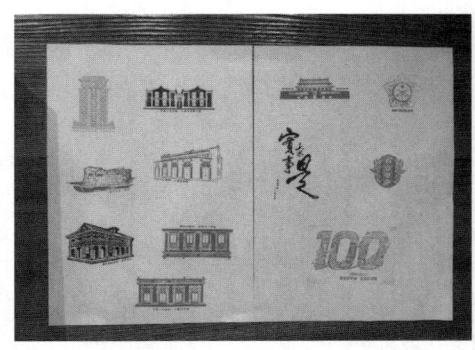

图7-3 首都博物馆文创产品

清华大学艺术博物馆文创设计的深度源于馆方的展览和收藏，文创的目标是"好看、好用、好玩、好吃、好喝"，文创的收益模式是跟第三方合作按销售额来分成。目前，清华大学艺术博物馆已经设计了800多款文创产品，上市文创产品达400多款，包括了70多种的文创产品体系。2020年3月1日，清华大学艺术博物馆推出了网店，通过线上和线下相结合的模式开展文创产品销售，第一年产值过百万元，第二年逾300万元，第三年在新冠病毒感染疫情的影响下还做到了产值580多万元。2018年12月28日，在由北京旅游网主办的"'文旅·起航'——2018第二届北京旅游网年度盛典"中，清华大学艺术博物馆荣获"最受喜爱博物馆"奖；2020年12月26日，在由北京市文物局与北京市文化创意产业促进中心共同主办的"歌华传媒杯·2020北京文化创意大赛"文博创意设计赛中，"清华艺博藏珍"系列文创最终脱颖而出，排名居于首位，荣获"2020北京文化创意大赛文博创意设计赛区总决赛·一等奖"和"2020北京文化创意大赛文博创意设计赛区总决赛·优秀文博创新促进奖"两项殊荣。图7-4为清华大学艺术博物馆的文创商店及产品。

中国铁道博物馆作为北京博物馆学会文创专委会的主任委员单位，在文创产品开发上基本以馆藏的特有文化藏品为依托，比如中国铁道发展史上曾经使用过的机车车辆、詹天佑纪念馆的藏品等。中国铁道博物馆结合馆藏的机车，即蒸汽机车、高铁、电力机车、内燃机车，开发了可以拼装的3D模型、机车系列的文创产品，其开发的机车拼装模型，先后销售10万多套。中国铁道博物馆将"中国铁路之父"、爱国工程师詹天佑先生的名言，以及他在耶鲁大学获得的数学金质奖章和嘉禾勋章元素提炼出来做成文创丝巾。中国铁道博物馆还结合京张铁路文化，设计了"开往春天的列车"套装书签。为了解决馆内人员自主开发在资金上和技术上不足的问题，中国铁道博物馆将馆藏的文化资源和社会的一些企业强强合作、联合开发。近年来，中国铁道博物馆与深圳市国富黄金股份有限公司开发了馆藏的"'毛泽东号'机车徽章"的黄金产品，与广州灵动创想文化科技有限公司合作，针对馆藏机车和高铁文化，打造了"列车超人"系列产品，得到社会认可，收获了经济效益和社会效益。近年来，中国铁道博物馆共开发文创产品近200款，获得国家专利38项。图7-5为中国铁道博物馆的文创产品。

图7-4 清华大学艺术博物馆的文创商店及产品

北京汽车博物馆的文创产品目前每年的销售收入约1000万元，且实现了博物馆零投入、零库存。北京汽车博物馆主要利用社会资源做开发，开创了文创的新模式——"1+1+N"，这是北京汽车博物馆自创的一种模式，第一个"1"指的是博物馆自身，第二个"1"指的是专业化文创经营合作单位，比如大家都熟悉的博物馆里一般常有的出售文创产品的商店，"N"

指的是多个文创产品开发机构，即N个合作单位。北京汽车博物馆利用自身不可复制、独一无二的文物文化资源优势，委托授权专业化文创公司进行开发及经营，通过签订商业合同明确授权范围、业务事项、定价标准、成本核算、收益分成等事项。合作单位文创收入流水按照一定比例提成，收入扣除税金后全部上缴财政国库。北京汽车博物馆在文创版块搭建了经营管理标准体系，构建了票务营销、合作经营、衍生品开发、空间使用等标准流程的操作规范。图7-6为北京汽车博物馆的文创商店。

图7-5　中国铁道博物馆的文创产品

图7-6　北京汽车博物馆的文创商店

中国海关博物馆自开馆之始就注重文创产品的研发，从本馆藏品和海关业务、海关历史角度深入挖掘可用元素与资源，打造了诸多极具特色的文创品类，覆盖至工作、生活用品等方面。如"古关物桌面"系列文创产品是将老子、尹喜、玄奘、张骞等历史人物进行卡通化设计，与生活中的盆栽、笔筒、手机座、便签夹等实用摆件相结合，既有萌趣又能科普不同朝代的历史知识，有效传播海关历史文化；"文物钥匙扣"系列文创产品则以馆藏文物如九江关瓷碗、津关令、银锭、大杆秤、印章等与海关税则、征税、查验等业务相关的实物为创意点，设计出既有特色又经济实用的钥匙扣，受到青少年群体的热棒；"丝路通关棋"系列文创产品则是将海关货运申报流程进行趣味性转化，通过游戏让公众了解报关、通关等知识，该系列文创产品成为"全国百佳文化创意产品"。

2020年新冠病毒感染疫情初始阶段，中国海关博物馆开发设计了纸艺文创产品——"关小查"与"卫小检"，以海关关员的制服形象为IP，让孩子们足不出户就能打印素材制作手工。扁平的纸质素材在巧手下弯弯折折就能变身为立体的卡通关员，将其分发至海关一线关员的家庭、社区与学校，收获了赞誉。图7-7为中国海关博物馆的"丝路通关棋"和纸艺文创产品。

图 7-7 中国海关博物馆的丝路通关棋（左）和纸艺文创产品（右）

随着国内博物馆建设的飞速发展，越来越多的民众走进博物馆，逛博物馆成为百姓日常生活的一部分。参观展览后，观众会把博物馆文创商店作为最后一站，进行文化消费，将各式有意义、有情趣、有艺术品位的纪念品带回家。文创产品已深入公众生活的方方面面，不久的将来，它必将成为社会文化创意的倡导者和文化标杆。

第二节　博物馆数字化建设与智慧服务

一、北京地区博物馆信息化与数字化建设背景

博物馆的信息化是以信息管理为主体，以文物研究、修复等专业工作为核心的专用数据库和工具系统，其主要任务是以文物藏品数据库和通用网络平台为基础的文物藏品数据系统的建设、应用与管理。博物馆的信息化使博物馆实现了由"传统政务"到"电子政务"的转变。北京地区博物馆的信息化建设以1992年故宫博物院建立的386计算机的单机版文物影像目录管理系统为代表，这个管理系统在1998年改造后扩展为可以支持全院文物管理工作的"文物管理信息系统"。1996年，中国文物研究所在中国文物基金会的资助下，装备了计算机系统，对全国重点文保单位、历史文化名城、文物一级品档案等资料进行搜集、整理，为建立中国文物档案信息管理系统奠定了基础。1999年10月，国家文物局参与发起了"政府上网工程"，全国文物系统开始了信息化建设热潮，故宫博物院和中国历史博物馆（现中国国家博物馆）首先建设了门户网站。

博物馆的数字化建设是为了适应当代信息化社会的发展而对博物馆收藏、保管、研究、陈列等工作的再定位。21世纪初，随着电脑逐步成为日常工作的工具，北京地区博物馆的数字化开始有了新的发展。一方面，博物馆逐步采用数字技术和信息技术更高效地为文物保存和利用服务。另一方面，随着虚拟现实、三维建模、物联网、云技术、大数据、移动互联网等新技术的迅速发展，数字展览和展厅逐渐出现，打破了传统博物馆展陈的时空限制，提升了观众的观展体验感。

2001年11月，北京教育部启动了大学数字博物馆建设工程，力图将各

高校已有的博物馆资源、计算机技术和专业优势整合起来，这是当时中国最大规模的数字博物馆群建设。2002年，故宫博物院的局域网建成。2003年，故宫博物院和日本凸版印刷株式会社共同创立故宫文化资产数字化应用研究，引进了先进的思维和数字化技术，建立了三维数据文物库，更好地推进了故宫文化资产的保存和展示。2004年，故宫博物院与相关单位合作完成了"数字故宫"工程。2011年，故宫博物院和首都博物馆等单位采用三维建模技术及虚拟现实技术，开展了三维数据采集、建模，并构建了基于局域网或互联网的三维互动虚拟现实应用服务。2012年，国家文物局印发的《博物馆事业中长期发展规划纲要（2011—2020年）》明确提出"推进数字化博物馆的建设"目标。2012年5月18日，百度百科与中国国家博物馆、中国古动物馆、中国地质博物馆、北京天文馆等多家知名博物馆达成深度合作，通过音频讲解、实境模拟、立体展现等多种形式，让用户通过互联网观赏展品和了解历史。2013年12月，大钟寺古钟博物馆完成了永乐大钟三维数字采集工作的阶段性成果，扫描了有效图像3000余幅，为永乐大钟展厅数字化展示打下了坚实的基础。2014年，北京自然博物馆利用先进的数字技术、多媒体技术对27万多件（套）珍贵藏品中的1.52万件（套）进行了集中的数字化采集与加工，形成了初具规模的藏品核心数据库，为数字化博物馆建设奠定了基础。

近几年，北京汽车博物馆也在数字化建设方面进行了探索和实践。北京汽车博物馆具有独立的自建信息网络机房，双线路物理隔离政务内网与外网，各业务部门办公信息化系统齐备，对内管理系统包含办公OA、考勤管理、财务管理、资产管理、库房管理、楼宇控制、展项集控等，对外服务拥有票务系统、官方网站、微信、微博等。2019年，北京汽车博物馆完成了档案工作数字化，逐步实现档案管理从传统的保管利用向信息采集后的管理和服务职能的转变，为全馆大数据提供数据支撑，为全馆重大决策、报告等高效部署提供信息支撑。北京汽车博物馆还建设了场馆设备信息化综合展示平台。该平台硬件部分由管理工作站、9块55英寸的显示屏拼接而成的大屏幕、视频切换控制器及网络交换机等设备组合而成，展示平台可实现主界面驾驶舱图形显示，亦可以分屏显示不同系统的主要界面数据信息，实现各模块数据的实时查看和对比参考分析。此平台将场馆能源管理、人员及设备管理、楼宇自动化控制3个系统有机整合，可以方便快捷地查询场馆实时电量消耗情况、馆内环境监测情况、各时期能耗大数据综合分析、设备台账、人员巡检进度、设备维保任务执行情况以及工单、报事维修进度等信息，有效提高管理人员对整个场馆设备设施的精准管控。

北京地区博物馆经过10余年的建设，从早期完善文物数字信息，到建立藏品信息管理系统，到官方网站升级改造，再到二维码技术、电子标签技术、数字化展览展示、三维互动虚拟现实、沉浸式互动体验等，基本完成了信息化和数字化建设。随着互联网与智能手机的普及，参观导览服务也进入数字化时代。中国国家博物馆等大馆率先开展手机App应用服务，基于智能手机定位技术，观众可以直接在手机上实时查询博物馆导览服务、展品信息等。此外，北京地区各大博物馆还通过微博等社交平台，进一步实现了观众与博物馆之间的信息传播和交流。

二、智慧博物馆的源起与发展

（一）智慧博物馆的源起

智慧博物馆是在博物馆信息化、数字化建设基础上充分发展，以云计算、大数据、物联网、人工智能、AR、5G等最新信息技术成果为支撑，提供人、物、数字空间三者之间双向多元互通的博物馆新业态。狭义地说，智慧博物馆是基于博物馆核心业务需求的智能化系统；广义地讲，智慧博物馆是基于一个或多个实体博物馆（博物馆群），甚至是在文物尺度、建筑尺度、遗址尺度、城市尺度和无限尺度等不同范围内，搭建起的一个完整的博物馆生态系统。与传统博物馆相比，智慧博物馆具有便利性、互联性、高效性等特点。

2012年3月，张遇、王超在《中国博物馆》杂志上发表了《智慧博物馆，我的博物馆——基于移动应用的博物馆观众体验系统》一文，首次使用了"智慧博物馆"的概念。2012年11月，国家文物局联合中国科学院在上海召开了以智慧博物馆为主题的第二届物联网应用与发展研讨会，标志着智慧博物馆研究和实践掀起第一轮高潮。2013年10月，陈刚在《中国博物馆》杂志上发表了《智慧博物馆——数字博物馆发展新趋势》一文，界定了智慧化与数字化的关系。2015年5月，国家文物局党组成员、副局长宋新潮在《中国博物馆》杂志上发表《关于智慧博物馆体系建设的思考》，基本奠定了智慧博物馆建设的体系框架。

2016年，国务院印发了《关于进一步加强文物工作的指导意见》，提出为保障人民群众基本文化权益服务，要"实施智慧博物馆项目，推广生态博物馆、流动博物馆，有条件的地方可以建立社区博物馆"。同年，国家文物局、国家发改委、科学技术部等联合印发了《"互联网+中华文明"三年行动计划》，明确指出"鼓励有条件的文物博物馆开展智慧博物馆工作"。2017年，国家文物局发布《国家文物事业发展"十三五"规划》，其中设专栏谈智慧博物馆建设工程，即运用物联网、大数据、云计算、移动互联网等现代信息技术，研发智慧博物馆云数据中心、公共服务支撑平台和业务管理支撑平台，形成智慧博物馆标准、安全和技术支撑体系。2019年，国家文物局发布新版《博物馆定级评估办法》，对"信息化建设"提出了明确要求，如一级博物馆要求"信息化基础设施"建设完备，适应智慧博物馆建设的基本要求，有一整套适用于智慧保护、智慧管理、智慧服务的业务系统，能够通过信息化手段支撑博物馆业务流程。2021年5月，中央宣传部等九部委联合印发了《关于推进博物馆改革发展的指导意见》，明确提出"大力发展智慧博物馆，以业务需求为核心、以现代科学技术为支撑，逐步实现智慧服务、智慧保护、智慧管理"。国家出台的一系列重要政策法规，对北京地区智慧博物馆的建设具有重要的指引和推动作用。

2022年6月，中国国家博物馆举办了"智慧博物馆——科技让我们遇见更美好的未来"主题论坛，馆长王春法认为建设智慧博物馆符合民众的需求，更高度符合国家的战略部署，是"文物活起来"的重要支撑工程。这次论坛在博物馆界达成三点共识：一是夯实智慧博物馆理论研究的基础，看清发展路径，尽快构建业内广泛认可的智慧博物馆研究体系；二是加快智慧博物馆关键技术研究，做好科技支撑，强化前沿信息技术在博物馆场景中的应用；三是优质融合技术与理论，形成智慧博物馆建设与管理思维。

（二）北京地区智慧博物馆的发展

北京地区智慧博物馆的发展以故宫博物院、中国国家博物馆、首都博物馆为主要代表。在行业博物馆里，国家自然博物馆、周口店北京人遗址博物馆、中国电影博物馆等也积极展开智慧化建设与服务。

2012年，故宫博物院已经开始探索基于智能移动设备的"故宫出品"App。2016年，故宫博物院将端门这座木结构建筑设计为数字展厅，为观众打开了博物馆展陈的数字之门。2018年起，故宫博物院数字与信息部和专业地图团队合作，对故宫开放区域的600多个建筑、展厅、服务设施的位置信息精确采集，采用GPS导航技术、LBS定位技术、360度全景技术等，推出了"玩转故宫"小程序，其中包括了"紫禁城祥瑞""故宫美图""特色路线"等数字地图，具有指路、百科与闲聊AI导游等功能，满足了不同观众的个性化游览需求。2019年3月，故宫博物院与华为科技有限公司签署战略合作协议，共同打造了"5G智慧故宫"。在2021年12月发布的数字故宫小程序2.0中，"玩转故宫"全新升级为"智慧开放"项目，除继续优化地图导航服务，更以开放服务面临的突出问题为导向，从运营管理、服务质量、游客需求、开放安全、古建安全保护等多个维度抓取核心问题，扩展在线购票、预约观展、在线购物等实用版块，新增游客参观舒适指数查询、无障碍路线查询等功能，将"零废弃""适老化""无障碍"等理念融入开放服务中，并对AR实景导航在故宫场景中的应用进行了探索。从"玩转"导航的小助手，到更智能、更友好、更简单的开放服务平台，故宫博物院公共服务水平迈上了新的台阶，也向"智慧博物馆"一站式参观体验的建设历程迈出了新的一步。

2017年，首都博物馆基于物联网技术，首次用定制的Pad作为展厅的导览。在定制的Pad内嵌RFID模块、语音模块和加密模块，实现了"人—藏品—教育"三者融合的博物馆管理运营模式。同年，首都博物馆在基础设施及服务层面构建了私有云服务平台，为"智慧首博"的发展打下基础。2018年3月至2019年3月，利用无线传感检测系统，对临时展厅文物展陈环境状况及展柜微环境展开检测分析，检测结果为提高文物预防性保护提供了科学依据，为文物的科学保护提供了判断根据。2019年，首都博物馆与中国联通共同成立了5G+智慧博物馆联合实验室，双方将在博物馆的楼宇、藏品、展陈、修复、教育等各专业方向探索5G技术在文博领域的应用。

2018年，中国国家博物馆以打造"智慧国博"为契机，探索智慧博物馆的建设发展道路，同时还承担了科技部国家重点研发计划"智慧博物馆关键技术研发和示范"课题。一方面，中国国家博物馆重点开展了藏品普查定级工作，大力推进文物三维数字化采集，建立了文物数据库，夯实了文物保护基础，构建了综合运营管理智慧中枢系统；通过提升库房智慧化基建水平，不断优化文物保护环境，推进了"智慧库房"建设。另一方面，中国国家博物馆以观众为中心，通过建立会话式观众平台、应用智能感知与识别技术，使藏品智能化，实现多场景沉浸式体验；运用新媒体、大数据技术等开发了中国国家博物馆App、微信小程序、智慧导览系统，观众仅需一部手机便可全方位畅游中国国家博物馆，全面提升了博物馆智慧服务水平。2022年7月，中国国家博物馆与腾讯开展的"文化+科技"深度合作项目，依托数字孪生技术，通过智慧融合和数字赋能，推出了首个虚拟数智人"艾雯雯"，开启了中国国家博物馆"上云用数赋智"新的打开方式。

三、北京地区博物馆的智慧服务

智慧博物馆主要由智慧管理、智慧传播和智慧服务三大体系构成。在社会服务方面，智慧博物馆通过利用互联网、移动通信、云计算、大数据、多媒体等技术，实现社会公众与网络平台、藏品、展厅及相关设备设施的智能化互动展示服务。智慧服务是智慧博物馆建设的重要展示窗口，它主要针对公众服务需求，利用数字化技术和信息网络技术，将博物馆资源动态化，以多维度互动展现、多渠道信息推送、文创产品开发制造等形式，实现公众与博物馆及藏品、虚拟游览体验的高度融合。同时，博物馆智慧服务要求能随时随地感知观众个体和特定群体的需求变化，通过互联网、移动通信网络传输至云端存储和计算资源池，进行大数据分析和智能化处理并及时反馈给观众，结合现代化信息科技手段，为公众提供了一个与文物和历史对话的平台。

北京地区各博物馆在智慧服务方面十分重视智慧服务对观众参观体验的有效助力，充分发挥自身数字资源优势，综合运用先进技术发掘馆藏文化，搭建在线展览、数字展厅等虚拟场景，实现了展陈的数字化、创意化和可视化，拓展了文物在线服务功能，为观众提供更加丰富、有趣的展示与体验、分享与传播等服务功能。

近年来，智慧服务结合融媒体，采用多种前端展示的方法，为观众提供会员登陆、路线推荐、地图导览、线上预约、文物三维环视等功能，包括官网、微信公众号、微信小程序、抖音、App等进行体验，让观众在互联网上就可以对博物馆进行虚拟游览体验。目前，北京地区博物馆的智慧服务主要包括预约门票、博物馆导航、线上展览、文物介绍、资料查阅等功能。

（一）智慧化票务与导览服务系统

北京地区的大部分博物馆已建成了互联网票务信息管理平台，对游客档案、设备管理、系统管理等进行多方面管控，实现游客便捷进入和票务高效管理。博物馆设计了"售、取、检、管"一体化的智慧票务系统。这个系统包括网站或者移动端设置战略、讲座、论坛、研学活动等票务信息的发布、查询和购买功能；开发门户网站、微信客户端、电子二维码等在线购票的服务系统，延伸支付宝、微信支付接口等多渠道支付功能；在博物馆入口处设置涵盖人脸识别、身份证感应、二维码门票等进入方式的多功能自助检票闸机，完善数据采集管理系统，利用云存储、大数据等技术智能储存和安全管理游客入馆档案，并形成相关统计报表以实时把控客流量的票务功能。例如北京汽车博物馆2017年推出了微信购票功能，2018年完成收费互动展项线上开发工作，实现观众通过微信小程序、电子票商自助购票，到馆直接刷码检票，线上售检票数据与本地票务系统实时对接，进行数据的汇总、统计、查询，并形成财务报表。2020年，北京汽车博物馆根据数据分析，完成核心业务票务系统的OTA电商对接，实现实名制网络售检票，方便公众的同时满足博物馆数字化的需求。2022年，北京汽车博物馆还开展了票务系统的网络安全等级保护建设。

在智慧导览方面，利用大数据技术，联合微博、微信等平台对观众发布的地理位置、社交活动、个人偏好等信息进行采集、分析并生成数据报告，为游客的场馆选择、参观动线等设计和推荐个性化、精细化的服务。以手机等移动互联网终端为载体，利用电子地图应用导览，借助GPS、混合定位技术等科技手段，构建语音识别、知识图谱等智能系统，研发多功能自助导览应用程序，为游客提供藏品检索、问题查询、路线导览等优质服务。如故宫博物院"玩转故宫"2.0微信小程序，推出AI趣味导游"福大人",并借助图像识别、声纹识别等技术,为视障、听障、读障等人群提供无障碍导览服务。中国国家博物馆的手机App导览功能利用博物馆的电子平面图引导观众按需参观,每一层电子地图都标注了展览、餐饮、文创、询台服务、卫生间、饮水处等空间位置,并设置了一小时展览、两小时展览、半日展览、自定义路线等不同的参观动线。

北京汽车博物馆也建立了自助导览服务平台,从2018年推出"指尖上的汽车博物馆"H5导览平台,到2020年引入自助导览系统(扫码听讲解),再到2021年推出线上"云听汽博",先后完成三个阶段的导览平台建设。2020年,北京汽车博物馆完成了展区触摸式导览查询系统升级改造,将各主题展品背后的故事和内容融入主题导览中。改变原来的静态文字导览模式,打造动静结合的主题导览查询系统。2022年,北京汽车博物馆引入AR沉浸式导览技术,进一步优化观众的参观体验,传播博物馆文化内涵,同时通过导览平台后台数据的统计分析了解观众参观喜好度,为展览优化提供数据支撑。北京汽车博物馆通过持续不断挖掘汽车文化、科技与艺术内涵,将其更广地向公众传播,同时实现展览信息高存储、易更换、快浏览功能,提升展览信息服务水平,也为创建智慧博物馆奠定了良好基础。

(二)智慧化展览与讲解服务平台

智慧化展览服务包括线下展览和线上展览体验。博物馆线下展览通过建立藏品信息管理平台,采集、分析、监控、完善各类藏品数据以实现综合性可视化管理,推进博物馆展陈服务现代化、数字化和共通化建设。线下展览还充分融入多媒体技术,优化藏品展出方式和展出过程,合理借助3D立体全息投影沙盘、人工智能触摸屏、VR环幕影院等手段,强化观众的体验感和趣味感。2018年,中国国家博物馆建成会话式观众平台,由交互界面、数据分析与计算系统、应用系统等部分组成。这个平台提供的是一种即时的、舒适的、个性化的服务，通过构建人、物对话的友好界面，使观众可以迅捷、方便地得到其所需要的信息。在中国国家博物馆智慧服务应用场景中，会话式观众平台承担着通过移动通信设备、现场交互设备（如触摸屏、人体感知设备等）实现与观众沟通的功能，它是观众和藏品交流的桥梁和纽带。2019年，在故宫博物院推出的"金榜题名"互动展览中，打造了"国子监祭孔""号舍考生相"两个新颖的"AI+文化"互动体验项目，让观众体验到了穿越古今的奇妙。

在线上展览方面，北京地区大部分博物馆选择和运用Web3D技术、三维数字展示、5G 360度VR全景直播等先进手段，优化细节观览、故事阅览、语音导览等虚拟参观方式，打破传统的时空界限，拓展了博物馆展览对公众服务的深度与广度。2019年7月，中国地质博物馆官方网站正式改版上线。中国国家博物馆、故宫博物院、清华大学艺术博物馆、中国园林博物馆、中国人民革命军事博物馆、中国人民抗日战争纪念馆、中国电影博物馆、中国妇女儿童博物馆等多家博物馆通过自己的官网上线了数量可观的数字展览。中国科学技术馆更是单独建立了中国数字科技馆网站，以音视频、虚拟现实和直播等形式全方位呈现数字产品。故宫博物院还开设了青少年网站，推出"上书房""故宫大冒险"等适合青少年学习的栏目。截至2020年6月，北京地区的博物馆中有70%的博物馆已经建立了自己的网站，基本通过网站实现了图文在线展览，满足了大众日益增长的文化需求。部分博物馆还在网站上呈现了三维实景展览，例如周口店北京人遗址博物馆、中国园林博物馆、北京古代建筑博物馆、北京考古遗址博物馆（大葆台西汉墓遗址）等都推出了线上360度全景展示。

随着互联网和智能手机等移动端设备的普及，北京地区多家博物馆推出了自己的官方App、微信小程序以及微信公众号，如中国国家博物馆的智慧导览App。故宫博物院还推出了多款展览、藏品以及教育类的专题App，例如，"每日故宫"App，会每天推出不同的藏品及藏品介绍，观众可以按照兴趣搜索自己喜欢的藏品类型，在专题版块，推出了已经展出过的特色展览，其中的藏品图片质量都很高，值得收藏；首都博物馆的手机App，设置了藏书馆、百宝阁、展览集、互动区模块，其中，在互动区里的"玩个够"模块中设置了3D的"西山名胜全图"游览和互动答题集卡，通过答题和拼图游戏增强了趣味性和互动性。

在展览讲解方面，中国国家博物馆App的导览中设置了"听展览"和"输编码"等功能，方便观众了解展览及藏品的内容。中国电影博物馆微信小程序中也设置了该功能，观众可以通过输入展品的"讲解编码"，收听对应的内容。北京汽车博物馆在微信公众号开设了"微官网"，下设了"微讲解"版块，用语音详细讲解了20部经典汽车的研发过程、技术和工艺特点。

（三）智慧化传播与教育平台

北京地区博物馆在智慧化传播服务方面，积极拓宽网络传播渠道，利用各类移动端App平台、音视频平台，不断推进博物馆文化走在全国前列。

近年来，音频直播和视频直播的方式为公众所欢迎。短视频成为重要的传播媒介，中国国家博物馆、中国紫檀博物馆、中国人民抗日战争纪念馆、北京汽车博物馆、北京天文馆、中国科学技术馆、观复博物馆、中国地质博物馆、中国钱币博物馆、孔庙和国子监博物馆等21家博物馆已经加入抖音短视频平台。清华大学艺术博物馆、首都博物馆、北京汽车博物馆、中国海关博物馆则开通了哔哩哔哩账号。北京文博交流馆、中国电影博物馆、大钟寺古钟博物馆等开展直播活动，观众可享受"一对一"讲解畅游博物馆。由国家文物局主导，中国国家博物馆牵头等9家博物馆联合抖音主办的"在家云游博物馆"活动，通过直播、360度全景逛展等形式，将博物馆的文化进行了宣传，丰富了人们的精神文化生活。其中，中国国家博物馆的"回归之路——新中国成立70周年流失文物回归成果展"点赞量达

17.4万。

除了实时直播，越来越多的博物馆还选择在抖音、快手等平台开设官方账号，通过短视频的方式介绍博物馆的藏品、历史与文化。2018年，中国国家博物馆加入抖音短视频平台，推出了跟随讲解员团队"一镜到底"看文物系列视频；故宫博物院在抖音开设"带你看故宫"账号；北京汽车博物馆在快手短视频平台开设了"宇哥说车"栏目。博物馆的线上活动不仅为观众提供了足不出户云游博物馆的机会，还通过留言、弹幕等方式提升了与观众的互动交流。

微信公众号也越来越多地成为博物馆的重要传播渠道，截至2020年6月，北京地区80%的博物馆已经开通微信公众号，其中部分还开设了多个微信公众号。微信公众号除了展示常规的博物馆信息，还有图文、音视频展览、藏品展示、教育活动等业务动态。这种方式对于目标用户的指向性更加精准，传播效率更高，传播效果也更好。比如中国国家博物馆将微信公众号与官网后台连接，通过微信公众号可以直接进入官网在线观看46个展览；中国园林博物馆"云园林"版块有20个数字展览供观众观看；中国人民革命军事博物馆、中国妇女儿童博物馆、首都博物馆等都有一定数量的数字展览可以在公众号上免费观看。故宫博物院的微信公众号"微故宫"还提供了全景游览故宫八大宫殿的线上内容。

2020年，受新冠病毒感染疫情影响，线上教育成为博物馆教育的新业态，通过直接面向观众或者与第三方平台、机构合作开展线上教育，北京地区各大博物馆开始了网络直播的探索。中国国家博物馆在淘宝发起的"云春游"直播项目中，专门设计了直播参观动线，在一个小时内让观众了解中国国家博物馆的国宝级文物。故宫博物院在清明节开展了"安静的故宫，春日的美好"直播活动，在20余家网络平台实景拍摄播出。由故宫博物院与中信出版集团合作打造的"我要去故宫"公益视频课，介绍了午门、太和殿、乾清宫等主要建筑，带领小朋友们探索紫禁城的奥秘。新华网客户端主办了"5.18云上盛典——博物馆直播接力"活动,联合国内20余家博物馆进行了直播,其中就有北京地区的博物馆,如故宫博物院、北京汽车博物馆、中国人民革命军事博物馆、北京天文馆等。北京市文物局推出的"博物馆与你在一起"直播专题吸引了北京地区的行业博物馆、高校博物馆、名人故居纪念馆、遗址类博物馆等近30家博物馆参与。

北京汽车博物馆与汽车之家合作开展的"云看北京汽车博物馆"项目,通过网上展览、直播互动等形式,满足汽车爱好者对汽车知识与文化的需求。通过实拍VR技术实现VR全景看馆、VR看经典藏品车、直播栏目、科普图文等功能,观众不仅可以沉浸式体验深度观展,走进藏品车内部,还可以在线互动。"云看北京汽车博物馆"项目不但拓展了C端流量入口,还带来了可持续流量。北京汽车博物馆与数字看展览平台合作,打造"永不落幕的展览""雷锋——一个汽车兵的故事""广告中的汽车生活"等多个线上主题展览,使观众足不出户就可以观展。看展览数据平台由神州共享(北京)文化传媒有限公司开发,是六大类300个展览组成的知识型展览资源库。通过应用现代全景场景技术、展览展板720度立体呈现、音视频与数字展览无缝对接、展陈立体呈现等核心技术,将线下展览在线上进行全面呈现,为观众提供了一个特殊的欣赏和解读空间。

在新的时代背景下,博物馆从信息化到数字化再到智慧化,是一个不断丰富、健全和深入的过程。"数字化到智慧化需要一个过程,目前大部分博物馆还处于智慧化的初期阶段,也仍未出台智慧博物馆的标准规范或指导意见。"全国政协委员、河南博物院院长马萧林说。北京地区的智慧博物馆建设是一个长期的过程,需要政府部门、博物馆工作者、学术机构和社会力量的共同努力。我们应建设和完善智慧博物馆的标准和规范,更好地发挥博物馆的功能,提高博物馆的社会服务能力。

下篇
北京地区博物馆展陈
"馆长说未来"

本篇基于笔者及研究团队历时一年共同采访的北京地区18家具有代表性的博物馆及3位博物馆展陈设计方面的资深专家，旨在通过访谈探讨北京地区不同类型博物馆的历史背景与展陈特色、博物馆发展过程的关注热点问题以及博物馆展陈未来发展趋势等。作为本书的特色内容，本篇采用访谈法收集了北京地区博物馆的事实材料，以更好地探寻北京地区博物馆未来的发展方向。本篇的采访对象为北京地区各博物馆馆长及负责博物馆展陈的副馆长，采访的关注点为博物馆的建馆背景、基本陈列与专题展概况、展陈的公众教育与社会影响力、展陈的数字化建设、文创研发以及北京地区博物馆展陈未来发展趋势等方面。

　　本篇的采访在研究团队对博物馆实地调研的基础上，以特定的问题为焦点进行详细的访谈。本篇的采访主要采用了结构型访谈法，每次采访均按定向的标准程序进行，并设置了采访大纲。鉴于在采访过程中受到新冠病毒感染疫情的影响，采访的形式主要分为线下面对面、线上视频会议及书面采访三种。采访的博物馆主要分为综合类博物馆、革命类博物馆、行业专题类博物馆、遗址类博物馆、自然科技类博物馆、名人故居纪念馆、高校博物馆以及民办博物馆等八类，基本涵盖了北京地区博物馆的全部类型。每一类型均选取了具有代表性的博物馆进行了实地调研和访谈。

　　通过采访及实地调研分析得出，北京地区的博物馆数量和质量居全国之首，已经形成了纵横交织、经纬缜密的博物馆布局，既有丰富、全面且具有代表性，以历史纵深的"纵向"取胜的综合性历史博物馆；也有反映全国各行各业百科知识和"两个一百年"奋斗成就的，以宽阔广度和深厚厚度的"横向"见长的诸多行业博物馆。北京地区的博物馆共同形成了立体、多维度的"百科全书"，为弘扬社会主义核心价值观，满足人民群众日益增长的多元化、多层次的文化需求，促进和提高文化自信，推动中华优秀传统文化创造性转化、创新性发展，继承革命文化，发展社会主义先进文化做出了重要贡献。

与此同时，北京地区的博物馆也存在博物馆之间的差距大、大馆的资源丰富、民办馆生存困难等问题。主要体现在：第一，北京地区大部分博物馆对硬件建设加以关注，而对软件建设有所忽视，特别是科研队伍建设被弱化，例如博物馆在科研方面的投入普遍严重不足，部分博物馆几乎没有开展科研工作，即使开展科研工作的博物馆，也多数停留在对藏品的研究方面；第二，北京地区博物馆展览的展陈设计水平高低不一，既有代表国家展陈设计最高水平的展览（部分展览甚至达到了世界先进水平），也有停留在20世纪80年代初展陈设计水平的展览；第三，展览活动的分布不平衡，高水平、高规格展览往往集中在少数博物馆，它们的展览经费总数占北京地区博物馆展览经费总数的一半以上；第四，部分博物馆在教育理论方面的研究、在博物馆传播力方面的研究、在博物馆与观众关系方面的研究工作还不到位，有的博物馆花巨资举办的展览并未收到良好的社会效果；等等。

2020年发布的《北京市推进全国文化中心建设中长期规划（2019年—2035年）》中明确指出，北京要打造一个布局合理、展陈丰富、特色鲜明的"博物馆之城"。根据访谈和调研显示，北京地区的部分博物馆对"博物馆之城"的发展概念不清晰，具体的实施方案和步骤也不明确。造成以上这些问题的原因既有政府层面的宏观政策因素，也有博物馆自身发展的微观个性化因素。因此，北京地区博物馆应该紧紧抓住新时代国家文化强国战略的重要机遇，与政府、社会、行业等多方共同努力，解决现有问题，推动博物馆事业的繁荣发展。

国家的过去、现在和未来

——中国国家博物馆

受访人：陈成军，1988年毕业于北京大学历史系中国史专业，同年入职于中国历史博物馆，长期从事博物馆展陈工作，现为中国国家博物馆（简称国博，图1）研究馆员、常务副馆长。

图1 中国国家博物馆建筑外立面

问：国博前身是1912年成立的国立历史博物馆筹备处，至今已走过110多年的发展历程了，请您简单谈谈国博发展的几个重要阶段。

陈成军：对于中国国家博物馆110多年的发展历程，我大体将其分成1912—1949年的发轫期、1949—1968年的奠基期、1976—2000年的调整开放期和2001年至今的综合发展期4个阶段。

在发轫期，国博具有里程碑意义的大事就是当时的国立历史博物馆在1926年10月正式开馆，包括售品存贮，金玉，刻石，教育博品，明清档案、国子监旧存文物、明器、模型、针灸铜人、杂器及寄陈文物，兵、刑器，发掘文物，模型图表，国际纪念品，共计10个陈列室向公众隆重推出，以专题陈列的方式展示了源远流长的中国历史，初步建立了具有开放性质的陈列展览体系。在国立历史博物馆开馆前后（20世纪二三十年代），博物馆工作者将藏品分为26类，初步建立藏品分类体系和编目体系，积极投身于考古发掘和调查工作，初步建立推动考古学和文化遗产保护工作的科学发展模式，为中国现代考古学的发展做出了突出的贡献。在教育部管辖期间，设立评议会、演讲会，其会员均为名誉职务，由教育总长亲自聘任；划归中央研究院后，成立筹备委员会，委员由中央研究院院长聘任社会知名学者担当，初步建立加强学术力量和提升社会影响力的学术组织。委托北京大学和历史语言研究所开展明清档案的整理研究工作，初步建立与高等院校和科研院所合作开展学术研究的机制。举办"国立历史博物馆讲演会"，中外学者会聚一堂，广泛交流对中国传统文化、国外考古学发展的最新研究成果等，初步建立开展学术交流的机制。编辑出版《国立历史博物馆丛刊》，全面反映国立历史博物馆在各个领域的主要学术成就，广泛介绍了世界博物馆的发展现状、考古学研究的最新进展等内容，初步建立开展学术交流的信息平台。可以说，这个时期在国博发展史上具有重要的地位，它所体现出来的开拓进取的精神、兼容并包的胸怀更具有那个时期的学术发展特征，在行业内起到了很好的示范和引导作用。

在奠基期，国博最重要的事就是中国历史博物馆与中国革命博物馆的筹备建立、其宏伟建筑在天安门广场东侧的建成，以及两馆筹备多年的"中国通史陈列""中国革命史陈列"在1961年7月1日正式对外展出。两大基本陈列所确定的基本原则、组织架构、运作流程，奠定了中国博物馆基本陈列的设计体系和运作机制，开辟了中国博物馆基本陈列工作的新局面。此外，国博启动重大历史题材和重大革命题材创作，建立了重大题材创作的基本模式；积极响应中央制定的《1963—1972年科学技术发展规划》号召，制定两馆的"十年工作规划要点"，奠定了中国博物馆的学术发展方向；成立学术委员会和科学研究委员会，会集全国众多顶级专家学者，其主任和副主任人选都是以文化部名义聘任，奠定了开展学术研究的管理组织基础，显示了中国国家博物馆在当时中国博物馆事业发展中举足轻重的地位和作用；制定藏品保管工作办法和细则，开展藏品拣选、编目和定级工作，奠定了中国博物馆进行藏品保管、保护、分类、利用的制度基础；有计划地开展社会教育活动，积极落实编辑出版计划，奠定了博物馆社会教育和编辑出版工作的发展方向。中国历史博物馆和中国革命博物馆之所以在业内被称为老大哥，正是源于它们在新中国博物馆事业发展中在上述陈列展览、藏品保管、社会教育和学术研究等方面开创性的工作。

在调整开放期，"中国共产党历史陈列""中国通史陈列""中国革命史陈列""近代中国陈列"渐次开放，不断纠正基本陈列体系中"左"倾思想的影响，更为客观地反映中华文明五千年的发展历程和鸦片战争以来实现民族独立的奋斗历程。举办了许多获得社会各界欢迎的临时展览，这些展览逐渐成为基本陈列的重要补充，改变了两馆以长期不变的基本陈列服务公众的局面，对外展览交流也随着改革开放呈现新的气象。在逐步恢复藏品保管各项规章制度的基础上，完成了革命文物和历史文物一级品拣选标准、"文化大革命"前一级品复核和"文化大革命"后一级品的补选工作。随着防蠹纸试制成功并获得全国科技大会科技成果奖，文物保护部门开始承担重要考古发现文物的修复、保护和重要经典重器的专项保护以及科研课题工作。考古工作在保留传统田野发掘工作的基础上，开始开展多学科的合作，水下考古学研究室和遥感与航空摄影考古研究室的成立及实践活动，不仅推动了国博考古工作从单一的田野考古向综合性的考古方向发展，更推动了中国考古学的学科建设。社会教育因人施教的讲解方式和围绕北京市青少年教育基地开展的各项活动在社会上引起强烈反响。由国博编辑出版《中国历史博物馆馆刊》《党史研究资料》等学术刊物，推动馆内外同行的学术交流。此外，国博成立学术研究中心，加强学术科研管理，设置馆级科研课题，鼓励申报各类科研课题。集中精力抓出版物，以出版物推动全馆研究工作的开展，如王宏钧先生主编的《中国博物馆学基础》，总结了几十年来中国博物馆学发展，尤其是中国国家博物馆在各个领域的学术实践成果，极大地推动了中国博物馆学学科的发展；苏东海先生关于博物馆学的理论与实践充满辩证思维的探索，极大地推动了中国博物馆学的发展和在世界上的影响力。同时，中国国家博物馆还积极推动中国博物馆学会、中国现代史学会和中国考古学会等学术团体的成立，积极发挥我馆在学术团体中的重要作用。同当时的中国历史形势一样，中国国家博物馆的各项工作迎来改革开放的春天。

在综合发展期，我把它分为三个阶段。

第一阶段是从2001年到2008年，这是中国国家博物馆综合发展的奠基期。当时朱凤瀚先生担任中国历史博物馆馆长，在文化部、国家文物局的直接领导下，中国历史博物馆为自己制定了"十五"时期事业发展的10个重要项目，并得到国家财政的大力支持。这10个项目不仅覆盖了当时中国历史博物馆主要工作领域，也涉及当时中国博物馆学术发展的很多重要前沿，是中国国家博物馆发展史上第一次在政府财政大力支持下的综合性大练兵，奠定了新馆改扩建工程完成后中国国家博物馆综合发展快速推进期的基础。

第二阶段是从2008年到2017年，这是中国国家博物馆综合发展的快速推进期。当时的中国国家博物馆立足于世界博物馆和中国博物馆的发展趋势，提出了"历史与艺术并重"综合性博物馆的发展定位，构建了独具国博特色的展陈体系，"以人为本"的公共服务体系初步形成，安全有效的国博安保运行系统建立并健全，各项业务活动、学术活动全面铺开（图2）。尤其是开放式的学术综合管理模式、面向国内外的广泛学术交流机制、以国博讲堂为中心的学术成果向社会普及的交流平台、积聚学术成果和完善形象塑造的六大出版体系、以《中国国家博物馆馆刊》为中心的凸显时代特色的学术交流平台的陆续建立，使国博的学术影响力逐步增强。

图2　中国国家博物馆大厅及局部

第三阶段是从2018年至今，这是中国国家博物馆综合发展的变奏期。这时的中国国家博物馆围绕党的十八大以来中国特色社会主义新时代的社会发展，围绕着党中央的战略部署，尤其是习近平总书记关于中国博物馆事业发展的重要论述和指示精神，重新调整了中国国家博物馆的职责定位、目标方向、办馆方针，制定了新时代重点工作内容，包括坚决落实中央重大战略部署，高质量完成中央交办的各项重大展览任务；积极推动供给侧结构改革，持续推出高质量展览文化产品；创新藏品征集与管理机制，做好打基础利长远工作；加强学术研究，不断夯实主责主业学术基础；深化社会教育服务，推进博物馆文化的传播；启动智慧国博建设，着力推动"文物活起来"；加强人才队伍建设，千方百计夯实人才基础；深化交流合作,切实发挥好国家文化客厅的作用。

问: 国博作为弘扬中华优秀传统文化、革命文化、社会主义先进文化,培育和践行社会主义核心价值观的重要阵地,在国家博物馆发展层面有什么大的指导方针吗?

陈成军: 作为弘扬中华优秀传统文化、革命文化、社会主义先进文化,培育和践行社会主义核心价值观的重要基地,在不同历史时期,尤其是党的十八大以来,国博始终以此为圭臬,不断探索自身的发展方向、目标、原则,并以之为行动的指南。

2010年底,国博改扩建工程结束后,形成了新的发展定位,这个发展定位是一个完整的体系,包括建馆方向、建馆目标、办馆方针和职能任务。建馆方向是:与我们这样一个大国地位相称、与中华民族悠久历史和灿烂文明相称、与蓬勃发展的社会主义现代化事业相称、与广大人民群众日益增长的精神文化需求相称,简称"四个相称"。建馆目标是:国内领先、国际一流。办馆方针是:人才立馆、藏品立馆、业务立馆、学术立馆。后来,业务立馆在李长春同志的建议下变成服务立馆。职能任务是:中国国家博物馆坚持科学发展观,坚持"以人为本","以贴近实际、贴近生活、贴近群众"为宗旨,向国内外观众展示中华民族悠久的历史和灿烂的文化及艺术,展现世界优秀的文明成果,把国博建设成为我国最高的文化艺术殿堂。最简练的表述是:中国国家博物馆是以历史与艺术并重,集收藏、展览、研究、考古、公共教育、文化交流于一体的综合性国家博物馆。

2018年1月初,王春法博士接任国博馆长。上任伊始,他就孜孜于新时代国博职责定位、目标方向和办馆方针的探讨,对原有的内容进行了调整,赋予其充溢时代色彩的语言表述:中国国家博物馆是代表国家收藏、研究、展示、阐释能够充分反映中华优秀传统文化、革命文化和社会主义先进文化代表性物证的国家重要历史文化艺术殿堂和文化客厅。中国国家博物馆的使命是珍藏民族集体记忆、传承国家文化基因、荟萃世界文明成果，构建与国家主流价值观和主流意识形态相适应的中华文化物化话语表达体系，引导人民群众提高文化自觉、增强文化自信，推动中外文明交流互鉴，发挥国家文化客厅作用。中国国家博物馆秉持人才立馆、藏品立馆、研究立馆、展览立馆、服务立馆的办馆方针，坚持发挥行业头雁作用，建设与世界大国地位相称、与中华民族悠久历史和灿烂文明相称、与蓬勃发展的中国特色社会主义事业相称、与人民群众日益增长的美好生活需要相称的世界一流大馆，努力成为具有世界影响力的收藏中心、研究中心、展示中心、传播中心和交流中心。

以此为基础，中国国家博物馆制定了远大的事业发展目标：到2025年，在建立健全"文物活起来"的体制机制方面取得重要进展，初步构建起与主流价值观和主流意识形态相适应的中华文化物化话语表达体系，藏品总量稳定居于全国前列，馆藏文物展藏比超过10%，展览品牌不断涌现，智慧国博建设取得重大进展，人才队伍结构明显改观，社会美誉度和影响力显著提升，对国内博物馆事业的引领示范作用明显加强，在加强爱国主义教育、助力文化强国建设、维护国家文化安全方面切实发挥中坚作用。到2035年，在建设世界一流收藏中心、研究中心、展示中心、传播中心、交流中心方面取得重要进展，在促进中华优秀传统文化创造性转化、创新性发展方面实现重大突破，藏品总量跃居全国领先地位，馆藏文物展藏比超过25%，年均举办各类展览100个以上，文物活化取得重大进展，拥有一批成就突出、行业认可的知名文博专家和优秀策展人，具有强大的文博国际话语权和影响力。

问：自2005年首博的展陈改版以来，北京地区博物馆繁荣大发展已经有17年了，请您谈谈北京地区博物馆的发展在世界处于一个什么样的水平？

陈成军：对于北京地区博物馆的发展现状，在每年盛大的5·18国际博物馆日，国家文物局、中国博物馆协会都会公布相关的数据。从2022年5·18国际博物馆日公布的有关数据可知，截止到2021年底，全国新增备案博物馆395家，备案博物馆总数达6183家，其中5605家博物馆实现免费开放，占比达90%以上。最近，中国博物馆协会有关领导在接受《民生周刊》采访时，也为我们提供了一些官方的数据和对中国博物馆事业发展的基本评判。比如，近10年新增的博物馆约占全国博物馆总数的38%，在场馆建设、文物保护、藏品研究、陈列展览、开放服务、教育传播、国际交流等方面不断取得新进展。从2013年开始，免费开放专项资金支持的博物馆和纪念馆等稳定在1822家，总计超过350亿元，包括运转经费、陈列展览补助等内容，为博物馆事业的腾飞奠定了坚实基础。国家定级博物馆达到1224家，平均每馆拥有馆舍13000平方米，展厅6435平方米，库房995平方米，公共服务空间6708平方米，实验修复室166平方米，反映出我国在博物馆基础设施建设方面的高水平、硬实力。综合类博物馆凭借充足的馆藏、精心的运营受到群众的喜爱，专题性博物馆依靠特色的展示、创意的营销越来越赢得观众的青睐，更有大量以民俗记忆、非遗传承、工业遗产、近现代遗存、生活日用品为主题的博物馆出现，填补了博物馆传统门类的空白，丰富了博物馆结构体系。同时，中国博物馆协会领导指出，我国的博物馆体系布局很不均衡，发展质量参差不齐。比如，博物馆的东、中、西部的地域差异、中央和地方的层级差异、国有博物馆与非国有博物馆差异以及开放管理和服务能力的差异等。历史文物类的博物馆占据了中国博物馆的主流，自然和科学类型的博物馆数量较少，行业类博物馆发育不充分。从收藏体系来讲，我们的博物馆只收藏中国的文物，各省、市、县的博物馆甚至只收藏本地的文物，这与发达国家的博物馆有很大的区别。基层博物馆展陈内容陈旧，设施老化，甚至无法保证正常开放。新建或在建的博物馆定位不准，贪大求全，造成了很大的财、物浪费，偏离了博物馆的发展方向，等等。中国博物馆协会领导认为，尽管中国博物馆存在着如此多的问题，但是，近十年中国博物馆实现了跨越式的发展，日益成为世界博物馆发展的中心和热点，定级的1224家中国博物馆基础设施日趋完备，硬件水平不断提升，均达到或接近发达国家博物馆的平均水平。

从上述有关权威部门提供的数据和评价，我们可以看到中国博物馆事业确实得到了快速的发展，甚至可以说是跨越式的发展，这是毋庸置疑的。但是，我们对此应该保持清醒的头脑，只有这样，才能真正推动中国博物馆事业的高质量发展。

第一，中国博物馆跨越式的发展在很大程度上是以博物馆数量的迅速增加、参观人数和展览数量的大量增加以及一批新建、改扩建博物馆硬件设施的完善作为衡量指标的，但是这种跨越式的发展不可避免地造成基础工作的滞后，尤其是以藏品为中心的征集、整理、研究和信息完善、保护等基础工作需要花大力气才能完成，甚至需要几代人的努力，而上述指标所引发的博物馆参观环境的极度恶化、展览同质化问题日趋严重，没有藏品、缺少藏品的空壳博物馆依然在建，后续的运营管理需要大量资金、人才等的支持。

第二，我们没有必要把人均拥有多少座博物馆作为衡量中国博物馆是否发展进步的极为重要的指标，更没有必要为全国2844个县级行政区中还有665个区县尚无备案的博物馆而感到遗憾，我们应该把公益事业理想中的均等化发展与现实中的不平衡发展结合起来思考，也许这才更符合中国博物馆现实和未来发展需求。

第三，近十年超过350亿元的免费开放资金支持，无疑对提高博物馆在社会上的影响力发挥了极其重要的作用，但对提高中国博物馆的造血机能究竟发挥了多大作用，我们大家心中都有一杆秤。我们是否可以换一个思路来考虑博物馆的发展，即把国家提供的免费开放政策与门票费用结合起来，真正形成博物馆的发展与观众支持或者社会支持之间的良好互动，破除观众来到博物馆参观只能享受服务而不需要承担任何职责义务的观念。

第四，中国博物馆应该立足于做好中国历史见证物的收藏、研究、保护、阐释等工作。收藏域外文明发展的历史见证物可以是有条件的博物馆的努力方向，但是，我们不应该将其作为中国博物馆发展过程中的一个缺憾，更不应该与国外的博物馆做比较。

第五，对于博物馆文创产品的开发，我们鼓励不同类型的博物馆开发不同的文创产品，但要量力而行，要差异化发展，不要把有些占据独一无二的藏品资源、地理资源的博物馆的文创开发模式当作放之四海而皆准的模式，尤其要破除只考虑投入而不计成本、只考虑社会效益而忽视经济效益的有害做法。

根据上述情况，我认为中国博物馆事业确实获得了飞速的发展，其水平在发展中国家居于前列，但与发达国家的博物馆水平有一定的距离。

问：国博与世界上一些知名博物馆都有良好的展览交流与合作，在引进国外展览时，国际上有哪些设计理念及做法值得我们学习借鉴？

陈成军：第一，国外策展人制度的高度完善给我们留下了极其深刻的印象。国内策展人要么是领导，可以帮助大家解决难以承担的各种协调工作，对细节的事情很少过问；要么偏重于内容设计，对其他环节知之甚少，甚至不愿意干预。而国外策展人的统筹管理范围包括从展览内容设计到形式设计、施工制作、宣传讲解、产品开发等所有工作，表现出高度的学术化、专业化。在这些方面，我们的策展人与他们有很大差距。

第二，尊重策展人的地位和作用，尊重展览运作规律，使策展人有充裕时间进行展览内容设计，并以此为中心推进展览各项工作的开展。由于很多策展人没有行政职务，在沟通协调过程中很辛苦、很被动。很多展览工作都在赶时间、赶进度，使他们很难把更多的时间投入在保证展览内容设计乃至整个展览学术水平上。我们常说，中国博物馆陈列展览同质化问题很严重，我认为其主要根源是对展览规律的不尊重，对策展人地位和作用的不尊重。

第三，在展览设计中，国外同人能很好地处理展览设计与建筑空间之间的关系，在平面设计和空间设计装饰元素的选用上，也更具有设计感。

第四，在展览施工设计中，国外同人对展厅中展台的本体材料和装饰材料及展厅温度、湿度和照度都有严格的标准要求，对于展品的陈列方式，甚至包括展品倾斜的角度，都要求确保安全。这种环保的理念，这种在设计中高度重视展品保护的理念，已经渗透到他们工作的细节中，变成一种设计的自觉。

第五，国外同人对自身工作的高度尊重。以支撑加固为例，他们携带来的支撑加固构件都有标号，已经成为展品展出时不可或缺的组成部分，这样的做法有利于展览材料的循环利用，这与我们在展览制作中大量的一次性消费行为大相径庭。

问：习近平总书记与十八届中央政治局常委同志参观了"复兴之路"（图3）基本陈列后，发出了"实现中华民族伟大复兴中国梦"的号召，这个展览意义非凡，请您谈一下它的内容叙述方式及形式创意特点。

陈成军：第一，在内容叙事上，展览围绕民族复兴的主题，以问答的形式，通过突出表现历史和人民为什么和怎样选择了马克思主义、选择了中国共产党、选择了社会主义道路、选择了改革开放，较为全面地揭示了中国近现代历史的发展主线，完整展示了自1840年鸦片战争后，中国人民探索实现民族解放、民族复兴道路，最终取得成功的伟大历程。

第二，在内容组合上，适应展览宏大的主题，注重选用大体量文物；为突出主题，注意将分散的文物点串联成历史线、故事线，通过大量的文物组合，增强展示效果；突破上面展板是照片和文字、下面展柜陈列文物的模式，尽可能将文物上墙，让文物作为展览的主线。此外，充分发挥中国国家博物馆主题创作的传统，组织创作了美术作品15件，增强了展览的艺术性，使历史内容的展示更加鲜活、形象、多元。

164 / 从历史走向未来

图3 "复兴之路"基本陈列展厅

第三，在形式设计上，紧扣"民族复兴"主题。序厅由《为了中华民族的伟大复兴》主题雕塑、《古代文明》和《今日辉煌》两组浮雕构成。设计人员将展厅中两根承重柱作为国旗、党旗两面旗帜旗杆的一部分，与周围浮雕相呼应。展览各部分通过主色调由暗到明、色彩由冷到暖、结构由繁到简，营造具有时代特征的历史氛围，注重展线设计的节奏，带动观众的情绪从压抑走向明朗。另外，在字体、字号等细节设计上也彰显了稳重大气的风格。

第四，在技术手段上，展览不仅采用沙盘、电动图表、模型等传统的辅助展项，还利用现代科技营造视听效果，如"虎门抗英""渡江战役"采用典型文物与半景画、多媒体手段结合；"两弹一星"数位幻像剧场，采用虚拟数字技术，再现"两弹一星"试验成功的观测现场；"飞天揽月"则采用沉浸式场景展示航天成就；等等。

第五，整个展览设计将内容设计、形式设计和施工制作设计高度融为一体，合理地利用展厅高大空间所提供的创作维度，使整个展览在视觉艺术效果上显得波澜壮阔，呈现出国博所特有的主题展览的艺术风格，显示了对基本陈列设计风格的传统坚守和与时俱进的发展创新。

问： 国博年均临时展览的数量达40余个，已经成为世界上最受欢迎的博物馆之一，能介绍一下国博临展的选题方向及陈列设计方面的创意探索吗？

陈成军： 第一，在展览选题方面，国博的展览工作是围绕党和国家中心工作与文博事业战略部署开展工作的，由策展人按照"十四五"时期文物博物馆事业发展规划和主题展览、精品文物展、历史文化展、考古发现展、地域文化展、科技创新展、经典美术展和国际交流展等八大系列临时展览的特定要求进行选题申报。这些选题注重深入挖掘中华优秀传统文化、革命文化和社会主义先进文化的内涵和精神价值，成体系地向世界讲述中国文化故事；注重探讨地域文化传统、文化谱系、文化特色，解读其与中华文化影响力的关系，讲好中华文化发展演变的历史文脉；注重从国家文化战略大局出发，加强与共建"一带一路"国家的合作，助推展现中华优秀传统文化精神标识展览的国际传播。

第二，在展览内容设计方面，以时代性、学术性、原创性为内容设计标准，重视展览架构和展品组织的合理性，使展览内容阐释完整、透彻、准确、形象，不断挖掘文物所蕴含的历史价值、文化价值、审美价值、科技价值和时代价值。尤其注重紧紧围绕馆藏文物资源优势和特点，不断强化学术研究，重视文献、文物考古资料的使用，努力将晦涩的"学术研究语言"转化为生动的"博物馆语言"，积极促进国博学术成果转化为展览。

第三，在展览设计方面，在充分认知立体化思维，明确展厅定位、展示方向、展示内容、展示手段等一系列设计要点的基础上，以独特性、观赏性、合理性、创新性和人性化为形式设计标准，重视点、线、面、色、光的结合，努力将展示内容转化为可视化设计语言，为观众营造舒适的参观环境，增强他们的互动体验，激发他们的兴趣。具体表现为，根据具体功能需求，将展板、展墙、展柜、展台结合起来使用，组合展柜有大小变化，呈现出上下、高低错落排列的设计感，通过内部藏品与图文展板的结合来丰富视觉效果；按照大纲内容将展墙、灯光配置不同的颜色，不仅有效划分了内容模块，同时打破了空间沉闷，提升了视觉冲击力，从而突破了扁平化的展陈视觉效果。

当然，在注重宏大展览选题的同时，如何丰富选题的多样性，在内容信息组合方面，如何避免信息的无效堆砌、避免展览阅读性的无限扩张；在形式设计方面，如何避免设计的过多变化所带来的碎片化的视觉传递，真正处理好展览设计空间与原有建筑空间的关系，进而真正形成新时代国家博物馆临时展览的设计特点，彰显年轻一代所特有的设计风格，都是我们要继续探索和开展的工作内容。

问：近几年国博圆满完成了中央交办的几个主题大展，如"伟大的变革——庆祝改革开放40周年大型展览"（图4）等筹备及布展工作，请您谈谈这类型展览的空间运用及展览特色。

图4 伟大的变革——庆祝改革开放40周年大型展览

陈成军： 第一，展览紧紧围绕改革内容设计方案的系统性，根据国博一层展厅的格局，对主体内容展区进行统一规划，设计安排了开篇视频、关键抉择、壮美篇章、历史巨变、大国气象、面向未来等6个主题展区。每个展区围绕各自展示重点，进行主体色调、平面布局和展示流线的设计，规划安排各单元的展示亮点，既相对独立，又相互呼应。

第二，展览空间设计注重层次性，从国博西门外台阶下的展标，到西门外平台的展览主题标语，再到进入西门后的开篇视频，依顺时针的展线设计，使观众自觉进入观展模式。将国博一层南北两侧原本独立的4个展厅打通，分别构成展览的第四、第五展区，保持展区内展示内容的连续性，并通过充分利用南北两侧的过厅和连接南门两侧展厅的东侧环廊，将第四、第五展区相连，从而将整个展览的6个展区串联成两个顺时针的闭环展线。

第三，充分利用西大厅南北两侧的大楼梯和二层平台，分别打造了时光博物馆和《清明上河图3.0》穹幕影院互动体验区，使展览空间得到延伸。

第四，展览内容设计在保证政治类展览宏大叙述主题的鲜明特征的基础上，在内容组合上精心选择了百姓曾经经历过的历史见证物，在展览信息传播上使用了一切可以利用的技术手段，进一步增强了观众的参与感和体验感，使观众能更真切地感受到伟大变革的成就。

问：现代博物馆越来越重视对观众的服务，国博场馆面积如此之大，在观众服务方面都有哪些人性化设计？

陈成军：为了做好观众服务工作，国博对机构进行了调整，其中安全保卫处、开放空间管理部和观众服务部的职能都包括为观众服务的内容，观众服务部更是为此专门成立的部门。

观众服务部负责观众门票预约系统后台操作和数据调控以及团体观众预约接待工作。部门设有独立科室，专门负责观众咨询、意见和投诉的接待与处理。为了更好地处理观众的咨询、建议和投诉，及时解决矛盾，进一步加强国博观众服务的标准化，完善公众对国博的监督机制，部门还参考行业相关规定，结合部门意见和国博实际，制定了《中国国家博物馆观众咨询、建议、投诉管理办法》。

观众服务部设有观众服务台，为观众提供轮椅、婴儿车、便民医疗包和观众现场咨询等服务；设置母婴室，专为母婴提供服务；对外公布热线号码，提供7×24小时服务；制作《文明参观伴我行》的动漫在馆内宣传屏投放，制作文明参观宣传手牌，规范观众文明参观行为。另外，还开展观众问卷调查，及时了解观众的需求。

在开放区域，国博为观众提供适宜的饮用水，提供自动售货机，满足观众的动态购物需求；设置专门的文创产品体验区和文创产品临时售卖点，把集中销售和分散销售结合起来，最大限度地满足观众的需求；在剧场底层、"复兴之路基本陈列"过渡空间和三层公共空间，为观众提供咖啡和便餐服务；在各个展厅设置长凳，最大限度地缓解观众在参观过程中产生的疲劳。

问：国博在数字化博物馆方面有哪些做法和尝试，是否设计过不依靠展品的纯数字化展厅？

陈成军：目前，国博正依托智慧国博建设，充分利用先进科学技术，全面开展对国博各类数据的采集、融合、管理、授权等工作，全力推进国博的数字化建设。

第一，全面开展文物数据采集，以数据管理与分析中心为核心，组建国博自主采集团队；以高标准甄选社会精英力量加入，进一步加速了馆藏文物数据采集进度；与浙江大学、北京师范大学等国内知名高校合作，开展相关科研创新，提升馆藏文物的数据采集效率。

第二，全面开展数据平台建设，构建大数据中心，初步形成智慧大脑，为国博开展业务工作提供了坚实支撑；建立藏品大数据平台、观众大数据平台和展览、考古等更多相关业务平台，进一步完善数据中心，强化泛在互联建设。

第三，全面推动智慧融合，先后完成综合工作平台、科研系统及藏品管理系统等系统的建设和智慧大脑系统前端主题内容呈现及后端系统管理等功能模块的开发及BIM建模，实现了基于智慧大脑的决策中枢的馆长驾驶舱建设。

第四，充分开展数据应用，通过馆藏文物数据授权，为馆内外提供数据支撑，为社会提供服务，实现传统文化的创造性转化、创新性发展，打造国博数字文化服务品牌。

第五，依托馆藏资源活化技术文化和旅游部重点实验室开展多个科研项目，其中国家重点研发计划"智慧博物馆关键技术研发与示范"项目已经顺利通过中期考核，成功申报团体标准并获立项2项；文化艺术和旅游研究项目信息化发展专项"基于人工智能的馆藏甲骨文活化研究与应用"项目已完成甲骨文标注及甲骨文检测、识别、分割原型系统，并顺利通过验收；"中国国家博物馆文物三维数字化标准规范研究"重点项目已申报通过《文物三维数字化通用规范》团体标准，并获得了2项数据采集方面的专利。

在不依靠展品的纯数字化展厅方面，2014年12月28日，"国博典藏《乾隆南巡图》长卷数字展示"在南6展厅正式对外开放。这是国博利用数字平台拓展业务工作的最新成果，也是国博不断完善公共文化服务体系的一项新的工作。该展示通过三维技术让《乾隆南巡图》动了起来，再现了康乾盛世的壮观与辉煌。它包括整部12卷的宣传片和第一卷《驻跸京师》，均通过长30米、高4米的巨幕播放。目前，国博正在策划新的数字展厅项目。

问： 请问国博在博物馆运营方面有什么独特模式吗？

陈成军： 第一，确定独具特色的运营核心内容。作为弘扬中华优秀传统文化、革命文化、社会主义先进文化，培育和践行社会主义核心价值观的重要基地，国博在不同时期尤其是在党的十八大以来，始终以此为圭臬，不断地探索自身的职责定位、目标方向和办馆方针，并把这些当作运营的核心内容。

第二，明确分工合理的运营责任主体。将全馆30多个职能部门分成综合管理、核心业务和运维保障三大类，既明确了它们及其所属职能部门在运营核心内容中的工作边界、工作范围、工作特征，又揭示了它们及其所属职能部门之间相互倚重的密切联系，形成系统的呈网格化分布的运营责任主体，通过标准化、制度化的管理，来完成运营核心内容中的工作任务。

第三，开展独特的运营技术建设。在运营技术上，通过智慧国博建设，基于数字化、网络化、智能化技术，全面提升服务体验、管理效能和保护实效，努力实现透彻感知、泛在互联、智慧融合，并具有深度学习、迭代提升的能力，使运营技术逐渐呈现出智慧博物馆的时代特征。

第四，建立顶层运营决策机制。由馆长主持的馆务会和党委书记主持的党委会，构成国博的党政联席会议，每周召开一次，负责运营中的"三重一大"事项各项决策，以纪要的形式颁行全馆，作为推行各项工作的依据。这种运营决策机制确保了国博运营核心内容执行的计划性、权威性和有效性。

问：目前国博临展策划是采用的策展人模式吗？贵馆在展览内容设计包括展品组合或者展品选择方面有何独特性？

陈成军：目前，中国国家博物馆临时展览工作实行策展人制度。2018年王春法馆长上任后，制定颁布了《中国国家博物馆策展人制度实施办法》，希望通过推行策展人制度，激发策展工作活力，盘活博物馆人才和藏品资源，推出更多更优秀的展览。第一批公布了30位策展人，后来又略有调整，现在有27人。

展览是博物馆奉献给公众的最重要的文化产品。如前所述，作为弘扬中华优秀传统文化、革命文化、社会主义先进文化，培育和践行社会主义核心价值观的重要基地，中国国家博物馆确定了主题展览、精品文物展、历史文化展、考古发现展、地域文化展、科技创新展、经典美术展和国际交流展等八大系列临时展览，不断挖掘文物所蕴含的历史价值、文化价值、审美价值、科技价值和时代价值，充分彰显国博陈列展览所应该承载的国家使命、历史使命和当代使命，在展览内容设计上呈现出较为鲜明的国博特色。

第一，展览内容设计很好地继承了"古代中国基本陈列""复兴之路基本陈列"等宏大主题展览的叙述风格，立意高远、结构宏大，像"江天万里——长江文化展""长城内外皆故乡""证古泽今——甲骨文文化展""高山景行——孔子文化展""隻立千古——《红楼梦》文化展"等，这是一般博物馆难以做到的，这是国博几十年来积淀下来的最宝贵的内容设计传统。

第二，善于从国家政策和现实需求中找位置、选题目、做文章，不断丰富内容设计的当代性，如"真理的力量——纪念马克思诞辰200周年主题展览""科技的力量""精神的力量"等。这些主题在其他博物馆是很难做到的。

第三，能够不断总结学术研究成果，吸收借鉴新时期内容设计好的做法，使内容设计体现出鲜明的时代性，如我馆最近几年推出的"中国古代服饰""中国古代钱币"等展览，既充分吸收了学术研究成果，又进行了创造性的转化，充分满足了观众的时代诉求。

在展品组合或展品选择方面，国博也有自身的特点。

第一，高度重视展品选择与展览主题关联性、密切性和独特性的关系，在确保选择的展品与展览主题有关联的基础上，注重突出与主题的密切性甚至独特性，为确保内容设计的原创性提供了更加坚实的物质基础。

第二，高度重视展品选择的多样性，强调文物所蕴含的历史价值、文化价值、审美价值、科技价值和时代价值，避免展品选择为了主题而主题，最后造成展品类别单一、乏善可陈。

第三，高度重视展品选择的包容性。现代展览内容设计的展品选择，不仅包括传统意义上的实物，还包括各种信息装置和建立在学术研究基础上的各种造型物。尽管国博有140多万件（套）藏品，但是在内容设计中也难免有缺环。策展人员在充分发挥国博藏品实力的基础上，适时地吸收当代学者对展品选择对象的最新认识，使展品选择更加契合展览主题的多样化需求。

问：国博是如何组织教育讲解及开展社会教育活动的？国博在馆校合作方面又有哪些有益的探索？

陈成军：博物馆为所有人提供了终身学习的机会，对于青少年来说尤其重要，发挥博物馆在教育中的作用始终是中国国家博物馆不变的使命和职责。

在组织教育讲解方面，国博现已基本形成覆盖基本陈列、常设专题展览、临时展览，包括公益讲解、公务讲解、定制讲解、志愿讲解等类型的全方位、多层次的讲解工作格局。近3年来，社会教育部积极对讲解内容进行广度拓展和深度挖掘，丰富讲解形式，提升分众化、专题化讲解能力，满足观众的导览需求。在保障常态化讲解工作开展的同时，还在线上导览、红色宣讲、外文讲解、智慧导览、流动展览讲解、讲解员培训等方面做出新探索。

在开展社会教育活动方面，基于馆藏、展览，社会教育部出版《中国国家博物馆儿童历史百科绘本》（共10册），基本完成教育课程框架体系的搭建；完成动漫课程"甲骨文探秘之旅"（4集）的制作，尝试教育形式创新；通过夏（冬）令营、各大节日的特别教育活动等形式，面向亲子家庭、学生群体、成年群体、社区群体、贫困群体等，以引进来、走出去的方式，实施分众化教育活动。

在馆校合作方面，内容主要以博物馆综合实践课程研发、面向学校推广博物馆课程、培训以学生为主体的文化使者、开展教师培训、开展研学活动等为主，目前已涵盖小、初、高全学段。其中，先后与史家小学、北京四中等开展项目合作或战略合作，联合推出了基于"古代中国基本陈列"的系列研学丛书——《中学生博物之旅·古代中国》《中学生博物之旅学习手册·古代中国》《中学生博物之旅教学手册·古代中国》；与军庄小学、西藏中学等保持长期合作关系，开展定向教育活动；承接北京市教委社会大课堂开展的"四个一"项目，先后推出《认知：古代中国》《认知：复兴之路》等用于展厅教学的学习手册；联合中国儿童少年基金会护航计划，举办"'复兴之路'文化使者"研学营，来自北京、上海、河北、江苏的15名学生在国博展开为期6天的中国近现代史学习和讲解实践，成为"复兴之路"的文化使者。现阶段正在尝试探索与高校开展馆校合作。

问：国博在文创开发及服务方面，是采取何种模式更好地实现"把博物馆带回家"的理念的？

陈成军：在文化与旅游融合发展的大背景下，中国国家博物馆发挥行业内示范引领作用，创新发展模式，探索"博物馆+互联网"的深度融合，与优质的社会力量开展合作。一方面，深挖博物馆IP资源和文创产品设计开发的潜力，畅通从文物IP到原创设计、投资生产、线上销售的全产业渠道，形成文化资源与产业资源的无缝对接；另一方面，利用国博特有的馆藏文物资源、学术支撑与众多行业头部品牌进行授权合作，为品牌赋能，在增强品牌文化附加值的同时，为古老的文化遗产走进大众生活提供了新的思路。产品开发与品牌授权双头并举，开拓了博物馆文创产业合作发展的新模式。具体情况如下。

第一，以馆属各个企业为依托，成立了一支具有丰富文创产品开发经验、博物馆授权业务开展经验和电商运营经验的专业团队，着力打造"国博衍艺""国博美馔"等自主品牌。国博已自主开发文创产品近5000款。

第二，积极开展文创产业跨界融合发展，与知名品牌开展联合营销活动，实现与社会资源的优势互补、资源的"共享开发"。目前，与百余家品牌商合作推出500余款授权商品，产品涉及近20个文物系列，覆盖家居用品、服饰配饰、电子产品、文具玩具、图书刊物、饮料食品等多品类、多领域。具体合作包括国博新馆开馆初期，与百胜餐饮集团进行品牌跨界合作，授权其旗下肯德基使用包括"后母戊鼎""东汉陶船""四羊方尊"等17件国博馆藏文物IP，结合最新科技手段，将肯德基北京、上海、杭州等18个城市的重要门店打造成文化体验感十足的"国宝耀中华"主题餐厅，使社会大众更直接地感受到中国文化的内涵与魅力；与巴黎欧莱雅集团进行品牌跨界合作，以《千秋绝艳图》为灵感，从藏品中选取了王昭君、赵飞燕、西施、杨玉环、李清照等5位人物，提炼服饰纹饰，设计推出独具中国风的5款限量口红礼盒，并开展了相对应的美人形象和故事的线上文化传播以及通过科技AR技术进行了线上互动。此外，近几年新开发的"元宵行乐互动解谜书""天官赐九盲盒""古代中国兵俑榫卯积木"等文创产品，"来自月球的土特产""探月系列棒棒糖""国博美粽端午礼盒""文创雪糕"等创意美食，与蚂蚁集团、腾讯集团合作发布的"舞蹈纹彩陶盆""时光考古数字宝藏"等多款数字文创产品，以及与伊利集团合作的QQ星儿童牛奶，与冷酸灵合作的"新国宝"牙膏、派克钢笔礼盒等授权产品，均受到了消费者的喜爱和市场的认可。

第三，加大围绕博物馆展览中的重点文物、看点文物开发文创产品的力量，使文创产品成为展览的最后一个展厅，满足观众观展后"把博物馆带回家"的购买需求。

第四，积极建立多样化分销渠道，与古北水镇、大友书局、新华书店、苏宁文化体验馆等开展广泛合作；对政府渠道采购的需求加以关注，中标中外文化交流中心"文化中国礼"和"欢乐春节礼"供货采购项目，满足更多人群和更广泛领域对博物馆文创产品的需求。

第五，积极与代运营商合作，开设中国国家博物馆天猫旗舰店、中国国家博物馆京东旗舰店、国博美馔微店，通过网络平台增进博物馆的文化服务，并发挥不可替代的宣传和营销优势。

问： 国博藏品140多万件（套），未来如何顺应时代和社会发展需求，令公众更便利地获取展品信息，进一步提升馆藏文物的社会价值和认知度？

陈成军： 在不断增强藏品整理研究力度的基础上，让公众更便利地获取展品信息，进一步提高馆藏文物的社会价值和认知度，已经成为博物馆义不容辞的职责和使命。

第一，国博将进一步加强自身信息传播阵地建设和渠道建设。目前，国家博物馆App、国博导览微信小程序已经上线，国博"中央厨房"——报、网、微、端、屏全媒体矩阵正式建成。国家博物馆官方微信服务号粉丝量增至236万，获得"走好网上群众路线百个成绩突出账号"，受到中央网络安全和信息化委员会办公室通报表扬。国家博物馆官方微博粉丝量突破500万，入驻微博名人堂。National Museum of China英文版官方微信服务号持续平稳运行,官方账号在Facebook和Instagram开通。

第二,进一步加强与馆外平台的合作,不断扩大观众更加便利地了解国博藏品信息的渠道。目前,在人民号、头条号、学习强国、哔哩哔哩、快手、抖音等平台运营的中国国家博物馆官方账号影响力均处于博物馆行业领先地位。

第三,进一步创新全媒体传播项目和云展览项目。近年,"手拉手:我们与你同在——全球博物馆珍藏展示在线接力"项目荣获2021年度中华文物全媒体传播精品(新媒体)推介十佳项目、2021年度全国文化遗产云传播十佳"云讲解"项目,入选"携手构建网络空间命运共同体精品案例"。"永远的东方红——纪念'东方红一号'卫星成功发射五十周年"云展览获2021年度全国文化遗产传播十佳"云展示"项目。国博官网为公众提供了大量的云展览内容,我馆将以国博基本陈列、专题陈列和临时展览的陈列展览体系为基础,进一步构建立体的、多元的云展览体系,打造永不落幕的国博展览阵地。

第四,要进一步利用好北京机场、地铁等公共交通资源,使观众能够在俯仰之间获取国博的藏品信息。近年,国博在地铁一号线和大兴国际机场推出以国博藏品为基础的宣传推广活动,获得公众的高度评价,为国博在这些领域向公众提供更多的便利选择藏品信息提供了新的渠道和方式。

问: 您认为国博在打造北京"博物馆之城"方面能发挥什么积极能动作用?

陈成军: 第一,要充分发挥国博位置特殊、使命特殊和功能特殊的优势,为真正呈现北京"博物馆之城"的特色、发挥北京地区集群博物馆的规模效应做出自己不可替代的贡献。

第二,要做好北京"博物馆之城"建设中建言献策和各种措施的落地支持工作,充分发挥国博行业头雁的作用。尤其是对各种措施的落地,国博要充分发表看法。比如,对于"博物馆之夜"活动,要处理好社会效益和运营成本之间的关系，不务虚，扎扎实实地推进各项工作。

第三，要通过国博的藏品资源和业务资源优势，做好北京"博物馆之城"建设中的中小型博物馆的支持指导作用，真正形成北京"博物馆之城"建设的合力，进而推动北京"博物馆之城"建设的高质量发展，真正为文化强国的建设做出应有的贡献。

问： 在文旅融合的新时代，博物馆作为观赏旅游的第一站点，你认为未来博物馆如何在文旅融合中发挥作用？

陈成军： 第一，要真正发挥博物馆的前沿阵地作用。博物馆利用文物藏品，发挥着承载文明、传承历史文化、维系民族精神的作用，作为观赏旅游的第一站点，要在确保场馆安全、文物安全的情况下，为公众提供真正的学习、休闲、娱乐场所，把参观人数作为博物馆事业发展的重要指标、以恶化博物馆的参观环境作为代价的做法，难以真正提升民众的文化精神消费水平和生活幸福感，也不符合高质量发展的时代要求。

第二，要充分发挥博物馆超级链接的作用。在互联网科技时代，要重视融入和利用科技手段、信息化方式，开创藏品展示与解说的新方法、新手段、新路径，通过数字博物馆、虚拟旅游等方式，有效扩大没有机会走进博物馆的受众群体，使其变成博物馆的新"粉丝"，从而促进博物馆旅游。

第三，要充分发挥旅游文化活动载体的作用。博物馆可以利用自身的藏品和展览优势，在保证文物安全的情况下，参与、嵌入旅游文化的各项活动中，提升旅游文化活动中博物馆文化色彩的浓度和亮度，真正实现在文化内涵和文化质量上的文旅融合。

第四，要充分发挥文化孵化器的作用。博物馆在凸显地方历史文化、支撑地方经济、提升地方文化影响力等方面具有无可替代的作用，可以为当地带来更多的社会效益和经济效益。

问： 在学科融合和交叉越来越凸显的时代，请您谈谈未来北京地区乃至我国博物馆未来的发展方向。

陈成军：在学科融合和交叉越来越凸显的时代，博物馆的发展面临着前所未有的机遇和挑战。

第一，博物馆要进一步完善和夯实自身的各项工作，充分彰显博物馆工作不可或缺的基础性。打铁需要自身硬。只有这样，才能真正维护博物馆的特殊性。博物馆是收藏、研究、展示和阐释人类物质文化和非物质文化的历史见证物的公共机构，这是博物馆在社会中得以存在的独树一帜的物质基础，只有把这点搞好了，才能真正高质量地为公众提供更多的喜闻乐见的文化展品，真正彰显博物馆力量。

第二，博物馆要与社会科研机构开展更加广泛的合作，充分彰显博物馆在学术研究方面的开放性。只有这样，才能真正发展博物馆的特殊性。博物馆是一个非常开放包容的公益机构，在其发展的历程中，始终注重吸收其他学科在科学研究方面的优势，为己所用，使自己具备不断进步、不断前进的力量，同时，推动其他科研机构的学科建设，并把这种学科建设及其人才培养与博物馆发展的实际需求紧密结合起来，烙印上博物馆的特性，从而不断丰富、完善，进而夯实自身的特殊性。

第三，要向社会广泛宣传博物馆文化，以各种方式和手段传播博物馆文化，真正发挥连接过去、现在和未来的作用，彰显博物馆文化的社会性。只有这样，才能永葆博物馆的特殊性。中国各类博物馆不仅是中国历史的保存者和记录者，也是当代中国人民为实现中华民族伟大复兴的中国梦而奋斗的见证者和参与者。博物馆只有自觉融入当代社会的发展变革，在文化强国建设中发挥不可替代的作用，更广泛地被社会所认可、利用，才能获得长久发展的现实动力。

（本采访得到中国国家博物馆孔欣欣、张维青、胡妍、周靖程、常莉、李华飙等同人的大力支持，在此深表谢意。）

弘扬伟大抗战精神　凝聚民族复兴伟力

——中国人民抗日战争纪念馆

受访人：罗存康，中国人民抗日战争纪念馆（简称抗战馆）馆长、党委书记，北京市政协委员。

问：抗战馆是全国唯一一座全面反映中国人民抗日战争历史的大型革命纪念馆，肩负着传播抗战历史、弘扬抗战精神、开展和平教育的崇高使命。请您谈一下20世纪80年代在何种历史背景下促成了这个馆的筹建与开放？

罗存康：抗战馆的建立，既有国际的因素，也有国内的因素。从国际因素来看，主要就是为了纠正日本歪曲历史的做法。1982年，日本篡改历史教科书，否认且美化侵华战争的历史，激起了中国人民的极大愤慨和强烈谴责，由此引发了建立抗日战争纪念馆的讨论。从国内因素来看，抗战胜利后，我国连续经历解放战争、新中国成立、抗美援朝、社会主义改造和建设等重大事件，中国人民未来得及总结这段既苦难又辉煌的历史。改革开放后，特别是经过"拨乱反正"，人们开始总结过往的经验教训，认为有必要建立一座反映中国人民抗日战争历史的纪念馆，铭记历史、警示未来。

中央对建立抗战馆十分重视，时任全国人大副委员长的邓颖超专门委托中央和北京市相关部门到卢沟桥考察，习仲勋、胡乔木等中央领导同志专门做出批示指示，特别是胡乔木同志亲自带队到卢沟桥视察调研，对规划选址、建馆规模、陈列内容、资金投入等逐项论证。1984年10月，成立筹建委员会和基建指挥部。1986年7月7日奠基，经过一年时间的紧张建设，1987年7月6日竣工落成。次日（正逢全民族抗战爆发50周年），抗战馆正式对外开放（图1）。

问：抗战馆自1987年落成以来，历经数次大规模改陈，请从您的视角谈一下，贵馆在展陈内容编撰到形式设计方面有哪些理念上的变化？

罗存康：抗战馆自1987年落成以来，历经数次规模改陈，形式设计方面的变化很大。展览展示的方式从以往的静态展示形式转化为动态展示和数字技术展示。静态展示形式主要是以图片和文字为主，配合一定数量的文物，是比较原始并且使用较为广泛的形式之一，在抗战馆早、中期展览之中运用较多。现在更多地利用动态展示和数字技术展示形式，更加注重内容建设和呈现，更加注重深挖红色文化内涵，更加注重运用数字化、智能化手段创新展陈形式，让红色文化真正动起来、活起来，既注重营造庄重、肃穆的历史文化氛围，又努力做到在直观、生动、鲜活的展览现场接受革命精神的教育，拓展爱国主义教育的生动性和针对性，充分发挥红色资源的资政育人功能。

图1　抗战馆建筑外景（馆方提供）

问：抗战馆的基本陈列及主题展多次荣获国家文物局的全国博物馆十大陈列展览精品奖和特别奖，请问展览策划时是如何在把握政治性的同时，做到学术性、艺术性、引导性、互动性于一体的？

罗存康：首先，抗战馆在大纲编撰方面，始终坚持守正创新、凸显时代价值。不管是筹办基本陈列还是专题展览，始终坚持办政治展览，将政治性作为第一属性。其次，抗战馆追求精益求精，强调学术性，通过认真查找相关学术资料和图书论文，深掘文物背后的故事，努力做到让文物说话，用档案证史。再次，展览布陈启动后，大纲编辑与展览设计深入沟通，围绕展览主题进行多次交流、论证、融汇，注重打造展览"核心亮点"（图2）、观众"驻足点"、"文物看点"等。最后，要做好展览宣传引导工作，创新宣教手段和形式，拓展宣教阵地，使展览宣教触角不断延伸，努力达到影响人、感染人、净化人的社会教育目的，使展览具有较强的引导性和教育性。

图2　仿白桦林场景（馆方提供）

问：抗战馆在抗战史、二战史、中日关系史及红色文化研究方面都取得了哪些成果？现在每年大概策划举办多少个临展？近几年的临展在陈列形式设计方面有哪些突破？

罗存康：现在每年大概策划举办2—3个临时展览，在7·7、9·3、12·13等重要抗战时间节点举办临时展览。近些年临展在陈列设计方面有以下突破：一是动态展示方面。近年来的展览，每个展览都会打造一个重点动态展示项目，即"视频+音频"的展览主视频，将展览的主要内容以运动视频的形式展现给观众，再配上音频效果，通过视听内容打造一个动感的展示空间。例如在纪念全民族抗战爆发80周年、83周年、84周年、85周年的展览中都打造了展览主视频。二是数字技术展示方面，主要以先进的数字技术和互动设备为主。例如比较热门的线上虚拟展厅、3D全息投影（如"聂耳的小提琴"）、触摸屏（如"延安文艺座谈会"）、透明触摸屏（如"百团大战第二战役太岳纵队第38团党政工作总结报告"）、大型多媒体数字电动地图（如"19块根据地创建"）、电子沙盘（如"抗日战争主题片区重要纪念设施及遗址遗迹分布情况"）、电子翻书（如珍贵文物《伦敦新闻画报》）等。这些现代数字技术有效地提升了观众的参观体验与互动性，也使得展厅展示内容变得更加丰富有趣。同时，抗战馆每年都在国内外开展巡展活动，影响力越来越大。

问：抗战馆作为纪念全民族抗战的一个综合馆，又位居卢沟桥事变发生地，请问在一些重要纪念日，如7·7、9·3、12·13等，贵馆会以什么方式引领公众铭记历史？公众的反响如何？

罗存康：2014年2月27日，十二届全国人大常委会第七次会议表决通过，将每年的9月3日确定为中国人民抗日战争胜利纪念日。

党的十八大以来，习近平总书记多次到抗战馆参加相关纪念活动，例如：2014年7月7日，出席纪念全民族抗战爆发77周年仪式；2014年9月3日，出席纪念中国人民抗日战争暨世界反法西斯战争胜利69周年向抗战烈士敬献花篮仪式；2015年7月7日，在纪念全民族抗战爆发78周年之际，参观"伟大胜利　历史贡献——纪念中国人民抗日战争暨世界反法西斯战争胜利70周年"主题展览；2020年9月3日，出席纪念中国人民抗日战争暨世界反法西斯战争胜利75周年向抗战烈士敬献花篮仪式。此外，2016—2022年，每年7月7日，北京市委领导都到抗战馆参加纪念全民族抗战爆发周年活动，向抗战烈士献花，并向在中国人民抗日战争中英勇牺牲的烈士们默哀。

此外，围绕每年的清明节、9·3和12·13等重要抗战时间节点，抗战馆均通过开展学术研讨、组织有庄严感和教育意义的仪式活动等形式广泛开展相关活动，引导广大干部群众传承红色基因，弘扬伟大的抗战精神（图3）。

这些活动弘扬了主旋律、传播了正能量，在社会各界产生了强烈反响。

图3　馆前宣誓活动（馆方提供）

问：近几年，抗战馆在数字化展示及藏品资料数字化方面有哪些探索？为公众提供了哪些便利？

罗存康：近年来，抗战馆根据中央精神，结合革命主题特点，开展了系列数字化展示及藏品资料数字化建设工作。相继推出"中流砥柱——中国共产党抗战文物展""烽火印记——北京抗日战争主题片区特展"等虚拟展，在网上全面展示抗战专题展览；推出"烽火印记——抗战云课堂"等系列网课，在云端通过文字、图片、影像等多种方式讲述系列抗战故事。

此外，重点配合中宣部开展了红色基因库建设。红色基因库建设是国家文化大数据体系建设的重要组成部分，抗战馆作为北京市重要革命类纪念馆，是试点单位之一。抗战馆红色基因库建设的一期工作已完成。目前，抗战馆红色基因库建设的二期工作正在进行。通过打造抗战馆红色基因基础资源库，提升现场互动体验系统，大大满足了游客现场参观体验需要，建立了线上线下综合服务渠道，极大提升了整体服务能力。

问：全国的抗日遗迹遗存量很大，目前国内建成的抗日战争题材的博物馆、纪念馆较多，请问贵馆与这些馆之间会有哪些方面的合作与互动？

罗存康：目前，国内建成的抗日战争题材的博物馆、纪念馆有100余家。我想从两个方面来介绍。一方面，关于北京抗日战争主题片区建设。2019年9月，北京市推进全国文化中心建设领导小组提出推进三大红色主题片区（中国共产党早期北京革命活动主题片区、抗日战争主题片区、建立新中国主题片区）保护工程。加强抗战主题片区建设是北京市加强革命文物保护传承利用工程的重要内容，目前已被列入北京市"十四五"规划和2035年远景目标。近年来，在市委的领导下，由市委宣传部牵头，各区各部门协同联动，积极推进北京抗日战争主题片区建设，深入挖掘首都抗战历史，认真做好革命文物资源调查，精心保护修缮抗战遗址遗迹，研究制定宛平城卢沟桥区域革命文物保护利用规划，对平西抗日战争纪念馆、平北抗日战争纪念馆、没有共产党就没有新中国纪念馆、焦庄户地道战遗址等纪念馆进行改陈布展，举办系列丰富多彩的主题活动。目前，已梳理核实涉及全市重要抗战遗存和纪念设施160余处，每一处都铭记着中国人民在抗日战争中不屈不挠、浴血奋战的壮阔进程和光辉历史。

另一方面，在全国范围内，抗战馆是中国博物馆协会纪念馆专业委员会平台的主任委员单位。作为全国抗战类纪念馆牵头单位，我馆积极与国内同类博物馆、纪念馆强化合作交流，每年定期邀请全国各地纪念馆、博物馆的领导和专家学者举办学术研讨会开展交流，现已形成长效机制。目前，全国范围内比较重要的抗战类纪念馆、博物馆与抗战馆都有比较密切的联系。我馆经常与各地纪念馆、博物馆联合办展，推出各类精品巡展，例如，2021年结合中国共产党成立100周年，我馆联合全国60家抗战类博物馆、纪念馆共同推出了"中流砥柱——中国共产党抗战文物展"，该展已被中宣部列为庆祝中国共产党成立100周年精品陈列，同时荣获2021年全国十大精品陈列特别奖；抗战馆还利用7·7、9·3等重要抗战时间节点，开展系列联动纪念活动；根据工作需要，抗战馆不定期举办人员、工作等线上线下交流，目前已有重庆红岩革命历史博物馆、福建省革命历史纪念馆、南京市雨花台烈士陵园管理局等多家纪念场馆工作人员来我馆进行交流。

问： 抗战馆作为国际二战博物馆协会的倡议发起单位和秘书处常设单位，做了很多有意义的工作，能介绍一下这个协会的主要任务及取得的阶段性成果吗？目前，贵馆在国际上的影响力如何？

罗存康： 国际二战博物馆协会于2015年9月7日成立，是国际二战博物馆间交流与合作的重要平台，是第一个，也是唯一一个由中国抗战纪念馆发起成立的、秘书处及法人常设中国（抗战馆）的国际二战文博专业组织。目前，协会会员单位包括中国、俄罗斯、美国、韩国等15个国家的50余家知名二战博物馆。协会的主要任务是开展二战史共同课题研究，推进二战遗迹研究、传播工作；组织协会内部进行展览互换、档案资料共享、人员互访、举行学术研讨会、业务培训班等业务交流活动，为二战博物馆间的交流与合作提供便利；开展与二战相关的重要纪念日的庆祝活动；共同开展和平教育活动；传播二战博物馆的工作新闻及信息；提升公众对二战博物馆中收藏的藏品及展览的兴趣，吸引更多的观众走进二战博物馆参观；建立统一的数据和其他信息资源库，促进协会成员更加有效地工作；协助成员完成其所承担的国际性项目等。

关于国际二战博物馆协会的阶段性工作成果，目前已先后组织有关国际性活动40余次，包括国际博物馆协会、联合国教科文组织博物馆高级别论坛、纪念中国全民族抗战爆发80周年国际二战博物馆馆长论坛等；组织国内外馆际人员交流互访，已邀请17批次的会员单位工作人员到协会秘书处（抗战馆）进行为期半年的业务交流；通过多种语言整合会员信息，创办协会网站，提升国际知名度；共同研发文创产品，丰富宣传形式；等等。

抗战馆作为国际二战博物馆协会秘书处所在地，自成立以来，先后接待数百批次外国贵宾及外国驻华使节来馆参观，通过推动深化国际交流与合作，不断提升在国际社会的知名度和影响力，努力向世界讲述中国抗战故事，传播中国抗战在世界反法西斯战争中的东方主战场地位，与世界各国人民共同捍卫二战胜利成果，维护世界和平。

问： 抗战馆是北京市及全国爱国主义教育基地、北京市中、小学生社会大课堂，在社会教育活动方面表现得很活跃，请介绍一下围绕这一主题，贵馆有哪些教育活动品牌？

罗存康： 抗战馆作为爱国主义教育基地、北京市中、小学生社会大课堂，充分发挥红色教育阵地作用，依托馆内展览和馆藏文物，积极开展系列社会教育活动。比如针对中、小学生等未成年群体，结合北京市中、小学生"七个一"活动，积极举办"培育和践行社会主义核心价值观走进抗战馆"主题教育大课堂和"学英烈事迹、诵抗战经典、做红色传人"主题教育活动等，通过开展"爱我中华"升旗仪式、观看展览现场教学、学唱抗战歌曲、抗战生活互动体验，引导他们爱国、励志、求真、力行，通过"写一封家书""我对英烈说句话"等互动，增强学生在主题教育活动中的参与感，使知识和参与相结合、历史和现实相结合，更好地体会爱国主义的精神内涵。迄今已接待中、小学生50余万人次。

着眼首都高校党建和思政工作需要，推出"忆抗战、学党史、强党性"党课活动，并逐步完善、创新，推出面向社会各年龄段的"民族先锋大讲堂""行走的党史课"等一系列党史学习、党性教育活动。注重用抗战精神、红色基因、廉政文化加强大学生党员党性修养，弘扬伟大的抗战精神，学习中国共产党中流砥柱作用，坚定理想信念，树立远大追求。现已举办活动80余场。

针对军人群体，与驻京部队、驻区武装部等联办"弘扬抗战精神、担当强军使命"主题教育活动，通过军人宣誓、专题党日活动、新兵入伍欢送仪式（新学员入学、毕业典礼）等，培育战斗精神，砥砺战斗血性。

在传统节日方面，主要围绕每年的清明节开展"清明节的铭记"系列主题教育活动。此项活动从2009年开始，已经连续举办10多个年头，现已成为各界追思、缅怀、尊崇、传承抗战英烈精神的重要平台和开展爱国主义教育的品牌之一。在重大庆祝活动方面，结合庆祝改革开放40周年、庆祝中华人民共和国成立70周年、庆祝中国共产党成立100周年等，通过开展学术研讨、组织有庄严感和教育意义的仪式活动等多种形式，广泛开展群众性教育活动，引导广大干部群众传承红色基因，唱响爱党、爱国、爱社会主义的时代主旋律。迄今为止，抗战馆接待海内外观众3800余万人次，其中党的十八大以来接待观众900余万人次。

此外，我馆还紧跟新形势，强化融媒体、新媒体运用，积极探索线上宣传教育，推出了"烽火印记——抗战云课堂"等活动。将抗战文物、照片、珍贵影像资料相结合，通过讲解员的生动讲述，挖掘文物价值，以独特的视角将文物故事呈现出来，带领观众感同身受14年抗战烽火中的文物故事、英雄事迹、历史事件、艺术作品等。下一步，抗战馆将继续积极探索新媒体的运用，努力使云课堂、融媒体等成为传承红色基因、弘扬伟大的抗战精神新平台。

问：请您简单谈谈抗战馆的未来规划和展望。

罗存康："十四五"时期是北京落实首都城市战略定位、建设国际一流的和谐宜居之都的关键时期，更是抗战纪念事业喜迎党的二十大胜利召开、筹办抗战胜利80周年等重要发展时期。抗战馆将认真学习贯彻党的二十大精神和市委决策部署，着眼推动抗战馆高质量发展、建成国内外一流现代化纪念馆要求，树牢新发展理念，构建新发展格局，更好地发挥在全国革命类纪念馆中的示范引领作用。

下一步，我馆将认真贯彻落实全国、全市宣传思想工作会议精神和关于推动文博事业建设发展的各项具体要求，借助北京市推进全国文化中心建设，特别是爱国主义教育抗日战争主题片区建设的示范引领作用，大力实施"一四五"战略，即突出一个引领：在新时代继承和弘扬伟大抗战精神，建设高水平"国家抗战纪念地"；讲好四个故事：讲好中国共产党人的抗战故事、讲好中国人民的抗战故事、讲好中国的抗战故事、讲好抗战时期人类命运共同体的故事；强化五个中心功能定位：强化"国家纪念中国人民抗日战争胜利和全民族抗战爆发活动中心、中国人民抗日战争和世界反法西斯战争历史展示中心、中国人民抗日战争文物史料收藏和研究中心、世界反法西斯战争东方主战场对外传播中心、世界和平友好教育中心"的功能定位，全面展示中国人民抗日战争暨世界反法西斯战争胜利成果，向创建国内外一流纪念馆目标迈进，为实现中华民族伟大复兴做出应有的贡献。

中国革命的红色序章

——中国共产党早期北京革命活动纪念馆

受访人：黄春锋，中国共产党早期北京革命活动纪念馆（简称北大红楼）副馆长、副研究员，中国博物馆协会陈列艺术委员会委员，《中国博物馆通讯》《中国纪念馆研究》责任编辑。

问：北大红楼是一座具有光荣革命传统的近代建筑，纪念馆依托原北京大学红楼（图1）所建，请谈一下此馆的成立背景。

图1 原北京大学红楼建筑外立面

黄春锋：北京是伟大祖国的首都，是一座具有光荣革命传统的城市，是新文化运动的中心、五四运动的策源地、马克思主义在中国早期传播的主阵地、中国共产党的主要孕育地之一，形成了以北大红楼为代表的中国共产党早期北京革命活动旧址群。北大红楼与中国共产党早期北京革命活动旧址主要包括1915年至1923年6月北京地区与中国共产党创建活动有关的重要会议场所、重大历史事件发生地、重要党史人物故居以及重要纪念设施等31处。这些革命旧址记载着以李大钊、陈独秀、毛泽东为代表的革命先辈传播马克思主义、孕育成立中国共产党的光辉历史和不朽业绩。北大红楼始建于1916年，建成于1918年，由于建筑主体部分使用红砖砌筑，上有红瓦铺顶，故名"红楼"。北大红楼地上部分共有4层，建成后，一层主要是图书馆，二层主要是校部各办公室，三层、四层主要是文科教室。北大红楼是一座具有光荣革命传统的近代建筑，是李大钊、陈独秀、毛泽东等党的创始人开展革命活动的重要场所。在中国共产党成立前后，有许多重要的历史事件在这里发生、发展，这里曾掀起新文化运动的高潮，是五四运动的重要策源地、北京的共产党早期组织诞生地，推动了中国共产党的成立，掀开了中国革命的红色序章。1961年，北大红楼被国务院公布为第一批全国重点文物保护单位。

为庆祝中国共产党成立100周年，2020年3月至2021年6月，北京市统筹规划了北大红楼与中国共产党早期北京革命活动旧址（31处）保护传承利用工作，根据中央领导同志批示精神，在中宣部、中央党史和文献研究院、国家文物局等部门的指导支持下，北京市将旧址保护传承利用作为一项重要政治任务，作为庆祝中国共产党成立100周年的一项重要工作，成立专门的领导小组，统筹调度、全力推进。北大红楼被列为"北大红楼与中国共产党早期北京革命活动旧址"之一，进行保护修缮，并在楼内举办大型主题展览。

2021年6月25日下午,习近平总书记和中央政治局同志来到北大红楼,参观"光辉伟业　红色序章——北大红楼与中国共产党早期北京革命活动主题展"(图2),重温李大钊、陈独秀等人开展革命活动、推动马克思主义在中国早期传播、酝酿和筹建中国共产党等革命历史。2021年6月29日,"光辉伟业　红色序章——北大红楼与中国共产党早期北京革命活动主题展"正式对外开放。2021年10月1日,经中央批准,依托北京大学红楼挂牌成立了中国共产党早期北京革命活动纪念馆,专门从事北大红楼与中国共产党早期北京革命活动历史研究、展览展示及宣传教育工作,传承弘扬伟大建党精神。

图2　光辉伟业　红色序章——北大红楼与中国共产党早期北京革命活动主题展

问：请谈一下贵馆基本陈列的内容策划及形式设计特点,在旧址中做陈列设计与项目实施中会遇到哪些实际困难?

黄春锋：中国共产党早期北京革命活动纪念馆的基本陈列"光辉伟

业 红色序章——北大红楼与中国共产党早期北京革命活动主题展"紧紧围绕李大钊、陈独秀、毛泽东等人,生动展现中国共产党创建时期北京革命活动的光辉历史,着力展现北京作为新文化运动的中心、五四运动的策源地、马克思主义在中国早期传播的主阵地、中国共产党的主要孕育地之一,在中国共产党创建史上所具有的独特地位、独特贡献、独特价值。展览分为"经历近代各种力量救亡图存探索的失败 工人阶级开始登上历史舞台""唤起民族觉醒 构筑新文化运动的中心""高举爱国旗帜 形成五四运动的策源地""播撒革命火种 打造马克思主义在中国早期传播的主阵地""酝酿和筹建中国共产党 铸就党的主要孕育地之一""不忘初心 牢记使命"等6个部分,共19个单元。同时,展览将北大红楼内旧址纳入参观流线,复原展示李大钊工作过的图书馆主任室、毛泽东工作过的第二阅览室、陈独秀工作过的文科学长室等6处旧址,使展览与旧址有机融合、相得益彰。

在形式设计上,创造性提出嵌入式展览理念、镂空式设计(图3)、选择性参观。北大红楼作为重点文物保护单位,一直以来受到社会各界的关

图3 展陈空间中的镂空式设计形式之一

注，在北大红楼内举办大型主题展览还是自北大红楼建成后的第一次。本展览立足深入思考在北大红楼旧址办展的意义，以突出北大红楼的价值和意义，坚持文物保护第一原则，将北大红楼既作为展览场地，也作为展览的"第一展品"，展览与展出场地完美结合，从外观和内部陈设两方面还原红楼历史原貌，增强观众参观的带入感、沉浸感、愉悦感。目前，展览还面临如下的两个问题。

第一，如何处理好文物本体保护与大型主题展览的关系。北大红楼是国保单位、革命圣地，鲜有在国保单位内举办大型主题展览的可参考经验。北大红楼内处处皆文物，对展览设计理念、施工工艺、设备使用等都有严格的要求，要坚持文物保护第一的原则。

第二，如何处理好展出空间大空间小格局的关系。北大红楼建筑面积10000余平方米，整体空间符合举办大型主题展览的需要。但是，可供展出空间被分割成数十个大小不一的小空间，分布在1—4层楼内，对展览的空间布局设计、展线规划提出了挑战。

问： 贵馆如何处理旧址保护与众多观众实地参观的关系？

黄春锋： 在百年北大红楼、国家重点文物保护单位内举办大型主题展览是我馆基本陈列的一大亮点，基本陈列将北大红楼文物本体作为展览的"第一文物展品"，实现了瞻仰北大红楼与参观主题展览相统一。做好北大红楼文物本体保护是一项重要的日常工作，坚持北大红楼文物本体保护第一的原则，处理好北大红楼本体保护与观众参观的关系。

红楼设有先进的安全、消防保障设备，24小时无死角对楼内进行监控。每天严格限制参观人流量，科学合理规划观众参观路线，在楼梯处设置专人专岗，引导观众以适当的速度上下楼梯，以减少脚步震动对楼梯的损害；在复原陈列处设立1米线，保持合理参观距离（图4）；实时对红楼本体进行安全检查，定期进行全楼体检，确保百年北大红楼文物本体的安全。

图4　展陈空间中设立的1米线

问：贵馆对李大钊工作过的图书馆主任室（图5）等6处旧址进行了复原，请问贵馆在陈列复原中是如何做到科学严谨、更好还原历史的？

黄春锋：旧址复原与主题展览相结合是我馆基本陈列的重要特点。复原陈列工作坚持真实还原历史瞬间的原则，在以往复原陈列研究的基础上，大量查阅历史档案、求教于相关专家学者，从还原历史瞬间出发，从关键细节入手，通过多次的专家研讨，最终形成科学严谨的复原陈列方案。

图5　李大钊工作过的图书馆主任室场景复原

问：北大红楼作为新文化运动的主阵地、五四运动的策源地、传播马克思主义的重要阵地，在中国共产党创建过程中发挥了不可替代的作用，请问贵馆在学术研究方面是如何挖掘、整理其历史贡献的？

黄春锋：北大红楼与中国的命运和走向息息相关，是一座具有光荣革命传统的近代建筑，在中国共产党成立前后，有许多重要的历史事件在这里发生、发展，五四爱国运动的首个宣言在这里写就，中国北方地区第一个共产党组织在这里建立，最早一批建党英才在这里培育成长，马克思主义的旗帜最早在这里举起，中国大学最早的马克思主义理论课程在这里开讲，中国最早学习、研究和宣传马克思主义的社团在这里建立。

1.深挖北大红楼与伟大建党精神，积极搭建学术研究平台

习近平总书记在庆祝中国共产党成立100周年大会上强调："一百年前，中国共产党的先驱们创建了中国共产党，形成了坚持真理、坚守理想，践行初心、担当使命，不怕牺牲、英勇斗争，对党忠诚、不负人民的伟大建党精神，这是中国共产党的精神之源。"伟大建党精神蕴含于中国共产党创建过程和早期革命实践中，在中国共产党百年奋斗历程中不断传承、发扬光大。北大红楼是一座具有光荣革命传统的建筑，见证了中华民族的伟大觉醒，是中国共产党的主要孕育地之一。走进北大红楼，抚今追昔，我们更加深刻认识到伟大建党精神科学、精辟地概括了中国历史上开天辟地大事变所孕育的伟大精神，更加深刻感受到伟大建党精神历久弥坚的巨大力量。

深化研究挖掘北大红楼与伟大建党精神，聚焦中国共产党早期北京革命活动主题，积极搭建学术研究平台，加强对北大红楼与伟大建党精神的研究与阐释能力，对用心用情用力保护好、管理好、运用好红色资源，展示传播北大红楼资源特色和丰富内涵，发挥红色资源文化教育价值，弘扬伟大建党精神，具有特殊的重要意义。学术研究是红色场馆持续不断发展的动力，北大红楼可以借助论坛、研讨会的形式，打造一个涵盖研讨会、专家库、研究刊物、学术文库，"四位一体"的开放研究平台，吸引广大专家学者从历史内涵、实践意义和现实启迪上，全方位、多角度、多层次剖析北大红楼与伟大建党精神的内在联系，阐述北大红楼在中国共产党成立过程中的重要地位，推出有深度、有分量的研究成果。

通过积极搭建学术研究平台，不仅可以会集多个学科领域的专家学者，还可以获得很多值得深思借鉴的学术观点；不仅能拓展对北大红楼的研究范畴，还可以涌现出对数字文博、新媒体传播等新兴议题的讨论；不仅能将相关学术力量汇聚起来共同探讨前沿学术成果，还可以为北大红楼与中国共产党早期北京革命活动等学术课题研究提供新思路、新方向。

2. 策划系列品牌学术讲堂

北大红楼依靠自身独特的资源优势，全方位打造"北大红楼"品牌，陆续推出《北大红楼大讲堂》《北大红楼读书会》等栏目，不断擦亮北大红楼"金名片"。《北大红楼大讲堂》通过邀请著名党史专家学者开展党史系列讲座，与听众互动交流，把党史教育"搬"进现场。2022年上半年，《北大红楼大讲堂》已成功举办5期，来自北京、河北、天津、陕西、安徽、江苏、浙江等地的观众通过线上线下相结合的方式参与进来，共同接受党史学习教育。《北大红楼读书会》是北大红楼打造红色文化品牌的又一路径，是与北京广播电视台联合策划推出的10期融媒体系列节目。通过广邀学者名师，讲解中国共产党早期北京革命活动代表人物的经典作品，以电视、广播融媒传播的形式带领观众走近历史现场，重温激扬岁月。截至目前，《北大红楼读书会》已播出4期，受到社会各界广泛关注。

问： 除了实体展览的参观，请问贵馆还通过哪些方式宣传展览主题，提高社会影响力？请问贵馆针对青少年群体开展了哪些教育活动？

黄春锋： 除了开展馆内展览阵地教育活动，我馆还积极探讨其他方式，提升展览教育影响力，包括编辑印刷相关图书资料，如主题展览画册、《北大红楼日志》等；推出线上展览；积极推动巡展工作，配合高校思政课活动,打造具有北大红楼特色的"红色文化轻骑兵"活动;等等。

针对青少年,纪念馆发挥红色资源优势,针对不同年龄段的青少年开展形式多样的特色教育活动。围绕北京市中、小学培育和践行社会主义核心价值观主题教育活动,开发"走进北大红楼"校外课程;针对高校开辟了高校思政课大课堂、巡展进校园活动;定期邀请知名专家举办《北大红楼大讲堂》,联合北京广播电视台举办《北大红楼读书会》,每月一期在北京电视台青年频道黄金时间播出;另外,纪念馆在暑期开展了"喜迎二十大 青春志愿行"北大红楼青少年志愿服务活动,丰富青少年文化生活。全方位、立体式打造北大红楼青少年红色教育新名片,让党史学习教育受到更多青少年的喜爱。

问:北大红楼与中国共产党早期北京革命活动旧址共有31处,如何很好地利用此旧址群进行保护、传承、宣传、教育等工作?

黄春锋:北大红楼与中国共产党早期北京革命活动旧址所承载的历史,是中国思想启蒙和民族觉醒的转折点,是中国新民主主义革命的伟大开端,在近代以来中华民族追求民族独立和发展进步的历史进程中具有里程碑意义,在中国共产党历史和中国革命史上占有极其重要的地位。深入研究挖掘其历史内涵和时代价值,集中展示中国共产党早期北京革命活动的光辉历程,传承弘扬伟大建党精神,具有深远的历史意义和重要的现实意义。

北大红楼与中国共产党早期北京革命活动旧址主要包括1915年至1923年6月北京地区与中国共产党创建活动有关的重要会议场所、重大历史事件发生地、重要党史人物故居以及重要纪念设施等31处,这些旧址数量众多、布局分散、隶属各异。保护利用工作坚持适度、恰当原则,切实把保护作为第一要务,把有效利用作为根本目的,把打造精品作为历史担当,坚持"四项原则",划分"三个类别",推出"六项任务",着力建设党史学习教育大课堂、党性教育基地和红色文化主题体验区。

"四项原则"是指在旧址保护传承利用工作中始终坚持的基本思想:一

是坚持统筹规划。实现保护传承利用工作与全国文化中心建设总目标相统一、与北京城市总体规划相融合、与人民群众对红色文化的内在需求相衔接。二是坚持整体提升。构筑有机统一的红色旧址整体，形成主题鲜明、多样呈现的红色高地。三是坚持深化研究。聚焦中国共产党早期北京革命活动这一主题，深度挖掘红色资源的历史内涵和红色基因，着力提升利用价值，增强教育意义。四是坚持打造精品。注重硬件与软件建设同步推进、多样形式与丰富内涵高度融合，打造知名红色文化品牌。

"三个类别"是指根据31处旧址实际情况，分成三类进行打造提升：一是重点保护提升，实施"1+9"提升工程。"1"即利用北大红楼举办"光辉伟业　红色序章——北大红楼与中国共产党早期北京革命活动主题展"，"9"即在北大二院旧址等举办各有侧重、各具特色的专题展（分别是：在北大二院旧址举办"伟大开篇——中国共产党早期北京组织专题展"；在《新青年》编辑部旧址举办"历史上的《新青年》专题展""陈独秀在北京专题展"；在北京李大钊故居举办"播火者——李大钊革命思想与实践专题展"；在李大钊烈士陵园陈列馆举办"不朽的功勋——李大钊生平事迹展"；在长辛店二七纪念馆举办"北方的红星——长辛店与中国工人运动专题展"；在长辛店留法勤工俭学预备班旧址举办"光辉印记——长辛店与留法勤工俭学运动专题展"；在陶然亭慈悲庵举办"先驱者的奋斗——慈悲庵党的早期革命活动专题展"；在京报馆旧址举办"京报与京报馆""百年红色报刊""邵飘萍生平事迹"专题展；在中法大学西山碧云寺旧址举办"马克思主义在中国早期传播""马克思主义中国化的光辉历程"专题展）。二是一般保护提升。包括"亢慕义斋"旧址、北京女子高等师范学校旧址、中山公园来今雨轩、国立蒙藏学校旧址、长辛店劳动补习学校旧址、二七惨案长辛店旧址、二七机车厂近代建筑遗存、长辛店工人夜班通俗学校旧址、高君宇烈士墓、马骏烈士墓、长辛店二七烈士墓等11处旧址，由管理使用单位结合实际情况进行维护修缮、恢复原貌，征集文物、丰富陈列，或者挖掘内涵、深化研究等工作，如实再现中国共产党早期北京革命活动场景，进一步提升宣传利用效果。三是维持原貌，立牌存念。包括北大一院操场旧址、杨昌济故居、毛泽东第一次来京居住地旧址、毛泽东第二次来京居住地旧址、赵家楼遗址、李大钊被捕地遗址、李大钊牺牲地旧址、北大平民教育讲演团演讲地遗址、长辛店工人俱乐部旧址、《向导》周报办公地旧址等10处。

"六项任务"是指旧址保护传承利用6个方面的主要工作：一是疏解腾退。以北大红楼为重点，疏解与旧址保护利用无关的功能，实现整体面向社会发挥教育作用。二是文物保护修缮。将全市革命旧址作为一个有机整体，坚持整体保护、连片打造，落实文物保护法律政策规定，编制实施保护修缮方案，适当采用现代科技手段，使文物旧址焕发时代风采。三是举办系列展览。通过丰富的展陈手段，全面系统展现中国共产党早期北京革命活动的光辉历史、独特贡献和时代价值。四是周边环境整治。结合贯彻首都功能核心区控规和老城整体保护，推进实施旧址周边200米范围内环境整治提升，改善周边居民生活环境，提升幸福感和获得感。五是精神内涵研究。开展北大红楼革命精神课题研究，编写出版"北大红楼与中国共产党创建历史丛书"（8册），发挥"党史是最生动最有说服力的教科书"作用。六是文艺精品创作。策划推出电影《革命者》、电视剧《觉醒年代》和《长辛店》、京剧《李大钊》、纪录片《播"火"——马克思主义在中国的早期传播》等系列文艺精品，全方位、多样式宣传中国共产党创建时期北京革命活动历史。

2021年6月，相关旧址正式开放以来，广大党员干部参观踊跃，反响强烈，形成了参观热潮。旧址保护传承利用工作得到社会各界的高度评价和赞誉，做到了"五个统一"。

一是重点和亮点的统一。北大红楼"光辉伟业　红色序章——北大红楼与中国共产党早期北京革命活动主题展"是整体工作的重中之重。主题展依托北大红楼文物本体和现有60多个房间的结构布局,将楼内6处历史场景复原,即图书馆主任室、文科学长室、第二阅览室、五四游行筹备室(图6)、登录室、大教室(图7)和31处旧址信息纳入参观流线,通过"一室一方案、一厅一专题"的个性化设计,展览亮点频出,成为充分利用革命旧址举办大型主题展的典范。在具体内容上,注重凸显李大钊、陈独秀、毛泽东等重点人物,同时这些内容也构成了展览的亮点。

图6 五四游行筹备室复原场景

图7 大教室复原场景

二是整体与部分的统一。31处旧址分散在5个区的不同点位，既构成同一主题的整体，又各有侧重、各有特色。在工作机制上，北京市成立了领导小组，相关区也均由主要领导牵头成立了领导小组；北京市和国家文物局还共同组建工作专班，专门负责北大红楼的保护利用工作。在展览展示上，"光辉伟业　红色序章——北大红楼与中国共产党早期北京革命活动主题展"内容丰富，围绕北京在党的创建过程中四个方面的独特贡献，全面、系统、生动展现中国共产党早期北京革命活动的光辉历史。9个专题展依托旧址本身的主题内容，选取特定角度，聚焦专题和历史细节，深化拓展主题展。

三是建设与管理的统一。旧址保护传承利用是一个系统工程，既要做好文物修缮、建筑维护，也要做好日常管理和运营服务。在北大红楼设立专门机构，负责主题展的日常管理和接待服务工作。北京市统一对"1+9"系列展览的讲解员进行集中培训，大力提升讲解员的历史素养和综合素质，按照同一标准、内容联动的要求提供优质讲解服务。北大红楼牵头联合相关旧址，建立开放接待合作机制，打通网络预约矩阵平台，共享信息和资源，共同提升工作水平。

四是有形与无形的统一。在旧址保护传承利用工作中，始终坚持突出思想内涵，深度挖掘展现红色资源的红色基因。在项目策划实施上，把展览展示和内涵研究相结合，实现两者相互促进，共同提升。比如，同步推进北大红楼革命精神课题研究、"北大红楼与中国共产党创建历史丛书"编写、展览策划布展工作，及时将课题研究成果和丛书资料充实进展览大纲，将展览征集的文物史料补充至内涵研究，做到节奏协调、同向发力。在文物保护修缮方面，坚持修旧如旧，保持和恢复旧址原有风貌，做到"有物可看、有史可寻"，让静态的文物自然述说历史故事、展现历史精神。

五是标准与效果的统一。在旧址保护传承利用工作中，始终坚持首善标准和效果导向，向高的标准要实的效果。在北大红楼院落整治提升上，围绕北大红楼整体规划、整体保护、整体利用，制订实施整体保护利用方案，把实际功能和美学功能统一起来，着力提升参观体验。

问：请问贵馆在数字化方面的建设成果如何？

黄春锋：我馆的数字化建设成果如下。

第一，对北大红楼文物本体及馆内重要文物进行数字化采集、文物数字化保护，形成红色文物数据库。综合应用包括三维扫描、高清拍摄等数字化信息采集技术，虚拟现实、增强现实、3D全息等新型数字化展陈展示与互动技术，移动互联网等新一代通信技术在内的现代先进技术手段，对文物数字化保护环节进行能力提升，初步形成了一个满足文物数字化保护要求、贴近红色基因传播需求的，具有可扩展性、可靠性和可维护性的文物数字化保护应用综合服务体系。构建了北京大学红楼红色基因基础资源库，完成对馆藏珍贵文物进行本体数据、多媒体数据、三维模型数据采集、数字化加工及加工处理，并实现数字化信息的存储与利用。

第二，打造线上展览，实现不闭馆展览。立足旧址类纪念馆的优势特色资源，发挥部市合作办馆优势，深入挖掘北大红楼与中国共产党早期北京革命活动旧址资源，利用好主题展览阵地，积极探索线上社教方式，在新冠病毒感染疫情防控常态化情况下，推出基本陈列线上展览，探索党史教育新形式，传承弘扬伟大建党精神。要充分发挥革命类纪念馆社会教育功能作用，不断提高革命类纪念馆数字化展示传播水平，持续广泛弘扬伟大建党精神，努力构建线上线下相融合的宣传传播体系，让文物真正活起来。

"光辉伟业　红色序章——北大红楼与中国共产党早期北京革命活动主题展"线上展依托中国共产党早期北京革命活动纪念馆陈列，采取数字化技术，以全景式展现、沉浸式体验的方式，打造线上红色云展览。线上展览通过实景探测、720度扫描以及三维建模工具，对北大红楼楼体外立面、楼体外景、楼内空间以及全部展厅进行了实景扫描和数字复刻，对重点文物展品进行了单独数据采集，配以专业主持人的讲解，通过虚拟现实等科技手段的运用，大大增强展览的互动性和观众的体验感。观众可以通过北大红楼微信公众号"服务"菜单中的"线上展览"栏目在线观展，通过云展览的方式，感受革命纪念馆的特殊力量。

第三，推出观众参观扫码自助听讲解，实现有声导览参观。为满足不同观众的需求，除了讲解员定时讲解，展馆还开通了扫码收听有声导览服务，观众可自行扫码收听，体验沉浸式声音服务。有声导览服务由北京广播电视台主持人专门录制，用熟悉的声音带来亲切的讲解，解读陈列文物的内涵，引领大家了解文物背后的故事。语音导览内置了专家版、亲子版、外语版等多个解说版本，以满足更多群众的参观需求。

问：您认为北京地区革命类纪念馆在未来有什么样的发展趋势？

黄春锋：北京地区革命类纪念馆未来发展的方向应该是具有北京特色的融合发展道路。北京是一座具有光荣革命传统的城市，拥有很多珍贵的红色革命旧址及革命历史资源。以北大红楼等为代表的北京红色旧址和革命历史纪念场所，体现着党走过的光辉历程，承载着党的红色血脉。保护好、管理好、运用好红色资源，是北京作为全国文化中心义不容辞的光荣使命和神圣职责。目前，北京市正高质量打造建党、抗战、新中国成立三大主题片区，统筹规划和整体布局，在加强科学保护、开展系统研究、打造精品展陈、强化教育功能等方面，不断取得新成效。

北京地区的革命资源具有清晰的完整性，一条完整、清晰的革命主线贯穿始终，三大主题片区建设特色鲜明，充分发挥着北京独特的红色革命历史资源优势，以三大主题片区建设为引领，推动中国人民抗日战争纪念馆、香山革命纪念馆、中国共产党早期北京革命活动纪念馆三馆融合发展，打造北京地区革命类纪念馆融合发展平台。

唱响人民的心声　　阐释历史的旋律

——没有共产党就没有新中国纪念馆

受访人：何彦怀，没有共产党就没有新中国纪念馆（本文也称纪念馆）馆长，北京市摄影家协会会员。

问：请您谈谈没有共产党就没有新中国纪念馆作为北京市房山区以音乐专题为载体的革命纪念馆的建馆背景和办馆定位。

何彦怀：北京市房山区霞云岭乡堂上村，曾经有座龙王庙。1943年，19岁的曹火星就在这座龙王庙里创作出歌曲《没有共产党就没有中国》。1950年，毛泽东又亲自为其加了"新"字。2001年，堂上村在龙王庙旧址建成了词曲创作地陈列室。2006年，离陈列室不远处，落成了1800平方米的没有共产党就没有新中国纪念馆。2011年起，纪念馆先后被评为全国红色旅游经典景区、北京市爱国主义教育基地红色旅游景区，2018年被确定为全国关心下一代党史国史教育基地，2019年被中宣部命名为全国爱国主义教育示范基地。近年来，纪念馆年均参观人数约18万人次。为适应参观需求与展馆定位，2021年，房山区委决定对展陈再次提升，提升项目被列为房山区推进全国文化中心建设重点项目以及北京市庆祝中国共产党成立100周年大型活动承载地之一，房山区委、区政府对该项目高度重视，对改造提升后的纪念馆定位是服务首都、辐射全国。提升后的纪念馆集展示、收藏、教育、研究功能于一体，以在京及全国的各级党政机关、企事业单位的党员领导干部和各级各类学生、广大群众为主要参观对象，成为全国党员干部培训示范基地、学生校外教育基地、国内革命歌曲学术与研究基地；成为一张北京市新的、具有特色的红色文化和红色旅游名片。

问：请您谈谈贵馆自建馆以来在发展过程中主要遇到的问题。

何彦怀：一是纪念馆作为红色革命类纪念馆，全年免费对外开放，（新冠病毒感染疫情前）年均参观数量达18万人次，在提供公共服务、专业培训、展陈研究、文物保护、对外宣传等多方面都需要资金保障，仅靠地方财政的项目资金支持压力比较大。二是纪念馆作为全国爱国主义教育基地，经过展陈提升后，整体服务水平与目前的高标准展陈还有差距，一方面要进一步提高展陈讲解、解读的水平，达到与现有展陈匹配的专业水准，另一方面纪念馆位于北京市房山区霞云岭乡堂上村，地处深山区，周边配套参观接待的能力还需进一步加强。

问：贵馆是国内第一个用红色歌曲全面讲述百年党史的纪念馆，请您简单介绍一下贵馆改陈后的建筑与展陈空间设计的主要特色，与之前老馆有哪些区别？

何彦怀：作为国内第一个用红色歌曲全面讲述百年党史的纪念馆，我们在设计上做了很多尝试，主要包括以下三个方面。

第一个方面是建筑结构。纪念馆由对称式、阶梯状排布的三个依山而建的单体、民居式建筑组成（图1），建筑富有特色的同时对于展陈设计来说也存在诸多限制。展陈改造提升以尊重原建筑空间为原则，同时尽量减少原建筑结构的限制。充分考虑建筑对称式排布结构设置展线，同时一号厅扩宽出口空间，保证展线顺畅；三号厅根据展线内容巧妙设计，将不利于布展的独立房间分别设置成《淮海战役组歌》《中华人民共和国国歌》多媒体场景，将展厅劣势转变成展览亮点。

第二个方面是设计元素。为突出纪念馆从革命歌曲角度讲述百年党史的特色，展陈设计中注意运用代表音乐的标识性元素（图2），如音符、乐谱、乐器等。将上版展示的歌曲乐谱全部重新打谱制作，突出展览的音乐特性。同时，适当运用其他革命艺术形式，如音乐剧、舞蹈等。

图1　没有共产党就没有新中国纪念馆建筑远景

图2　没有共产党就没有新中国纪念馆展陈设计中代表音乐标识性元素的乐谱

第三个方面是空间造型与色彩氛围。通过对称的布局、稳定的空间分隔、合理的尺度，形成大气厚重的空间造型气氛。将故事线、情绪线转换成丰富的展陈形式语言。在色彩运用上，以革命红与红军灰构成主体色（图3），根据内容变化而渐变，在中国共产党的领导下，中国革命前景逐渐走向光明，展陈色彩也逐渐明快鲜活。

图3　没有共产党就没有新中国纪念馆展陈设计中革命红与红军灰构成的主体色

展览气氛紧紧随着内容的变化而变化，每个时期的展示都有视觉美感和听觉的震撼。展览氛围由压抑，到逐渐活跃，再到欢快。通过三个展厅颜色和造型上的变化，结合内容，表现中国共产党带领中国人民艰苦奋斗的伟大历程，使整个展览充满变化和活力，使观众进行一场融入其中、感受历史、珍惜当下、放眼未来的难忘的洗礼之旅。

问：您认为改造提升后的纪念馆有哪些突出特点？

何彦怀：一是展陈内容中既有展现"革命理想高于天"的长征组歌，又有84个党史、音乐史故事，讲述革命先烈坚定的理想信念。在展览思路上，既突出宏大的叙事，又见人见事见故事，阐述歌曲的意义和价值（图4）。

二是在展览内容上突出精神引领，展示歌曲、述说故事、挖掘精神，如在歌曲《南湖的船，党的摇篮》中突出"红船精神"；在红军长征内容中突出"革命理想高于天"的坚定信念和不怕牺牲、不畏艰难的"长征精神"（图5）等；通过歌曲的艺术形式，通俗易懂地阐述了14种革命精神、民族精神，展现中国共产党在历史各个时期的初心使命、在引领社会发展中取得的巨大成就。

图4　没有共产党就没有新中国纪念馆宏大的序厅

图5　没有共产党就没有新中国纪念馆展陈空间中"长征精神"的象征

三是在展览方式上力求创新、形式多样。纪念馆以革命歌曲的产生、传唱为载体，以大型雕塑群、大幅油画创作、大型沙盘制作突出15首主题歌曲，以图片、音像、文物、实物配合上版展示歌曲，体现"思想精深、艺术精湛、制作精良"的总要求。同时，采用音像展示、电子触摸屏、扫码链接等多种形式，展示链接歌曲、歌曲内涵及其背后的故事，力求使参观者获得更多的信息。

四是在展陈特色上力求多元、强调体验。纪念馆以革命歌曲为主要载体，通过征集和复原，展示数量丰富的历史文物、文献、图片资料、创作手稿等，特别是通过现代科技手段，综合运用艺术品创作、大型投影、场景复原，结合多媒体展示等手段，打造沉浸式观展体验。

问：贵馆的展陈内容既要讲述党的百年革命历史，又要呈现革命历程中210首革命歌曲的独特性。请问贵馆是如何通过展陈设计体现文化与艺术的关系？

何彦怀：本次展陈改造，最终确定了"以史为线，以歌为体，以歌颂史"的展览原则。按此原则，改造提升后的博物馆创新"以革命歌曲角度讲述百年党史"展览模式，即透过"歌曲这面窗户讲述百年党史"。以百年党史为主线，以革命歌曲为载体，通过展览、实物和互动，依托歌曲和革命故事所承载的历史、蕴含的思想再现百年历程，以一种生动鲜活的形式弘扬革命传统、传承红色基因。

展陈设计中将党史线作为主线、音乐线作为明线、故事作为辅线，力争将党史的严谨性、音乐的艺术性、故事的感人性三者融为一体，将党史线、音乐线、故事线有机融合。根据党史线配置音乐线，根据音乐线深挖音乐背后感人的故事线，根据故事线来考虑情绪线，情绪线配合展线。我馆以党史为背景，特别是注重运用革命题材相关油画渲染背景，将歌曲曲谱重新打谱做成展板配合歌曲历史背景介绍（图6），通过经典革命歌曲产生的时代背景、承载的历史及思想内涵展示中国共产党革命史，同时精选党史、音乐史相关故事做成翻书随展线布设,并注意挖掘相关音乐故事,选取其中重点感人事件,进行艺术再创作,以此将三条线融为一体。

图6 《没有共产党就没有中国》曲谱展板配合歌曲历史背景展示

在展陈手段上,我馆通过视觉+听觉+融入式体验,来进行感知空间的营造,增加观众的带入感和体验感。展览气氛紧紧随着内容的变化而变化,每个时期要有视觉美感和听觉的震撼。展览氛围由压抑,到逐渐活跃,再到欢快。设计中,通过调动观众的视觉、听觉、感觉和情绪使其参与其中。观众在这里既可以看,也可以听,还可以唱,徜徉其中,学习、回顾党的历史。

问: 贵馆距北京城区130公里,位于红色旅游景区,请问贵馆在红色文化与旅游结合方面做了哪些工作?

何彦怀: 纪念馆立足房山红色文化资源优势,聚焦传承红色基因。改造提升后的纪念馆基础配套日趋完善,服务功能逐步升级,充分发挥霞云岭乡国家级森林公园以及《没有共产党就没有新中国》词曲创作地的区位优势,积极打造北京市新的、具有特色的红色文化和红色旅游名片。

积极推动党史国史教育进校园、进课堂、进社区、进农村;组织编写具有地方特色的宣讲资料，广泛开展党史国史教育活动；发挥学校主阵地作用，使青少年从单纯的受教育者转变为党史国史的宣传者和传承者，将红色基因融入青少年的精神血脉。

依托房山区"三乡联动"发展战略举措，深挖文化内涵，讲好特色故事，开发主体文旅产品，将三乡特色文旅项目"串点成线、连线成面"，有效提升纪念馆文旅融合质量效益。

问： 贵馆作为爱国主义教育基地，在文化宣传和爱国主义教育方面做了哪些方面的活动？

何彦怀： 我馆在文化宣传和爱国主义教育方面做了以下几个方面的活动。

其一，"人民的心声　历史的旋律"主题展揭幕试展。2021年6月16日上午，没有共产党就没有新中国纪念馆"人民的心声　历史的旋律"主题展揭幕试运行。我区70名新党员和90名"两优一先"获得者代表，握紧右拳，面向党旗庄严宣誓，以这种特殊方式共同见证主题展揭幕，并一同参观纪念馆。天安门管委会、人民音乐出版社、曹火星之女曹红雯和《就是这首歌》创作者常晓梅、张大力分别将2020年国庆节当天天安门广场升起的国旗、《没有共产党就没有新中国》新编曲谱、《少年曹火星》书稿和《就是这首歌》无偿使用授权书作为珍贵展品赠送给纪念馆。

其二，"人民的心声"——北京市庆祝中国共产党成立100周年专场演出。2021年6月16日晚，在霞云岭堂上村党旗广场，"人民的心声"——北京市庆祝中国共产党成立100周年专场演出隆重举行。专场演出由市委宣传部、中国电视艺术家协会、市文联、北京广播电视台和房山区人民政府共同主办，是北京市"永远跟党走"群众性主题宣传教育活动的重要组成部分。1943年，也是在堂上村，晋察冀边区抗日宣传小分队队员曹火星创作了脍炙人口的歌曲《没有共产党就没有中国》（1950年改为《没有共产党就没有新中国》），并将这首歌教唱给房山人民，传唱至大江南北。70多年后，在中国共产党成立100周年之际，音乐家们又踏上堂上这片红色热土，同房山群众齐唱革命歌曲，共同唱响"人民的心声"。来自中国电视艺术家协会、中国音乐家协会和北京音乐家协会的几十位艺术家，与千余名房山区党员群众代表，共同演绎了一曲曲经典歌曲，透过"百年歌声"，重温党史、感悟初心、坚定信仰。

其三，"建党百年正青春　跟党奋进新时代　全民共建文明城"暨庆祝中国共产党成立100周年系列活动。区委教育工委、团区委在霞云岭乡堂上村联合举办"建党百年正青春　跟党奋进新时代　全民共建文明城"暨庆祝中国共产党成立100周年系列活动，现场发布开发100个红色故事、50节红色团队微课等红色原创品牌项目，启动寻红色足迹主题团队日体验、写给革命先烈的一封信征集、"唱支歌儿给党听"网络歌咏比赛等活动，在歌曲创作地旧址进行现场展示。追溯光辉印迹，缅怀致敬先烈，讴歌爱党情怀，激发教育系统广大团员青年、少先队员筑牢信仰基石，传承红色基因，砥砺奋进之志。

其四，"文明有约·相约新时代——道德模范与您一起聆听红歌故事"为主题的道德模范交流展示活动。2022年1月7日下午，首都文明办组织第八届全国道德模范提名奖获得者来到我馆，开展以"文明有约·相约新时代——道德模范与您一起聆听红歌故事"为主题的道德模范交流展示活动。三位嘉宾分享了道德模范事迹，已经退休的堂上村老支书李增军15年如一日讲述红歌故事，累计讲解9000余场，直接受众达45万多人次，令在场的群众无不动容。道德模范与群众一起参观了"人民的心声　历史的旋律"主题展。唤醒红色记忆，大家一起深情演唱起了"没有共产党就没有新中国……"，不朽的旋律久久回荡。激励大家以道德模范为榜样，学习道德模范勇于担当的精神，与文明有约，做革命精神的传承者与新时代文明的实践者。

其五，房山区委理论学习中心组到没有共产党就没有新中国纪念馆开展参观调研学习活动。2022年6月18日下午，房山区委理论学习中心组到没有共产党就没有新中国纪念馆开展参观调研学习活动。区领导同志在纪念馆党旗广场面向党旗，紧握右拳，庄严宣誓，重温入党誓词。随后，大家来到纪念馆参观"人民的心声　历史的旋律"主题展。在展览的每个篇章，大家都驻足观看，认真聆听讲解。参观过程中，大家共同歌唱《没有共产党就没有新中国》等革命歌曲。在《没有共产党就没有新中国》词曲创作地旧址旁的核桃树下，堂上村老支书李增军用质朴的语言、生动的事例，以微党课的形式，为大家讲述《没有共产党就没有新中国》这首歌的创作历程。通过此次学习活动，大家重温了那段激情燃烧的岁月，追忆了党在革命战争年代的光辉历史，接续红色血脉、继承优良传统，把共产党员的精神一代代传下去。

问：请您谈谈贵馆的主要参观人群，贵馆有没有做到分众教育？观众的反馈如何？

何彦怀：我馆参观人群主要以党政机关、企事业单位党员干部为主，还有学生、军人、老干部等群体。展览内容以歌曲《没有共产党就没有新中国》为统领，展示210首经典歌曲，内容丰富，讲解员会根据参观人群的特点各有侧重地进行讲解，即结合不同人群的身份、行业特点、关注点、兴趣点，调整讲解宣教的着重点。

一个好的展览就是一本立体式教科书，观众通过沉浸式观展体验，在革命歌曲的旋律中感悟中国共产党波澜壮阔的百年历程，这是非常独特的党史学习教育形式。观众纷纷表示，通过参观，切身感受到中国共产党风雨兼程百年路的苦难与辉煌，如今的盛世中国来之不易，每一个中国人都要铭记历史，珍惜现在的幸福生活，发扬革命精神、继承优良传统，为实现中华民族伟大复兴贡献自己的力量。

问：贵馆与北京市及国内其他红色革命题材的博物馆是否有展览与学术交流？

何彦怀：其一，纪念馆启动此次展陈提升以来，多次邀请中央党史和文献研究院、中国人民解放军军事科学院、中国人民革命军事博物馆、中央党史研究室宣教局、中国社会科学院近代史研究所、北京市委党史研究室、中国人民抗日战争纪念馆、清华大学美术学院、解放军艺术学院等单位的专家对展览内容进行交流研讨。

其二，纪念馆作为典型红色文化博物馆，在2021年中国共产党成立100周年之际，参与由北京市文物局、故宫博物院、新华网、北京博物馆学会联合举办的"不忘初心　追寻梦想——建党百年讲好博物馆藏品故事"主题活动。联合北京市62家文博单位，通过100件藏品，向公众讲述中华儿女自中国近代以来不懈奋斗的光辉历程，深入挖掘了中国共产党的成立、发展与中国文博事业之间的联系。《没有共产党就没有中国》词谱手稿作为100件馆藏红色文物之一，挖掘手稿背后的故事，参与录制《藏品有话说》音频节目，2021年在新华社平台发布，并收录于2022年由中国妇女出版社出版的同名新书《藏品有话说》。

其三，区委宣传部领导班子带领纪念馆干部到中国抗日战争纪念馆参观学习，围绕红色文化挖掘阐释进行研讨。馆长还专门去抗战馆实地学习了半个月，重点在纪念馆管理、展览展示等方面加强学习交流。纪念馆部分干部也到卢沟桥旅游发展中心跟岗锻炼，主要学习文物保护知识，进一步提升文物保护工作水平。

问： 请问贵馆的未来发展规划是什么？在数字化建设和智慧博物馆方面有何打算？

何彦怀： 纪念馆改造提升后的定位是服务首都、辐射全国，以在京及全国的各级党政机关、企事业单位的党员领导干部和各级各类学生为主要参观对象，打造成为全国党员干部培训示范基地和学生校外教育基地。展馆功能集展示、收藏、教育、研究于一体，目标是打造中国革命歌曲的学术研究基地，成为一张具有北京特色的红色文化名片。为此，我馆正在完善微信公众号宣传窗口，建设参观预约系统，进一步推进纪念馆展陈数字化、网络化、智能化建设。

问：贵馆作为北京地区博物馆重要的组成部分，怎么为"北京'博物馆之城'建设"之举做出贡献？

何彦怀：纪念馆以此次展陈提升为契机，进一步完善体制机制，加强自身建设、提升服务水平、提高服务效能。房山作为《没有共产党就没有新中国》经典革命歌曲的诞生地，努力探索红色文化资源创造性转化的有效路径，让红色文化资源活起来、动起来；作为永定河西山文化带的一部分，打造房山红色文化高地。

问：请您简单谈谈北京地区乃至全国红色类革命纪念馆的发展方向。

何彦怀：红色文化是我们国家的特色文化，记录了我国的革命史与建设史，革命纪念馆是红色文化的承载体，是对红色文化进行宣传、保存、研究、挖掘的重要场所。习近平总书记说过："红色是中国共产党、中华人民共和国最鲜亮的底色，在我国960多万平方公里的广袤大地上红色资源星罗棋布，在我们党团结带领中国人民进行百年奋斗的伟大历程中红色血脉代代相传。每一个历史事件、每一位革命英雄、每一种革命精神、每一件革命文物，都代表着我们党走过的光辉历程、取得的重大成就，展现了我们党的梦想和追求、情怀和担当、牺牲和奉献，汇聚成我们党的红色血脉。"红色纪念馆是党员干部、企事业单位、各级学生、广大人民群众进行爱国爱党教育的主要阵地。立足于首都城市定位，在推进建设"博物馆之城"、助力全国文化中心建设中，红色纪念馆正经历着前所未有的大发展，肩负着不可替代的历史作用，把红色文化蕴含的宝贵精神开发好利用好，不断扩大传播的广度和深度，最大限度地释放教育功能和社会效应，是对习近平总书记强调的"用好红色资源、赓续红色血脉"的最好回应。未来，红色革命纪念馆会持续升温，在新时代背景下，还要加强红色资源的挖掘和阐释，不断丰富红色文物，创新展览展示形式，与时俱进发挥好红色文化的价值和教育功能。

与鲁迅先生相遇

——北京鲁迅博物馆（北京新文化运动纪念馆）

受访人：李游，现任北京鲁迅博物馆（北京新文化运动纪念馆）党委书记、副馆长，博士学位，法人代表。

问：北京鲁迅博物馆作为全国知名的名人纪念馆，建馆非常早，能谈一下当时的建馆背景和筹备过程吗？

李游：北京鲁迅博物馆是1956年10月19日在鲁迅先生逝世二十周年纪念日当天正式建成并对外开放的。但在这之前的1949年10月19日——北平解放后第一年的鲁迅逝世纪念日，鲁迅旧居便开放了一天，接待各界人士参观、瞻仰，成为新中国最早对外开放的名人故居。鲁迅先生1936年10月19日逝世后，鲁迅旧居一直由鲁迅的原配夫人朱安居住并照看。1945年日本投降，北平笼罩在国民党白色恐怖之下，军警到处抓人，空气十分紧张，鲁迅旧居和旧居中的大批文物随时都有遭到敌人破坏的可能。中共地下党的王冶秋和徐盈同志假借孙连仲集团军的名义，贴出布告，将鲁迅旧居列为军队征用的民房，间接地将它"管"了起来。直到1947年6月朱安女士病故，鲁迅旧居无亲人照管，中共地下党的刘清扬、徐盈和吴昱恒在征得许广平先生同意后，将旧居内的文物一一封存并以法院查封的形式将鲁迅旧居保护起来。1949年1月北平解放，军管会文化接管委员会文物部王冶秋等同志立即派人查看鲁迅旧居，并开始了恢复旧居原貌的工作。

1950年3月，许广平先生将鲁迅旧居连同旧居内的文物全部捐献给人民政府；文化部文物局从北京市人民政府手上接管了鲁迅旧居；同年6月，文化部文物局派人将旧居内文物清点完毕并报文化部。同年11月6日，文化部文物局从上海鲁迅旧居将鲁迅藏书41箱运往北京，在北京鲁迅旧居存放。文化部文物局接管鲁迅旧居后，在保持旧居原貌的基础上，对旧居进行了测绘和修缮，并于1950年9月初竣工。同年10月19日为鲁迅逝世14周年纪念日，首都文化界举行隆重纪念会，鲁迅旧居开放供群众参观。此后每年10月开放一次，时间在1个月左右（1954年以后，每周开放2—3天，这种情况一直延续到1956年博物馆建成）。1954年9月，北京鲁迅纪念馆筹备处正式成立。同年11月20日，文化部召开会议，审议批准了第十三次建馆设计方案。同年12月，北京市第五建筑公司承担了我馆的建馆任务。1956年9月，筹建工作基本完成，文化部文物管理局确定馆名为"鲁迅博物馆"，同时开始陈列预展，郭沫若、沈钧儒、吴玉章、茅盾、胡乔木、周扬、郑振铎、邵力子、章伯钧、胡愈之、夏衍等领导和文化部、全国文联的领导及有关同志400余人来馆进行审查指导。1956年10月19日，在鲁迅逝世二十周年之际，北京鲁迅博物馆（图1）正式开馆。

图1　北京鲁迅博物馆馆外环境

问：北京鲁迅博物馆与北京新文化运动纪念馆于2014年合并，是基于何种背景促使了两馆合并，合并后有哪些优势呢？

李游：北京鲁迅博物馆（北京新文化运动纪念馆）于2014年7月11日经中编办批复，由北京鲁迅博物馆和北京新文化运动纪念馆合并而成。北京鲁迅博物馆、北京新文化运动纪念馆的合并，一是将国家文物局直属的博物馆规模扩大了，合并后的北京鲁迅博物馆（北京新文化运动纪念馆）是国家文物局所属唯一的国家一级博物馆，拥有北京鲁迅旧居和北大红楼两处全国重点文物保护单位，馆址分别位于北京市东城区和西城区，是国家文物局对外展示良好形象的"窗口"。二是丰富了原有的藏品结构。两馆合并后大大丰富了新文化代表人物的收藏体系。比如合并前关于钱玄同的藏品各有侧重，合并后，本属一家的钱玄同文物得以聚合，使我馆成为全国收藏钱玄同文物最多的博物馆。三是强化了研究人员的能力，研究方向更加多元。合并以后，从事鲁迅研究和新文化运动研究的人员得以聚合，可以从更多的角度利用文物进行策展，从而提高了展览质量，也提高了藏品的利用率。

问：名人纪念馆很多是依托名人的旧居而建，请问在陈列展览的设计及实施方面需要特别注意哪些问题？

李游：名人纪念馆依托名人旧居而建，陈列展览一般分两种情况，一种是陈列展览设在故居内，另一种是围绕故居建立场馆，这两种情况我馆都有。在北京鲁迅博物馆区，我馆在鲁迅旧居旁新建了陈列厅，通过大量的文物、展品、图片来展示鲁迅先生的生平，在鲁迅旧居内则大部分采用原状陈列，恢复鲁迅先生居住时的场景（图2）。为丰富旧居的展示，把原女工居室开辟成了一个小展厅，用于介绍鲁迅购买、设计、改建旧居的情况。北大红楼馆区主要利用红楼内现有的房间作为展厅，对于一些重要的房间还采取了旧址复原陈列技术展示当时的场景。把旧居（旧址）作为展览空间，一是要注意对不可移动文物的保护，比如在红楼做展览时，我们为保护墙体，都做了假墙。二是陈列设计，特别是色调要与建筑本体相协调，在故居（旧址）旁新建场馆，其外观造型、色调都要与故居（旧址）相协调。

图2　鲁迅旧居复原场景

问：请问贵馆每年推出的专题展览的策展方向是什么？观众观展后的反响如何？贵馆会经常组织全国巡回展览吗？

李游：目前我馆的策展方向有两个：一是紧跟时事热点，配合重大历史纪念日推出展览；二是深挖馆藏资源，推出有研究深度的专题展览。比如2015年，时值新文化运动兴起100周年，我馆推出了"旧邦新命——新文化运动百年纪念展"；2017年是民国时期著名的西北科学考察团成立90周年，推出了"万里向西行——西北科学考察团90周年纪念展"；2018年北大红楼建成百年，推出了"北京大学红楼百年纪念展"；2019年是纪念五四运动100周年，推出"五四现场展览"；2021年，为庆祝建党百年华诞，推出"光辉伟业　红色序章——北大红楼与中国共产党早期北京革命活动主题展"和"曙光·伟业——五四运动与中国共产党的创立专题展"。

在深挖馆藏资源策划展览方面，2017年推出的"拈花——鲁迅藏中外美术典籍展"就是研究人员根据自己的研究结合馆藏策划的，还在国家文物局举办的"弘扬中华优秀传统文化、培育社会主义核心价值观"主题展览评选中，获得了推荐项目奖。特别值得一提的是，2020年12月，天龙山石窟佛首从海外归来，并亮相于2021年中央广播电视总台春节联欢晚会，为此，我馆策划推出了"咸同斯福——天龙山石窟国宝回归暨数字复原特展"，大年初一对公众开放，是当年北京地区春节乃至寒假期间最受欢迎、热度最高的展览之一，极大地丰富了群众的精神文化生活。

为了贯彻落实习近平总书记关于文物工作的重要论述及指示批示精神，充分让"文物活起来"，我馆每年会安排原创展览进行全国巡展。如"旧邦新命——新文化运动百年纪念展"，曾在河北、天津、湖北、安徽、江苏等多地展出。"鲁迅的读书生活展览"还到过全国多数省区、直辖市，更是到过韩国、新加坡和日本。

问：北京名人纪念馆比较多，请问贵馆有哪些联合行动及合作模式，获得了哪些社会影响力？

李游：为加强馆际交流，不断提升名人故居类纪念馆的影响力，2000年，我馆与北京宋庆龄故居、李大钊旧居、郭沫若纪念馆、茅盾故居、老舍纪念馆、徐悲鸿纪念馆、梅兰芳纪念馆组成八家名人故居纪念馆联盟，发挥优势、凝聚力量、整合资源，使八家名人故居纪念馆联盟的影响力不断扩大。之后，李四光纪念馆、詹天佑纪念馆、李叔同（故居）纪念馆、天津梁启超纪念馆、青岛市康有为故居纪念馆、广州红线女艺术中心、广州鲁迅纪念馆、重庆郭沫若纪念馆、乐山郭沫若旧居博物馆、桐乡市茅盾纪念馆、泰州梅兰芳纪念馆相继加入，名人故居纪念馆联盟从最初的"八家"变成"8+"，联盟成员分布全国多个地市，包括14位名人的19家故居纪念馆，连接京津冀、长三角、珠三角地区。

"8+"名人故居纪念馆联盟每年紧扣党和国家的宣传主题、紧扣时代脉博，在国内外不间断开展主题展览、出版、讲座、演出等文化活动，弘扬以"8+"名人为代表的中华名人精神。由于活动主题鲜明，形式灵活多样，引起了社会各界的广泛互动和反响，现已成为我国每年国际博物馆日活动的重要固定品牌。目前，"8+"名人故居纪念馆联盟推出的展览已先后赴新加坡、马来西亚、日本、韩国、澳大利亚、新西兰、加拿大、法国、土耳其、巴基斯坦、肯尼亚等国家开展文化交流活动，出版《大家风范　中国精神：北京八家名人故居联合活动十五年》《文化名人与民族精神——2015年北京八家名人故居纪念馆活动纪实》《名人　名作　名物——2017年"8+"名人故居纪念馆活动纪实》等专著，社会影响力不断扩大。

问：贵馆作为北京市爱国主义教育基地，在社会教育活动方面是如何策划和实施的？目前哪种教育模式受到了公众喜爱？

李游：我馆的社会教育活动主要是由社会教育部组织策划和开展的。2018年，成立了集展示、体验于一体的朝花艺苑教育活动中心，充分利用我馆丰富的文学、艺术、文物资源，推出系列社教活动，形成了特有的"鲁博"品牌活动，主要有"鲁迅与瓦当""鲁迅印章篆刻体验""鲁迅与线装书""鲁迅与共产党人"等。另外，我馆还作为全国爱国主义教育示范基地、全国研学基地、北京市爱国主义教育基地、北京市社会大课堂和北京校外教育基地，结合学校教育活动性质，采用馆内和入校两种方式开展社会教育的活动方案。其中，"走近鲁迅"教育活动是为中、小学生量身打造的研学活动。我馆社会教育部积极联系西城区教研院，与中、小学语文、美术教研组合作，组织西城区8所重点中、小学老师以及学科教研员、学科带头人为研学活动内容提供教学指导，根据学科实际需要和青少年年龄特点，开展"走近鲁迅"研学展览，并编写了配套研学手册和教师用书。截至目前，已经有40余所学校参与"走近鲁迅"入校研学活动。还有"三味书屋读鲁迅"课程，通过对鲁迅经典作品的赏析，提高青少年阅读与写作两大核心语文素养。该项课程受到了广大中、小学的热烈欢迎，课程案例曾获校外教育优秀案例二等奖。"三味书屋读鲁迅"课程系列读本，被国家课程标准高中语文教科书核心编者在序言中称赞是"一套深得语文教育和语文课程真谛的教学用书"，其中三本入选中国新闻出版署2020年"农村书屋推荐书目（少儿类）"。

问：鲁迅故居是全国重点文物保护单位，请问贵馆是如何在对外开放的情况下兼顾旧居的保护工作？每年投入的保护经费大概是多少？

李游：我馆按照相关法律法规，全面保存、延续文物的真实历史信息和价值；按照国际、国内公认的准则，保护文物本体及与之相关的历史、人文和自然环境；坚持预防为主原则，建立工作制度，及时发现、记录、汇报和妥善处理建筑病害，保持建筑整洁、安全、稳定的良好状态；坚持最小干预原则。在日常保养维护工作中，尽量减少对文物本体及其周边环境的人为干预和影响，必须采取的干预措施应以延续现状、缓解损伤为主要目标，避免过度维修、过度使用、管理不善对建筑造成不可逆转的损害。所做的工作主要有：做好旧居定期与不定期巡检工作，包括对建筑本体、院落及周边地带的检查，对安消防设施设备的定期维护，对鲁迅旧居内用电情况的即时检测，汛期内防汛等工作。对开放日内可以处理的问题立即进行日常养护，对于不能及时处理的问题或安全隐患，我馆会聘请专家研讨编制相关方案，履行文物保护工程规程，在非开放日或确定非开放周期后进行修缮，修缮工程坚持修旧如旧原则，同时尽量减少对文物本体及其周边环境的人为干预和影响，避免过度维修、过度使用、管理不善对建筑造成不可逆转的损害。

我馆一直高度重视鲁迅旧居的保护修缮工作，设有专项经费用于旧居的日常养护及修缮。在新冠病毒感染疫情暴发、公用经费压缩、预算削减的情况下，涉及鲁迅旧居的保护经费仍得到保证。

问：请问贵馆在数字化传播和虚拟展示方面有哪些成功的探索？

李游：2020年，受新冠病毒感染疫情影响，我馆在春节前闭馆，与此同时提出了"闭馆不闭展"理念，迅速将展览从线下转为线上，积极创新文化传播模式，联合中国博物馆协会、中国移动咪咕和北京易讯，率先在全国推出"云博物馆"网上直播公益活动。先后组织5组13场主题鲜明、内容丰富的网上直播，直播视频累计810分钟，在线观众总计达2820万人次。与中央人民广播电台、北京交通台等多家媒体开展专题直播活动，不断扩大我馆传播的广度和深度。目前，我馆已经开展的线上课程有"走近鲁迅""三味书屋读鲁迅""丁香花海觅鲁迅""重温鲁迅的书信时光"等。"三味书屋读鲁迅"系列课程与中国少年作家班、红猫教育、人民文博网络平台联合推出，涉及教育部编语文教材全部鲁迅作品，以及要求课外阅读的《鲁迅文集》选篇。

问：请问贵馆与上海鲁迅纪念馆有哪些互动和协作研究？近几年取得了哪些成果？

李游：多年以来，我馆一直与上海鲁迅纪念馆（以下简称"上鲁"）互动。1955年，我馆正式建立之前，上鲁馆长谢澹如借调我馆半年协助拟订基本陈列方案。在20世纪八九十年代，我馆与上鲁合作出版《鲁迅辑校古籍手稿》6函49册、《鲁迅藏汉画象》（一、二）、《鲁迅辑校石刻手稿》3函18册、《鲁迅遗印》（原印手拓文献本）等图书，为整理刊布鲁迅文献资料做出重要贡献。1993年起，我馆与上海鲁迅纪念馆、绍兴鲁迅纪念馆、广州鲁迅纪念馆等鲁迅纪念馆每年召开馆际工作交流会，就鲁迅研究工作的最新动态、馆际互助联动与跨区域学术交流等进行交流和探讨。21世纪以来，我馆与上鲁在展览与文创产品开发方面交流频繁。每年两馆都相互引入展览，2018年两馆与南阳市汉画馆、徐州汉画像石艺术馆、滕州市汉画像石馆合作举办"汉石墨韵——鲁迅与汉画像石拓片展"，取得良好效果。

问：目前，北京有打造"博物馆之城"的计划，请问贵馆的未来规划是什么？从何种角度推动"博物馆之城"的建设？

李游：我馆为贯彻落实党中央关于深化事业单位改革的决策部署和九

部委《关于推进博物馆改革发展的指导意见》等文件精神，坚持以习近平新时代中国特色社会主义思想为指导，深入贯彻习近平总书记关于文物工作的重要论述和重要指示批示精神，特别是关于"建党精神"、"五四精神"和"孺子牛"精神的重要论述，坚持以人民为中心，传承红色基因、赓续红色血脉。坚持新发展理念，构建新发展格局，坚持守正创新，努力将文物保护和博物馆事业主动融入经济社会发展大局，充分发挥我馆在全国博物馆事业发展中的引领示范作用，为社会主义文化强国建设、坚定文化自信、传承中华文明做出新的更大贡献。

根据我馆制订的改革发展方案，到2025年建成全国鲁迅研究和五四新文化运动研究中心、文物资料收藏保护中心、宣传教育中心与文化创意产品开发示范单位，构建鲁迅和五四新文化运动陈列展览体系；充分发挥"国家团队"的引领示范作用，用好北京鲁迅旧居和北大红楼等革命文物资源，使博物馆社会功能更加凸显。到2035年，建成卓越博物馆，把我馆打造成为智慧、绿色的研究型博物馆，成为全国人物、专题类博物馆的"排头兵"与国家文化地标，推动"博物馆之城"建设，为首都建设发展贡献北京鲁迅博物馆（北京新文化运动纪念馆）的力量。

深耕沫若文化之田　打造名人故居精品

——郭沫若纪念馆

受访人：刘曦光，中国社会科学院郭沫若纪念馆副馆长（主持工作），曾参与策划组织各种宣传文化活动，参与编写"'8+'名人故居纪念馆系列文化读本"、《郭沫若研究年鉴》等出版物。

问：郭老是一位百科全书式的文化名人，在文学、历史、古文字等各方面都取得了辉煌成就，能简单介绍一下贵馆的建馆背景和常设展的情况吗？

刘曦光：我馆的前身是郭沫若著作编委会。1978年6月12日郭老在北京病逝，为了纪念这位杰出的作家、诗人和戏剧家，马克思主义的历史学家和古文字学家，革命的思想家、政治家和著名的社会活动家，同年11月在中央领导同志的提议和关怀下成立了郭沫若著作编委会。编委会由周扬同志任主任委员，办公室就设在郭老生前办公和生活的院子里（图1）。编委会的工作是整理和保护郭沫若生前留下的文稿等文献资料，编辑出版《郭沫若全集》，筹备和成立郭沫若故居。40多年来，随着工作职能任务的不断变化，编委会逐渐发展成为现在的郭沫若纪念馆，职能也从最初的整理、保护、延伸发展为融学术研究、编辑整理、文物保护、公众教育于一体的博物馆性质的机构。直到现在，在我馆上级主管单位（中国社会科学院）中，还有很多老同志习惯称呼我馆为"郭著"，这一称呼正是我馆历史变迁的佐证。

图1 郭沫若生前办公和生活的院子

1982年1月,党中央批准郭老的工作地和居住地定名为"郭沫若故居",与郭沫若著作编委会"一个机构两块牌子",同年被列为全国重点文物保护单位。1983年,中国郭沫若研究会成立,挂靠在郭沫若著作编委会,现仍由郭沫若纪念馆代管,使全国郭沫若研究领域的学者团结到了一起,凝聚了研究力量。1985年,8卷本的《郭沫若全集·历史编》出版发行,郭沫若研究界最重要的集刊《郭沫若研究》开始出版。1992年,郭老诞辰100周年,20卷本的《郭沫若全集·文学编》和10卷本的《郭沫若全集·考古编》出版完成。这都是郭沫若著作编委会取得的成绩。可以看到,这段时间我馆的主要工作集中在有关郭沫若的学术研究和资料整理方面,这为接下来郭沫若纪念馆的诞生做好了准备,也成为我馆相比其他名人故居纪念馆与众不同的地方。

1979年,周扬致信有关中央领导同志,建议在郭沫若著作编委会基础上成立郭沫若纪念馆。之后,周扬又提出应该把故居建设成"郭沫若研究的资料中心、研究中心、宣传中心",这成为从郭沫若著作编委会、郭沫若故居到郭沫若纪念馆一直以来的发展方针。在资料整理、学术活动如火如荼进行的同时,纪念馆的规划也在同步推进。1982年,郭老诞辰90周年之际,故居策划设计制作了一期郭老生平展。这期展览的目的是广泛征求各界意见。改革开放初期,我国的博物馆建设尤其是名人纪念馆建设才刚刚起步,当时国内类似的名人纪念馆并不多,如鲁迅纪念馆、徐悲鸿纪念馆虽然建成了一段时间,但展示内容和定位与将建设的郭沫若纪念馆有一定差异。如何以博物馆展览展示手段综合呈现郭沫若作为无产阶级革命家、国家领导人、文学巨匠、马克思主义史学大师等多重身份,反映他波澜壮阔的一生,这是摆在纪念馆第一代工作者面前的巨大挑战。这期间,仅在一定范围内征求意见的内部展览,为未来我馆对外开放和几次基本陈列的改版打下了基础。

1988年,在郭老逝世10周年之际,经过修缮后的故居正式对公众开放。故居第一期基本陈列共有8个展室,展出总面积约400平方米。1994年,郭沫若故居正式更名为郭沫若纪念馆,建立一个关于郭老的纪念馆的梦想终于成为现实,这也意味着我馆由一个单纯的学术研究机构、一个纪念地,转变和提升为一个具备更多社会功能的博物馆,从名称到性质都发生了很大变化。

此后,我馆的基本陈列又分别在2000年、2012年经历了两次大的改陈。第一次改陈是在世纪之交,我们面临着一个新的挑战:如何在21世纪阐释郭沫若所代表的时代精神?名人纪念馆应该以怎样的面貌去迎接21世纪呢?在20多年前,"21世纪"这个词有着特殊的意义,它不仅指代将要到来的这个世纪,更直接等同于一个充满希望的、崭新的"未来"。郭老那一代人在时空上似乎离我们越来越远了,如何将他们的事迹、他们留下的物质的和精神的财富加以传承阐释,这个问题摆在了我们面前。为此,我馆进行了一系列尝试,新一期的基本陈列应运而生。2000年,我馆与首都博物馆合作，对基本陈列进行全面调整。为了更好地宣传展示郭老生平事迹，这期改陈进行了一次有益的尝试——展览叙事打破之前单纯以时间为轴编年纪事体的生平介绍形式，把郭老在文学和史学领域的成就抽离出来单独成章，加以突出，把郭老86年波澜壮阔的一生纵横交织，使内容更加丰富和立体。同时，整个展览充分考虑故居整体建筑情况，新设计制作的陈列内容很好地融于故居的四合院建筑之中，与保持原状的郭老会客室、书房、卧室、"妈妈屋"（于立群夫人的写字间）形成有机整体。最终，这期基本陈列获得了很好的社会反响，并确定了我馆展陈区域的基本布局。更为重要的是，以此为标志，我馆的第一代纪念馆人完成了从专业的郭沫若研究者到专业的博物馆工作者的角色转换，在此之前他们大多没有博物馆工作的背景，而此时他们已经成为名人故居纪念馆领域的专家，直至今日，我们这些后来者还受惠于他们当年取得的成绩。

第二次改陈是在2012年，郭老诞辰120周年。在郭老诞辰日前一周，党的十八大胜利召开，我们意识到党已经带领我们站在一个"新时代"的起点上了。在21世纪的第一个十年中，无论是博物馆行业还是祖国的各行各业都经历了突飞猛进的发展。中国博物馆发展迎来了一个新高潮，社会公众对于博物馆的需求不断提高，博物馆自身也开始调整以适应这种需求。2008年1月23日，中宣部、财政部、文化部、国家文物局联合下发《关于全国博物馆、纪念馆免费开放的通知》，全国众多博物馆进入免费开放时代。对于是否免票，我馆也经历了很长时间的讨论，综合考虑我馆所处地段的客流因素，评估纪念馆作为全国重点文物保护单位的实际承载能力，出于文物保护需要，我馆还是维持了门票参观模式。随着全球化步伐的加快，中国与世界其他国家、地区的文化交流也日益频繁，也刺激着博物馆行业的发展。2008年北京奥运会举行，博物馆作为文化服务单位，正规化、标准化的要求日益凸显。2010年上海世博会的举办，更是把博物馆人推到了主角位置。在这种趋势下，我馆精心起草改陈大纲，依托中国社会科学院重大课题"郭沫若生平与学术思想研究"项目,突出反映了郭沫若研究界的新发现、新成果。考虑到纪念馆周边什刹海地区文化旅游产业的快速发展,以及高科技在展览中的广泛应用,展览以编年纪事体为主线,同时增设多媒体互动设备和现代元素,使展陈更加多元和立体,满足不同层次观众的需求。

众所周知,郭老是哲学社会科学领军人物、文化大家,我馆又隶属于中国社会科学院,因此,学者和大专院校的学生也是我馆特定的观众群。我馆的每一次改陈最核心的考虑就是如何反映郭沫若研究的最新成果,服务于党和国家、人民的文化需求,努力完成学术研究成果的创新性转化。

问:名人纪念馆很多是依托名人旧居而建,贵馆亦是如此。在北京四合院内,如何利用古建筑的这些厢房、罩房来做展览陈设?在展室温湿度、照明、防虫害、防风沙等方面,贵馆都做了哪些有益的探索?

刘曦光:由于我馆的基本陈列整体展线是融入四合院建筑里的,所以在展线布局上花了不少心思、下了不少功夫。纪念馆建立后对四合院内部格局进行了改造,辟为展厅,包括郭老秘书办公的东厢房,郭老家属居住的西厢房、后罩房。这些展厅尊重原有建筑结构,仅对电路、灯光和少数内部装饰进行改造,增设展墙、展柜以满足展览需要。四合院正房部分的郭老会客室、办公室、卧室和后罩房中全家人活动的"妈妈屋"得以原状保留,以再现郭沫若在此工作、生活的原状(图2)。此外,与四合院接邻的车库、厨房、餐厅、锅炉房、警卫勤务人员生活区等附属设施则被改造为临时展厅或办公用房。

此次展示空间改造所遵循的原则是原空间与馆主之间关系的密切程度。对于郭老单独生活和工作的空间,我们予以完全保留,如他的卧室、书房、会客室的内部均保持了生前的原状,进行封闭式保护开放,观众可在室外透过窗户上的低反射玻璃参观。部分郭老和家人共同的生活空间,如"妈妈屋",采取半封闭开放,观众可在保护隔挡设施外参观,让观众最直观地体会和感受郭老在世时的生活气息。对郭老家人的活动空间进行部分改造以用于展览，其他辅助空间因地制宜加以全面改造，充分发挥作用。

图2 郭沫若工作生活原景

直接利用四合院建筑改建展厅的优势在于，能够充分保留与利用主人的原有居所，可以很好地营造展览氛围，使展览有很好的带入感。有很多观众在留言中说参观我馆如同来郭老家做客，温馨舒适。实事求是地讲，保持建筑原状与展陈设计的有机融合做起来有很大的难度，比如中式古建本身受建筑结构影响，居住可以，但做展厅内部展示面积还是很有限的，展示的进深不够，做平面图版展示还好，陈列文物和做特殊造型或者场景就会很难，如屋内的梁柱会干扰展线，门窗、墙裙会减少展板展示空间。如果要保护地板就要考虑承重，对展柜等展览设备要求就更高，类似的情况还有很多。要取得建筑保护和展陈效果之间的平衡很不容易，因此在展览形式设计上体现出来的缺点就是整个展览过于平面化，缺乏立体感（图3）。还有一个最大的问题就是照明，由于保留原建筑的门窗，所以展厅利用了自然采光，并配合部分展示灯光。我们知道，在展览中自然光很强的情况下做灯光照明设计，难度是很大的，而且对展品保护要求也很高。其中，馆里东、西厢房两个展厅最明显，正常日照条件下，下午展厅的光环境就很差了。基于这些原因，纪念馆展陈设计的基调采用暖色，灯光也偏向低色温，结合自然光营造稍暖的环境色调，既可以增加历史感，也可以让观众觉得温馨舒适。但在这种光环境下，只能减少文物原件的展出数量和展出时间，保证文物原件不会因光照过度而受到损害。为了保留故居原貌，新风设备、大型安保设备、需要改动建筑的安防设备的安装都受到限制，所以一些文物只能用复制件替代，这不能不说是一种缺憾。

　　基本陈列中另一个重要的空间是故居的庭院。对于我馆来说，不能简单地把基本陈列等同于各展厅陈列内容的集合，实际上，串联展厅之间的庭院发挥着非常重要的作用。从一进故居大门开始，观众就可以感觉到郭老曾在这里留下的生活痕迹，遍植各处的树木植物，静伏于草丛中的石狮子，垂花门前的铜钟，凡此种种都是他本人情趣爱好的写照。这一切成为我馆基本陈列天然的序厅。

图3　郭沫若故居里的展览设计

说到庭院，最后补充一下关于这整座宅院的介绍。现在我们看到的郭老晚年办公居住的这个地方，承载着很多的历史记忆。郭沫若纪念馆院落占地面积约7000平方米，主体部分四合院占地面积约2400平方米，但历史上这个院子远大于此。这座庭院建于20世纪20年代，原来是中医世家乐达仁的私宅，中西结合的布局，一侧是中式四合院，一侧是西式洋楼。新中国成立后，乐氏后人将这个院子捐献给国家，此后这里先后成为蒙古国驻华大使馆和宋庆龄的寓所。1963年11月，郭老由北京西四大院胡同5号迁入其中的中式四合院，在此居住到1978年去世。这里不仅是他的生活居所，更是他办公、创作、治学、接待中外友人的地方。他在这里完成了关于《兰亭序》真伪的论辩文章，专著《李白与杜甫》《出土文物二三事》，还有他去世之后成集的《东风第一枝》和平生最后一部译作《英诗译稿》。海棠树下的会客厅见证了他与世界各国友人热情交谈的情景，钢琴前的双人沙发则是周总理最喜欢坐的地方。作为这个庭院最后一任主人，郭沫若带给了这里不可磨灭的印记。若不是他，这座宅子可能和北京许多类似的庭院一样泯没于历史之中，不会给大众留下记忆，而现在它因为郭沫若而被人熟知，1988年被国务院列为全国重点文物保护单位，2021年被列入革命文物名录，这未尝不是一种幸运。

问： 贵馆每年都会推出很多精彩的专题展，请问策展主题选择和定位是什么？展陈形式设计方面是如何做到吸引观众的？

刘曦光： 关于专题展的选题策划，需要先介绍一下我馆机构设置中比较特殊的地方。我馆负责展览陈列的部门是文物与陈列工作室，从名称上就可以知道它其实是博物馆展览部与保管部的结合，这种设置在其他博物馆中并不多见。这个部门的前身是郭沫若著作编委会会同郭沫若家属组成的郭沫若遗物清理小组，负责对郭老身后物品进行整理登记。1988年，故居对外开放，郭老女儿郭庶英代表家属将整理完成的郭沫若遗物清单捐献给中国社会科学院。从此，这批遗物成为故居馆藏，也是基本陈列的重要组成部分,文物陈列部也同时成立。这一设置的优势在于保证了机构的足够精简,将有限的人力投入尽可能多的工作领域。由于本身就是馆藏品的整理者、管理者,所以我馆在专题展选题策展方面有着先天优势,部门工作人员大多参与纪念馆各类研究课题,他们对于馆藏品的了解和学术前沿的动态都了然于心,擅长把握时事重点、热点,选择合适的展览主题。在硬件方面,2006年,我馆在故居四合院建筑西侧(原本是勤务人员的生活区、锅炉房和郭老书库)改造修建了一个临时展厅,展厅面积虽然不大,但是为举办小型专题展提供了便利。西院展厅建成后,我馆每年都会策划一两个原创的专题展,还会引进一些展览或文化活动。这些临展已经成为纪念馆、博物馆业务工作的重要组成部分,也成为基本陈列的有力补充。我馆展览策划选题大致有以下几类:(1)围绕党和国家的宣传主题、郭沫若的重要纪念日举办相关纪念展,如2014年围绕郭沫若《甲申三百年祭》发表70周年,我馆策划了"反腐倡廉话甲申——《甲申三百年祭》70周年纪念展";2015年围绕庆祝反法西斯战争胜利70周年主题,我馆策划了"纪念抗战胜利展览季",推出"抗日战争时期的中国考古展"(与中国社会科学院考古研究所合作)、"笔剑无分同敌忾,胆肝相对共筹量——郭沫若与茅盾展"(与茅盾故居合作)、"雷电颂——郭沫若与他的抗战历史剧展"三期展览。2021年围绕中国共产党成立100周年宣传主题和创造社建立百年纪念主题,我馆策划推出"郭沫若1921——纪念创造社建立100周年特展""革命队伍中人——郭沫若与中国共产党文献史料展"等。(2)结合郭沫若研究的新动向、纪念馆藏品整理的新发现等举办文物文献展,比如2016年、2017年配合纪念馆"郭沫若全集补编"课题,推出反映阶段性研究成果的"传承与创新——名人名拓与郭沫若碑拓精选展"(与北京市文物局图书资料中心合作)、"传承与创新——名人与古籍展"(与北京市文物局图书资料中心合作)、"戏里戏外——郭沫若与老舍戏剧艺术创作及交往展"、"探索·传播·开拓——郭沫若翻译作品文献史料展"等。(3)为履行好社会责任，我馆经常与共建学校、共建单位合作举办一些公益性展览，为他们提供展示的平台。2015年，我馆为北京启喑实验学校举办"心灵的对话——启喑艺术展"；2017年，我馆与密云区博物馆、密云二小共同推出"布幅上的国粹——少年儿童手绘布艺展"；2020年，我馆与密云区博物馆、密云四小合作举办"童心看世界"儿童艺术展。这些专题展并非应景之作，而是相关展示素材的一次积累，历次展览中所展示的新的学术研究成果，会被我馆再次纳入基本陈列的更新之中，不断充实丰富常设展。

在展览合作交流方面，我馆侧重与同类型的人物类纪念馆合作。除了前面提到的与茅盾故居、老舍纪念馆的合作，我馆还与孙中山大元帅府纪念馆合作"古应芬文物史料展"，连续23年与北京宋庆龄故居、李大钊旧居等"8+"名人故居纪念馆联盟联合举办一系列展览。除了北京，郭老还有两处纪念地——重庆郭沫若纪念馆和乐山郭沫若故居纪念馆，我们三个兄弟馆之间有着长期的展览合作。这些合作帮助我馆与同行间互通有无，架起了业务交流的桥梁，提升了展览的广度和深度，更好地为观众提供高质量的文化产品。

我馆文物与陈列工作室在展览方面主要还是负责内容大纲编写，具体形式设计与展览制作由合作展览公司完成。受场地和经费等因素的制约，临展在形式设计上无法与大型综合博物馆的专题展相比，展览形式较单一，展示技术条件也有待提高。但我馆发挥自身研究优势，以充实的展览内容、丰富的馆藏品，使专题展这块短板不再"短"，做到了"内容大于形式"。前面列举的很多展览正是对郭老精神内涵的充分发掘，而这些专题展也真正成为开展爱国主义教育的红色资源。

问：贵馆在纸质文物保护方面有什么方法吗？根据展览主题及藏品所研发的文创产品方面有哪些策略及实践？

刘曦光：这两个方面的工作应该算是我馆相对薄弱的部分。如前所说，我馆的藏品主要是郭老生前物品，其中手稿、书籍、文件等纸质文物占了绝大多数，而且数量庞大。但是在很长一段时间，这些藏品一直按照档案资料类进行管理，真正作为文物进行管理与保护是2000年之后了。在纸质文物保护方面，我馆还处在初级阶段。对于馆藏文物的整理贯穿了自郭沫若著作编委会诞生以来的几十年时间，但真正意义上的保护其实也就20多年。2006年，在西院展厅建成的同时，我馆新建了文物和资料地下库房，使用初期库房的温湿度条件还不错，馆藏品得到了很好的储藏。虽然无法做到纸质文物与其他质地文物分类储藏，但也能满足保存的需要。从此，我馆文物与陈列工作室开始进行文物的日常性养护和预防性保护工作。比较集中的工作是对藏品进行数字化管理，2007—2012年，馆里分批逐步完成了对郭老手稿、字画等的数字化工作。2012—2016年，纪念馆完成了"全国第一次可移动文物普查"相关工作。2017—2019年，纪念馆完成了中国社科院的"可移动文物清理核实""古籍清理核实"工作。馆藏文物的数字化采集基本完成，同时更新了文物养护设备和文物储藏装具。但是受经费和人力所限，对于纸质文物的脱酸处理、库房的恒温恒湿设备更新还处在规划之中。

2016年，我馆被文化部与国家文物局列为文博类文创试点单位。这是机遇也是挑战，纪念馆的文创之路远比想象的难走。我馆没有独立的文创开发部门，更没有专职文创开发人员，所以我馆成立了由馆领导牵头的馆文创开发小组，负责此项工作。之后，我馆与几家企业、高校建立了文创产品开发关系，文创工作渐渐开展起来。

我馆在文创开发中充分挖掘"名人""故居"的元素，推出了"走进故居""感触名人""体味郭体"三个不同层面的文创系列产品，并与"8+"名人故居纪念馆联盟的其他兄弟馆合作推出文创品。截止到2021年，我馆共推出各类文创品近40种，以文化用品、高仿书画为主。受本单位性质所限，文创品只在各种公益类文化活动中免费发放，努力发挥其社会效益。近期，我馆文创工作的重点除了继续开发文创产品，还将注册自己的品牌和对已开发产品进行版权登记。

问：贵馆有非常优美的院落环境，地理位置也比较好，你们在对公众的社会教育活动方面是如何策划和实施的？

刘曦光：我馆是北京市爱国主义教育基地、北京市中、小学生大课堂基地、北京高校青年教师社会实践基地和北京市红色旅游景区，社会教育工作是我馆工作的重要组成部分和义不容辞的责任。我馆的讲解员多次在国家和北京市的讲解员大赛中获奖，具备较强的专业素质。长期以来，我馆和属地西城区的中、小学建立了良好的合作关系，与北京师范大学、北京语言大学、首都师范大学、北京财贸职业学院、北京交通运输学院等高校设立共建基地，开展各种形式的合作。纪念馆平均每年会组织10余次学生爱国主义教育活动，如北京理工大学入党宣誓仪式、北京交通运输职业学院志愿者活动、北京十一中学"观后海故居思沫若"语文学科实践活动、北京一五六中学银杏诗会活动等。我馆公众教育与资讯中心的在编工作人员只有3人，他们既要负责日常接待讲解、编辑科普读物，又要组织相关活动，能取得这样的成绩实属不易。在形式上，我馆的社教活动更多围绕展览或者日常开放接待展开，缺少系统的实践性课程等内容。

学者型观众是我馆一个重要的观众群体。有很多观众具备相当的专业知识，对郭老有不同程度的了解，而且是带着目的性来参观的。近几年来，为配合党和国家的宣传主题，如"不忘初心、牢记使命"主题教育、党史学习教育等，我馆作为爱国主义教育、红色教育基地也在尝试着开拓新的社教领域，将主题教育与学术活动相结合，将社会公众的参观需求与哲学社会科学研究相结合。我馆设立了一个新的学术文化活动项目"银杏讲坛"，充分利用纪念馆学术研究的优势，请馆内外专家学者开展有关讲座，举办相关文化活动。

问：贵馆与"8+"名人故居纪念馆联盟联合举办文化活动多年，合作情况如何？产生了何种有效的社会影响力？请问贵馆会组织全国巡回展览吗？

刘曦光： 我前面已经提到过几次"8+"了，"8+"的全称是8+名人故居纪念馆联盟，成立于2000年左右。创始馆包括我馆、北京宋庆龄故居、北京鲁迅博物馆、茅盾故居、老舍纪念馆、梅兰芳纪念馆，这几家名人故居团结起来，群策群力、凝聚力量、整合资源、挖掘优势，后来又有李大钊旧居、徐悲鸿纪念馆加入，形成了最初的八家名人故居纪念馆联盟。大家每年紧扣党和国家的宣传主题，紧扣时代脉搏，确定展览主题，围绕每年国际博物馆日主题在国内外推出巡展活动。展览以图片展为主，形式简洁，内容丰富，对布展的环境条件要求不高，便于进入学校、社区、企事业等基层单位，让更多群众了解中华名人代表的民族精神，展现名人为实现民族伟大复兴做出的不朽功绩。"八家"展览活动很快就得到了中共北京市委宣传部、北京市文物局、北京博物馆学会、西城区委宣传部的高度重视和大力支持。在此展览基础上，"八家"还组织图书出版、公益讲座、文化演出等活动，内容形式灵活多样，引起了社会各界的广泛互动和反响，被誉为"博物馆界的乌兰牧骑"。随着影响越来越大，越来越多的名人故居纪念馆也踊跃加入，包括李四光纪念馆、詹天佑纪念馆、李叔同（故居）纪念馆、天津梁启超纪念馆、青岛市康有为故居纪念馆、广州红线女艺术中心、广州鲁迅纪念馆、重庆郭沫若纪念馆、乐山郭沫若旧居博物馆、桐乡市茅盾纪念馆、泰州梅兰芳纪念馆。名人故居纪念馆联盟也从最初的"八家"变成"8+"，联盟成员分布全国多个地市，包括14位名人的19家故居纪念馆，连接京津冀、长三角、珠三角地区。

除了在北京地区巡展，"8+"图片展已经走过了全国20多个省、市、自治区，每年的巡展都在20场左右。这得益于联盟内各成员馆的团结协作和资源共享，例如2021年天津两家成员馆在当地就开展了七八场巡展，广州红线女艺术中心也送展入校园6次。广州鲁迅博物馆与广东省博物馆合并后，把"8+"图片展纳入了"广东省流动博物馆项目"，在2021下半年于广州6个地级市的博物馆同期开展，反响强烈，2022年更是收到了广东地方30余家博物馆的接展邀请。可以说，"8+"成员馆间合作产生的社会效益呈几何数量级增长。

2019年，"8+"在沈阳故宫举办实物展"穿越时空　对话名家——'8+'名人故居纪念馆联展"，由此开始，除图片展外"8+"每年都会策划一个实物展。2021年为庆祝中国共产党成立100周年，"8+"策划了"传承文化名人之精神　点亮博物馆未来之光——'8+'名人故居纪念馆联展"，沿着中国共产党发展的足迹，在北京、上海、重庆、广东、湖北等地巡展。2022年，"8+"推出的"开启新征程　博物馆的力量——文化名人与时代同行"联展在北京、广西、宁夏、海南四地巡展。

巡展之外，从"八家"初创起，联盟活动就响应国家扶贫战略，每年都将使用过的展览和各纪念馆的图书出版物赠送给老少边穷地区。党的十九大以来，"8+"配合国家精准扶贫战略，以及深入推进全民阅读、建设书香中国的需要，开展了许多文化帮扶工作。比如2021年、2022年，联盟就先后送展至甘肃武威下辖各区县。2022年联盟巡展的第二站宁夏彭阳正是联盟成员单位北京宋庆龄故居的对口扶持县。

除了国内巡展，"8+"还长期在国外举办"中华名人展"。展览到访过日本、韩国、巴基斯坦、马来西亚、新加坡、土耳其、法国、加拿大、澳大利亚、新西兰、肯尼亚等10多个国家，在世界舞台上讲好中国故事、讲好名人故事，展现文化自信。

在展览文化活动之外，我馆在"8+"名人故居纪念馆联盟里还发挥研究优势，牵头组织各馆合作编写出版了一些图书。比如自2015年以来，每年联盟展览活动的纪实。还有"8+"系列文化读本，现已出版了《时代之音——读名家名言　听文物故事》《走过四季的院子——"8+"名人故居纪念馆巡礼》等。

问：贵馆是国内郭沫若文物图书资料最集中的地方，如何通过有效方式让观众查阅这些资料,获得最权威的学术成果?

刘曦光: 从郭沫若著作编委会诞生以来,经过几代纪念馆人的积累,我有足够的自信说我馆有着国内最大规模的郭沫若文物图书资料收藏。我认为,不同于图书馆、文化馆、档案馆,在博物馆几个核心功能中,藏品保护保管或者说典藏功能是最基础的,是展览、社教、研究、文创等工作的前提。我馆坚持文物工作二十二字方针:"保护第一,加强管理,挖掘价值,有效利用,让文物活起来。"以馆藏品、馆藏资料保护整理为先,分批分类通过研究展示等手段向公众公开。前述郭沫若著作编委会时期资料整理工作,编辑出版了《郭沫若全集》3编38卷,现阶段《郭沫若全集补编》的编辑出版工作也在进行中。纪念馆同时还编辑有《郭沫若研究》《郭沫若研究年鉴》两本集刊,在其中辟出专题向社会披露珍贵馆藏。以上工作为公众带来了权威、准确的郭沫若研究资料,现在依旧是相关领域研究的重要参考。此外,纪念馆专业人员的学术研究成果丰硕,并通过中国郭沫若研究会联系着全国的郭沫若研究专家,使我馆成为可以引领郭沫若研究的权威研究机构。虽然限于人力、物力等原因,也是基于对馆藏品保护的考虑,我馆相关资料现在还没有完全对观众开放,但我馆接受国内科研机构或学者提出的查询申请,允许相关人员仅以学术研究为目的,在保证资料文物安全和信息安全的前提下,履行相关程序后进行查询。

问: 贵馆在国际合作交流方面都有哪些有益探索?贵馆是如何在国际舞台发出中国声音,讲好中国故事的?

刘曦光: 前面提到了"8+"名人故居纪念馆联盟的"中华名人展",这是我馆和兄弟馆合作的国际交流项目。这里谈谈我馆自身的国际交流活动。我馆的国际交流活动主要以学术交流为主,展览往往配合学术交流进行。在国际上有许多热衷于郭沫若研究的学者,几乎每年都会召开相关的国际学术研讨会。配合会议,我馆会推出一些展览。2016年,郭沫若与田汉学术研讨会在日本东京举行,我馆同时推出了"郭沫若与田汉展";2018

年，国际郭沫若研究年会在法国巴黎召开，与之配合我馆举办了"郭沫若翻译作品展"。我馆也曾举办过文物出境展，如1992年在日本富山、东京、冈山三地举办了"郭沫若展"，2009年在日本冈山县立美术馆举办了"中日友谊的桥梁——郭沫若展"。

很多人不知道郭老在国际外交舞台上为新中国做出过巨大的贡献。他作为世界人民保卫和平大会副主席、中国人民保卫世界和平大会主席曾多次率代表团出访，执行国家外交任务，代表新中国穿梭于世界各地，是当之无愧的和平使者。郭老在文化外交、民间外交方面取得的成就惠及当下。今天，我们沿着郭老的足迹，在世界各地举办展览的过程中，还经常会有当地人士追忆郭老当年到访的情况。1956年，苏伊士运河危机爆发，郭老为声援埃及人民从英法殖民者手中收复运河的正义斗争写下了诗篇《埃及，我向你欢呼！》。1957年12月至1958年1月，他率中国代表团参加在埃及首都开罗召开的亚非团结大会，并在大会上发表讲话《朋友们的斗争就是我们的斗争》，支持亚非各国人民根除殖民主义，争取民族独立斗争。1970年，郭老以国家特使的身份再一次访问开罗，参加纳赛尔总统的葬礼。郭老是中埃友谊的推动者与见证人，被埃及人民称赞为中国的"尼罗"诗人。正是这份情缘，促成了我馆和埃及苏伊士运河大学的国际合作。2016年，我馆在埃及设立了郭沫若中国研究中心，并在苏伊士运河大学设立郭沫若生平常设展厅。之后，纪念馆协助苏伊士运河大学孔子学院组织学习中文的当地学生每两年举办一届"郭沫若文化节"，在文化节期间举行郭沫若诗歌比赛、郭沫若学术高端论坛等活动，得到了埃及当地高校师生、华人华侨、中国派驻机构的广泛好评。我馆的简介和讲解词除了英文、日文、法文版本，近期已经开始进行阿拉伯文的翻译。与苏伊士运河大学的成功合作，也引起了其他几个郭老生前曾经到访国家孔子学院的兴趣，如罗马尼亚锡比乌孔子学院、日本关西外国语大学孔子学院都向我馆的展览文化活动提出了合作意向。习近平总书记在《把中国文明历史研究引向深入，增强历史自觉坚定文化自信》重要讲话中强调:"以文明交流超越文明隔阂,以文明互鉴超越文明冲突,以文明共存超越文明优越,弘扬中华文明蕴含的全人类共同价值。""要立足中国大地,讲好中华文明故事,向世界展现可信、可爱、可敬的中国形象。"回头看,几十年前郭沫若的外交实践正是这一理念的写照:在新中国成立伊始,以自己的力量在全世界宣传这个新生的国家,塑造中华民族新的形象,以文化超越政治,与世界其他地方的人民同呼吸共命运。正是这份努力,换来了全世界对新中国的认可,也赢得了世界各地人民对他的尊敬。可以说,我馆今天在国际交流领域的工作是对郭老民间外交、文化外交思想的继承,我们秉持着他维护世界和平、以文化为交流纽带的外交理念,以推进中国学术研究、郭沫若研究在海外的影响与传播为目标,遵循"真诚对话、互学互鉴、合作共赢"的原则不断前进。

除了与郭老有关的研究学术交流、展览活动,我馆作为国际博物馆协会文学专委会(ICLM)的成员,也经常参与国际博物馆协会的相关活动。2016年,纪念馆工作人员还在国际博物馆协会米兰大会青年论坛上做了发言。

问:郭沫若纪念馆是全国重点文物保护单位,请问贵馆如何在保证正常开放的情况下兼顾故居的保护工作?每年投入的保护经费大概是多少?

刘曦光:不可移动文物的保护是我馆工作的重中之重,可以说出不得半点纰漏。在日常开放过程中,前面讲到了基本陈列的空间布置原则,以及展览中相关藏品的保护等工作,这都与古建不可移动文物保护直接相关。在日常确保文物安全安防工作之外,对于纪念馆文物建筑,我馆会进行定期的修缮养护,比如每一期基本陈列改造的同时都会对纪念馆古建进行一次大的整体性修缮;每5年左右,都会对水电路以及馆内相关设施进行小的维修或改造以保证其运行安全;针对庭院、建筑等随时出现的损坏、险情,会纳入每年的小修岁修项目及时安排抢修。我馆冬季闭馆,因为冬季客流相对较少，我们会利用闭馆时间对馆内设施进行检修、维护。为了保证文物建筑修缮的科学性，更有针对性地加强文物保护，我馆于2017年请北京市文物建筑保护设计所对纪念馆进行了古建结构安全鉴定，并于2021年请北京大学文博学院对纪念馆进行了文物保护价值与现状评估。

关于文保经费需要说明一下，虽然我馆是文博单位，但我馆隶属于中国社会科学院，所以我馆的经费预算与许多文旅系统下属的博物馆不同。从纪念馆建立以来，我们院就很重视纪念馆文保工作，上面谈到的这些不可移动文物的修缮维护项目都是在院财政支持下进行的，大大缓解了我馆的日常运营和文物保护的经费压力。正是这种支持，确保了纪念馆文物30多年来的安全。不过按照现有的国家财政制度，我馆的文保经费受预算科目设置方面的制约还比较多。因此，我们也希望国家能够在政策和经费上进一步加大对非文旅系统的博物馆、纪念馆的支持力度。

问：随着高科技和数字化的发展，未来贵馆在数字化传播和虚拟展示方面有什么计划吗？

刘曦光：就数字化传播来说，我馆起步其实比较早，2001年就开设了自己的网站，但在宣传和展览中使用数字化技术我们一直比较谨慎。在很长一段时间里，博物馆中的声、光、电应用备受推崇，但这些技术适用于我馆吗？这一直是我们思考的问题。在2012年的基本陈列中，我们使用了部分多媒体展示手段再现郭老的音容笑貌，或者展示部分无法在展板上呈现的展览内容。我们认为，这些技术手段的运用是整体展览的辅助，而不能喧宾夺主，不能破坏展览整体温馨舒适的氛围，更不能干扰观众对于展览的持续阅读。虽然这些多媒体展示手段使用得很有限，但给我们一个很好的机会来探讨，在适当使用现代科技手段的条件下，多媒体展示能否与传统四合院建筑有机结合，能否扩大并优化展线，能否满足观众日益增长的对展览信息的获取需求。

2020年的新冠病毒感染疫情给博物馆开放工作提出了一个挑战。我们必须更多地思考，在观众不能到馆实地参观的情况下如何为他们提供展览服务，在观众可以到馆参观的情况下如何确保他们可以安全地参观展览。从技术层面上讲，移动支付、基于大数据的线上预约购票系统、数字化传播和虚拟展示等早就不是什么新鲜事物了，但是在博物馆的应用上大多还只停留在"尝鲜"的水平。2020年，所有这些科技手段几乎成了博物馆的必备，否则连正常开放都无从谈起。在新冠病毒感染疫情期间，我馆先是尝试网上直播，通过新浪网、人民文旅、光明网、一直播、小红书等公众平台开展宣传。之后，又与公司合作拍摄纪念馆宣传片、建设网上全景博物馆（挂载纪念馆微信公众号和百度地图）、开发AR导览系统（减少人工讲解）……这些尝试取得了一些成果，在疫情常态化条件下的纪念馆宣传工作中发挥了积极作用。

此外，我馆利用疫情闭馆期进行了另一项数字化工程：利用3D扫描技术对纪念馆古建进行数据采集，完成古建测绘建模工作。这项工程最初只是一项文保工作，目的在于保存一套完善的古建数字模型。但在进行中，我们发现这批数据可以有更多的用途，未来对于纪念馆数字化展示、文创开发、观众互动等都很有帮助。如果结合现在的元宇宙、NFT等进行概念性开发，可以说存在无限可能。

问：请您谈谈贵馆作为北京地区人物类纪念馆在多年发展过程中遇到了哪些瓶颈和问题。

刘曦光：虽然我馆长期积极参加"8+"名人故居纪念馆联盟各项活动，也经常和其他名人故居类纪念馆合作，但因为各馆的实际情况不同，如隶属单位不同、所处地区不同、人物类型不同等，所以不太容易归纳出北京地区人物类纪念馆有什么共性的问题。至于经费不足、人力有限等问题，我想这是所有中小型博物馆都面临的实际困难。还是简单谈谈我馆自身发展中遇到的一些难点吧。

人物类纪念馆遇到的第一个问题，我觉得是"为什么要纪念"，也就是观众对于纪念馆馆主认知和评价的问题。不同的人物有不同的人生、不同的成就，也会受到社会不同的评价。对于人物类纪念馆来说，引导社会公众正确认识这些人物，确立对于这些人物的认知，往往是其中最大的难题。郭老就是一个典型的例子，网络上流传着一些关于郭老的谣言，从事郭沫若研究的专家学者已经用有力的证据攻破了这些谣言。我们相信，到访纪念馆的观众在看过我们的展览后都会了解到一个真实的郭沫若，一个具有伟大人格魅力、为祖国和人民无私奉献的郭沫若。但是作为一个文化机构，我们的声音还是太微弱了，如何能在广大人民群众中更好地展示以郭沫若为代表的爱党、爱国、爱人民的先进知识分子的历史功绩，让大家真正了解这些文化名人的光辉业绩，就成了一个艰巨的课题。

相对第一个问题"为什么要纪念"，我想第二个问题就是"怎么纪念"。在观众需求不断提升的今天，宣传内容和方式相对传统的人物类纪念馆究竟能以什么手段破局，很值得思考。一方面，在展览推广过程中，我们感觉到了观众群的微妙变化。比如近几年有党建团建需求的观众群、开展课外学习的学生观众群、有一定文化层次需要更深入了解展览内容的专业观众群都在逐渐增多，我们从中感觉到了他们对博物馆展示内容的渴求。另一方面，面对各种沉浸式商业展的盛行，传统形式的展览展示是否还能满足观众个性化、更高层次的需求。我馆近些年来也尝试过在郭沫若书法、郭沫若戏剧等方面探索新的展示社教活动模式，现有故居场地还有可以发掘的潜力，毕竟名人生活场景本身就是很好的沉浸式体验空间，拥有很多新展示手段、互动手段发挥的余地。

第三个问题提出来，仅供大家思考。我认为如何培养出高素质纪念馆人才是解决纪念馆发展难题的关键。纪念馆人才与一般博物馆人才不同，不仅要具备基本的博物馆业务素养，还要有对于名人及其时代的知识储备及转化能力。由于工作的实际情况，名人纪念馆对于工作人员一专多能的要求明显高于其他博物馆。只有清晰地把握纪念馆—名人—时代（名人所处时代—我们所处时代）的多重关系，才能保证名人纪念馆工作的有效开展。

问： 目前，北京有打造"博物馆之城"的计划，请问贵馆的未来规划是什么？从何种角度推动"博物馆之城"的建设？您认为未来北京地区博物馆的发展趋势是怎样的？

刘曦光： "博物馆之城"建设的关键是处理好博物馆与城市的关系。名人故居纪念馆是"博物馆之城"建设的重要组成部分。城市是因为人而存在、运转的。可以说，名人是城市精神的代表，是城市的灵魂，是点燃城市之光的火焰。能够设立故居纪念馆的人物都是对国家和民族发展起到积极引领作用的、取得历史功绩的先进人物，因此，名人故居纪念馆是城市的"金名片"。

北京市打造"博物馆之城"的目的肯定不是简单地增加博物馆的数量，或单方面提升现有博物馆的质量，而是要激发博物馆促进文化发展的示范作用，并以其为抓手，进一步促进文化、教育、经济的发展。作为一个中小型博物馆，"博物馆之城"建设是我馆遇到的难得的发展机遇。现阶段，我馆与社区（什刹海街道）、属地（西城区）、名人纪念馆（"8+"成员）之间有着良好的合作关系，为城市文化服务贡献了自己的力量。比如，近几年北京市委宣传部、西城区委宣传部先后推出的红色旅游路线，我馆都参与其中。对于什刹海街道推出"什刹海文化探访路"项目，我馆提出了不少建设性意见。我想这些都可以视为"博物馆之城"的预演，可能我馆无法以更高的站位去规划未来"博物馆之城"的蓝图，但是发挥纪念馆本身的文化服务作用，提炼、活化文化名人——郭老的精神，为"博物馆之城"的建设建言献策、贡献力量，帮助属地提升文化内涵，是我馆应尽的义务。

顺着打造"博物馆之城"的思路说下来，我觉得北京地区博物馆或者整个博物馆行业都处在一个重新自我审视的阶段。我们高兴地看到，博物馆人有着如此巨大的社会影响力，自己的展览能够吸引如此多的观众，自己的馆藏品可以衍生出如此众多的产品。即使受新冠病毒感染疫情影响，民众对博物馆的需求仍然巨大。如何更好地面对这一切，其实是需要博物馆人认真思考的。2022年5月，国际博物馆协会公布了博物馆定义的两个最终提案，博物馆新的定义即将到来。从这两个提案中可以感觉到，传统意义上对博物馆功能的强调，正在转变为对博物馆与其他社会群体关系的强调。博物馆不再是单独运转的简单实体，而是必须与周遭产生互动、对其他领域产生影响的存在。这和"博物馆之城"建设的思路如出一辙。所以从博物馆发展趋势来看，文物保护、展览展示、公众教育、文创开发等领域的工作可能都会趋向于融合，博物馆可能会更多地参与到社会活动之中。以往，我们希望国内博物馆文化可以融入社会公众的生活之中，让逛博物馆成为居民生活的一个部分。现在看来，这个愿景可以通过打造"博物馆之城"而早日实现。

　　总之，名人故居纪念馆的发展离不开党和国家的领导。从党的十八大后，习近平总书记与新一届中央领导集体参观中国国家博物馆"复兴之路"展览，宣示实现中华民族伟大复兴中国梦的开始，党和国家对博物馆的重视就提升到了一个新的高度。习近平总书记强调："革命博物馆、纪念馆、党史馆、烈士陵园等是党和国家红色基因库。要讲好党的故事、革命的故事、根据地的故事、英雄和烈士的故事。"郭沫若纪念馆作为爱国主义教育基地、红色旅游景区，要坚决贯彻落实习近平总书记的要求，更好地传承这份红色基因。我们深切感受到肩负的使命光荣且艰巨，必须加倍努力工作，走在前列，不负重托。

守正创新踏歌行

——中国铁道博物馆

受访人：黄虎，中国博物馆协会理事，中国铁道博物馆（简称中铁博）原副馆长，兼正阳门馆馆长，北京博物馆学会文创专委会原主任委员。

问：中国铁道博物馆成立于1978年，前身是铁道部科学技术馆，是行业博物馆里成立较早的馆，请您简单介绍一下相关情况。

黄虎：中国铁道博物馆是中国铁路集团公司对社会公众开放的国家级行业博物馆，属于公益二类。它的前身是1978年成立的铁道部科学技术馆，2003年更名为中国铁道博物馆。2009年，中国铁道博物馆与北京铁路博物馆（现在的中国铁道博物馆正阳门展馆）整合，形成现在3个展馆和一个办公区的格局。办公区位于西城区马连道南街2号院。3个展馆分别是中国铁道博物馆正阳门展馆、东郊展馆、詹天佑纪念馆。

中国铁道博物馆是中国自然科学博物馆协会常务理事单位、中国自然科学博物馆协会专业委员会副主任委员单位、中国博物馆协会理事单位、北京市博物馆学会理事单位及首都博物馆联盟会员单位，先后被授予全国爱国主义教育示范基地、全国科普教育基地、北京市科普教育基地、铁路爱国主义教育基地、北京市爱国主义教育基地等称号。

问：请您谈一下铁道博物馆各个馆基本陈列的主要展示内容与特点。

黄虎：中国铁道博物馆3个展馆的展陈内容各有侧重，总体上诠释了中国铁路发展的历史脉络。

正阳门展馆位于天安门广场东南侧（图1），是在具有百余年历史的京奉铁路正阳门东车站旧址基础上改建而成的，基本陈列为"中国铁路发展史"。展览以大量翔实的图片资料和文物、实物，展示了中国铁路从无到有、从弱到强的发展历程。馆内陈列珍贵藏品940余件（套），有清政府为京汉铁路开通所铸的铁碑、国内发现最早的钢轨、具有百年历史的印票机等大量珍贵文物。观众还可以在此欣赏到中国铁路现代化建设的最新成果和技术装备。正阳门展馆的特点在于对中国铁路历史发展进行了翔实清晰的界定，是研究和了解中国铁路历史的重要参考依据。展览曾经获得有着展览展示领域奥斯卡之称的全国博物馆十大陈列展览精品奖。

图1 中国铁道博物馆正阳门展馆

正阳门馆建筑本身也具有很深厚的历史文化积淀，中国近代史上许多重要的历史事件都发生在这里。例如，1924年的直奉战争。直系将领冯玉祥突然发动北京政变，包围了中华民国总统府，解除吴佩孚的职务，监禁总统曹锟，并将清朝末代皇帝溥仪驱赶出宫。部队曾经在这座车站内安营扎寨、架灶做饭，在站内滞留了10多天。而后，发电报给孙中山先生，请他入京共商国是。1924年12月31日，病重的孙中山北上商议国是，专列自天津抵达正阳门东站，李大钊等组织了数十万民众欢迎。1929年，孙中山先生的灵柩在这里启程运往南京举行安奉大典。1928年6月，奉系军阀张作霖也是从这个东站乘车离京，在皇姑屯被炸身亡，这一事件与后来东北易帜及北洋政府正式结束、民国政府完成形式上的统一密切相关。1949年8月28日，中华人民共和国成立前夕，宋庆龄在邓颖超、廖梦醒等人的陪同下从上海乘专列抵达北京，也是在这座车站下车。毛泽东、朱德、周恩来等人亲自在车站的月台上迎接。这一时期，还有程潜等一大批参加新中国开国大典的各地民主人士来到北京，也都是在此下车。这座车站见证了新中国成立这一开天辟地的历史事件。

东郊展馆（图2）坐落于北京市朝阳区酒仙桥北侧，建筑面积20500平方米，2003年9月正式对外开放。在地理位置上，展馆与中国铁道科学研究院东郊分院毗邻，其与铁路运用和试验线路相连的特点，为铁路机车车辆等大型实物征集提供了便利。展览内容主要是中国铁路不同时期使用过的、不同类型及制式的机车车辆百余台，其中既有堪称镇馆之宝的国内现存最早的机车——0号蒸汽机车，也有以伟人名字命名的"毛泽东号"和"朱德号"等功勋蒸汽机车。内燃、电力机车中有中国制造的第一代"东风"型电传动干线货运机车、第一代"韶山"型电力机车等。还有多种铁路硬座车、卧铺车、餐车、行李车等客货车辆，以及专用客车、公务车。这些机车车辆是中国铁路牵引动力发展变化的缩影，更是中国铁路从落后到现代化的历史见证。同时，这里还收藏着中国自主研发的第一代动车组

"中华之星"、1997年香港回归的时候香港特区捐赠的第一列健康快车，以及近几年由社会各界捐赠的机车车辆。每件藏品的背后都有许多感人的故事。为了满足社会公众的需求，我馆结合中国高速铁路的快速发展，专门开辟了"中国高速铁路科普展厅"，详细介绍了中国高速铁路的发展历程。

詹天佑纪念馆位于北京市延庆区八达岭长城北侧，是为纪念我国近代铁路建设史上做出杰出贡献的爱国工程师詹天佑而建立的专题馆。展览分为留学、报国、缅怀、快速发展的中国铁路等四个部分，展出詹天佑遗著、遗物和京张铁路建设的图文资料2000余件（套），完整再现了詹天佑先生主持设计、建设中国人自主建设的第一条干线铁路——京张铁路全过程，以及他为中国铁路事业奋斗的一生。詹天佑纪念馆是研究詹天佑先生一生及百年京张历史文化的重要基地。

问：目前，正阳门展馆的陈列设计是2010年就已经做好的固定陈列，就当下博物馆设计的形式和水平来看，您觉得贵馆的展陈设计是否与时代发展有一定的距离？

图2　中国铁道博物馆东郊展馆

黄虎：我馆虽然建设年代较早，但自开馆后，我馆一直根据时代的发展有计划、有步骤地及时完善调整，确保展览常展常新。例如，正阳门展馆的基本陈列虽然是2010年设置的，但我馆每年都会将最新的铁路建设发展、体制改革、技术进步的相关信息进行整理并完成展览内容的调整。具体做到：第一，积极展示铁路在国家扶贫攻坚等方面发挥的公益性作用，并不断拓展新的展示题材；第二，及时更新中国铁路发展的最新数据；第三，在展陈形式上也会有所改进。记得我们刚建馆的时候，只有北京中央电视台采用了触摸屏技术，后来我馆将韩国的先进技术运用到模拟驾驶技术的展示项目上，这在当时都是比较先进的手段。近年来，我馆采用了更加多样的展示技术，使展览的互动性更强，和观众的黏合力也更强。比如在硬板票客票机展示、蒸汽机车大型剖面动态展示（图3）上都做了相应的调整，增加了动态演示，用更先进的科技手段把相关原理给展示出来，让广大观众更直观、更清晰地了解展示内容。

图3　蒸汽机车大型剖面动态展示

我认为博物馆不仅是一个行业的窗口，而且是作为北京"博物馆之城"的一分子，是中国优秀传统文化的一个重要组成部分。所以在展览展示设计和理念上，我馆不仅定位为承载中国铁路发展变化的窗口，而且通过这一窗口展示中国经济的发展，特别是新中国成立以来中国经济的迅速发展。这要求我馆实现"常展常新、发展创新"的常态化。所以，我馆不仅在内容上与时俱进，也在不断挖掘历史印迹，以适应政治、经济和技术的发展，符合当前的核心价值观。

问：贵馆每年推出专题展览的策展方向是什么？观众对互动展项反响如何？另外，贵馆会经常组织全国巡展吗？

黄虎：我馆每年除了基本陈列展示，还专门设置了临展区，用于专题展览和一些馆际交流的临时展览。仅正阳门展馆每年就有七八个专题展览，策展方向主要有以下几个方面。

一是围绕社会主义核心价值观的大主题策划展示中国铁路行业发展的展览。比如关于京张智能高铁的建设，我馆做了跨世纪的"百年跨越"展览、"旗帜——永远的'毛泽东号'"等相关展览。

二是结合国内发生的大事件策划的展览。比如近年来的新冠病毒感染疫情防控工作，我馆策划了全民抗疫的书画、摄影及美术作品系列主题展览。展示了中国铁路人的抗疫风采。结合2022年北京冬奥会，我馆策划了以"盛世华章 冰雪之约"为主题的展览，展示了包括中国铁路人在内的全国人民服务冬奥、喜迎冬奥的精神风貌。

三是围绕着党和国家的大事件、纪念日、纪念活动，深入挖掘馆藏文化策划的主题展览。比如在纪念抗战胜利70周年的时候，策划展出了"抗日烽火中的中国铁路"。2019年新中国成立70周年，我馆与邮政邮票馆（中国邮政邮票博物馆）合作推出了"邮票上的中国铁路"主题展。结合邮票发行中涉及铁路建设的内容，讴歌新中国的建设与发展。2021年，我馆围绕中国共产党成立100周年，查阅挖掘铁路党建发展历史，走访了中国共产党历史展览馆、北大红楼、香山革命纪念馆等同业展馆，策划推出了"党旗映红百年路"的展览，与中国铁路文联合作推出了中国铁路建设发展的摄影展、美术展、书画展等主题展。

这些展览除了在我馆进行线下展示，还通过公众号及相关形式与相关同行业之间进行线上分享。比如"抗日烽火中的中国铁路""党旗映红百年路""旗帜——永远的'毛泽东号'""盛世华章 冰雪之约"等多个主题展览就先后在一些大学，以及沈阳、上海、哈尔滨等地的博物馆进行分享交流。

问：贵馆是全国科普教育基地、全国爱国主义教育示范基地、北京市爱国主义教育基地、北京市青少年学生校外活动基地、科学和平教育基地，也入选了2021—2025年全国科普教育基地第一批认定名单，想问一下在科普教育方面贵馆是如何推进工作的？

黄虎：中铁博是中国博物馆协会的理事单位、全国的科普教育基地、2021年中宣部命名的全国爱国主义教育示范基地、北京市爱国主义教育基地、北京市青少年学生校外活动基地等。这些基地的命名和建立，与中铁博在业内有一定的知名度和影响力分不开，与展览展示得到社会认可分不开，与中国铁路特殊的历史文化分不开，与展馆本身的地理位置和身后的历史内涵分不开。作为行业博物馆内起步比较早的馆，我馆的管理和运营非常规范。这是因为铁路行业是舶来工业，所以从铁路进入中国那一天起，它的管理制度就更多地吸收了英国、法国、日本等国家的管理制度，管理比较规范。

在科普教育方面，我馆秉承奥秘科学科普化的原则，将深奥的科学技术和专业知识，以科普题材的形式，增强与社会公众的相关性，转变成社会公众所能够理解的、社会公众生活中所能够贴近和感受到的关联形式。首先，我馆十分重视铁路特色历史文化的科普化传播，并且根据参观者的年龄层次，有针对性地推出宣教内容。比如"科技进校园"这个主题，我们把中国的铁路发展史、蒸汽机车的文化、高铁文化等做成了相关课件，再结合研学把课件分享给到我馆来参加活动的青少年；我馆还提供自己开发的文创产品，组织火车模型拼装等科普活动。其次，我馆还与一些高校合作，比如北京交通大学等，由馆内研究人员受邀去学校讲课，传播关于中国铁路及高铁建设的发展成就，普及铁路知识。另外，我馆还会组织一些现场教学，讲解轮轨关系和铁路发展先进技术的产生。比如我馆策划的"火车探秘"项目，曾获得全国首届科技场馆科学教育项目展评一等奖。北京延庆地区的中、小学，北京商鲲学院、石家庄铁道大学詹天佑班等都在中铁博设置了实践基地。同时，我馆还结合实际，命名了北京铁路电气化学校詹天佑班，将研学活动教育推向常态化。

问：多年来，贵馆在文创的开发、合作等方面取得的成果，在北京的行业馆之中非常显著。作为公益二类博物馆，从博物馆文创的角度出发，请您谈谈贵馆有哪些独到的创收模式？

黄虎：针对这个问题，涉及国务院转发文旅部、发改委、财政部、国家文物局推动文化文物单位文化创意产品开发若干意见的文件。我馆是文件中列出的全国92家试点单位之一，现在也是北京博物馆学会文创专委会的主任委员单位。我作为文创专委会主任委员，谈文化创意产品的开发，的确有一定的体会。文创产品开发实际上是国家大政策和背景下的产物。大背景指的是习近平总书记几次提出，让"文物活起来"，要把文化创意产品的开发作为国家经济发展的软实力来提高认识。根据国家文物局发布的信息，2021年全国备案博物馆达6183家，每年接待观众7.79亿人次。中国是一个有上下五千年历史渊源的文化大国，仅故宫博物院就有180多万件（套）文物。博物馆文物并不是一个简单的物件，它是历史文化沉淀后的呈现，是中华民族优秀传统文化的传承体系。最近几年，文创产品开发成为热门话题，实践中各种关于做文创设计委托的活动越来越多。

当下有些人理解的是把文创产品做出来、把文化展现出来就得了，实际上不是的。文创产品开发和做展览一样需要守正和创新。博物馆文创和旅游纪念品是不一样的。所谓守正，就是要结合本馆所收藏的特有文化，与收藏的主题相关联，与自己的文物有关系。这就是文创的特殊性，是文创立足的根本。而不是说随便设计或者引进几款纪念品就算完成任务，那就失去了本源和生命力。

我馆的文创产品开发基本上是以馆藏的特有文化藏品为依托，比如中国铁道发展史上曾经使用过的机车车辆、詹天佑纪念馆的藏品等。我们通过对文物藏品背后故事信息的挖掘提炼，然后通过文创这么一个形式让文化走入更广泛的传播渠道。比如结合馆藏的机车，包括蒸汽机车、高铁、电力机车、内燃机车等，开发了可以拼插的3D机车系列模型；将"中国铁路之父"、爱国工程师詹天佑先生的名言，包括他在耶鲁大学发奋学习获得的数学金质奖章和嘉禾勋章元素提炼出来做成丝巾；结合京张铁路文化，设计了"开往春天的列车"套装书签。不管文创产品大小，我们都会在包装上和产品本身设计中有效地附着文物信息，让人们在购买文创产品的同时把博物馆文化带回家。这些产品通过馆内售卖、线上推广、研学植入、伴随国家高铁战略的国外参展投放等方式广泛传播，受到社会的广泛认可。

在实践中，我们不断探索、创新、发展。为了解决馆内人员自主开发在资金上和技术上不足的问题，我馆和一些企业强强合作，联合开发馆藏的文化资源。近年来，先后与深圳市国富黄金股份有限公司开发了馆藏的"'毛泽东号'机车徽章"的黄金产品，与广州灵动创想文化科技有限公司合作，针对馆藏机车和高铁文化，打造了"列车超人"系列产品，得到社会认可，收到了很好的经济效益和社会效益。近年来，我馆开发文创产品近200款，获得国家专利38项。

今后，我馆依旧要坚持把文创产品做成博物馆的最后一个展厅，做成公众看得见、摸得着、能带走的博物馆文化展厅。当然，文化创意产品的开发是一个渐进的过程，是一个社会持续关注的热点话题。我们在文创产品开发过程中也遇到了很多的问题，比如怎么选题的问题、怎么开发的问题、怎么认识的问题、产品的主题主线在哪里等，这里面涉及多方面的因素。未来，我们还需要持续探索、不断努力。

问：请问贵馆对地方铁道博物馆在展馆建设和陈列布展方面有何指导作用？

黄虎：我馆作为中铁路一个对社会公众开放的窗口，作为中国铁道文博委员会主任单位，在铁路文化的传承以及对全国各地其他铁道博物展馆建设上有着不可推卸的责任和义务。我馆已经建立了《中国铁道博物馆文物藏品定级标准》，并得到政府文物部门的批复试行。同时，中国铁道文博委员会肩负起了统筹和指导全国铁路系统和铁路题材博物馆、纪念馆、展览馆、主题馆、专题馆等一系列展馆的建设工作。

铁路系统博物馆是指铁路系统内的展馆，是全国铁路有行政隶属关系的18个铁路局。比如云南铁路博物馆、上海铁路博物馆、胶济铁路青岛博物馆、胶济铁路博物馆、沈阳铁路博物馆、哈尔滨铁路博物馆、衡阳铁路博物馆、广州铁路博物馆等。铁路题材展馆是指展示内容是铁路题材，但行政隶属不是铁路系统，比如中东铁路博物馆、牙克石中东铁路遗址博物馆、铁道兵纪念馆、扎赉诺尔区蒸汽机车博物馆等。最近几年，各地还建设了一批党史馆、红色主题馆，这些展馆在铁路历史、铁路文物、展陈方案、大纲评审等多方面的建设都得到了我馆的指导和支持。

问：请您谈谈中国铁道博物馆未来的规划和展望是什么？

黄虎：我认为作为行业博物馆，不管是铁道博物馆、化工博物馆，还是地质博物馆、农业博物馆等，首先要保持较高的政治站位和理念更新，要把行业展馆建设融入国家大环境的角度去考量未来的发展。我馆未来的展望有三点。

一是从宏观层面讲，虽然我馆展示的是中国铁路的发展变化，但实际上展示的是中国工业发展的一个侧面，体现了中国社会科技进步和经济的发展。因此，要把这种办馆意识作为行业博物馆监管和运营的出发点和立足点，让观众透过这个窗口看到中国经济的发展、社会的进步、人民的幸福感和获得感。

二是从微观层面讲，加强行业馆的规范化建设和标准化建设。未来，铁道博物馆要努力实现国际一级博物馆的目标。过去，一级馆的标准之一是文物要达到2万—3万件（套），但是我馆的展品以机车车辆为主，体积非常大，相对空间需求太大，难以实现。现在，有关标准已有所调整。我们建设一级馆主要集中在规范化建设上，比如包括恒湿恒温低氧气密设施、专用展架囊匣的设计开发在内的基础设备设施和专用设备应用。在制度管理上，结合国家文物部门的要求，进一步完善文物藏品的规范化管理、公众服务的制度化和人才队伍培养建设等。

三是作为北京地区的一个行业博物馆，还要与地方经济、文化和政治宣传的宗旨结合起来。目前，北京市提出"博物馆之城"建设目标。如果每个行业馆都积极行动起来，这将是北京城的一个突出亮点。北京作为首都，有许多行业馆，包括邮政、化工、地质、农业、铁路、海关等行业。因此，行业馆都具有非常厚重的历史，整体呈现了新中国政治、经济、文化的发展与变化。这些各种不同层面的行业博物馆，能够反映出首都作为政治、经济、文化中心的历史发展，展现首都作为历史文化古都的风貌。

讲好中国妇女儿童故事　传播中华传统优秀文化

——中国妇女儿童博物馆

受访人：寇虎平，中国妇女儿童博物馆（简称妇儿馆）原馆长，历任全国妇联组织部协调员，中国儿童中心纪委书记、副主任。

问：请问基于何种历史背景成立了中国妇女儿童博物馆这样的专题博物馆？

寇虎平：21世纪初始，我国文博事业大发展，各种类型的博物馆如雨后春笋般层出不穷。中华文明源远流长，妇女和儿童占有举足轻重的地位和作用，但我国没有以妇女和儿童为主题的博物馆，是一个很大的缺憾。全国妇联有责任建设这样一个博物馆，以展示中国妇女和儿童的历史、文化与发展历程，从而传播中华优秀传统文化，讲好中国故事，特别是讲好中国妇女和儿童的故事，这也是广大妇女和儿童的迫切愿望。正是在这样的时代大背景下，在党和政府的高度重视和亲切关怀下，在社会各界的大力支持下，全国妇联紧抓我国社会主义文化大发展大繁荣的历史机遇，做出了为广大妇女儿童和家庭建一座博物馆的决定。随后，中国妇女儿童博物馆应运而生。

中国妇女儿童博物馆首期展出了大量与妇女儿童生产、生活有关的、具有妇女儿童特色的实物、图片、文化艺术作品。妇儿馆的建设，是推动我国妇女儿童事业发展的一件大事，实现了广大妇女儿童工作者多年的期盼与梦想。作为以妇女儿童为主题的博物馆，妇儿馆自2010年向公众免费开放以来，在全国妇联党组书记处的领导下，围绕服务大局、服务社会、服务妇女儿童和家庭，坚持收藏、保护、研究、展示不同历史时期中国妇女儿童具有历史、艺术、科学价值的见证物，开展主题鲜明的社会教育活动，传播中华优秀传统文化，讲述中国妇女儿童故事，在博物馆大家庭中起到了不可替代的重要作用。

问：请问贵馆在建筑空间设计、展览陈列设计方面的主要特色是什么？与北京其他行业博物馆在常设展陈设计方面最大的区别有哪些？

寇虎平：中国妇女儿童博物馆与其他博物馆相比，最大的特色是研究、展示、传播的主题不一样。首先，它是以妇女儿童为主题的专题博物馆。其次，它不是一个具体行业的博物馆，不像铁道、民航、汽车、地质等博物馆，而是以特定人群为主的跨行业的博物馆，影响面和覆盖人群更广泛。中国妇女儿童博物馆是儿童和家庭友好型博物馆，从建筑设计理念到服务设施以及展陈布置等各方面都体现了儿童优先和家庭友好的理念。首先，我馆的建筑设计是由中国建筑设计院的崔恺院士完成的，充分体现了女性温柔、善良、优美的设计理念，建筑外立面最醒目的元素"万花筒"代表了广大儿童，体现了儿童的阳光悦动，也是我馆区别于传统意义上博物馆建筑的设计特色（图1）。其次，我馆的设施先进，环境舒适优雅。馆内的温湿度控制系统、空间吸声系统、安全技术防范系统、消防监控与自动灭火系统、楼宇自动化系统、音响灯光联动控制系统、信息控制系统、环保节能技术设施完善；大堂、多功能厅、音像厅、母婴室等功能齐全，给参观者提供了一个轻松、方便、安全的游览、学习和休闲场所。

图1　中国妇女儿童博物馆建筑外观（馆方提供）

我馆在陈列设计上，注意突出博物馆特色，如妇女展览力求唯美典雅；儿童展览注意活泼互动，内容浅显易懂；政治题材的展览注意政治上的把关，庄重大气又不高高在上，凸显博物馆的个性。我馆的展览形式设计与博物馆主体建筑整体风格和谐统一，突破了传统的、枯燥的展陈模式，运用展板展示、文物展陈、沙盘模型、幻影成像、虚拟现实影像、数字影片、模仿体验、动手制作、传统游戏等形式多样的表现形式和手段，营造不同类别的陈列氛围，给观众以体验式的参观经历，具备形式上的亲和力、趣味性、互动性，做到雅俗共赏。2022年9月，在第九届中国博物馆及相关产品与技术博览会上，我馆以博物馆建筑为原型的独特设计造型和展示内容，获得中国博物馆协会颁发的最佳展示奖。

问：近几年，贵馆在临展、专题展与巡展方面做得都很活跃，能谈一下这方面的策展与展陈设计经验吗？

寇虎平： 我馆自2010年正式对外开放到现在有10多年的历程，在博物馆系统里来讲建馆时间相对较短，应该算是比较年轻的博物馆了。建馆以来，围绕妇女儿童主题，妇儿馆陆续征集大量珍贵历史文物，逐步构建科学的藏品体系，现有各类藏品、资料等18000余件（套）。我馆除常设展外，在临展上面很下功夫。我馆的临展空间比较充分，因此我馆通过临展和巡展来扩大博物馆的影响力和活跃度。我馆每年举办的临展大概15个，在临展落地之前会提前一年进行科学研究和规划，争取做到临展主题丰富，展览内容新颖，所有临展空间不空闲。

我馆先后举办过"党史中的巾帼力量""少年儿童心向党""不爱红装爱武装——人民军队女军服展""少年儿童迎冬奥"等百余个专题展览。2021年12月，我馆深入挖掘馆藏资源，立足馆藏精品，首次在本馆举办了"风尚与变革——近代百年中国女性生活形态掠影展"（图2）。展览通过近代女性谋求自身解放、追求独立平等的鲜明线索，呈现了社会进步与文明发展，宣传男女平等的基本国策，培育和践行社会主义核心价值观。博物馆将"家和万事兴""风尚与变革""诗歌的样子"等10余个原创展览巡展至全国20多个省份的100多个城市，其中"家和万事兴"原创展的现场观众超过1000万人次。

图2 风尚与变革——近代百年中国女性生活形态掠影展（秦宝怡拍摄）

尤其是2021年，我馆围绕庆祝中国共产党成立100周年策划的几个大型专题临展在国内算是首创，展览展出后在社会上影响力还是很大的，同时也得到了主流媒体的及时报道。比如"双百人物展"，该展览讲述了建党以来的100个巾帼女英雄模范以及100个少年儿童小英雄模范，凸显了党领导下的妇女运动在100年间的历史变化和发展进步，这个展览的社会反响很不错。另外，我馆还策划了"人民军队女军服展"，这个展览在国内是首创的，后来又在上海市历史博物馆展出，随后又在孙中山大元帅府纪念馆、云南省博物馆展出。

2022年，我馆紧紧围绕党的二十大胜利召开，策划了"新时代的妇女儿童——中国妇女儿童事业发展十年成就展"，全面集中反映党的十八大以来中国妇女儿童事业所取得的历史性成就、发生的历史性变革，也受到了社会各界好评。我馆为贯彻落实习近平总书记关于"切实把革命文物保护好管理好运用好"的指示要求，首次推出全国47家妇女爱国主义教育基地革命文物联展，传承红色基因，赓续红色血脉。同时，我馆对家风馆进行改造升级，从规模、内容、手段、形式上进行重新设计布局，打造了全新的家风馆。

近年来，我馆的展览荣获了多个奖项，如2018年"家和万事兴——家教家风主题展"荣获全国陈列展览十大精品奖的优胜奖；2022年"风尚与变革——近代百年中国女性生活形态掠影展"再次荣获全国陈列展览十大精品奖的优胜奖；"不爱红装爱武装——人民军队女军服展"在首届北京市优秀展览评选中获得"优秀展览"奖。"风尚与变革——近代百年中国女性生活形态掠影展"的海报设计和虎年生肖联展的海报设计，都获得了全国性的奖项。这些都是对我馆陈列展览工作的肯定。

问：请问中国妇女儿童博物馆在与青少年互动的社会教育方面有什么品牌或者特色的教育活动？每年三八妇女节与六一儿童节，妇儿馆都有哪些大的举动与推广？贵馆会围绕社会有关妇女儿童的热点问题或焦点问题做策展吗？

寇虎平：我馆既是全国爱国主义教育示范基地，也是全国妇女爱国主义教育基地，2021年又被中央国家机关工委列为党性教育活动场所。我馆一般会在六一期间推出六一嘉年华系列活动，比如针对孩子们的体验活动，包括非遗文化、物质文化的体验互动，还有一些手工制作和科技体验。我馆还推出了小小解说员培训，这个品牌的影响力也是不错的。另外，我馆围绕家风建设，制作了《家风故事会》音频视频节目，其社会影响力也是很大的，覆盖人群也非常广。《家风故事会》一共制作了173集，在"学习强国"平台上播出以后点击率非常高。为此，中宣部和"学习强国"平台还专门给全国妇联发了感谢信和贺信，对我们这个节目给予了充分的肯定和高度评价。这在全国来讲是非常具有影响力的。另外，我馆还是全国科普教育基地，在儿童科普教育这方面做了很多工作。我馆制作了以红色主题为内容的动漫作品《成长之约》节目，现在已经制作了6集，在央视频道播出后非常受欢迎。

在利用社会热点来做策展方面，我馆比较慎重，当然我们也会做，比如针对青少年健康上网和网瘾问题，这也是社会关注的热点问题，我馆和联合国儿童基金会合作，用现场声音和图片展示来教孩子们怎样正确地上网，戒掉网瘾，远离不健康的网络。另外，针对儿童校园心理问题，我馆专门制作了《用爱守护》节目以及用绘本的形式来给孩子讲故事，邀请李玫瑾、王大伟等儿童安全教育专家给我们讲课，点评我们制作的绘本，我们把这些绘本赠送给其他博物馆和教育部门进行宣传。总之，全国做儿童工作的单位有很多，我馆作为以妇女和儿童为主题的博物馆，怎么样利用这些资源来做好家庭建设、家风教育、儿童教育等工作，是我馆的责任，也是未来应该努力的方向。

问：这两年，受新冠病毒感染疫情影响，观众线下看展受阻，所以北京地区各个馆都陆续推出数字化展示的模式。请问贵馆在数字化展示方面有何突破和尝试？

寇虎平：随着新技术和网络媒体的发展，数字化展示是一个博物馆展览的补充，在未来也许会是博物馆展示的发展趋势和必然之路。特别是在新冠病毒感染疫情常态化的情况下，怎么样扩大博物馆的影响力，把好的展览展示给更多的观众？在观众无法亲临现场参观展览的情况下，博物馆有必要推出数字化展览以弥补现场观展的缺陷。我们也去参观过其他博物馆，包括地市级的大馆，它们在这方面做得非常好。数字化、智能化等先进技术运用在博物馆展览上是一种非常好的方式，但是数字化展览在经费方面投入比较大，制作一个数字化展览有时要花费几十万元甚至上百万元的经费，所以实事求是地讲，在数字化建设方面我馆还需要努力。目前受制于经费的因素，当然也有一些技术人才上的瓶颈问题，我馆还达不到最先进的数字化展览要求。我馆在资金有限的情况下，会力所能及地把我们的展览做成数字化产品放到网上，或者放到其他的网络平台上，方便观众更便捷地从网络平台了解展览情况。比如"家和万事兴"原创展在网上展厅点击量超亿人次。我馆在疫情期间，举办多个线上展览，在妇儿馆微信公众号开辟专栏，讲述优秀家风故事和馆藏文物精品。其中，"巾帼彩虹——用画笔致敬英雄逆行者"数字展览在北京市600多条公交线路上播放。

我觉得博物馆数字化展览尽管是未来的一个趋势，但是仍然不能代替现场参观，就像我们在电视上看和在现场看足球比赛是两种不同的体会。所以，我认为博物馆的数字化展示应该是博物馆展览的补充和延伸。

问：中国妇女儿童博物馆在未来3年到5年的规划中，对陈列设计有哪些需要改进的？

寇虎平：我馆按照党中央提出来的新发展理念和国家"十四五"规划制定了5年规划，立足实际、着眼长远、瞄准前沿，争取把我馆建设成国内一流有鲜明特色的专题博物馆。我馆接下来准备申报国家一级博物馆，虽然我馆有做得不足的地方，特别是在数字化、信息化建设方面，所以下一步还要加大投入力度。我馆的陈列设计经费投入都不大，每个展览设计制作费都在10万—20万元，只有重大题材的展览才稍微高一些，但一般也不会超过100万元。经费的限制造成多媒体等互动设施的应用不够普遍，展览以静态展示为主，因此与观众的互动不够，这也是我馆下一步要改进的。

问：作为北京地区博物馆重要的一员，未来中国妇女儿童博物馆应该从什么角度去助力北京地区博物馆事业的整体发展？

寇虎平：未来，我馆还将充分发挥爱国主义教育基地、中央和国家机关党性教育备选活动场所作用，整合资源，共建共享，传承红色基因，弘扬革命精神；着力本馆"质"和"量"的同步提升，注重历史感和科技感的融合，努力为观众提供丰富的展览陈列资源和优质参观体验服务，助力北京地区博物馆的高质量发展。

问：您认为北京地区的博物馆及陈列设计在未来有什么样的发展趋势？

寇虎平：北京作为首都，是中国的政治、文化、国际交往和科技创新中心。北京地区博物馆体系也是围绕城市职能定位而建设的，博物馆事业发展一直居于全国博物馆前列，北京地区博物馆的陈列展览设计水平也居于全国前列。从人头攒动的故宫博物院，到小众精致的名人故居、纪念馆，从配合国家重大时事而举办的各种重大题材展览，到体现地方历史研究成果、为历史文化名城文化带而举办的地方文化展，北京地区博物馆的展览陈列设计显示出蓬勃发展的态势，并具有鲜明的首都特色和地域特色。

未来，北京提出来要建设"博物馆之城"，作为众多博物馆中的一员，我们要紧紧抓住这个机遇，把自己的博物馆建设好，为建设北京"博物馆之城"贡献我们的力量，发挥好我们的作用。北京地区的博物馆陈列设计在未来会更加具有鲜明的特色，大中小型博物馆、各类主题馆和行业馆、国有和非国有博物馆等都会在符合各馆宗旨和展览定位的基础上更加追求个性化的陈列设计。陈列设计更加注重对信息的有效传达，注重绿色环保和低碳节能，注重对观众的关爱和人性化设计，注重展览中的科技含量。北京地区博物馆也将继续发挥文化和资源优势，继续引领带动全国博物馆陈列设计的高水平、高质量发展。

（本采访得到中国妇女儿童博物馆陈列与信息部部长王瑞的大力支持，在此深表谢意。）

讲好海关故事　感悟国家脉动

——中国海关博物馆

受访人：李海勇，历史学博士，中国海关博物馆（简称海关馆）副馆长、党委委员，中国海外交通史研究会常务理事。

问：李馆长您好，应北京社科基金重点项目"新中国70年北京博物馆建设历程与经验研究"需要，特邀您进行访谈，请您讲一下基于何种历史背景，成立了中国海关博物馆这样的主题行业博物馆？

李海勇：海关是国家主权的象征，跟国家的历史密切相关，从20世纪80年代开始，全国海关在修志过程中发现了很多海关保留的档案，这些档案反映了中国海关从出生到发展的过程，也反映了国家的兴衰荣辱。1840年之前，海关都是独立自主、归中国自己所有的，但是在1840年之后，外国人把海关的管理权拿走了。中国近代海关被西方列强统治了近100年之久，中国共产党成立之后致力于收回海关主权，直到新中国成立后才实现这一夙愿。我馆现在保存的很多档案，不仅反映了近代海关的发展历程，也反映了国家的方方面面。比如代购军舰、商标注册都是由海关办理的，包括北洋水师开始的一些船只也是海关购买的；新式邮政是海关创建的；海务港务也是海关创办并管理的。这些不仅反映了一个海关历程，而且反映了一个国家的发展。几代海关人在修志的过程中发现这些文献非常有价值，就给海关总署写信，建议创办海关博物馆。基于此，海关总署于

2002年4月29日党组会通过筹建中国海关博物馆的决定。前期的选址过程经过一番周折，究竟是在北京、在上海还是在广州，反复论证，后来还是选在了北京，因为在展示一个行业的历史，尤其是开展爱国主义教育方面，北京还是有很大空间和舞台的。博物馆从2006年开始拆迁后进行建设，于2014年3月30日正式开馆。

问：作为中央部委所属的行业博物馆，请您谈谈中国海关博物馆从建筑设计到展陈设计方面都有哪些特色？

李海勇：中国海关博物馆这块地原来是全国重点文物保护单位古观象台的建设控制地带，对建筑高度是有要求的，在建筑设计方面，北京市规划委的一些老专家建议修建一个园林式的建筑，因为它在长安街边上，要兼顾中西结合，既不能是纯现代的，又不能是纯古典的，所以采用了园林式的建筑，高低错落，内庭院有小桥流水的景观。同时，这个建筑又要跟海关总署的建筑大楼相协调（总署大楼是20世纪90年代为亚运会建设的一个亚运会指挥中心），建筑设计师（也是国家体育场的中方总设计师）李兴刚在建筑设计的时候借鉴了贝聿铭设计卢浮宫和苏州博物馆的一个观念——把自然光渗透到博物馆里去，但这对我馆来说就形成了后期管理的一个困难，一方面自然光对于文物管理和保护相对比较困难，另一方面自然光对展出文物的处理和表现方面有一定的影响。后期，我们加了电动百叶窗帘来解决这个问题。

我馆在展陈设计方面的特色包括两方面。

一方面，从内容上讲，在建馆过程中提炼出海关博物馆的背景与主题，即"国盛关兴，国弱关衰"。这是从海关历史来讲的。3000多年前，西周就出现了关津（履行部分海关职责），一直到唐代出现市舶使，到宋、元、明三代的市舶司，都是一种对外贸易管理机关，都有管理对外贸易的职能。所以说，海关是"因国家而生，应外贸而兴"，如果一个国家强盛，秉承对外开放的心态，那么海关的作用就可以发挥出来；如果一个国家弱小，就只能闭关锁国或者是寻求其他的生存之道，比如近代鸦片战争之后，中国海关的自主权丧失。新中国成立之后，中国共产党领导人民收回了海关主权，海关成为维护国家主权和利益的"钢铁长城"。特别是改革开放以后，海关的职能、海关的作用凸显，2021年我们整个进出口贸易突破了6万亿美元，海关发挥了非常重大的作用。所以，海关博物馆既要展示海关历史，又要展示国家的发展历程，更重要的是展示海关在国家发展历程中究竟起到什么样的作用。在我馆的藏品中，有一个比较重要的文物——海关902缉私艇（图1）。它是邓小平同志1992年从深圳去珠海的时候乘坐的一条船，邓小平同志在这条船上发表了著名的"南方谈话"的一部分，其中包括社会主义市场经济理论的提出。那么在做这个展览的时候，我们就纠结是反映1992年以来海关的发展变化，还是反映1992年以来国家社会的发展变化呢？经慎重考虑，我们选择了后者。海关902缉私艇作为一个具体的见证，在其周围一定要展示这些年来国家发生的重大事件，包括辽宁舰、"蛟龙号"下海、青藏铁路等。把海关的发展始终置于国家发展大局之下来

图1　海关902缉私艇

考虑问题，是我馆和其他行业馆的区别所在。2017年，时任国家文物局局长的刘玉珠参观后的评价是：海关馆不亚于许多省级的综合性大馆。所以，我馆一直要追求的一个目标是不能就海关谈海关，而是要跳出海关看海关，站在国家和社会发展大局看海关，例如海关究竟能有什么作用，能为国家做出什么贡献，国家的发展又如何推动海关的发展等。

另一方面，我们针对不同历史阶段选择不同的展览色调，比如在古代部分用古铜色、土黄色代表历史的悠久（图2），近代部分用灰色（图3）反映关权丧失后的悲凉，而在新中国海关的"开国建关"部分则以深浅不一的红色作为主色调，彰显新中国收回主权后热烈的状态，版面上还用了五星红旗的造型，表明海关主权的回归离不开中国共产党的领导。在其他部分涉及海关业务的区域，我们采用深浅不一的海关蓝（图4），反映了开放、效率、信任。在展览设计方面，我馆的定位是不能"端着"的，以免使观众产生距离感，而是通过各种陈列手段的结合让观众易于理解生涩的业务内容。展览中，我馆注重打造情景融入，比如在打击象牙走私区域，用100秒的视频演示了偷猎者残忍地打破宁静，猎取象牙做成制品，以及海关大批量查获象牙制品及处理方式等内容，大屏底下沙砾铺就的展柜中陈列着众多的象牙及其他动物骨骸，让观众在触目惊心中理解了"没有买卖就没有杀害"的警示意义。在反映红其拉甫海关初建的艰险时，我们还原了高原的地理环境：雪在飘、风在吼，海关人在雪地里跋涉，实体帐篷内微弱的煤油灯与帐篷外火焰上的高压锅相呼应，同时将海关人的用品和信件结合场景加以展示，将边关人的"特别能吃苦、特别能忍耐、特别能奉献、特别能战斗"的精神表现得淋漓尽致。在打击固废走私区域则设置了巨大的集装箱装置，展示各种固体废物，还利用其中一台废旧电视自动播放海关打击固废走私的新闻。当然还有很多参与及互动展项，让观众在全感官及动手操作中理解海关工作的意义及作用。在一些重点文物的陈列上，我馆也是力求从专业角度进行解读与展示，比如"关"字瓦当，我们就以专业的铜条爪具把它灵巧地托举出来，这个"关"字就看得很清楚，而这片瓦当是在汉代函谷关遗址里出土的，函谷关是汉代丝绸之路的东起点、西去的第一关卡，也是古代海关的一个重要的标志。

图2　展厅中古代海关部分的土黄色背景

图3　展厅中近代海关部分的灰色背景

图4 展厅中的海关蓝

问：北京地区博物馆类别较多、数量较大，那么请问中国海关博物馆的陈列设计应该怎么做才能脱颖而出？

李海勇：北京地区博物馆资源非常丰富，既有很多国家级的大馆，如故宫博物院、国博、首博、军博等，也有大量的行业博物馆，现在又提出要建设"博物馆之城"。我觉得对我们行业博物馆来说，一个重要的特点就是既要立足行业，又要跳出行业，要挖掘行业跟社会的一个突出的关系，找到一个合理的切入点，让公众去关注自己，并能满足公众的文化需求。比如这些年，海关博物馆推出一系列响应国家重大时间节点的临展，包括抗战胜利70周年的"海关与抗战"展、新中国改革开放40周年的"时代印记"展（图5）、纪念中国共产党成立100周年的"海关百物"特展等。

在关检融合之前（2018年，党中央国务院将原质检总局的出入境检验检疫管理职能和队伍划归海关总署），大家进出境比较方便，很多人就想了解海关对进出境旅客有什么规定，所以我馆就策划了一个"通关小达人"的展览，这个展览在假期的时候可以让小朋友来参与，让其扮演一个海关关员体验查验流程，了解哪些东西是可以带的，哪些东西是不可以带的，哪些东西是要征税的，哪些是不需要征税的，同时让参观者扮演旅客，通过互动增强了参与感，所以大家都很喜欢。在我馆的基本陈列中，还有一个海关罚没物资处置方式的互动展项，用图片、文字、绘画等方式展示10多种物资的依法处置方式，无论是大人还是小朋友都很喜欢这个地方。

图5　新中国改革开放40周年的"时代印记"展

2018年关检融合之后，海关的职能更宽、任务更重了，进出境检验检疫与公众的联系也更加密切了。比如出入境动植物检疫涉及可不可以把宠物带进来、可不可以邮寄宠物、可不可以带一些种子等问题，因此，我们做了相关的国门生物安全展，邀请陈薇院士现场做了一个直播，把北京市汇文一小的学生请过来观展。我们还做了一个专门的网上视频系列课——"娜娜的外来生物小课堂"，每次用1分钟时间讲解外来生物是什么东西、它有什么害处、海关是如何检查的，然后提醒大家不要携带外来生物出入境。这些活动都很受大家欢迎。还有，针对进出口食品安全，我们专门做了一个婴幼儿奶粉进口的全流程展示项目：首先，境外的奶粉企业要在海关总署的网站上进行备案，然后国内进口企业要进行注册，经过一系列的查验，最后将不符合我国食品安全要求的、对公众健康存在威胁的奶粉进行退运或者销毁处理，合格的才能上市销售。这个互动的流程让小朋友参与其中，使其通过亲身体验学习海关知识，深受小朋友的喜欢。

总结一下，首先我们要立足于自己的业务特色和工作，其次要抓住受众关切的一些重大问题，然后把这些结合起来，这样才能做出自己的特色。让观众走进海关，让海关走进观众，我们海关博物馆就是桥梁和纽带，是一个对外沟通和交流的窗口。比如在海关税收基本陈列部分，我们专门做了一个艺术装置，展示2018年海关征收入库的税收数量，通过展示告诉观众这个税收量可以修几个三峡工程、修多少个青藏铁路，通过这种转换，大家都能理解海关为国家和社会所做的贡献，突出了海关的意义。我馆这些年围绕"一带一路"倡议做了一系列展览，如"海关服务'一带一路'"的图片展、"雄关漫道——丝绸之路上的古关"展（图6）等，展示了丝绸之路上的"古关"除了是沟通中外的桥梁，还具有防御的功能和邮驿的功

图6 "雄关漫道——丝绸之路上的古关"展

能，体现了一种强烈的家国情怀。我馆还引进广东省博物馆的"异趣·同辉——馆藏清代外销艺术精品展"，把海关视角变成清代粤海关监管的外销艺术精品展，观众对这些展览主题的反响都很强烈。

问：策展是博物馆陈列非常重要的一步，怎么把内容解读得更符合观众的视角，然后更好地反映出展览的宗旨，请您谈谈策展的重要性，从博物馆策展的角度怎么去把握展览内容？

李海勇：策展是博物馆陈列设计非常重要的一步，它决定了怎么让展览更有内涵、更有思想、更有高度。在策展方面，2021年，为庆祝中国共产党成立100周年，我们准备在全国海关做一个"海关百物展"，这个策展内容要怎么写呢？第一，要将中国共产党领导海关开展地下斗争的各项资源挖掘出来。第二，中国共产党在苏区、解放区建立了独立自主的人民海关，应该把这些反映出来。第三，解放前，各个地方迎接解放，在中国共产党领导下的各地方海关人跟党走的相关素材应该展示出来。为体现海关的百年特色，我建议策展的名字为"风卷红旗关权归"。这个展后来被收入中宣部和国家文物局联合推介的"庆祝中国共产党成立100周年精品展"目录。

问：作为北京地区博物馆的重要一员，中国海关博物馆扮演了一个什么角色？未来海关博物馆应该从什么角度去助力北京地区博物馆的整体发展？

李海勇：作为一个行业博物馆，在北京市这么多博物馆的大家庭里面，怎么去助力北京市"博物馆之城"的建设呢？我们有几个重要的抓手，第一，作为全国的、北京市的、中央和国家机关的爱国主义教育基地，我们要针对大、中、小学生开展各种爱国主义教育。我馆有很多爱国主义教育的素材，我们要把这些内容展示出来。第二，我们跟北京市的学生管理中心、团委、宣传部联合举办了移动博物馆进校园活动：我们选了19所学校，做移动展览让学生观看，同时派讲解员去现场讲课。第三，我馆的国门生物安全展演在2022年已经被纳入教育部的公民培训计划教材，海关博物馆跟总署的各个相关业务司局联合带着标本给学生讲课，发挥了博物馆的社会教育功能。第四，我们要举办一些高水平的海关特色展览，比如我们计划跟上海的航海博物馆联合办展，航海博物馆有一个古代航海科技展，可以让小朋友参与了解古人是怎么航海的，怎么在海上辨识方位不迷路，遇到风浪怎么办。通过引进其他馆的好的展览，联合办展，可以弥补我馆基本陈列内容单一的不足。我们还跟一些研究所联合举办了生物多样性的展览，海关在这里面有很大的作用。

问：近几年，国家层面对博物馆发展的支持力度很大，那么在这样一个比较好的大环境下，您认为中国海关博物馆未来的发展方向是什么，应该如何布局？贵馆有制订过3年或者5年方针计划吗？

李海勇：我馆从开馆以来，已经制定了3个发展规划。2021年，我馆制定了一个5年规划。第一个目标，创建国家一级博物馆。这是一个综合性的指标，文物量、展览数量、观众数量（包括外国观众、青少年的观众）、学术研究、专业人才等方面都要达标。第二个目标，我馆是国际博物馆协会和国际海关博物馆协会的会员单位，所以我馆要在国际海关博物馆协会发挥作用。因为在全世界所有的海关博物馆中，中国海关博物馆的面积最大，在展览方面做得也很出彩，国外海关领导人经常来我馆参观、交流，比利时海关总署的署长参观后还把他们的制服赠送给了我们。所以未来，我馆要与这些国际海关博物馆更多地联合办展，把我们的展览送出去。我们开馆前几年，连续4年代表海关总署去俄罗斯参加俄罗斯的国际海关展，展现了中国海关的使命任务、海关的通关便利化、海关的打私、海关服务"一带一路"等内容。除了"走出去"，我馆也会引进一些比较有特色的展览相互交流，从海关博物馆的角度来促进国际海关之间的交流合作，这是我们的一个想法。第三个目标，争创全国科普教育基地。现在国家很重视科技创新和科学普及，中国海关在科技应用方面是比较领先的，海关人自己研究开发的通关一体化得到了国家科技进步一等奖。所以，我们想把科普基地争取下来。2021年，我馆讲解员在全国海关科普讲解大赛中荣获第一名，为我们的科普工作做出了一些成绩。比如我馆做的带着一个插口的"电子鼻"，旅客的行李箱过来之后不用打开，直接把指针插进去，就可以检测里面有没有水果、毒品、炸药、肉类等。还有一个物质识别仪，通过扫描就能知道旅客的行李物品属于什么物质。这些科普知识只有通过互动，才能加深印象。第四个目标，提高馆建专业化的水平。这体现在专业人才的建设、专业团队的建设，所以打造一个专业化的团队是我馆今后要努力的目标。

问：请您谈谈国内外的海关博物馆情况，我国的海关博物馆在全世界是一个什么定位呢？

李海勇：西方很多国家的海关博物馆就是海关办公楼里的一个陈列室，展品大部分是不同时期的制服、礼品等。其中，瑞士海关博物馆让我印象深刻，它是在瑞士伯尔尼的一座山上，由两栋小楼组成。这个博物馆做得还是比较好的，藏品并不是特别多，但其地点是一个老海关征税的旧址，从遗址类场景复原角度来说该博物馆是比较有特色的。俄罗斯的海关博物馆是俄罗斯国家博物馆的一个组成部分，在海关征税一些不同时期的货币等方面的展示做得比较好。韩国的釜山海关博物馆也做得很不错，这个馆是2000年以后建成的。中国海关博物馆虽然在世界范围内是比较新的，但是建筑面积是最大的，而且我馆还有一件最重大的展品——海关902缉私艇。我们为它在馆前广场做了一个特展厅，沉浸式的参观体验方式令观众印象深刻。此专题展与基本陈列厅后来为我馆赢得了2014年度全国博物馆十大陈列展览精品奖。

问：纵观全国，除中国海关博物馆外，还有青岛海关博物馆、粤海关博物馆、烟台海关陈列室、厦门海关史陈列馆等几十家类似的直属或隶属海关的关史陈列室，请您从博物馆大协作的层面谈谈中国海关博物馆对我国地方的海关陈列馆有什么影响力和辐射力？贵馆未来是否会和其他馆有协作发展？

李海勇：海关系统内部有大概40多家类似的陈列馆，对隶属于海关总署的中国海关博物馆来说，总署党委赋予我馆的一个职责就是指导全国海关博物馆，即对全国各地的海关博物馆或者关史室的建设及业务发展进行指导。在新冠病毒感染疫情期间，我们建了一个线上业务交流群，特意组织了两次不同主题的线上交流会，对他们进行业务指导。各地建馆前会到我馆参观学习，我们会告诉他们该怎么做。博物馆建成后，我们还会提供一些藏品、仿制品或者照片等。同样，我馆做展览需要支持的时候也会和他们联系，比如2021年我馆做中国共产党成立100周年的大展时，了解到厦门龙岩有一对苏区税关老同志使用过的鸳鸯双刀（收税的时候保护自身安全用的）非常具有展示价值，于是将其借过来展出。烟台是新中国人民海关第一关，是最早的人民海关，烟台海关陈列室原来是在他们的办公楼里面，我们就建议应当在人民海关的旧址建立博物馆，对社会开放，这样教育作用才能发挥出来，他们回去后就沿着这个思路来规划。此外，我馆还有一个重要的任务，就是牵头制定并指导全国海关红色资源保护利用规划。我馆不仅指导各关的陈列室，还对全国海关的红色资源保护利用工作提供专业指导。

武汉的江汉关博物馆是利用原来江汉关大楼建的，隶属于武汉市文旅局，跟我们联系很紧密，他们建馆的时候就到我馆来学习，开馆后又邀请我们去做讲座，相互交流，我们还把"近代海关建筑图片展"送给他们去展览。还有宁波浙海关旧址博物馆、厦门海关关史馆与我们联系也比较紧密。在厦门海关关史馆筹建之初，我们建议厦门海关有几个特色应该要抓住，其一是漳州月港督饷馆。它是中国最早征收货币税的地方，相当于最早的海关。其二是泉州。这个是联合国教科文组织认定的海上丝绸之路唯一的始发港，跟海关有关系，把这些展示出来就有厦门海关的特色了。其三是新中国成立后厦门海关的所有工作。把这些东西放在国家发展的大背景下，挖掘自己的历史独特之处。总之，只有把海关的工作放在国家经济社会大背景下考虑，各地海关的作用和地位才会凸显出来。

现在，全国海关博物馆或陈列室做得比较好的有几家，第一个是青岛海关博物馆，是利用胶海关旧址建设的博物馆。第二个是广州的粤海关博物馆，是利用粤海关旧址建设的博物馆。第三个是厦门海关关史馆，因为他们没有旧址，所以是在办公楼做的展览。第四个是武汉海关关史馆，他们也是花了很大的精力来做的，所以比较不错。此外，还有汕头海关关史陈列馆、海口海关关史馆、长沙海关关史室等，都比较有特色。

问：请您谈谈现在北京地区博物馆的展陈设计是否达到了国际化水平？在博物馆的社会影响力这方面，我们跟国外的博物馆有差距吗？

李海勇：目前，我们国家的博物馆很多都达到了国际化水平，一些大馆已经达到国际化领先水平。我馆在免费开放和各种社会教育方面，包括博物馆怎么进校园、怎么进工厂、怎么进社区等做了许多探索。一些专门讲博物馆的课程，如《国家宝藏》《如果文物会说话》等节目收视率都很不错。所以，要给我们博物馆人一定的时间，我们一定能够沉淀、策划一个好的主题并研究提炼，然后做出更多好的展览。但是，我们最大的问题就是博物馆施工工期太短了，通常都是抢工期完成展览。国外的展览从主题提出到最后实施，一般需要5年的时间去推敲，而且他们会从"观众想看什么，观众喜欢看什么"的角度去开展调研，然后对设计进行不断的调整。国内的展览很多时候是缺失一些步骤的，也没有时间去逐一完成这些步骤，经常是边设计边施工，多数一年左右的时间就开放。所以，这个可能是制约我们博物馆服务水平和社会影响力的一个重要因素。比如有些博物馆策划的文物大展，总体反响较好，但有些文物说明牌的设计很不亲民。举例来说，一个很低的雕塑，说明牌就放在最下面，观众只能蹲下来或者坐在地上看。从这点可以看出，我们在展览设计实施过程中从观众角度考量的还不够。

问：请问您对北京地区博物馆发展不平衡问题怎么理解？北京的一些代表性的博物馆确实已经具有国际水平，但是经过我们的实地调研发现，北京的197家博物馆中，大部分馆设施老旧，展览水平停留在20世纪90年代。

李海勇：是的，您说的有道理。这是因为什么呢？因为这些博物馆本身建馆时间长，也没有什么新的文物和藏品吸引观众，所以整体展览水平较弱。另外北京的大馆多了，对体量小的馆包括一些行业博物馆来说，也存在虹吸效应，一些小馆得不到足够的重视，发展动力受到挤压，面临着如何同步发展起来的困境。当下，北京市提出建设"博物馆之城"，可能确实需要考虑怎么把这些中小型博物馆利用好。2021年，北京市博物馆学会在中国邮政邮票博物馆搞研讨的时候，我就提出了怎么把现成的博物馆用好，而不是新建多少博物馆，郊区的博物馆要怎么发挥作用，包括我们行业博物馆怎么利用的问题。北京市文物局也提出了一个想法，就是市中心一些发展得好的博物馆跟远郊的小博物馆结对子联合发展。但是，我觉得最关键的还是经费和人才政策的支持与保障。每个博物馆都面临自己的问题，小博物馆专业不足可以请大博物馆给予技术指导，小博物馆缺文物可以向大博物馆借展、借调，再加上经费和人才政策的支持，各级各类博物馆一定能做到均衡、有序发展，为公众提供均衡化的公共服务。

放眼世界　面向未来

——北京汽车博物馆

受访人: 杨蕊，北京汽车博物馆（北京市丰台区规划展览馆）党组书记、馆长，北京丰台文化旅游集团有限公司董事长、研究馆员，北京市丰台区政协委员，中国博物馆协会理事，主要研究方向为博物馆学、博物馆标准化管理、文化旅游。

问: 请谈谈北京汽车博物馆的筹建背景是什么？贵馆的建筑造型很有特点，有何寓意？贵馆的馆内建筑空间又是如何布局及合理运用的？

杨蕊: 汽车被誉为"改变世界的机器"，它体现了科技的巨大力量，承载了人类探索创新的智慧和激情，记载着人类不断自我挑战、超越和实现的精神。中国培育了当今全球最大的汽车市场，并正朝着夺取自主技术创新制高点、由汽车大国向汽车强国的目标迈进。北京汽车博物馆应运而生，是在国家实施科教兴国、人才强国和可持续发展战略下，我国第一个由政府主导建设的汽车类专题博物馆。2002年2月28日，中国国际汽车博览会展中心汽车博物馆项目被列为北京市60项重大建设项目，2010年全面建成，2011年正式对公众开放。汽车产业是国家支柱产业之一，如今的中国已全面步入汽车社会，称之为社会，就是与人的生活相关、与城市交通相关、与文明程度相关、与科技发展相关、与生存环境相关。我们尝试用汽车社会的发展视角来关注、观察和了解汽车所带来与经济、科技、文化、政治等社会要素相关的联系与相互促进。步入汽车社会后,中国汽车文化的形态应该向什么方向发展和引导,如何启发大众思考与行动？北京汽车博物馆应该担负起这样的使命和责任。

北京汽车博物馆的建筑造型似一只明亮的眼睛,寓意"放眼世界,面向未来"(图1)。该建筑气势雄伟,造型新颖独特,富于表现力和动感的"眼睛"外形与柔和曲线的设计灵感来源于汽车造型的设计手法,金属镶边、曲线形表面、半透光的穿孔金属网板和硬朗的窗条一同展现了博物馆与众不同的雕塑造型,俯视其宛如明亮的眼睛,以深邃的目光追溯汽车社会发展的历史,凝视汽车社会的今天,眺望汽车社会的未来。北京汽车博物馆建筑主体采用钢筋混凝土框架剪力墙结构,利用周边的5个楼梯间布置混凝土剪力墙,中厅环形空间坡道采用箱型钢结构,屋顶采用钢桁架空间体系;首层完全使用玻璃,外立面主要由玻璃与实体核心交互的半透明穿孔金属板构成,两条曲线形穿孔金属带包围了博物馆,半透明的特点使置身室内、室外的人们都能欣赏到美景,同时体现着极强的科技感和超越时代而蓄势待发的张力。

图1 北京汽车博物馆的建筑外观

博物馆不仅要关注建筑的外部形态，更需要思考建筑空间如何满足和适应博物馆各项功能的需要。北京汽车博物馆突破了传统博物馆的收藏、展示、研究与教育推广四大基本功能，在开馆之初通过展览陈设的创意策划，补充了休闲、娱乐、观光旅游、宣传、创造、经济等功能。基于观众的多元化需求，北京汽车博物馆在二层至五层设置了常设展览空间（图2—图5），从"人—车—生活—社会"的视角展示汽车的历史、科技以及未来发展；在汽车博物馆一层、二层设置临时展览空间和活动区域，可以开展专题展览、主题活动等；在二层设置休闲服务空间，如汽车文化生活体验馆、大众篆刻印吧为观众提供餐饮服务和休闲文化体验，汽车主题文创商店满足观众文化购物需求；在一层设置提供特殊服务的母婴室、紧急救护站等，为满足展览和活动的配套需求，在一层还设置可组合的多功能厅、会议厅、新闻发布厅、贵宾休息室，室外还有休闲广场等。这些功能空间有较强的弹性，可组合与拆分，满足举办各类文化活动的需求。良好的空间布局、舒适的参观环境和有温度的服务，使北京汽车博物馆成为满足观众多元需求的一体化综合服务机构。

图2　二层中国汽车工业经典藏品车展区

图3　三层未来馆展区

图4　四层进步馆发动机之旅展区

图5　五层创造馆中华动力展区

问：请问贵馆在场馆基础设备设施运行管理方面有什么特色？

杨蕊：北京汽车博物馆场馆基础设备设施系统包括整个楼体的水、电、风、气、热以及土建结构等系统，涉及系统多、数量大，其运行管理是一项非常繁杂而重要的工作。场馆基础设施设备根据功能、类别的不同分为变配电、空调、通风、给排水、燃气、安防、消防、电气设备设施等共计13个系统，涉及1673个品类、14940台（套）的设备，大到直燃机，小到烟感探头，全都包含在其中。开馆10余年来，场馆房屋完好率达95%，设备完好率达95%，未发生重大安全生产事故，实现了预期目标。在设施运行方面有如下三方面特色。

一是以标准化为抓手，实现全生命周期管理。我们根据北京汽车博物馆的运营特点，不断探索场馆设备设施管理体系建设的特点和规律，构建了以"安全、稳定、节能、环保"为目标的全生命周期设施设备标准化管控体系，建立了一对一的精准性运行、区别性保养、针对性维修的设备管控机制，将技术创新、设备节能与安全运行理念相融合，保障场馆设备设施连续100%安全稳定运行。

　　北京汽车博物馆在设备设施标准化管理方面做到了三个全覆盖：其一是管理对象全覆盖，全面梳理设备设施，建立了场馆设备设施系统图，明确了需要管理的对象。其二是事项全覆盖，引入全生命周期管理概念，将从规划、选型、采购、安装、验收、运行、维保、巡检、维修、更新改造，到停用、报废全过程纳入管理范畴，实现管理内容全覆盖。对设备使用阶段的运行管理、维护管理、维修管理、备品备件管理、库房管理进行了细化，逐一梳理了场馆大系统运维涉及的每一个工作事项，形成了全套的设备管理台账、动态管理的设备档案卡。其三是人员全覆盖，将外包服务团队也纳入标准化体系，明确了每个岗位的岗位要求、工作职责、工作标准，编制岗位手册指导工作。整体上，北京汽车博物馆的基础设备设施管理按实际运行需要建立了运行作业手册，其中包含100余项各类管理规范、制度、规程，20余项应急预案，27项工作程序，形成数万页的运行管理记录。

　　二是进行节能减排，探索绿色场馆建设。近年来，北京汽车博物馆积极响应国家节能减排号召，持续推进节能改造项目实施，建设节约型场馆；分析优化节能管理措施，结合场馆运行特点，通过合理调整重点耗能设备运行时段等方式进行节能降耗，进行可行的节能改造，不断尝试、摸索找到经济运行的最佳临界点，逐步形成一套完全符合场馆运行特点的科学管理模式；积极研究节能设备设施在场馆的使用效果，探索可行的节能技术改造，通过新材料、新产品、新技术、新工艺的应用，实现场馆设备设施安全、稳定、节能、环保、绿色、低碳的管理目标。通过对北京汽车博物馆历年用能情况的统计测评，北京汽车博物馆于2019年成为北京市首家通过公共建筑节能绿色化改造综合验收的文化事业单位，获得市级、区级节能奖励资金200余万元。

三是建立创新工作室，发挥行业示范效应。北京汽车博物馆由职工自行建立的创新工作室先后被评为区级、市级职工创新工作室。创新工作室内部搭建数块实训模板，实训模板反应设备设施局部模块的工作原理和动作过程，以声、光、电形式进行展现，增加各种逻辑和互锁报警功能，用于职工专业技术培训与实操培训。创新工作室消防实训展板获得国家实用新型专利。创新工作室在现有功能保障、教育培训、展览展示三位一体的基础上，补充完善创新工作室的软硬件展教内容，实现培训类别化、研究专业化，以工匠精神引领创新发展，通过实践培训发现、培养、使用、成就人才，打造行业内独具匠心的教、研、学、展、培、宣多元化创新工作室，发挥北京汽车博物馆在行业内场馆标准化运行管理教研方面的示范作用。

"十四五"时期，北京汽车博物馆结合新材料、新技术、新方法，借助大数据、云计算、智能控制等现代信息科技，全面提升场馆楼宇运行管理效率，持续探索引用可行的节能降耗措施，建设绿色化节能场馆，深化创新工作室品牌推广，提升北京汽车博物馆的综合竞争力。

问： 请问贵馆的展陈是如何布局的？与传统博物馆相比，陈列方式上有什么特色？基本陈列是否常展常新？

杨蕊： 北京汽车博物馆展陈以"科学—技术—社会"为主题，在展览逻辑上，以层层包容的关系界定为四个层次，即故事→展区→主题→藏品（展品）及展项，展陈内容依据历史、技术和未来的主线，由上至下分为创造馆、进步馆、未来馆三个独立的展馆和中国汽车工业经典藏品车展区。展陈跨越国家与品牌的界限，展现世界汽车从无到有的百年发展历史，以及中国汽车工业的起步、发展与壮大，揭示汽车工业对人类文明和社会发展的贡献与影响。

北京汽车博物馆打破传统的静态陈列方式，通过各种互动体验，让观众置身于可视、可听、可触摸、可互动、可体验的多维时空，深度感受科技与文化、科技与艺术、科技与生活的无穷魅力。通过采用声、光、图像以及互动机械等多元化的科技表现手段和展览展示方法来满足观众的需要，实现"科技馆中的博物馆，博物馆中的科技馆"，将历史价值、科技价值、文化价值有机地转换为社会价值。

北京汽车博物馆现有展示系统设备设施涉及新媒体、机电一体化、智能集控等多领域技术，大部分设备为非标定制类设备，打破了传统陈列方式所带来的展览内容单一的弊端，运用新媒体、机电一体等高科技手段，以一种全新的展示手段引导观众认识汽车文化，学习汽车知识。系统主要包括控制科学技术、新媒体图像处理技术及声、光、电信息传输技术等，属信息与系统科学相关工程技术领域，形成了一套以视觉媒体为核心的、以综合控制技术为基础的现代展示项目，由智能集控技术研发、新媒体展示技术研发和机电一体化系统集成技术研发等课题组成。

自2011年开馆以来，我馆对基本陈列有计划地进行更新改造，实现常展常新。以"北京汽车博物馆汽车科普互动模拟器开发及应用"项目为例，通过研发和改造汽车科普模拟器，将北京汽车博物馆汽车科普互动模拟器的类型扩展到14类，包括碰撞实验、风洞演示实验、汽车生产线、校车安全、F1赛事等。以传递科学知识为目的，通过技术集成及融合创新的科学方法，以虚拟与现实相结合为手段，形成了一系列以视觉媒体为核心的、以综合控制技术为基础的汽车公益科技互动展项。该展项的研发创新点在于利用现有技术，通过仿真建模还原真实场景，并同步控制运动平台、风感系统、视景系统及音效系统等模块实现真实般的现场感受，达到汽车科普的目的。项目通过对新技术的研发与已有技术的集成和创新应用，融合各种工业通信协议、接口标准，独立研发并融合了不同平台的控制、同步、仿真等软件，集成了先进的可编程控制器、工控机、闭环伺服电动缸及丰富的多媒体设备。这种新颖的互动科普展示方式，是现代工业技术与汽车科普教育的完美结合。它能够让观众通过严谨精准的自动化控制技术，在搭建的互动展示平台内，深度理解与汽车相关的展示客体内容，并享受多维度的感官体验。

问： 请问贵馆每年大概策划多少个临展？在策展主题及陈列形式设计方面有哪些突破？策展时会邀行内专家级公众代表吗？

杨蕊： 开馆以来，北京汽车博物馆平均每年举办各类临展10余个，包括2个以上大型原创展览。展览主题以观众的视角出发，开展切合实际、参与性强、寓教于乐的特色主题展览活动，形成以"汽车文化"为主题的雕塑系列，以"雷锋——一个汽车兵的故事"（图6）为主旨的爱国主义教育系列、"金戈铁马话军车"系列等品牌展览，打造"会讲故事的博物馆"。

一是以"构建独具特色的展陈体系"及"打造精品"为办展基本原则，打造汽博品牌展览。针对专题展、特别展、推介展等原创性展览/项目，优化并实现从展览选题、展览内容、形式设计、学术研究，到公众服务、教育活动、宣传推广、文创产品开发等一体化的策展人项目负责制；充分调动和利用博物馆各部门力量、馆外独立策展人与展览机构等社会资源，探索构建跨机构、跨领域多维度合作模式；采取馆外专家、第三方评估机构、观众三方相结合的评估模式，对原创及引进展览进行展览前、中、后期评估工作，推动展览绩效考评，打造汽博品牌展览。

图6 "雷锋——一个汽车兵的故事"主题展览

二是紧跟时代,"加快数字化发展,建设数字中国",推动文博行业数字化大发展。公共文化数字化建设内容是关键,加强优质文化资源向数字资源的转化力度,促进中华优秀传统文化资源的创造性转化、创新性发展,综合文字、图片、音频、视频等多种形式全方位展现数字化公共文化;加强与互联网企业的融合,取长补短,借助先进科技与平台优势,实现文博数字化发展和升级途径;立足汽车前沿技术,以"四化"为抓手,利用新技术和新文创能力弘扬、推动汽车工业文化的传播,通过空间形态、场馆业态和信息生态的高度融合,让场馆信息化、智能化程度更高,植入新体验、新玩法,让未来的文化场馆变得好玩、好看、好学、好吃;通过线上与线下互联互通打造优质文化IP,让场馆成为文化消费新地标、新文化休闲场所。

三是深入挖掘汽车工业文化内涵,以社会主义核心价值观和爱国主义教育为引领,弘扬创业精神、工匠精神、劳模精神等,与时俱进、集成创新。全面阐释汽车工业文化当代价值,提升中国特色工业软实力,为汽车强国战略发展提供强大精神动力;围绕中国汽车工业发展历史,挖掘老一辈汽车人的精神,深刻铭记汽车工业战线上的光辉奋斗历程,厚植观众爱党、爱国、爱社会主义的浓浓情怀。

在策展过程中,邀请相关专家、公众代表,尤其是针对青少年,围绕"汽车+历史、汽车+科技、汽车+艺术"等有侧重地挖掘展览主题,尤其突出在"展览与教育活动同步开发"上下功夫。加强展教融合发展,以多元的展览主题内容和丰富的展教活动,以科技的展示方式和艺术的审美视觉,提升观众的参观获得感;讲好展品背后的故事,讲好汽车文化的故事,让展览透物见人见事见精神。

策展人、研究人员、教育工作者、观众进行深度融合、资源共享。一是搭建基础平台实现展览和教育资源共享,提供更多的科学技术手段来改善提升教育教学方式,在科普活动中更多地体现互动性、体验感。二是强化展览和教育同步开发，以展览为基础，强化展览主题，开发配套课程，同时基于现有科普和藏品研究成果，植入常设展区。三是配合基本陈列或临展策划开展多种拓展教育，深化展览的传播效果，扩宽展览内容的广度，更深入地对展览内容进行阐释。

问：北京汽车博物馆一直在教育活动方面做得很活跃，先后被评为全国中、小学生研学实践教育基地、首届北京网红文化艺术类打卡地等，请问贵馆是如何结合博物馆的主题策划教育活动的？目前有哪些深受观众喜爱的教育品牌？

杨蕊：北京汽车博物馆一直秉承着"开门办馆、融入社会"的办馆理念，探索文化、科技、教育、旅游等方面的融合发展，希望可以担负起中国研究汽车文化和科普教育的责任并成为引领者，促进"人—车—生活—社会"和谐与发展。所以在策划教育活动上，我馆主要从三个方面入手，依据汽车专题性特别是展陈展设，以大众科普教育、馆校科普教育、创新创意科普教育三个点为中心点进行策划。

在大众科普教育方面，我馆更多的是在本馆特色的基础上进行普惠教育，尽可能广而全地传播相关知识。我馆设有展区微课堂、展区定时讲解等，向观众科普汽车文化、科技相关的知识。除了这些日常的部分，馆内还有解放CA10、红旗CA72、汽车兵雷锋、"中国汽车之父"饶斌等相关展品。我们在科普汽车知识的同时也会讲述红色故事，传播爱国主义精神。类似的还有很多，我们会找到切入点，在做好汽车科普的同时传播生态环境、新时代文明、志愿服务等精神。

馆校科普教育是由科普进校园和学生到馆参观共同组成的，我们的科普老师会到学校里定期进行汽车知识的传播，并且结合当下的热点时事或中、小学生的课标，将汽车与数学、物理、化学等知识结合起来，以更适合学生学习。到馆参观会设计相关路线，由浅入深，辅以学习单、现场讲解、动手制作等方式，倡导德、智、体、美、劳全面发展，避免学生走马观花式地参观博物馆，真正做到来了学、学了会、会了用。

在创新创意科普教育方面，除了线下活动形式的创新，最近几年我们也看到了"互联网+"的传播力量，并积极地探索线上传播，打破时间、空间的限制。借助新媒体的力量构建新媒体矩阵，利用视频、音频、轻文章、深度文章、直播等方式，将汽车与传统节日、科学表演秀、寒暑假充分融合，策划一系列观众喜闻乐见的主题教育活动。

正是这样不断探索创新，串点成线，连线织网，才策划出并形成了我馆独特的主题品牌教育活动。目前，观众比较喜爱的教育品牌有"雷锋——一个汽车兵的故事"主题教育活动、赛·车嘉年华寒暑假体验营教育活动、"我们的节日"主题教育活动等。

问：请谈谈北京汽车博物馆在文创产品研发方面有什么特色？

杨蕊：北京汽车博物馆在建馆时的核心价值就是传承文化文明，创新驱动发展，加强多方合作，追求卓越服务，履行社会责任。在目前这个文化创意产业的新时代，北京汽车博物馆希望能进一步激发动力，增强活力，释放潜力。

一是坚持理念创新，树立大文创工作思路。树立大文创的概念怎么讲呢？博物馆文创不是小卖部，不只是产品的兜售，博物馆的展览、公共教育、互联网传播和博物馆的文化衍生品都是文创。准确地说，大文创是依托藏品资源，以展览陈列为内容，以服务公众为目的，以文创产品开发为手段，树立涵盖展览策划、科普教育、"互联网+"、文化衍生品开发的大文创理念。在实践的时候，我们可以从公共教育角度把博物馆参观融入教育环节中，即设想一位观众，将其参观前、参观中、参观后及带走的礼品通盘考虑进去，把文创产品做成一个链条，在博物馆里循环。也就是说，把博物馆的文化传播和教育功能紧密地联合起来，这才是真正的大文创概念。文创工作者切忌只拿出来一个小产品就说是文创，要让文创和博物馆的展览以及其他相关业务一起展开。博物馆文创产品要使观众加深对博物馆的理解，让观众把博物馆记忆带回家，延伸和拓展博物馆的文化传播和教育功能。

二是探索文创开发经营管理新模式。北京汽车博物馆的文创目前每年的销售收入约1000万元，且实现了博物馆零投入、零库存。为实现这个目标，北京汽车博物馆主要利用社会资源做开发，开创了文创的新模式——"1+1+N"，这是北京汽车博物馆自创的一种模式，第一个"1"指的是博物馆自身，第二个"1"指的是专业化文创经营合作单位，比如大家都熟悉的博物馆里一般常有的出售文创产品的商店，"N"指的是多个文创产品开发机构，即N个合作单位。北京汽车博物馆利用自身不可复制、独一无二的文物文化资源优势，委托授权专业文创公司进行开发及经营，通过签订商业合同明确授权范围、业务事项、定价标准、成本核算、收益分成等事项。合作单位文创收入流水按照一定比例提成，收入扣除税金后全部上缴财政国库。这样的好处在哪儿呢？博物馆很多是公益类单位，较难通过公司来运作，即通过与合作经营单位的合作去计提流水，给它授权来做博物馆的产品。而我馆这样做的好处就是博物馆不进行资金投入，文创产品也不占库存。

三是坚持制度创新，依标准制馆。坚持制度创新，依标准制馆，已成为北京汽车博物馆的一个品牌。北京汽车博物馆是国家级服务业标准化示范单位。在文创的版块，我馆搭建了经营管理标准体系，构建了票务营销、合作经营、衍生品开发、空间使用等标准流程的操作规范。针对每个流程，都会有相应的规范性引用文件、术语及定义、分类、流程、职责权限、监督与检查、附录表单和全过程管理等内容，共计5大类9项规范，确保每个版块都有相应的流程和规范，特别适用于公益类的博物馆。为不同的受众提供一流的服务。

问：近几年，北京汽车博物馆在数字化博物馆建设方面有哪些探索和实践？

杨蕊：在数字化建设方面，北京汽车博物馆近几年也是在不断地进行探索和实践，坚持"人治"向"数智"转型，构建"有温度、善感知、智交互"的数字化博物馆新形态。

一是建设基础设施，提升智能管控水平，保障展馆安全运行。北京汽车博物馆具有独立的自建信息网络机房，双线路物理隔离政务内网与外网，各业务部门办公信息化系统齐备，对内管理包含各类系统，如办公OA、考勤管理、财务管理、资产管理、库房管理、楼宇控制、展项集控等，对外服务拥有票务系统、官方网站、微信、微博等。

二是推进数据融合，培养大数据思维，构建博物馆"智慧大脑"，具体体现在两个方面：一方面是档案工作数字化。北京汽车博物馆2019年完成了档案工作数字化，逐步实现档案管理从传统的保管利用向信息采集后的管理和服务职能的转变，为全馆大数据提供有力的数据支撑，也为全馆重大决策、报告等提供信息支撑。另一方面是建设场馆设备信息化综合展示平台。该平台硬件部分由管理工作站、9块55英寸的显示屏拼接而成的大屏幕、视频切换控制器及网络交换机等设备组合而成，展示平台可实现主界面驾驶舱图形显示，亦可以分屏显示不同系统的主要界面数据信息，实现各模块数据的实时查看和对比参考分析。此平台将场馆能源管理、人员及设备管理、楼宇自动化控制三个系统有机整合，可以方便快捷地查询场馆实时电量消耗情况、馆内环境监测情况、各时期能耗大数据综合分析、设备台账、人员巡检进度、设备维保任务执行情况以及工单、报事维修进度等信息，有效提高管理人员对整个场馆设备设施的精准管控。

三是加强应用协同，实现智慧化服务、管理水平跃升。具体体现在四个方面：其一，自助导览服务平台建设。北京汽车博物馆近年来通过轻量化建设模式，从导览服务入手，先后完成三个阶段的导览平台建设，即从2018年推出"指尖上的汽车博物馆"H5导览平台，到2020年引入自助导览系统（扫码听讲解），再到2021年推出线上"云听汽博"。2022年，还将更好地与教育、展览及藏品等业务版块联动，引入AR沉浸式导览技术，进一步优化观众的参观体验，传播博物馆文化内涵，同时通过导览平台后台数据的统计分析了解观众的参观喜好，为展览优化提供数据支撑。其二，触摸式导览查询系统建设。2020年，我馆完成展区触摸式导览查询系统升级改造，将各主题展品背后的故事和内容融入主题导览中；改变原来的静态文字导览模式，打造动静结合的主题导览查询系统；通过持续不断挖掘汽车文化、科技与艺术内涵，将其更广地向公众传播；实现展览信息高存储、易更换、快浏览功能，提升展览信息服务水平，也为创建智慧博物馆奠定良好的基础。其三，优化自助售票系统。北京汽车博物馆2017年推出了微信购票功能，2018年完成收费互动展项线上开发工作，实现观众通过微信小程序、电子票商自助购票，到馆直接刷码检票，线上售检票数据与本地票务系统实时对接，进行数据的汇总、统计、查询，并形成财务报表。2020年，完成核心业务票务系统的OTA电商对接，实现实名制网络售检票，方便公众的同时满足博物馆数字化的需求。2022年，还将开展票务系统的网络安全等级保护建设。其四，引入"钉钉"智慧办公平台。以数据管理为核心，以流程管理为主线，引入"钉钉"智慧办公平台并深化各项功能的开发利用，实现多数管理业务流程线上流转及数据统计分析。

　　四是加强外部资源合作。一方面，与汽车之家合作"云看北京汽车博物馆"，通过网上展览、直播互动等形式，满足汽车爱好者对汽车知识与文化的需求；通过实拍VR技术实现VR全景看馆、VR看经典藏品车、直播栏目、科普图文等功能，观众不仅可以沉浸式体验深度观展，走进藏品车内部，还可以在线互动；通过广泛传播"云看北京汽车博物馆"项目不仅拓展了C端流量入口，还带来了可持续流量。另一方面，与数字看展览平台合作，打造"永不落幕的展览"，共同打造了"雷锋——一个汽车兵的故事""广告中的汽车生活"等多个线上主题展览，使观众足不出户就可以观展。看展览数据平台由神州共享（北京）文化传媒有限公司开发，是由六大类300个展览组成的知识型展览资源库。通过应用现代全景场景技术、展览展板720度立体呈现、音视频与数字展览无缝对接、展陈立体呈现等核心技术，将线下展览在线上进行全面呈现，为观赏者提供了一个特殊的欣赏和解读空间。

问： 请谈谈北京汽车博物馆如何结合自身特色，发挥对外文化交流窗口作用？

杨蕊： 以车为媒，促进国际间的文化交流，一直是我担任馆长以来的夙愿，更希望北京汽车博物馆能架起中国与世界进行汽车文化交流的桥梁。北京汽车博物馆将车作为对话世界、搭建友谊的载体，先后开展了中法、中美、中俄、中德、中英等国际文化交流活动，搭建了世界汽车文化交流平台，促进国与国、城与城、人与人的友好往来。

以中法汽车文化交流为例，2014年中法建交50周年之际，北京汽车博物馆与法国米卢斯国家汽车博物馆合作，引入"1891—1968法国车身造型：艺术、技术和专业成果图片展"在我馆展出，同时策划"从1949走来，中国汽车红旗的故事"专题展在法国展出，并促进两馆在古董车修复技艺方面的学术交流。2016年，举办"'北京—巴黎 不解之缘'中法汽车文化专题展"，讲述两国文明互鉴的故事。2018年，举办了"时光交汇 美美与共——中法汽车科技与艺术交流展"及论坛，此活动为第三届中法文化论坛系列交流活动之一，来自中法两国的艺术家、文化学者围绕文化遗产、教育、艺术生活等领域展开对话，以车为媒，促进文化交流与互鉴。

除了中法文化交流，我馆还开展了多国的文化交流活动。2016年，以"中美旅游年"为契机，我馆举办了"车轮上的生活——中美汽车文化摄影展"；2017年，为纪念中德建交45周年、北京市和科隆市结为友好城市30周年，中德老爷车拉力赛抵京仪式在北京汽车博物馆举行；2019年，我馆举办意大利斯特拉迪瓦里科普音乐会，通过科普和艺术跨界融合的创新方式，让观众感受中意文化的交融与互鉴。

新冠病毒感染疫情期间，我馆也积极开展对外文化交流活动。2020年，作为2019年度中国最具创新力博物馆之一，我馆应邀于线上参加了国际最佳遗产利用组织大会，介绍了在博物馆服务标准化建设、科教文化旅游融合发展、创新教育项目等方面的探索和成果，分享了中国博物馆的创新实践案例。2021年8月，为庆祝中国与巴基斯坦建交70周年，北京汽车博物馆与丰台区外事办公室等单位共同承办了"中巴建交70周年青少年绘画比赛优秀作品评选暨展览"。展览期间，巴基斯坦驻华大使莫因·哈克一行到北京汽车博物馆参观，双方达成今后于北京汽车博物馆开展更多中巴文化交流项目的意向。

今后，我们还将以讲好中国故事、促进文明互鉴为着力点，扩大对外交流的广度和深度，将北京汽车博物馆建设成"世界汽车文化的交流传播平台"。

问：贵馆一直以来倡导"依标准治馆"，请问这对于博物馆行业有什么借鉴？

杨蕊：标准化是为了在既定范围内获得最佳秩序，促进共同效益，对现实问题或潜在问题确立共同使用和重复使用的条款以及编制、发布和应用文件的活动。通过对标准化定义进行解读分析，我们可以发现：标准化对象要具有重复性特征；标准的制定建立在"科学、技术和经验的综合成果"基础上。2012年，新成立不久的北京汽车博物馆在思考如何管理好、运营好、发展好一座现代化汽车科技专题类博物馆，如何让观众享受到更优质的服务，如何让人、财、事、物高效运转等一系列问题。当时，恰逢国家及市、区质量管理部门推动服务业标准试点，我们通过分析发现，全馆80%的员工在从事基础保障及服务工作，而给观众提供科普教育、文化产品以及进行藏品研究综合利用的人员不足员工总数的20%。绝大多数员工承担的工作存在重复性，也需要积累"科学、技术和经验的综合成果"，北京汽车博物馆的工作非常契合标准化管理，从此我馆走上了标准化管理之路。

自2012年正式启动标准化工作以来，北京汽车博物馆切实体会到标准化对各项业务的积极促进作用。通过标准化管理体系建设，围绕人、财、事、物，依规则、标准、规范治馆，实现了"处处有流程、事事有标准、物物有人管、岗岗有考核、日日有坚持、时时有创新"的管理模式，将"有问题找领导"变成"有问题找标准"，服务品质稳定，业务运转流畅，人财物利用高效，并借助标准化持续改进使得运行管理不断优化，让北京汽车博物馆发展始终保持良性的逐步上升趋势。标准化是一张防护网，标准规定了工作的权限和责任、内容和流程、方法和要求，通过标准化体系构建实现了"一把手不等于一支笔，而是一套管理制度"，标准化将权力关进制度的笼子里，加强了监督，提升了防范风险能力。标准化的不断积累奠定了坚实的管理基础，为管理者释放了更多的时间和精力来推动创新发展，在文化传承中不断探索创新发展之路，从理念、制度、实践、传承、文化等方面不断践行着创新，运营起一座有温度、有活力的博物馆，为观众提供高品质、多元化的精神食粮。

问：作为一个行业博物馆，贵馆如何助推北京"博物馆之城"的建设？

杨蕊：北京"博物馆之城"建设围绕首都城市的战略定位，强化首都意识，坚持首善标准，立足北京地区博物馆现状，塑造北京文化精神与城市品格，将博物馆建设更好地融入首都经济社会发展大局，构建具有新时代特色的博物馆公共文化服务体系。"博物馆之城"不仅要在数量上取胜，更要站位于首都发展全局，打造布局合理、展陈丰富、特色鲜明的"博物馆之城"。

现有博物馆最重要的是提升质量，激发内在发展活力，优化公共文化服务效能，更好地服务于社会、服务于大众。行业博物馆具有自身的特性与行业优势，既注重中国文化的根基，也站在世界角度去反映中国行业的发展现状。关于助推北京"博物馆之城"建设，一方面，北京汽车博物馆基于自身行业博物馆的特色优势，以车为媒，诠释"人—车—生活—社会"和谐发展的综合性命题，全面提升服务品质，丰富文化产品供给，为观众提供高品质的精神食粮，让汽车科技文化真正融入人们的生活之中。另一方面，北京汽车博物馆将与行业、社会之间开展更广泛深入的合作，实施"博物馆+"战略，促进博物馆与教育、科技、旅游、汽车、传媒、设计等行业跨界融合，提高公共文化服务的供给能力，更好地发挥博物馆的社会职能，助力"博物馆之城"与全国文化中心建设。

问：请谈谈北京汽车博物馆未来的规划和展望是什么？

杨蕊：北京汽车博物馆制定了长期发展战略和"十四五"发展规划。我馆秉承"开门办馆、融入社会"的办馆理念与"传承、创新、合作、卓越、责任"的核心价值，担负起"传播世界汽车文化与科普教育的责任、促进'人—车—生活—社会'和谐发展"的使命，以"成为代表中国与世界进行汽车文化交流的国际一流创新型博物馆"为愿景。

"十四五"时期，北京汽车博物馆立足于高标准、高质量、特色化、差异化发展路径，围绕"高标准高质量办好人民满意博物馆"的总目标，规划了18项重点任务和三大重点工程，以加强文化创新为博物馆长期发展的内在动力，以创新藏品保护与利用、塑造精品陈列展览、打造品牌社会教育活动、提升馆区建设与改造水平等为发展重点，以为社会公众提供优质服务为工作导向，突出公益属性，强化服务功能，增强发展活力，保证博物馆稳定、健康、可持续发展，更好地发挥丰富人民群众精神文化生活的作用，为实现文化强国建设做出新的贡献。

打造生物演化的自然科学殿堂

——中国古动物馆

受访人：葛旭，中国古动物馆副馆长、副研究馆员。主要从事古生物有关的科普教育工作。主持并参与过多次中国科学院和北京市项目，合著《科学原来这样学：生命的进化之旅》《追寻中国恐龙》《听化石的故事》等。

问：中国古动物馆是中国第一家以古生物化石为载体的国家级自然科学类专题博物馆，1995年12月正式对公众开放，请您谈谈建馆背景与历程。

葛旭：中国古动物馆隶属于中国科学院古脊椎动物与古人类研究所。中国科学院古脊椎动物与古人类研究所的前身可以追溯到1929年建立的古生物化石陈列室。为什么建馆时间定在1929年12月2日这一天呢？因为正是这一天，裴文中在北京周口店第一地点——猿人洞捧出了北京人头盖骨。此后，旧石器考古研究重心转移到了东亚，所以这一天也被定为中国科学院古脊椎动物与古人类研究所的建所之日。我们研究所最早的名称为农矿部地质调查所新生代研究室。1951年，我们归入在南京创建的中国科学院古生物研究所，后来改称新生代与脊椎古生物研究组。1953年，我们从中国科学院古生物研究所里分出来，于1957年升格为中国科学院古脊椎动物研究所。1960年改称为中国科学院古脊椎动物与古人类研究所，并沿用至今。1994年10月对公众展示，研究所最初的想法只是建设一个标本馆，但是这次对外展示引起了很多观众的关注，所以我们就在1995年决定将研究所以博物馆的形式正式对外开放。

中国古动物馆（图1）是中国科学院下面的一个博物馆，建馆以来经过20年的摸索已经成长为国内名列前茅的古生物专题博物馆。我馆现在是中国第一家以古生物化石为载体，系统普及古生物学、古生态学、古人类学及进化论知识的国家级自然科学类专题博物馆。

问：贵馆藏品以古生物化石为主。请问贵馆的基本陈列是以什么为主线来展示的？如何通过不同的展览主题提升全民科学素养？

葛旭：我馆的主要研究对象是5.4亿年以后的所有脊椎动物。无脊椎动物属于中国科学院南京地质古生物研究所的研究范畴。我们研究所的标本有23万—24万件（套），目前馆里展出的是我们精挑细选出来的900件（套）展品，这些展品既具有科普性质，又有研究价值。其实，我馆存放的很多标本都具有研究价值，但未必有展陈价值。研究价值是指它能够提供重要生命演化的证据，但是它的陈列意义并不是特别大。

图1　中国古动物馆建筑外景（馆方提供）

我馆的基本陈列是围绕"从鱼到人"的主题，分成九大关键节点作为展陈主线，通过标本的陈列揭示了生物从最初的鱼慢慢地演化成能够登陆的动物，然后演化成能够飞上天空的动物，到后来出现了胎生哺乳动物，再后来演化到人类的演化过程。正是这九个关键节点，把5.4亿年来所有的脊椎动物串联起来，全面揭示了生物演化的过程。

我馆的基本陈列展厅主要包括古脊椎动物厅、人类演化厅。古脊椎动物厅陈列着自5亿年前的寒武纪至距今1万年前的史前时代地层中产出的各门类化石标本和石器标本（图2）。每层各有一幅数十米长的巨型油画，绘制了"古生代的海洋与陆地""中生代的恐龙世界""新生代的哺乳动物家园"三个主题。人类演化厅分为"序言""直立为人""头脑革命""神州古人""荒野求生""艺术曙光""遗传密码""科学面对面""结束语"9个展区，通过展示各个时代的古人类化石和石器标本，系统普及了人类起源与演化的科学知识。

图2　古脊椎动物厅内景

另外，我馆的特展展厅不定期举办各种展览，2022年10月举办了"中国矿晶岩石与早期生命展"，展示了中国的矿晶和早期生命，是馆内主展厅的有利补充。另外，我馆还设置了达尔文实验站，这个实验站是以古生物修复及生命演化研究为主题的青少年实验室，向公众介绍达尔文的生平和贡献，并有化石修理和鉴定的各类工具，青少年可以通过对三叶虫、菊石等标本的观察和化石修理活动，了解古生物修复的过程。

问：请问贵馆的专题展览特点是什么？请举例讲解。作为以研究型为主的博物馆，贵馆的学术研究成果会转化为展览吗？

葛旭：我馆的专题展和特展是非常具有学术性和研究所特色的。我馆举办过"热河生物群——1亿多年前生命的辉煌"特展、"寒武纪生命大爆发——澄江生物群"特展、中瑞"中国西北科学考察团"80周年纪念展、"中——加恐龙考察"珍品展、"龙飞凤舞"、"洞悉毕节炫耀羽毛的恐龙——胡氏耀龙"特展、"青藏高原古生物科考成果展世界最古老的龟——半甲齿龟"特展等。这些展览都是我们研究所的研究成果。展览的文字是我们研究员自己写的，展览的图片也是研究员挖掘的第一手资料。

比如，"龙飞凤舞"展览展示了热河生物群中发现的最新、最著名、最具代表性的带毛恐龙和代表原始鸟类的古鸟类化石，系统介绍了鸟类起源的研究历史、起源假说，以及鸟类如何从兽脚类恐龙祖先进化而来、如何飞上蓝天，并成功繁衍至今等系列科学问题。"'翼'博云天——翼龙的演化史"展览向观众展示了：中生代的陆地是恐龙的天下，而天空则被另外一类同样强大的"统治者"统治着，它们就是翼龙类。相比于大量的恐龙化石，中国的翼龙化石发现较少。但10余年来，在热河生物群中发现的20余种新的翼龙属种，揭开了"中生代的空中霸主"在中国演化的神秘面纱。这些开创历史的发现不仅填补了中国的翼龙研究空白，部分发现甚至填补了世界的翼龙研究空白，不鸣则已，"翼"鸣惊人。展览分单元讲述翼龙的生态、演化谱系、翼膜、冠饰、家族兴衰史，以及同时代的古鸟类等，为观众呈现了亿年前的绚丽空中世界。

近20年，我馆的古生物学家在 Nature 和 Science 这两本期刊上发表了百余篇论文（这两本期刊是最具学术影响力的自然科学类国际期刊，专门刊登最新、最前沿的学术研究成果），其中报道新发现的化石属种不少于50种，包括许多震惊世界的发现，这些标本是古生物化石中的超级明星，代表着中国名扬世界。《飞向蓝天的恐龙》是统编教材小学四年级语文课本里的一篇文章，这篇文章的作者就是我们研究所的徐星研究员，他的研究成果也是我馆的策展内容。我馆的特展也是充分依靠了研究所强有力的研究成果，成为独具特色的专题展。

问： 贵馆作为自然科普类博物馆，是如何保持展览的常展常新的？贵馆近年来在展览互动性设计、数字化运用方面有哪些探索？

葛旭： 我馆自2014年起，对基本陈列主展厅古脊椎动物馆进行了大的改造，这是一次展览展陈软硬件的全面升级。硬件方面更新了电路、灯光、展柜、地面等；软件方面将古生物学的科学前沿成果进行梳理，从中精挑细选精品中的"珍品"进行展出，其中70%的展品为首次亮相，许多更是世界前沿科研新进展和新突破成果的同步展示。展馆按照生物分类和重要生物群的形式重新进行了展区划分，以脊椎动物演化过程中9次重要事件为主线介绍脊椎动物的演化历史，全面复原古脊椎动物及古人类演化的宏伟历程。

2019—2020年，我馆又对人类演化馆进行了重新布展。所以到目前，我馆的基本陈列已经全部进行了更新。人类演化馆的改陈是通过432件（套）展品串起人类起源、演化、发展的历程，突出展示了中国古人类学、旧石器考古学和古DNA研究的最近20余年的最新成果，重点展出中国科学院古脊椎动物与古人类研究所近百年来的科研成果。配合该馆升级，我馆还开发了"人从哪里来"主题课程及相关研学线路。该馆还采用了众多多媒体技术辅助陈列，比如通过幻影成像技术展现人类演化进程和北京猿人的生活环境。

我馆在基本陈列改造中，互动性方面的设计相对少些，因为我们更加强调科研成果和展览的教育作用，所以在展览游戏化、互动性的设计方面还是有所保留。我馆尽可能呈现的是一种严肃的科普馆，这也是我们在展陈设计之初的想法。在数字化方面，这几年我馆重新制作了AR古生物复原，增加了很多丰富的内容，表现形式也更加多彩。

问： 作为全国科普教育基地、北京市科普教育基地、北京市青少年教育基地、中国古生物学会科普教育基地和中央国家机关思想教育基地，请问贵馆在公众教育、自然科学知识普及方面都做了哪些探索和品牌建设？

葛旭： 我馆是首批首都研学教育基地，在公众教育方面有自己的特色。我馆的社教品牌有达尔文大讲堂、古动物馆奇妙夜、小小讲解员、小达尔文俱乐部等。达尔文大讲堂已经做了32期了。我馆还承办了科技部的科学之夜活动，有500多人参与了此活动，这是一个综合性的活动，共有12项内容。我馆还增加了很多趣味性活动，包括给孩子们赠送福袋，里面装满小孩喜欢吃的恐龙棒棒糖、恐龙饼干等，还有恐龙的拼搭以及恐龙石膏的模型等活动，给孩子们创建了一个互动性和科普性非常强的科学节日，让孩子们能够喜欢古生物，并且感受到科学家的精神。

小小讲解员是我馆的品牌项目。为了让爱好古生物的小朋友系统地了解古生物知识，锻炼语言表达能力，我馆充分利用博物馆及研究所资源，邀请专业老师授课，授课内容包括古生物知识、发音、形体、礼仪、展项知识和讲解技巧等。培训结束后，通过考核的小讲解员可在老师的指导下参加博物馆日常的讲解工作，凡达到规定讲解时间的小讲解员都将获得由中国古动物馆颁发的实习证明。我馆为小讲解员提供了一个学习最新科学知识的机会，提供了一个锻炼和展示能力的平台。通过与同龄小讲解员的交流，培养小观众热爱科学的兴趣和讲述科学的能力。

小达尔文俱乐部是1998年6月创办的，至今已经20余年了。创办这个俱乐部，就是让中、小学生有一个亲身体验、近距离接触古生物学的平台，摆脱枯燥的书本知识，强调实践和动手能力，及时了解我国乃至国际最新的古生物学成果，从小积累对化石和生物演化研究的兴趣，使俱乐部成为培养中国未来科学家的摇篮。通过这个俱乐部，我们收获了一群特别喜欢古动物的孩子。俱乐部的活动内容是我们研究所研究生提供的资源，所有研究生在毕业之前都要到小达尔文俱乐部做讲座，把自己的研究方向和研究内容以最科普的形式讲授给小朋友，这样，小朋友就知道我们研究所的研究不仅包括恐龙，还包括两栖古鱼、古两栖爬行动物、古哺乳动物和人类等，明白古生物学是一个非常综合性的学科。

在科学知识普及方面，我馆还做了一些博物馆的课程研发工作，针对不同年龄段的小观众，推出了大量的系列科普图书，包括针对小朋友的古生物绘本系列及针对小学生的图书，如《恐龙有话说：中国卷》《中国恐龙地图：给中国孩子专属的恐龙宝典》《中国恐龙日历2023：每天一只中国恐龙》等，其中《证据：90载化石传奇》介绍我们研究所20世纪90年代以来的90件展品。另外，古脊椎所3位学者创作的《征程：从鱼到人的生命之旅》获得吴大猷科普著作奖原创类的金奖。

我馆2018年向北京科普志愿服务总队申请成立了中国古动物馆科普志愿服务分队。我馆展厅志愿服务项目吸引了众多高校学生的参与，为他们提供了志愿服务的机会和平台，同时也提升了场馆的接待服务能力。我馆志愿者大部分来自中国科学院大学、中央民族大学、北京邮电大学、北京师范大学、中国地质大学等高校。我馆的科普志愿服务分队还被推选为首都最佳志愿服务组织，中国古动物馆展厅志愿服务项目被推选为首都最佳志愿服务项目，并被授予2021年首都志愿服务项目大赛银奖。

问：请问贵馆与国内外其他科普类展馆或组织有哪方面的互动与交流？

葛旭：我馆包含几个部门，其中一个就是策划与发展部，这个部门的主要工作是为其他博物馆设计展览，包括内容和形式设计。在新冠病毒感染疫情之前，我馆每隔两年都会在日本举办展览。

我馆与其他馆的合作也比较多，比如"我从海洋来——从鱼到人生命之旅"展览由中国科学院古脊椎动物与古人类所和宁波博物馆联合主办。这个展览是以脊椎动物的演化为主线，结合演化过程中的重大事件，通过精美的展品和丰富的展览形式，讲述从鱼到人所充满的跌宕起伏和不可思议的演化故事。该展览专业的展览内容、寓教于乐的展陈形式、丰富多彩的互动体验项目和科普活动，在宁波当地和周边城市引起强烈反响，掀起了一股古生物科普的文化热潮，在不到两个月的展览时间里，展览参观数量达到近34万人次，成为2019年暑假期间最热的话题之一。

2019年，我们研究所与国内外和各单位联合举办了12场不同形式的科普展览，为历年之最。其中，日本东京国立科学博物馆的"2019恐龙展"展示了日本恐龙研究50年的历史，我们研究所参展的3件展品分别代表1996年、2004年及2010年的研究成果。该展览盛大而隆重，在日本当地媒体、科教等各界获得好评，参观数量达到60万人次。

问： 请问贵馆在博物馆现代化发展的进程中遇到了哪些问题？作为首都博物馆的一员，请问贵馆如何推动"博物馆之城"建设？

葛旭： 我馆在建馆之后也遇到了几个瓶颈。第一是经费的问题。第二是场地的困扰。我馆展览面积比较小，只有一条单向的参观路线，不能走回头路，参观通道也比较窄，在疏散观众方面，尤其是人多的时候就暴露了我馆的问题。第三是人才的问题。现在博物馆缺少复合型的人才，培养出来的人才流失也比较快。

关于推动北京"博物馆之城"建设方面，我馆要继续发挥科研优势，在充分完善和提升自我的基础上，加强馆际间的交流合作，在展览互换、人才培养、文创产品研发等方面加强协作，探寻博物馆发展的新路径，以实际举措更好地推进北京"博物馆之城"建设工作。

问：请谈一下贵馆未来的发展与规划。

葛旭：未来，我馆会加强两个方面的建设。第一个方面是文创研发工作。我馆的文创研发起步比较晚，目前产品类别不多，不足以满足不同年龄段观众的需求，所以未来会在这方面有大的规划和举措，比如举办科普主题文创大赛、与文创公司开展多种模式的合作等。第二个方面是继续加强科普教育模式，开发更多的博物馆通识课程，开展更多的科普活动。通过这些通识课程，培养孩子们大胆假设、小心求证的科学精神，全方面提升青少年一代的科普素养。

美好中国　理想家园

——中国园林博物馆

受访人：杨秀娟，现任中国园林博物馆党委书记、馆长。曾任天坛公园党委书记、园长。博士学位，园林绿化高级工程师。

问：中国园林博物馆是中国第一座以园林为主题的国家级博物馆，是收藏园林特色文物、研究园林历史价值、展示园林艺术魅力、弘扬中国优秀传统文化的重要窗口，请您谈一下贵馆的建馆背景。

杨秀娟：北京作为我国的首都，积淀了丰厚的历史和文化底蕴，在园林方面的遗存也是非常丰富多彩的，这既是中国园林文化的一个重要组成部分，也是北京历史文化不可或缺的一项重要内容。创办中国园林博物馆的第一个背景是北京市承办第九届园林博览会，作为行业里最高等级的园林博览会，这对于北京园林界来讲是非常重大的一件事，所以为了将我国3000多年灿烂的造园史和辉煌成就向国人乃至世界进行展示，最终促成了这个馆的建立。鉴于园林博物馆具有很强的专业性，北京市政府把这个任务委托给北京市公园管理中心。第二个背景是在中国园林博物馆的筹建过程中，正值中国园林行业蓬勃发展，园林学科在申请国家一级学科，所以我馆的建设和园林学科的发展相辅相成。

中国园林博物馆的建设得到了几方面力量的支持。第一，政府在建馆以及在馆址选定方面给予了大力的支持。第二，北京市公园管理中心给予了行业方面的支持，中心曾提出一个口号，即举全中心之力来建中国园林博物馆。第三，学科专家和专业人士给予了学术方面的支持。当时邀请了来自各单位的专业人士，他们虽没建设过博物馆，但都是园林专家。尤其是我馆的第一任馆长，也是中国园林博物馆的筹建者，他在博物馆方案、选址、落地以及后期展陈和运营等方面都做出了非常卓越的贡献。

值得一提的是，这块地（中国园林博物馆馆址）地处丰台，建设前曾是首都钢铁公司钢渣的废弃地，作为博物馆的立地条件并不是很完备，所以在建设过程中经历了很多困难。如今建成的中国园林博物馆在大门口松竹梅盆景的景观底下特意保留了一块看起来像石头的钢渣，这是为了让观众了解和记住当年的建设背景和条件，所以中国园林博物馆的建成是一个变废为宝的典型案例，这也彰显出中国园林博物馆弘扬生态文明的宗旨。中国园林博物馆的筹建一共经历了3年时间，于2013年5月18日的国际博物馆日正式开馆（图1）。中国园林博物馆的建成是北京市"十二五"时期的一个非常重要的项目，也是十八大之后北京市的一个重要成果。

问：请您谈谈中国园林博物馆的整体空间布局和展陈体系。

图1　中国园林博物馆建筑外观（馆方提供）

杨秀娟：作为中国第一座以园林为主题的国家级博物馆，我馆的特色是"馆中有园，园中有馆"。中国园林博物馆的整体空间包括室内展厅、室内展园和室外展区三大部分。整个馆占地面积6.5万平方米，其中主体建筑占了5万平方米，室外空间占了1.5万平方米，另外还有4000多平方米的水面面积。在展陈体系的考虑上，因为中国园林的发展历史和一些经典地域流派的园林实景都作为主要展示内容进行展示，所以我馆复原了南方的几个经典园林展示于馆内，让观众能身临其境地去感受不同地域的园林特色。

首先，中国园林博物馆借鉴了中国传统建筑的布局，将10个室内展厅沿中轴线均衡分布，中轴线的西侧设置了6个展厅。第一个展厅是中国古代园林厅，以编年体的方式讲述了中国3000多年的造园史，将园林的生成期、发展期、转折期、高峰期、晚熟期的发展历程进行了全面的展示（图2）；第二个展厅是近现代园林厅，从1840年讲起，将近现代我国园林受国外的文化影响、近代园林的转折变化以及新中国成立后辉煌的成就展示出来，其跨度有100多年的历史；第三个展厅是园林文化厅，展示了中国园林与传统哲学、文学、书画、戏剧音乐等的相互影响，表现中国园林的多元功能、文化内涵及其文化影响力；第四个展厅是造园技艺厅，从科学的角度讲解园林，主要展示了园林造景立意、园林造景技法、园林基本要素和传统造园流程等方面的内容。这四个展厅作为我馆的基本陈列，其展陈思路非常清晰，即前两个陈列用时间线来展示园林，第三个陈列从文化角度展示园林，第四个陈列从技术角度展示园林。西侧的第五个展厅是世界名园博览厅，展示了不同流派和不同风格的世界园林精品。作为观众了解世界各国经典园林的一个窗口，这个展厅主要以图板、模型和多媒体成像为主。西侧的最后一个展厅是互动体验厅，考虑到博物馆的趣味性、互动性及开展社会教育活动的需求，特设置此厅让小朋友充分体验造园技艺、普及园林知识。中轴线的东侧设置了4个临时展厅，每年都会策划不同主题的临展。

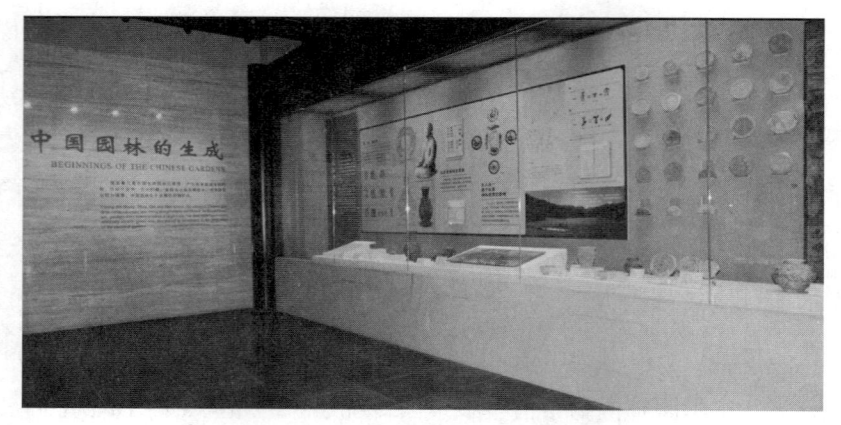

图2 中国古代园林厅(馆方提供)

其次,根据园林学划分的园林三大体系,即北方的皇家园林、江南地区的私家园林和广东岭南地区的私家园林。我馆的室内展园撷取了南方的三座经典园林,即苏州的畅园(图3)、扬州的片石山房和广州的余荫山房。在选这些经典园林时有两点考虑:第一,要具有该地区的园林特色并具有代表性;第二,要结合我馆自身的立地条件。所以,这3个室内园林都非常有特色,建设时为保持其原汁原味,大部分植物也选择了南方的本土植物。这些植物必须居于室内,否则很难过冬。

最后,我馆在室外展园区域设置了3个北方的水景园林。第一个室外展园是对应我馆背靠阴山、负阴抱阳的环境而建设的"塔影别苑",通过借景的手法将永定塔的倒影纳入水面中,既增加了水面的看点,也体现了北方水景园林的大气。第二个室外展园借鉴了古籍里记载的清代私家园林半亩园的原型,这个园林曾位于北京东城,著名文人李渔还参与过此园林的建设,不过现在已消失了。我馆在史料研究和挖掘的基础上,将李渔参与过的假山石堆叠的景观进行了重点再现,取名"半亩轩谢"。第三个室外展园是结合我馆的地理特点,沿着馆后面的山路直到山顶,修建了一组远眺北京城的山地园林,取名"染霞山房"(图4)。以上3个室内展园和3个室外展园即我馆整体展陈的实景陈列体系。

下篇　北京地区博物馆展陈"馆长说未来" / 313

图3　室内展园苏州畅园（馆方提供）

图4　室外展园染霞山房（馆方提供）

问：请问贵馆每年都会策划哪些主题的展览来弘扬中国园林的悠久历史、灿烂文化和辉煌成就，公众反响如何？贵馆在国内外巡展及交流方面又有哪些有效举措？

杨秀娟：我馆的临展策划大多从园林的角度去解读一些文物或者主题，每年都会推出十几个到二十几个不同的主题展。因为园林跟很多其他学科都形成交叉，同时又有自己的学科特点，所以我馆每年都会跟其他博物馆、园林行业、研究机构和高校等进行合作。比如书画类的展览，常规的书画类展览注重对作品本身的呈现，而我馆举办书画展则会从园林发展的角度去解读作品，有时候还会从画作元素构成与园林空间构成关系的角度进行阐释。中国的文人画山水园林者居多，从近代山水画兴起开始，逐渐过渡到山水画与造园的融合，你会发现任何一种文化，当你循着它脉络往上溯源时都会看到其相互影响、一脉相承的发展历程。文物展示也是这个道理，很多文物是当时人们的生活器具，如今因其稀少成为珍贵文物，而文物上的纹样记载的一些信息，一定是当时人们生活方式的一种体现。所以，策展的时候从这些方面去思考，就能解读出许多跟园林相关的要素，这也说明了园林是一个综合的学科，它跟人类生活的衣食住行都有关系，在生活中的很多方面都能找到园林的影子。之前因为没有园林博物馆这样一个载体，缺少连接园林和文博系列的纽带，所以大家较少从这个角度去分析。如今，中国园林博物馆立馆10年，无论是对博物馆行业还是对园林行业，应该都是一个很好的补充。

在国际展览交流方面，我馆的部分展览曾去过美国、法国、韩国等国家，我馆也引进了国外的很多相关学术展览，比如美国的奥姆斯特德是世界现代公园建设之父，我馆跟美国的奥姆斯特德纪念馆合办过一场展览。我馆之前还做过关于消失了的园林的研究，在这方面也引进过一些国外学者如高居翰的学术研究，他是对中国明清两代园林研究很深的一位学者。

问：园林是自然与人文、环境与艺术的完美融合，是人类追求与自然和谐的理想家园。请问贵馆在收藏、研究、展示的基础上,采取了哪些教育模式进行分众教育,引导社会公众的生态文明观?

杨秀娟: 我馆是在收藏、研究、展示的基础上,最早推行实景体验教育和沉浸式社教体验的博物馆,所以这也算我馆的特色,在北京市的博物馆圈子中也小有名气。因为园林交叉学科很多,所以我馆的社教分了两大主脉络:一是关于园林历史的文化脉络;二是关于造园四大要素的科技脉络,揭示其本身涵盖的科学原理和理念。因为我馆在技术方面的社教也做得非常好,所以我馆的社教既被归类进了历史类的博物馆里,也被归类进了自然科学类、科技类的博物馆里。

我馆的社教是按年龄进行分众教育的。针对成年人,我们从历史文化角度出发,尊重历史事实和园林本体的发展规律,把从古到今与园林相关的历史予以生动呈现。众所周知,琴、棋、书、画、诗、香、茶都与园林相关,都是园林雅集的重要组成部分。我们从古籍里挖掘了很多发生在园林中的一些真实事件,比如举办一场茶会,我们会复原西园雅集当年到底是谁参与了茶会,参与的人在雅集上都做了什么,然后让观众真实地体验这些情节,让观众用真的建盏去品茶。再比如"曲水流觞"这个活动,我们让观众穿上古装,扮演历史事件里的真实人物来进行体验。还有,我们再现了唐代陆羽的七碗茶,体验当时到底如何喝茶、如何煮茶等。在优美的风景中,观众着古装坐在适当的位置上,沉浸式体验历史的瞬间,是一件特别美好的事情。

针对专业院校的学生,社教的专业性更强一点儿。我馆作为多所高等院校的教学实践基地,一个重要的社教服务就是针对高校新生的"开学第一课"活动。作为博物馆里的第一节专业课,我们组织学生参观中国园林博物馆,由馆内的园林专业人员进行讲解,使学生比较直观地了解园林学科概况及知识点。在这方面,我馆确实为专业教学做了一定的贡献。

针对青少年,我馆推出了文化类教育和自然类的社教活动。北京西山这一带曾是皇家御道上的一个栽培地，所以我馆特意开辟了400多平方米的种植空间，让亲子家庭来种植稻子，稻子种好以后邀请小朋友观测稻子的生长过程，到了秋天再请他们来体验收稻子的农耕活动。在自然教育类方面，我馆设计了一个2000多平方米的秘密花园作为自然课堂的基地，每期招募12组亲子家庭（必须是爸爸带着孩子），引导这些家庭用两天的时间来搭建花园，包括温室、水池的搭建体验。在水池的搭建部分，我们会提前准备好图纸并教小朋友如何放样，挖好后如何做防水，做完防水后把水倒进去，然后让爸爸带着孩子把水生植物种进去，这些自然体验是非常有特色的。此外，我馆还打造了一个实验室，小朋友可以采一些叶子和花朵，通过显微镜去观察，并将观察到的构成画下来。有时候，也会让小朋友提取植物汁液做染料作品。这些社教活动能让小朋友体验到造园的美好。

我馆还有一个社教品牌叫"园林小讲师"，专门针对8—12岁的青少年，从内容引导、讲解技巧、形体等方面进行培养，这些年博物馆一共培养了约1000名园林小讲师，他们也是小小志愿者，形成了我馆完整的志愿服务体系。对于这些青少年来说，到中国园林博物馆当讲解员可以积累他们的志愿时长。所以当孩子们走进博物馆做了贡献以后，对他们未来的发展也会有一些帮助。我馆的社教体系不仅有考核，也给青少年提供了一个成长的空间。这个活动特别受青少年的欢迎，家长们也非常支持。

问：贵馆自开馆以来已经形成独特的"园林中的博物馆"和"博物馆中的园林"特色，请您谈谈贵馆被誉为"有生命"的博物馆的含义。

杨秀娟：作为一座园林博物馆，如果脱离了植物、动物去讲园林，那么在要素上就是不全的。我馆不仅有优美的自然环境，还有一群有生命的动物和植物，它们是园林的一部分，也是我馆的展品。景观并不是眼睛看到才称其为景观，在夏天时听到的虫鸣蛙叫，其实也是园林景观的一部分。我们坐在园林里看星空，这其实也是园林景观的一部分。所以，从宏观层面看，园林的范畴很大，园林是生活的一部分，是艺术的一部分，是整个生态文明的一部分。所以，我馆定位为"有生命"的博物馆，是指馆区良好的生态环境经常会吸引周边的一些野生动物聚集过来。清晨或傍晚，我馆的水面上经常会出现一些野生鸟类"偷鱼"吃，根据监测这些野生鸟类很多是二级保护动物。有时候，从外面飞来一只野鸭，如果它愿意停留在这儿，我们就好好保护它；如果哪天它觉得有更适合的地方，我们就任它飞走，这都是园林生命的延续。另外，北京有很多雨燕，我馆为它们做了很多鸟巢，并为它们提供了食物，希望给它们营造一个舒适的环境。对于现在城市里已经消失了的萤火虫，我馆也努力为其营造一个好的环境，希望将来某一天它们能再出现。

总之，这些良好的生物指标应该成为人们生活的一部分，但是在现代城市里很难看到了。我个人觉得作为一座"有生命"的博物馆，我馆有职责和使命去营造这样一个环境，或者是不断去改善环境，逐步把这些美好的东西呈现给观众。所以，这就是我馆作为一个"有生命"的博物馆的内涵，把所有的动植物都当成展示的内容，是中国园林博物馆的深层次考虑。

问：贵馆的科研工作稳步开展，藏品数量与种类不断充实，请您介绍一下贵馆在科研方面的探索。

杨秀娟：目前，我馆发挥了两个方面的作用，第一个方面是填补了博物馆行业的门类空白，第二个方面是为园林学科的发展增加了另一个层面的探索。所以，我馆的科学研究主要包括了两个方面，即对园林历史的挖掘和对学术空白的填补研究。一方面，从博物馆研究的角度，我们对园林研究史有关遗址和考古方面的一些空白做了填补，弥补了园林史研究的不足，有的可形成文物和记载上的一些互补。另一个方面，通过我馆对整个园林体系的梳理，园林史更加清晰化了。

我馆还做了一些关于消失了的园林的研究，比如我馆展示了整个圆明园的复原模型，我们邀请上海的工艺大师制作了这个模型，展示效果非常震撼，这在当时是独一无二的。关于宋代著名的宫苑艮岳，除了自己的团队，我们还邀请了相关的学者，邀请了著名的工艺大师按一定的比例对其进行再现。另外，江苏600多年前的明代园林——芷园也是一个消失了的园林，我们根据明代的图册和文字记载进行再研究，邀请工艺大师按照我们的研究成果用模型将芷园进行了再现。让这些消失了的园林在我馆得以呈现，我认为是回馈了社会。

问：请问贵馆在博物馆数字化展示及藏品数字化方面做了哪些实践？

杨秀娟：作为一个比较年轻的博物馆，我馆很早就建立了数字化系统，当时还不是为了推广，更多的是想弥补自己藏品的不足和短板。我馆数字化建设的第一个初衷是建立一个园林信息平台，把当前跟园林相关的前沿技术研究成果、相关的资料收集起来。第二个初衷是让这些数字成果为我馆的展览研究或者社教活动服务，因为这些工作如果没有相关研究作为基础，就没有生命力，就不可能有一个持续的、良好的发展状态。第三个初衷是从传播角度进行考虑。前些年数字化程度远不及今天数字藏品的普及程度，所以我馆只是做了数字化藏品的基础性工作积累，虽然经济效益不是那么明显，但对文化传播是很有好处的。

我馆一直在坚持数字化的建设（数字化展品），如今很多展品已经图像化了。我馆现在正在做一个类似于图谱的项目，虽然目前还没完成，但我相信，这个项目一旦完成，就会成为之前全文字状态展示的补充。还有，数字化建设是我们对音频、视频的积累，我们较早的时候就已经开始了名家访谈视频收集，但是目前体量还不够丰厚，假若未来丰厚起来的话，也会是中国园林博物馆得天独厚的一个数字资源。我馆建馆时有很多老专家参与，如今看来，这些资料的留存果然成了绝笔。我认为，博物馆应该用历史的眼光来看待今天和未来，这些也是我馆现在和将来要努力的方向。

问：为加快推进博物馆的全面发展，发挥一个馆在构建公共文化服务体系中的重要作用，请问贵馆有何举措去助力北京"博物馆之城"的建设？请问贵馆的中长期发展规划是什么？

杨秀娟：我馆未来的发展主要是发挥好为社会服务职能。我馆的特点是跟其他学科交叉比较多，跨越园林行业和博物馆行业。我馆将继续围绕"4+1"职能发展，这里的"4"指的是博物馆应有的教育、研究、展示、收藏职能，"1"指的是景观职能，这是我馆未来努力的方向。建馆10年来，我馆虽然取得了一些成绩，但是未来的路还很长，需要我们更加努力。比如我们的馆藏还有待进一步积累和丰厚，我馆在展示内容的独特性、资源的整合能力等方面也还需要继续提升。

总之，我馆一定要先做好自己的特色，才能为北京"博物馆之城"的建设贡献力量。园林博物馆的核心就是园林，所以我馆肯定会始终围绕这一核心，以园林好故事讲好园林故事。相信在政府、社会和各机构的大力支持下，我馆的未来一定会大有可为。

打造农博苑　助力中轴线

——北京古代建筑博物馆

受访人：薛俭，北京古代建筑博物馆馆长。

问：北京古代建筑博物馆是一座以收藏、研究和展示中国古代建筑历史、技艺以及先农文化的专题性博物馆，请您介绍一下贵馆的建馆宗旨与历史。

薛俭：北京古代建筑博物馆是以先农坛的古坛区为展场开辟的一家博物馆，建馆定位是传承、普及中国传统建筑文化、建筑知识、先农坛历史文化等科学知识。先农坛已有600多年的历史，在明清时期是皇家祭祀的场所，在民国时期是城南公园。新中国成立以后，北京先农坛内坛成为北京育才学校校区，里面的主要古建筑成为学生宿舍、会议室、图书馆、校办工厂等。20世纪六七十年代又有部分工厂迁入，原来完整的古坛区被人为地分割成若干个单位。部分古建文物被拆毁、丢弃甚至遗失，但坛区内的主体建筑群尚存。

1978年，先农坛被北京市政府列为第二批市级文物保护单位。1980年，育才学校向文物部门提出申请维修太岁殿等古建筑。1986年，市政府开始了对先农坛的保护维修工作，腾退育才学校的一部分校舍。1988年，北京市文物局宣布在先农坛太岁殿挂牌成立北京古代建筑博物馆筹备处，负责先农坛古建筑的逐步修复和收回，那时还得到了著名建筑专家单士元、罗哲文、吴良镛等人的大力支持。随后，对先农坛太岁殿院落4座大殿进行修缮。1990年，在北京市政府的主持下，博物馆与育才学校达成了"文教并存"的共识，以先农坛内坛东坛门至西坛门一线为界，以北为古代建筑博物馆（图1），以南为育才学校。

1991年9月25日，北京古代建筑博物馆正式对外开放，成为我国第一座以收藏、研究和展示中国古代建筑历史、建筑艺术、建筑技术的专题性博物馆。我馆于1995年收回了神仓，1997年收回了庆成宫，2001年收回神厨、具服殿、观耕台。1999年，我馆举办的首届"中国传统建筑展"开展，并将上述内容作为基本陈列展出。2002年，"先农坛历史文化展"开展，2014年更名为"北京先农坛历史文化展"。2011年，"中国传统建筑展"再次改陈，于2012年1月开展，持续至今。

问：在古建筑里面布置陈列展览，既要考虑展示效果又要做好古建筑的保护，请您谈谈贵馆的基本陈列情况，贵馆在基本陈列中是如何处理建筑与展览的关系的。

图1　北京古代建筑博物馆北坛门

薛俭： 我馆建馆至今，先后推出了两项基本陈列，一项是以中国古代建筑文化为主题的基本陈列，另一项是以北京先农坛及先农坛文化为主题的基本陈列。这两项基本陈列都经过改陈，目前展出的"中国古代建筑展"是2012年推出的基本陈列。这个展的策展思路是：结合馆藏品，利用展览语言和表现形式，展开对中国古代建筑文化的诠释。全展划分为"中国古代建筑发展""中国古代建筑类型""中国古代建筑技术""中国古代城市发展""清光绪太岁殿原装陈设"等五个部分。这次改陈既照顾了重点展品——明清北京隆福寺藻井和1949年老北京沙盘体量大、不便移动的问题，又很好地对中国古代建筑文化的内涵做出了诠释。在展出面积不变的前提下，实现了北京市文物局领导提出的"在古建的主题内适当反映先农坛历史文化内涵"的提议。

古建展的亮点是北京明代的隆福寺藻井，在1976年大地震时古建筑也曾濒临危险，在众多文物专家的见证下，我馆工作人员将正殿万善正觉殿明间藻井完整拆下后，又一件一件背了回来。1993年，我馆决定修复万善正觉殿明间藻井，向北京市文物局申请专项修复款后，耗费一年时间修复完成。修复藻井遵循"可识别"原则，一部分保留原始状态，只进行除尘，局部采取化学保护；修复部分参照20世纪30年代梁思成先生拍的历史照片，使用松木对缺失破损处雕刻修补复原，保留木制本色，不做彩画，只罩防尘漆。藻井经过进一步吊装设计，高架吊装于4根木柱支撑起来的局部景观架内。1999年"中国古代建筑展"布展期间，复原了藻井周围的部分天花及彩画。从此，这个藻井就成为我馆的镇馆之宝，永久展出（图2）。

在古建里面做展览，既要保护好古建筑，又要与古建的特色相协调，所以我们重新铺装了西、南两展厅的地面，全部展厅严格使用符合防火要求的材料。结合中国古代建筑以木为主的特点，突出黄、绿色的搭配，展材主体使用黄色，象征木材原色，绿色则提升了观众视觉的舒适性（图3）。展览采用分体式展柜，设立一侧活动门以便于展品更换。人工光与自然光在不同部位的合理安排，既可以节能又可以改善古建筑作为展厅而存在的采光不足问题。我们在"中国古代建筑技术"这个展厅，充分使用科技展的手段，将集中展示与分体展示相结合，展出了单体模型、设有活动场景的景观模型、半剖模型等，展品形式多样、体量大小不一、陈列错落有致，使该展厅成为本次改陈的样板展厅。

图2　北京古代建筑博物馆的镇馆之宝（一级文物）——万善正觉殿明间藻井

图3　"中国古代建筑展"的色彩搭配展厅实景图

"先农坛历史文化展"是我馆历史上的第四个基本陈列，展出面积700余平方米，2014年开展至今。展览内容主要包括西配殿的北京先农坛历史沿革、正殿的农耕庆典、东配殿的农神祭祀与中国古代农业文明，以及位于院落西北角翻建的中和韶乐乐器展厅。其中，中国古代农业文明与中和韶乐乐器的展示属于北京先农坛历史的外延内容，对观众了解先农坛知识起到了必要的补充作用。这个展览为了增强展出效果，重新征集并制作了大量展品，运用了多媒体等辅助陈列手段，与专业创作团队磨合一年之久，依靠历史素材还原历史场景，将清《雍正帝先农坛亲祭图》《雍正帝先农坛亲耕图》以动画的形式重新编排制作，既展示了两幅历史画作的文化内涵，使观众更易于了解先农祭祀礼、亲耕礼的礼仪程序，又成了该展览的亮点。

问：请问贵馆每年会围绕哪些主题做临展的策划，又举办过哪些方面的引进展和巡回展？

薛俭：我馆的专题展览是基本陈列的重要补充。在2011年"中国古代建筑展"第二次改陈之前，我馆举办的临展不多。比如我馆在1989年举办过"中国古代建筑技术发展简史"展，1990年举办过"北京文物建筑保护成果展"，1994年举办过"为了忘却的记忆——北京先农坛历史沿革展"，2002年举办过"北京先农坛文物建筑抢救成果展"。2008年北京奥运会期间，我馆还举办了"中华牌楼展"，作为专题展的实验探索。2011年，专题临展的数量增多，主要是为了补充在"中国古代建筑展"中尚不能完全体现的古代单体建筑，使博物馆古建主题展览系列化。因此，确立了以"中华古建"为核心的、每次展示一种传统单体建筑类型的系列展览思路。展期以年为单位，一年举办一次，展出地点基本固定在先农坛——具服殿。2012年，"中华牌楼展"成为新专题的开端。此后，2013年举办了"中华古桥展"，2014年举办了"中华古建彩画展"，2015年举办了"中华古塔展"和"中华民居——北京四合院"展，其中"中华民居——北京四合院"

展成为"中国古代建筑技术发展简史"展之后规模最大的专题展。2016年，我馆还举办了"中华古亭展"。

自建馆以来，我馆一直坚持"走出去，请进来"的原则，引进了许多临展。我馆的第一个引进展是1993年与北京东方收藏家协会联合举办的"门券收藏大观"展。1995年，与抚顺平顶山惨案纪念馆联合推出"平顶山大屠杀"特展。2009年，引进了"北京博物馆60年""名人与文化遗产""历代名人与大觉寺"。2010年，引进了"北京坛庙文化展""沈阳故宫建筑艺术展"。2015年，引进了"融合·创新·发展——北京数字博物馆推进公共文化服务成果展"。

我馆也开展了一些巡展活动，自1990年第一次巡展开始，设计了与古建相关的历史和科技等内容。巡展地点从最开始的本市发展到外省市，也到过欧洲、澳洲和亚洲等其他国家和地区。巡展形式从最初的图文版发展到图文版和展品结合，以及互动展项和各种多媒体手段。建馆初期的巡展工作形式比较简单，内容较为宽泛，也没有形成独立的体系。20世纪90年代到21世纪初有了一些进步，展示内容逐渐主题化，专题性大大加强，巡展地点进入高校，走进博物馆，最终走出国门。比如2006年制作的"走进中华古建"展在西城区32所科技示范校巡回展出。2012年起，我馆的巡展内容专题性强，形式多样化，展览体系整体完善，实现了在全国各地以及海外开展大规模巡展的设想。2012年，我馆的"土木中华——中国古代建筑展"在海战博物馆大厅展出，2013年又去了广东省番禺博物馆巡展。2014年，"古都今与昔——北京老建筑风貌展"首次在台湾台南市萧垄文化园区展出，这个展览展示了北京中轴线的格局和理念、北京城市民居以及中华古代建筑的木构技术和装饰艺术，取得了良好的效果。

问：2022年5·18国际博物馆日之际，北京古代建筑博物馆的数字资源库正式上线，大大便利了观众云上观展。请问贵馆在博物馆数字化建设上还会做哪些方面的拓展？

薛俭：我馆近10年来在推动智慧博物馆建设工作上取得了一些成果，信息化建设已经成为博物馆日常办公、展览展示、服务接待、宣传交流的手段。目前，涵盖了博物馆数字化建设、数字影像资料的记录；各项数字化项目的开展、建筑和文物的数字化保护；网上宣传、电子设备的维护；官方网站的维护，微博、微信的制作、发布和维护更新；日常活动的数字影像服务等内容。2015年，我馆配合北京市科学技术委员会完成三维场景拍摄工作，同年与歌华有线签订了"我的北京"无线开放项目。2016年，我馆完成了"链景App"景区导览相关工作，使讲解工作在网络中得到宣传，扩大了受众范围。我馆还完成了青少年App互动项目工作，又增加了一些展厅互动项目。我馆的数字化环境不断加强，改善了博物馆的开放接待，提升了博物馆参观体验。

问：围绕北京古代建筑博物馆的主题，请问贵馆在社会教育活动方面做了哪些尝试？尤其是针对中、小学生，贵馆是以何种有效方式来讲述先农历史文化、让孩子们感受中国古建魅力的？

薛俭：我馆的社教工作注重日常讲解接待和对观众的服务，根据观众需求，依托对传统建筑文化和先农坛历史文化价值的深入研究，开展了一系列的文化教育活动，主要是向观众提供专业的古建筑知识和普及性的古建筑文化常识。在先农坛保护的基础上，通过举办活动使观众感受到我国自古以来尊农、重农的文化传统。1993年，北京古代建筑博物馆成为北京市青少年教育基地，社教工作拥有了更多的资源依托，注重了区域性文化交流与合作，开展了系列知识讲座和古建保护的摄影比赛，举办了针对青少年的专题展览和冬、夏令营活动，成立了青少年文物保护小分队，举办了博物馆之友联谊会。2000年，我馆被命名为青少年科普教育基地，我们举办了专家科普讲座，设立模型互动拆装操作间——艺术坊，作为青少年课外科普实践园地。2005年，我馆在澳门举办了古建科普展，而后在多所学校进行建筑科普巡展。2006年，"走近中国古代建筑"科普展走进西城小学。2007年，我馆又成为北京市首批青少年学术校外活动基地。我馆作为首家市属博物馆参与了香港理工大学首选毕业生培育计划，为该校学生提供了实习工作岗位。

我馆还与育才学校积极开展了共建活动，利用博物馆资源，特别是以先农坛文化为依托，与学校共同开发实验教材，推进校本课程的编制与实践，使博物馆真正成为青少年的社会大课堂。2016年，我们组织育才学校学生来我馆的农耕科普园种植百草，面向全市中、小学生推出《北京古代建筑博物馆学习手册》。

问：作为体现和衡量博物馆业务工作的重要方面，请问贵馆的研究工作是如何开展的？

薛俭：我馆的研究工作分为专项研究和一般性研究。专项研究课题又分为申报科研课题和未申报科研课题两类。建馆以来，我们的研究人员申报了三项课题，如"北京先农坛史料汇编""北京城四区旧城范围内四合院建筑文物调查与研究""北京先农坛部分匾额复原"，均为北京市文物局局级课题。2007年，我馆出版了《北京先农坛史料选编》，该书成为我馆的第一部资料性学术专著。2016年，我馆出版了《日下遗珍——北京旧城四合院建筑文物研究》。另外，我们的科研人员经过多年研究，还撰写了《北京先农坛研究与保护修缮》《先农坛百问》《回眸盛典——解读〈雍正帝先农坛亲祭图〉〈雍正帝先农坛亲耕图〉》等研究成果。2014年，我馆迎来了历史上大规模集中研究写作时期，决定成立北京古代建筑博物馆学术委员会，同时决定创办《北京古代建筑博物馆文丛》，我们的文丛开办3期以来，业内大量知名学者参与其中，成为重要的学术交流园地。2020年，我馆又出版了《北京先农坛志》，这本著作是我馆"十三五"时期馆级科研项目成果。

问：文化创意产业是博物馆公共文化服务的组成部分，请问贵馆的文创开发情况如何？

薛俭：我馆的文创开发工作主要围绕两个主题，一是先农坛历史文化，二是中国古代建筑文化。所以，依据先农坛文化开发文创是我馆的一项特色。2007年，我馆开始尝试制作与北京古代建筑博物馆有关的纪念品，早期开发的文创数量少，每年只有1—2种，仅仅是作为博物馆展览及活动的纪念品。早期的文创产品有老建筑照片题材的书签、卷草龙纹的杯子、建筑彩画的雨伞和环保袋子、首饰盒、刺绣挂屏等。2014年，我馆的文创产品已经有40余款，包括生活用品、文具用品等。如今，我馆的文创开发已经形成体系，从知识传播角度来看，对相关专业知识起到了普及推广作用。比如我馆的彩画可按时期分为宋式彩画、明式彩画、清式彩画；按照部位来分，可分梁枋、椽头等。彩图的设计以不同时期的彩画为基础，设计开发注重创意与实用性结合。2015年，我馆的"土木中华展"在法国展出，当时还携带了几个系列的文创产品一同展出，这是我馆文创产品首次在境外展出，受到了海外观众的喜爱。

问：先农坛是明清两代皇帝祭祀先农并举行亲耕耤田典礼的地方，贵馆特意种植了一片耤田，作为生态景观，贵馆会围绕它做怎样的文化及活动拓展？

薛俭：当时这块地是作为明清耤田历史景观来恢复的，因为在明清时期，皇帝在这儿划了一块地作为亲耕地，史料记载非常完备。在恢复这块地之前，我馆还做了考古，根据清末文献记载，这块地确实是先农坛具有核心文化价值的一个区域，我们把这块地的区域和面积研究得特别精确，通过恢复这么一个历史景观来更好地挖掘先农文化。具体的过程是，在2017年北京市委书记蔡奇来调研后就提出来这块地应该是和先农坛密切相关的，所以2018年就大力落实这件事，2019年我们开始尝试着种植谷子和高粱。2022年，我们联系中国农业科学院给予专业技术加持，在中间种了一部分水稻，在水稻的边上又分了几块地种了传统的五谷。配合景观田的种植，我们在旁边还做了与传统农耕相关的文化展板，介绍了五谷的起源以及发展等文化知识。

问：北京中轴线申遗正在大力推进，为助力此任务贵馆做了哪些方面的工作？请问贵馆未来的规划是什么？

薛俭：北京中轴线申遗是通过北京中轴线的申遗保护工作来推动北京老城区的文物保护工作。对于这次申遗工作，市委市政府花了很大的力气，财政方面也动用了很大的资金用于腾退、保护和修缮。我馆也遇到了自新中国成立以来文物保护工作的最好机遇。在中轴线申遗的工作中，我馆提出了一个口号——"打造农博苑，助力中轴线"。先农坛遗址作为皇家祭祀体系当中很重要的一个历史遗址保存下来并向公众开放，我馆的责任是要把它的历史文化内涵向社会公众进行展示。现在，古建筑博物馆管辖的区域是7万平方米左右，加上未来腾退的部分后，面积将近20万平方米，用"古代建筑博物馆"这个名称来代替先农坛文化遗址保护区域是不够全面的。所以，我馆未来将建成集文化展示、体育休闲、农耕体验以及能够反映先农坛文化内涵的园林式博物馆。

通过近一年的时间，我馆与各行的专家和同行进行了一些探索和思考，对我馆未来发展做出了初步规划。我馆在未来规划与建设中提出了一个目标和一个模式，即以"打造中国农耕文化展示的新高地、中国新时代国情教育的新阵地、文物活化利用的新样板"为目标，形成"一苑多馆多基地"的模式。我个人认为，未来先农坛文物保护区不仅仅是一个博物馆，希望它能够突破传统博物馆的形式。"一苑多馆多基地"里的"多馆"指的是除古代建筑博物馆外，我们还将建立中国农作物种子博物馆。多基地包括了农耕体验基地，给中、小学生定制一些劳动课，让孩子们从小开始体验中国的传统农耕文化；包括了文创孵化基地，就是做好博物馆的最后一个展厅，吸引文创公司到我馆来做研发，打造新农产文化产品，让观众参观后能真正把文化带回家去，创造博物馆的社会效益；包括了国情教育基地，主要聚焦关于中国作为农业大国是怎么养活自己的等国情问题。

未来，随着北京先农坛古坛区面貌的不断更新，北京古代建筑博物馆将会更加注重传统建筑文化的系列展示；伴随着北京中轴线申遗工作的推进，将北京明清皇家坛庙展示工作提上议事日程，即把先农坛打造成北京坛庙文化展示基地，通过对明清北京坛庙文化的全方位展示，为优秀传统文化的继承和发扬做出我馆应尽的努力。

（本采访得到北京古代建筑博物馆张敏研究员的大力支持，在此深表谢意。）

中国的周口店　世界的北京人

——周口店北京人遗址博物馆

受访人：董翠平，周口店北京人遗址博物馆馆长，长期从事遗产保护、文博管理、科普教育等工作。

问：周口店北京人遗址博物馆始建于1953年，是新中国成立后最早建立的博物馆之一，请您介绍一下贵馆的筹建历史与背景。

董翠平：周口店北京人遗址博物馆始建于1953年9月，原名为周口店遗址博物馆，当时为了让观众了解人类的演化进程，满足观众的参观需求，中国科学院在周口店遗址基础上建了一个300平方米的"中国猿人"陈列室向观众开放。这算是新中国成立后最早建立的史前遗址博物馆。后来，由于展品不断增多，参观的观众也不断增加，1972年，中国科学院拨专款进行了扩建，并更名为北京猿人展览馆，建筑面积为1036.32平方米。

为了使周口店遗址得到更好的保护、研究与利用，2002年8月16日北京市人民政府和中国科学院签署了《关于共建周口店北京猿人遗址的协议》。协议第四条规定，在报经国家文物行政主管部门批准后，对在遗址保护范围内的周口店遗址博物馆予以翻建。市院共建后，在市委市政府、区委区政府直接领导和中国科学院专家的指导下，在国家文物局和市文物局的支持下，编制完成了《周口店遗址保护规划》，2005年10月得到了国家文物局的批准，2006年10月公布实施。《周口店遗址保护规划》确定了保护范围，明确了功能分区，提出了主要建设内容。2006年开始筹建新馆，为了确保项目早日落成，市委市政府、区委区政府领导就征地拆迁、手续办理、展陈设计等工作多次召开专题会议，进行安排部署。2014年5月18日，北京市文物局将周口店北京人遗址博物馆作为北京5·18国际博物馆日活动的主会场，举办了2014年北京5·18国际博物馆日暨第一个"北京人"头盖骨化石发现85周年活动，周口店北京人遗址博物馆新馆向社会开放。以上就是我馆的筹建历史与背景。

问：贵馆作为世界遗产和全国重点文物保护单位，请简单谈谈发展过程中经历了哪几个重要阶段。

董翠平：周口店遗址发展的历史主要经历了三个阶段。

第一个阶段是1918—1948年的初步发现阶段。周口店北京人遗址1921年开始试发掘，1927年正式发掘，经过10年大规模发掘，发现了大批珍贵的古人类化石、石器和动物化石。但遗憾的是，因二战爆发，新中国成立前发现的这些人类化石在转运过程中全部遗失了。

第二个阶段是1949—2001年的砥砺前行阶段。1949年成立了周口店工作站，发掘工作逐渐得到恢复。此后，1951年、1958—1960年、1966年、1978—1980年又先后进行了多次发掘，获得了大量的新化石标本。1966年发现了"北京人"额骨和枕骨，成为"北京人"化石于二战期间丢失后仅存的珍贵标本。1987年，周口店遗址被列入世界文化遗产名录，也是中国的首批世界文化遗产之一。1997年，周口店遗址被中宣部列入全国爱国主义教育示范基地。

第三个阶段是2002—2020年的共同发展、共谱新篇阶段。2002年8月，北京市政府和中国科学院签署了市院共建协议，开始了遗址的整体保护。周口店北京人遗址博物馆新馆于2006年开始筹建，同年周口店遗址被共青团中央评为全国青少年教育基地。2008年，我馆被国家文物局评为国家一级博物馆。2010年10月，周口店遗址被国家文物局评为国家考古遗址公园。2011年，又被评为世界遗产青少年教育基地。2012年，被中国科学技术学会评为全国科普教育基地。2013年完成了遗址生态景观恢复。2014年落成开馆，标志着周口店遗址这个古老的人类文明殿堂进入了一个新的发展阶段。

问：周口店北京人遗址博物馆是国家一级博物馆，新馆建筑设计独特，请谈一下建筑设计时是如何考虑既承载博物馆的众多功能，又与旁边遗址及周边环境相和谐的？

董翠平：周口店北京人遗址博物馆新馆建筑面积8093平方米，地上二层，地下一层。建筑设计通过公开征集，最终北京建筑设计研究院设计的方案中标。因为周口店遗址发掘出了大量的石器，所以我馆的建筑外形源于周口店的重要文化元素——石器（图1），结构上由异形的钢结构和外挂的GRC定制饰面材料组成。另外，按照保护规划，这个区域所有的建筑不能超过9米。所以，我馆采取了下沉式的建筑形式，这也意味着周口店遗址的发掘是从上往下开始的。整体建筑还采取了水源热泵的环保技术，建筑顶部还设计了一些采光带，把人工光和自然光结合起来。我们在展厅的一层还设计了一个透视窗，希望通过借景的手法使博物馆和后面的遗址相呼应。

图1　周口店北京人遗址博物馆新馆外观

问：周口店猿人洞保护建筑工程获亚洲建筑师协会保护类建筑金奖。作为中国最具代表性的一处古人类遗址，请问贵馆是如何处理遗址保护与建筑的关系的？在遗址的保护上还做了哪些工作？

董翠平：猿人洞保护棚建筑工程是由清华大学建筑设计研究院设计的。根据中国科学院专家的意见，从保护的角度建议对猿人洞进行整体保护，即给它全部覆盖起来，所以这个项目尺度非常大，且在全世界也没有经验可借鉴。本着最小干预、消除危险、与环境相协调三大原则，设计人员设计了一个3700多平方米的大跨度的钢结构屋顶，南北跨度77米，东西跨度40多米，最高高度30多米。2008年开始着手做方案，2013年把方案报联合国教科文组织，2015年正式开工，2018年9月竣工。该屋顶采取了双壳网格结构，一个网格1平方米，上层是420个铝板叶片，下层是408块GRC合成材质。下层的图案是从山体上提取的纹路，用三维技术进行扫描后再进行加工安装。为了尽量减少微环境的变化，两层结构像鱼鳞一样交错，并保持通风。考虑到与环境的协调，设计师在每一块铝板上面留了20厘米的植被种植槽，自动灌溉，待植被顺着往下生长后，会慢慢地把铝板覆盖起来。

在遗址的保护工作上，从2012年起，我馆开始建设周口店遗址动态信息及监测预警体系，并得到了国家及市文物局的高度重视和大力支持。2012年12月31日，周口店遗址监测中心挂牌成立，被国家文物局列为中国世界文化遗产监测试点单位之一。2018年已完成三期建设，监测区域覆盖第1、第2、第3、第4地点及山顶洞等化石地点。监测内容涵盖了岩体稳定性、表面病害、沉降、积水、锚杆受力、微环境及猿人洞保护棚的震动、基础墩位移、钢结构应力应变等24个监测项目共336个监测指标。2012年，遗址公园开始了环境整治工作，按照国家文物局审批的方案，我们在遗址公园里做减法设计，把不协调的建筑全部拆除，然后恢复一些生态环境和基础设施标识体系。

问：周口店北京人遗址博物馆的基本陈列获得了2014年度全国博物馆

十大陈列展览精品奖,请简单介绍一下贵馆常设展的展陈内容和主题思想。与之前的老馆相比较,在展陈设计理念上有哪些突破?

董翠平: 我们新馆的展陈面积约3000平方米,设有序厅、临时展厅和4个常规展厅。基本陈列的展陈内容科学严谨,按照编年史和发掘地点展出了古人类、古动物和文化遗物1000余件(套)。我馆在建筑设计的时候就开始了展陈设计,两个工程同步考虑,尽量让建筑与展陈有机地融为一体。新馆空间视野丰富,参观流线独特;展厅墙面的灰色石材与建筑的材质呼应,凸显了石器时代的独特魅力;玻璃的前言牌与陈列展柜尽量减少形式对内容的干扰,凸显主题(图2)。

与之前的老馆相比,新馆在展陈设计方面采用了实物展陈与互动体验相结合、文物展示与场景再现相结合、传统展陈与数字技术相结合的展陈手段,充分利用了建筑结构的特点,新馆设计元素与遗址文化元素相结合,注重自然光线的采用。另外,博物馆利用高科技手段对"北京人"用火、生活场景等内容进行展示,并专门设置了4D影院,创作了能够反映"北京人"文化特色的影片,通过各种手段来增强博物馆对公众的吸引力。

图2 周口店北京人遗址博物馆的基本陈列

新馆还将部分实验室和文物修复室对公众开放，让观众了解专业人员对标本进行保养和修复的全过程。除此之外，为了给观众提供更贴心、周到的服务，尤其针对特殊群体及儿童的参观需求，新馆的展陈设计在参观线路上的咨询、导览、标识、休息、饮水等服务设施以及展板文字说明、展板大小的设计方面都进行了反复的研究、测试，力求让每一位观众都能在参观过程中体会到高品质的展览和服务。

问： 请问贵馆每年都会围绕哪些主题做临展策化，在国内馆际巡回展和国际交流方面又是怎么做的？

董翠平： 我馆每年都会围绕两个方面去策划临展。第一个方面是围绕我馆的研究成果进行临展策划，比如"建馆五十周年暨'北京人'头盖骨（额骨）回展""贾兰坡生平事迹展""龙的故乡、火的历程展""安特生在中国展""中国古人类展""人脑演化历程展"等；第二个方面是围绕重大节庆和民俗文化策划一些临展，比如"说年道节——北京春节民俗文化展""韫玉良缘——良渚文化玉器精品展""普洱岁月 茶马春秋——普洱茶马文化风情展""燕人始祖 九重圣地——北京镇江营遗址文物展""纸上春秋——剪纸艺术展""从远古到无穷——趣味航天文化展""雕刻大山的民族——哈尼族服饰文化展""匠心盏现——建盏工艺文化展""泥火幻彩——唐都长安三彩精华展""天地精灵 璀璨汉江——武汉博物馆馆藏玉器展""古楚遗珍——郭店楚简特展""虎年祈福——南方特色木版年画展""多彩瑶族——瑶族风情展"等。

除上述临展，我馆也注重和国内其他博物馆的交流与合作，坚持"走出去"，比如我馆曾经与西安半坡博物馆、包头博物馆、沈阳新乐遗址博物馆等馆合作举办了"周口店遗址巡展"。我馆与马鞍山市博物馆、含山博物馆、皖西博物馆、六安市博物馆、河姆渡遗址博物馆、安徽中国徽州文化博物馆、嘉兴博物馆、厦门市博物馆等馆合作举办了"穿越七十万年——世界文化遗产：周口店北京人遗址文物特展"。我馆还在中国江南水乡文化博物馆、云南省博物馆、上海市南汇博物馆、慈溪市博物馆、黄石市博物馆、舟山博物馆、荆门市博物馆、保定市博物馆、武汉博物馆、重庆三峡移民纪念馆、唐山博物馆、广东瑶族博物馆、内蒙古鄂尔多斯市博物院等馆举办了"'我'从远古走来——周口店遗址文物特展"等。2008年11月，我馆还在香港大会堂举办了"'北京人'走进香江——周口店遗址图片展"。

在国际交流方面，2012年4月1日—2013年3月31日，我馆在韩国公州市石壮里博物馆举办了"北京猿人在韩国"展。2016年7月，我馆在意大利米兰米科会展中心举办了"远古与时尚的相遇——'北京人'走进米兰·周口店遗址展"。2018年3月，我馆在马来西亚国家博物馆举办了"'北京猿人'走进马来西亚——周口店遗址文物展"。2019年2月，我馆在埃及苏伊士运河大学孔子学院举办了"郭沫若与周口店"展览。这些外展促进了文化交流与传播。另外，我馆自20世纪90年代开始与法国世界遗产委员会合作，近几年我们的合作更加密切了，从展览到人员培训等方面都达成了一些战略合作。

问：周口店北京人遗址博物馆一直在数字化应用上不断探索，云游博物馆的基本陈列、专题展览都给予观众直观的呈现，请您介绍一下贵馆在数字化建设上的做法和尝试。

董翠平：我馆除基本陈列和科技展项外，还积极推进建设具有特色的藏品信息化管理系统，即标本数据库，并着手将标本数据库向公众开放，使观众了解博物馆藏品的途径更加多元化。我馆建立了自己的虚拟展厅，观众可以通过网络浏览博物馆的基本信息和动态。标本数据库与周口店遗址网站对接启动后，可以丰富观众的浏览视野，从而更好地实现博物馆的社会教育功能。

同时，我馆开通了线上文化展示，采用线上可视化的技术手段，灵活整合全景、三维、文字、图像、音频、视频、链接等多种媒体形态，形成生动丰富的融媒体体验，全面展现遗址博物馆的成果与文化成就。

问：周口店北京人遗址博物馆作为古遗址类博物馆，还一直致力于为国内高等学校、科研院所的学术研究提供支持和便利措施。请问贵馆近几年在学术研究方面取得了哪些重要成果？

董翠平：我馆跟中国地质大学、中国农业大学、首都师范大学、复旦大学等建立了遗产保护方面的合作，同时给这些高校提供了教学实践基地。我馆设有办公室、遗产办公室和遗产监测中心、社教部、展陈信息部、后勤保障部、安全保卫部等6个部室。周口店遗址的科研是归属中国科学院古脊椎动物与古人类研究所的，我馆尽量为他们的科研做好服务。近几年，博物馆在学术研究方面也取得了好几个重要的成果。比如2003年6月，在周口店遗址附近的田园林场内发现了距今3.85万—4.2万年的古人类化石及20多种哺乳动物化石，这一重大发现弥补了"北京人"化石丢失的遗憾，为进一步研究周口店遗址周边地区的生物演化、环境和地质变化提供了可靠依据，被确定为周口店遗址第27地点。2007年，中外科学家对田园洞人的脚趾骨进行研究，认为田园洞人的骨骼特征绝大多数与现代人一致，将人类开始穿鞋的时间提早了至少1万年。这一发现被世界权威考古杂志——美国《考古学》评为"2008年十大考古发现"之一。

还有最重大的一个成果是中外科学家联合用铝铍埋藏测年法对周口店第1地点的石英砂和石英质石制品进行测量，测定结果为距今77万年，把"北京人"的年龄又向前推进了27万年。2009年3月，英国的《自然》期刊刊登了《用铝铍埋藏测年法测定周口店直立人》学术成果。

问：作为全国科普教育基地，请问贵馆针对学生群体会开展哪些有意义的教育活动，来激发孩子们的科学探索精神？

董翠平：我馆作为第一批北京市中、小学社会大课堂实验基地，一方面让学生走进来，另一方面我馆也走进校园，举办进校园流动展览，开展人类文明起源科普知识讲座，演示钻木取火等科普活动。我馆的"服务全方位，科普知识进校园"宣讲团先后到北京、河北、四川、内蒙古、云南等省市的各类院校开展宣讲活动,得到了广大师生的好评。我馆还在清明节推出了"寻根溯源、传承文明"的主题教育活动,充分发挥爱国主义教育基地的作用。

另外,我馆通过增加科普互动活动去提升观众的参与性,将原来的老馆打造成了一个科普体验馆,使用了新技术、新媒体和新形式,采用智能物联的管理模式,充分运用声、光、电和新媒介,以体验远古人类生活为核心,突出体感互动和特效体验,内容涉及"周口店记忆"临展区、亲子活动区、动手制作区和互动体验区。观众可以在馆内参与钻木取火、动手制作、打制石器、原始采摘、远古狩猎、捕鱼体验等互动项目,给观众营造穿越70万年时空隧道的真实感。

问:请问贵馆在发展过程中遇到了哪些主要问题?

董翠平:我馆在这些年的发展过程中遇到了几个方面的问题。第一个方面是政策的问题,怎么能够兼顾公益一类博物馆的性质,同时还能让博物馆有创新和活力,这也是我馆面临的首要问题。第二个方面是中高级专业人才匮乏,目前我馆仅有13人具备初级职称,中级职称3人,副高级1人,编制也不足,特别缺乏博物馆工程建设、展陈策划、遗产保护等方面的人才。第三个方面是独立策展能力薄弱,外展的国际化进程缓慢。虽然我馆在国际上享有很高的声誉,但是独立策展的能力还是不足,展览策划与设计都是依托专业的展览公司,在举办展览、国外展览推进等方面相对被动。

问:博物馆作为观赏旅游的第一站点,请问您认为未来遗址类博物馆如何在文旅行业中发挥作用?请问贵馆未来的规划有哪些方面?

董翠平:博物馆在文旅行业中发挥着重要的作用,首先,我认为要尽快落实遗址保护规划,把博物馆的周边环境进行改造升级,使博物馆、遗址公园和周边环境融为一体。其次,从大旅游的概念出发着手顶层设计,整治整体环境风貌,引入市场运营机制,增加一些商业,一体化打造,促进文旅行业与博物馆的共同发展。

我馆的未来规划主要包括三个方面：第一个方面是硬件建设，我们计划在博物馆的两边建立一个数字展示中心，也叫作游客中心，再建一个科研中心，游客可以订完票后在数字展示中心通过观看影片对博物馆和遗址有一些初步了解，然后进入博物馆和遗址公园；我们会在科研中心设置一个开放的区域，让公众了解各种科研成果。期望未来我们会成为一个科研、科普教育、博物馆、遗址保护有机融合的大博物馆。第二个方面是树立周口店遗址博物馆的文化品牌形象，在社区和区域经济中占领一块稳固的文化阵地，从而更好地创造社会效益，实现自身的"造血"功能。加强文化创意产品的研发与开发，推动市场运作，使这些创意产品成为周口店遗址的名片与符号。第三个方面是加大市场宣传，针对新馆开馆后的运行情况和观众群体，明确重点目标市场，制定旅游推广策略；建立同旅行社、学校、社区、学术研究会及社会团体的长期合作，只有加强交流合作，走出"深闺"和"象牙塔"，走出博物馆的大门，进入大千世界和普通百姓的视野，才能真正满足社会各界观众的文化诉求，真正提升博物馆文化的辐射力和社会影响力。

考古传递理性　艺术激励创新

——北京大学赛克勒考古与艺术博物馆

受访人：曹宏，北京大学赛克勒考古与艺术博物馆副馆长。

问：贵馆是国内高校中第一所考古专题类博物馆，1993年5月正式开馆，成立时间也比较早，请问当时是基于何种需求成立了这个馆？

曹宏：我先介绍一下博物馆建立的背景。北京大学赛克勒考古与艺术博物馆坐落在北京大学西校区鸣鹤园。1986年，在美国赛克勒先生和夫人的慷慨帮助下破土奠基。1993年5月27日，博物馆正式对外开放。这是我国高校中第一所考古专题类博物馆，隶属于北京大学考古文博学院，也是当时第一所现代化的大学博物馆，第一次把先进的展陈理念和博物馆专业的照明理念引入国内博物馆。说到为何建立这个博物馆，我想主要是因为当时北大已经有国内领先的考古学专业以及刚刚建立不久的文物与博物馆专业，而且有比较成熟的收藏，这些因素最终促成了这个馆的建立（图1）。

问：请您解释一下北京大学赛克勒考古与艺术博物馆的"考古传递理性，艺术激励创新"这一理念。

曹宏："考古传递理性，艺术激励创新"这一理念跟大学博物馆的定义与职责是一致的，既服务于教学和科研，又服务于社会公众，这是基于我馆的特色提炼出来的。我记得当时是宋向光老师提出的这个理念。我馆也主要是围绕考古和艺术这两个方面来举办展览的。

图1　博物馆建筑外观

　　对这个理念，我个人的理解是从考古角度讲，考古是什么？其实考古就是为我们探寻和复原古代人类社会，主要是通过科学寻找和发掘古代人类社会的实物遗存，然后通过研究这些材料，最终一点点地复原。这里面凸显了一种科学和理性。北京大学赛克勒考古与艺术博物馆的展览以及相关活动都是围绕这个目标展开的。

　　从艺术角度来讲，"艺术激励创新"指的是依托于古代的或者从古代文物中获得的灵感，并且利用这种灵感再去创新。其实，艺术和考古是密不可分的。期望我馆的展览，无论是考古的还是艺术的，都可以激发大家的灵感，也许这个灵感是直接来源于古代的文物和古代的艺术，也许是来源于古代艺术创作中的细节。考古与艺术是密不可分的，我们希望持续不断地给大家带来灵感，激励大家去创新。这就是我个人对这两句话的理解，也是我馆的办展理念。在过去接近30年的办展历程中，我馆的展览越来越聚焦考古与艺术这两个方面。

总结一下，我馆在向社会公众普及和解读考古学知识的同时也强调古今一体，深入挖掘中国传统文化的当代意义，同时希望公众可以从考古与艺术中获得灵感并不断去突破自我。

问：北大的考古学专业创建于1922年，是本校具有悠久历史的专业，作为依托学科建立的高校博物馆，请您谈谈博物馆在为学科发展方面做出的贡献。

曹宏：这个问题非常好！我个人的理解是，对于一个高校博物馆来说，尤其像我馆这样与专业结合得如此紧密的博物馆，不仅从建制上隶属于考古文博学院，同时也和考古学、文物与博物馆专业密不可分。因为这个特殊身份，博物馆在学科发展方面主要有五个方面的贡献：第一个方面，直接参与或辅助考古学及相关专业的教学与科研。举例来说，我馆的老师是双重身份，同时也属于博物馆教研室，直接参与文物和博物馆专业的教学。另外，我院考古及其他专业也会利用博物馆或博物馆的藏品进行教学或科研。我馆也积极为师生的科研提供便利，有的同学的毕业论文就是选择研究博物馆的馆藏。

第二个方面，博物馆为学校其他相关专业提供了教学便利。高校博物馆对教学的价值不仅仅在于本专业，其他专业的师生也可以利用博物馆的平台进行教学活动。比如，外语学院的老师也喜欢在博物馆的展厅上课。法语系董强老师的第一节课和最后一节课都会选择在北京大学赛克勒考古与艺术博物馆上，让学生学会用法语来介绍中国的文化。这种对博物馆的利用方式，正是我们希望的。高校博物馆在校园里应该是一个可以让大家自由参观和使用的平台。高校博物馆对大学社区来说是非常有意义的，它的意义不仅是对某一个专业产生作用，而且对其他专业也有影响力，以及对每一个与它发生交集的同学都会产生一定的影响。

第三个方面，我馆在参与教学的同时也注重人才的培养，每年都有本院以及其他学院的本科生、硕士生和博士研究生来博物馆做助研工作或者实习。他们都会成为我们团队的一员，深度参与整理博物馆藏品、策划展览、组织教育活动等博物馆的业务工作。我们会尽量多地为同学们提供各种机会，注意锻炼他们在实践中运用所学知识解决问题的能力。

第四个方面，高校博物馆也是对外展示考古学等相关学科取得的科研成果及跨学科交流的平台。以这次的新展"北京大学考古100年考古专业70年"特展为例，总结北大考古（北京大学考古学系）的历史，展现北大考古参与的重要考古工作，阐述北大考古对学科理论方法发展的贡献，致敬做出突出贡献的前辈学者。这个展览不光体现了考古学，也体现了考古学与其他学科的交叉和合作。北大智能学院的可视化与可视分析实验室袁晓如老师的团队也参与了这个展览的策划，利用他们可视化的研究成果帮助我们制作了"北大参与的全国十大考古新发现和百年百大考古展项"的可视化内容设计，这些都体现了跨学科的合作。

第五个方面，高校博物馆的特殊使命。不管是考古博物馆，还是其他类型的大学博物馆，其实都承担了一个重要的责任，就是保护学校宝贵的学术遗产。这些藏品从学术史或教学的角度来说意义重大。高校博物馆成系统地保存了相关专业的学术遗产，这就是高校博物馆的学术价值和意义。

问： 高校博物馆是建立在大学校园里的，它好像始终与社会多了一道所谓的"围墙"，您怎么看待这个问题？高校博物馆之间会有学术的交流吗？请问贵馆的观众是以社会观众为主还是以高校的观众为主？

曹宏： 我觉得高校博物馆是将大学和社会联系起来的纽带。高校博物馆和社会博物馆还是不一样的，它的特殊性就在于可以让公众通过高校博物馆来了解这所大学的文化以及学术研究等。比如我馆很多展览都是介绍近年考古学取得的最新成果。虽然说高校博物馆是让公众与大学双方相互了解与交流的桥梁，但是受各种政策的影响，公众进入高校博物馆还是会受到一定限制的。在这方面，清华大学艺术博物馆做得比较好，清华大学专门为艺术博物馆开辟了一个直接对外的大门，大大方便了社会公众的参观。

高校博物馆之间的交流和联系还是比较频繁的。高校博物馆的类型多种多样，有历史类、艺术类、生物类、中医药类、地质类、航空类、服装服饰类等，因为各有所专，同类型的博物馆合作会多一些。大家平时的交流主要是博物馆业务上的相互学习和借鉴，比如一些博物馆的运营管理模式和办展经验等。根据我了解到的情况，目前高校博物馆组织有中国高校博物馆专业委员会、全国高校艺术博物馆联盟，以及全国高校博物馆育人联盟。这些组织都会不定期举行学术或工作会议以及相关业务培训。

我馆的观众总体来说还是以社会层面为主，2010年，我馆免费开放以后观众逐年增加，基本都保持在10万人以上。博物馆在每个人心中的地位越来越重要，逐渐成为人们生活的一部分。

问：关注北京大学赛克勒考古与艺术博物馆的人特别多，虽然贵馆的展厅不算大、空间高度不算高、人员也不算多，但是贵馆展览尝试的方式有时候比一些大馆更到位，所以我想请教贵馆在文物展出的时候，是怎么更好地体现出土文物丰富的信息与内涵的？

曹宏：我馆的工作人员不多，现在就5位工作人员。虽然人少，但庆幸的是我们团队中的刘老师是有文物保护专业背景的。这不仅能确保我馆每次展览所选的展品都是符合展出条件的，而且能确保每一件展品在展示过程中都是符合文物保护及预防性保护要求的。所以，我们5位组成了一个非常高效的团队，努力做好每一个展览、每一项博物馆业务工作。我们也会把一些最新的理念运用到展览中，比如预防性保护的理念。我们也喜欢尝试新的方法，把一些看到的好方法运用到我馆的展览中。另外，我们也尽量避免展览只是策展人个人的想法，这样可以保证展览内容有一定的创新，而不是一成不变的，同时我们也希望为观众呈现多方面、多角度的观点。

我们很注意对展览的解读。对考古类展览的解读阐释是考古专业的优势，但是有时候也会变成一个弱势。为什么呢？就是解读太过于专业化、学术化，会让很多观众看不懂。观众觉得展览说明像考古报告一样。所以，我们需要在这里面找到平衡。这些年，我们逐渐尝试把学术语言转换成公众可以理解的语言。记得我们在做"权利与信仰——良渚遗址群考古特展"的时候，邀请了大一的同学来阅读展览大纲和器物说明，请他们把读不懂的地方都圈出来，再请策展人秦岭老师逐一改写。这种方法很有效，使每次展览的解读在呈现最新学术信息的同时能够用观众喜欢的视角和通俗易懂的语言表达出来。

我们也很注意展览中的换位思考，即站在观众的角度去考虑他们的需求，观众会对哪些问题感兴趣，他们最想了解什么。比如，我们做过一个"燕园聚珍：文明的曙光"展览，在"旧石器时代考古"单元展示了金牛山人化石（图2）。基本信息是"金牛山遗址位于辽宁营口，是迄今为止东北地区最早的古人类遗存，距今约26万年，属于旧石器时代遗址。1984—1994年间，北京大学考古文博学院旧石器时代考古创始人吕遵谔先生主持发掘该遗址"。在阐释信息部分，我们特别吸收了新近的研究成果，从观众感兴趣的点去解读。比如告诉观众金牛山人化石是一个什么样的个体，"通过对其骨骼的研究，我们大致复原出其身高为1.68米，体重78.6公斤，是一位十分壮硕的26岁女性"。接着让观众了解考古学家对这个化石研究有什么意义。"经过脑部扫描发现她负责信息处理的大脑前额叶部分显著增大，说明金牛山人时期社会群体内的人际交流更为复杂。"

除了上述的基本信息和阐释信息，我们还希望为观众呈现这样的解读：让观众通过一件文物，一方面了解考古学家到底做什么工作，另一方面了解如何科学地研究复原古代社会的片段。

问：请问贵馆每次展览在形式设计方面有专门的老师负责吗？还是通过招标请外面的一些设计公司来承担？

曹宏：我馆的工作人员太少，所以没有专门负责展陈形式设计的老师。我馆早期的展览是我们自己设计的，但术业有专攻，近10多年来，我们也是请外面专业的公司来做形式设计。双方会反复讨论寻求形式设计对展览内容实现的可能性和最佳呈现方式。

问：贵馆常设展展出了中国考古学教学标本，请问你们的馆藏来源主要是哪些渠道？基本陈列中的展品会每年做微调吗？

图2　金牛山人化石及其陈列场景

曹宏：我馆开馆后的常设展是"中国考古学教学标本展"。展览按照中国考古学文化排布的时间跨度从旧石器时代一直到明清时期。美国米里亚姆·克利福德在《中国博物馆手册》中介绍过这个展览，认为它是一个浓缩的中国古代艺术史，有助于观众更好地理解中国古代艺术史。此展一直持续到2013年，由于需要利用全馆空间做比较大的特展才撤掉。近10多年，我馆没有常设展，基本都是展示我们学院参与的考古新发现或重大科研成果的专题展览。前面提到我们刚做好的"北京大学考古100年考古专业70年"特展是按常展标准做的（图3）。

我馆有13000多件（套）藏品，按材质分有陶器、瓷器、铜器、骨器、玉器、石器等，其中大部分为中国考古学各时期的典型标本和见证北京大学考古百年历程的学术收藏。博物馆虽然只有近30年的历史，但是从历史渊源上讲，其收藏始于1922年北京大学文科研究所国学门考古学研究室，之后陆续汇集了北京大学博物馆和燕京大学史前博物馆的收藏，以及北京大学从田野考古发掘中获得的教学标本，国内各文物、考古机构和博物馆调拨的器物，还有海内外文物收藏家的捐赠。比如近些年，我们学校外国语学院的美国教授唐纳德·斯通，捐赠给我馆600幅西洋版画，使我馆成为国内系统收藏西洋版画的公共博物馆之一。

问：贵馆策划和举办的临时展览总能给观众留下深刻印象，在策划时一般如何选定展览主题，如何在陈列艺术方面达到内容和形式的高度统一？

图3 "北京大学考古100年考古专业70年"特展

曹宏：前面我提到过我馆的展览主要聚焦考古和艺术，所以我们在选定临时展览主题的时候，希望展览的主题是紧紧地围绕这两点并且与博物馆的宗旨相符合。我馆自建成开放以来，一直是集教学、科研和社会服务为一身，坚持"考古传递理性，艺术激励创新"的办展理念，先后举办了"吉金铸国史——周原出土西周青铜器精粹展"、"花舞大唐春——何家村遗宝精粹展"、"异世同调——陕西蓝田吕氏家族墓地出土文物精品展"、"秦与戎——秦文化与西戎文化十年考古成果展"、"寻找致远舰——2015年度全国十大考古新发现"（图4）、"千山共色——丝绸之路文明特展"、"吉金耀河东——山西青铜文明特展"，以及"唐纳德·斯通捐赠的西方版画系列展""吉莉安·赛克勒女爵士国际艺术家展览项目"等以考古、艺术为主题的百余项展览，逐渐形成了自己独特、鲜明的风格。

问：贵馆作为高校的考古与艺术博物馆，在考古与艺术教育层面有何独特的作用和影响？在社会大众教育活动方面，结合考古与艺术展览的主题，贵馆会做一些教育活动的延伸吗？

图4 "寻找致远舰——2015年度全国十大考古新发现"展览内景

曹宏：博物馆对大学社区的师生以及社会观众的影响是潜移默化的，可以说是润物细无声。我馆的宗旨是"收藏、保存、展示、研究、解读藏品并加强对藏品和资源的保护，发现新知，并与世界分享；提高公众对考古与艺术的理解和欣赏"。前面提到的展览及相关教育活动都是围绕这个宗旨展开的。我馆有比较多的公众讲座，讲座地点多会选择教学楼中能容纳几百人的公共大教室，社会公众可以预约参加。我馆致力于向社会大众普及和解读考古学知识，结合展览主题，还会组织周末深度导览及体验活动，比如打制石器、制作版画等。遗憾的是由于人员和经费的限制，目前没有办法把公众教育活动做成固定的和成系统的项目。我们还会利用博物馆的公众号定期做一些依托考古学知识来对过往展览及馆藏进行深入解读的推送文章，力争这两年将线下展览都做成VR并配有语音导览，让不能入校参观的观众有机会在线上参观。

问：目前，贵馆与国际高校博物馆及国际友人之间还有哪些比较有意义的学术展览与交流，或者说有没有引进一些展览？

曹宏：在引进国际展览方面，近年来我们一直在做"吉莉安·赛克勒女爵士国际艺术家展览项目"。这个项目的目标是通过在中国展出不同文化背景的艺术家的作品来给人们构建一种跨文化的理解，从跨文化、相互交融与对话的角度去策划每次展览。我们先后展出了7位来自不同国家的有着不同文化背景的年轻艺术家的作品。通过这些艺术的表达，促进人类文明的相互理解，增进和平。另外，我馆在北大国际合作部的资助下，在全球国际研究型大学联盟（IARU）中倡议发起了"IARU虚拟博物馆之旅"项目。我们提供了展览的VR和英文的导览以及线上讲座，让这些大学的师生可以在线上看到我馆的展览。

交流对高校博物馆来说是非常重要的，大家可以在交流中相互理解与学习，共同探索面临的问题。对高校博物馆来说，做国际交流展览还面临着很多政策层面的问题。比如，教育部没有相应的主管高校博物馆工作的部门，这就造成我馆在国际展览申报等流程上面临重重困难。另外，我馆没有被列入国家免税博物馆的清单，这也大大限制了我馆接受来自海外的捐赠及展览交流。当然，我们相信未来这些问题都会得到改善和解决。

问：在学科融合和交叉越来越凸显的时代，您认为北京地区博物馆的展陈设计大方向应该是什么？

曹宏：这个问题比较大，我试着回答吧。博物馆展陈设计包括内容和形式这两方面。从学科融合和交叉的角度讲，我馆每次展览在内容和形式上都应该体现这种学科的交叉，积极吸收多学科的最新成果，展览能从多角度、多维度进行深度阐释，且能和观众当下的生活发生关联，引起观众对展览主题或者对具体一件展品的兴趣与共鸣，并激发他们去思考。从形式上来说，我馆基本上是做减法，不会采取非常夸张的、复杂的展览形式，永远秉持形式是为内容服务的，不做没有意义的形式设计。我想未来无论是北京地区还是其他地区的博物馆展陈的发展方向都会朝着更有个性化和有实际意义的方向发展，即做有内容、有深度的展览，在形式设计方面会强调创新，积极拥抱数字技术的同时也会更加务实，特别是关注可持续和绿色环保，减少展览制作过程及撤展后对环境的危害。

问：您认为贵馆在打造北京"博物馆之城"方面能发挥哪些积极能动作用？贵馆的未来规划是什么？

曹宏：北京的"博物馆之城"刚提出的时候，高校博物馆开过一次讨论会，大家提了一些建议。我馆期待着北京"博物馆之城"规划能够早日落地。我馆会积极支持和配合"博物馆之城"的建设。我馆会继续保持考古与艺术博物馆的特色，做有特色的展览和教育活动，服务更多的人，成为"博物馆之城"的重要一站，在收藏、保存、展示、研究、解读藏品方面继续努力，并加强对藏品数字资源的建设，提高公众对中国传统文化特别是考古与艺术的理解。

涵养新风　向美而行
——清华大学艺术博物馆

受访人：杜鹏飞，清华大学艺术博物馆（简称清华艺博）常务副馆长，清华大学环境学院教授、博士生导师，中国博物馆协会副理事长，清华大学美术学院书法研究所客座研究员，清华大学教工书法协会会长。

问：请您谈谈清华大学艺术博物馆成立的历史背景和建馆理念。

杜鹏飞：清华大学艺术博物馆凝聚了几代清华人的心愿，承载着清华人传承中华文化艺术使命的梦想。早在1926年，清华就创办了考古陈列室。1948年，成立文物馆。1952年，文物馆被裁撤，部分藏品外拨。1999年，中央工艺美术学院加盟清华大学，历代美院人的积累与期盼使我们离清华艺术博物馆的梦想更近了。进入21世纪，中国的大学博物馆蓬勃发展，人们进一步认识到大学博物馆的作用，清华大学艺术博物馆的诞生也是时代的产物。2003年，清华大学艺术博物馆项目启动，由瑞士著名设计师马里奥·博塔（Mario Botta）负责建筑设计。2012年，在3位校友的支持下，博物馆动工。2013年1月，世纪金源集团董事局主席黄如论先生慷慨捐资2亿元支持清华大学用于博物馆建设。2016年，清华大学艺术博物馆落成，并于教师节当天正式启用对公众开放（图1）。

图1　清华大学艺术博物馆建筑外观

清华艺博以"彰显人文、荟萃艺术,精品展藏、学术研究,内外交流、资讯传播,涵养新风、化育菁华"为建馆方针,秉持"为清华艺术教育、通识教育及全民美育服务"的使命和"中国最好、世界一流的大学博物馆"定位,截至2022年7月,已推出高水平展览87个,各类教育活动300余场(包括学术讲座、艺术沙龙、手作之美、专场导赏、艺博映话、云讲解、云导览、云朗读、艺博微视以及云征集等专项活动),接待国内外观众近245万人次,成为广大师生和社会公众近距离接触中国乃至世界灿烂文明和经典艺术的重要场所,也成为北京市又一座风格独特的文化艺术殿堂。2020年,清华大学艺术博物馆有幸成为中国博物馆协会副理事长单位,并荣获"国家一级博物馆"称号,这是对清华艺博勇于担当社会责任、不懈追求更高品质的充分认可,也是清华艺博今后发展与提升的新的动力。

问:您觉得清华艺博的建筑设计与空间布局有什么特色?

杜鹏飞:清华艺博的建筑是国际知名建筑师马里奥·博塔主持设计的。

博塔在设计这个博物馆建筑时有一个理念，就是他想设计出从底层上升到顶层的一个完全开放的缓慢过程，即从巨大的纵向楼梯的底层，向上延伸至顶层的展览层，楼梯如同一个中枢，站在楼梯上便可以看到顶层的天花板，整个博物馆的采光也取自那里（图2）。博物馆入口处的大柱廊制造出一个带有自身品质与自身形象的自主空间，巨大的群柱代表一座神庙柱列，游客身在博物馆里面就能发现一个昭示其存在和价值的外部空间。

建成的博物馆占地约1.5公顷，总建筑面积3万平方米。其中，展厅9000平方米、公共空间8000平方米、库房5000平方米、办公及研究用房3000平方米、设备用房5000平方米。在空间方面最大限度地提高了空间利用率，合理组织了各种功能空间，体现了以展品和文物为本的原则，满足了藏品和展品的陈列与展示、安全收藏与保护、科学研究、国际文化交流以及其他业务的需要。另外，我馆是一座智能化建筑，馆内设置楼宇自动化系统、通信自动化系统和办公自动化系统。

图2　清华艺博建筑内部空间

问：请您谈谈清华艺博的藏品与收藏理念。

杜鹏飞：清华大学艺术博物馆建馆之初的馆藏约13000件（套），这些藏品绝大多数来自中央工艺美术学院（现在的清华大学美术学院）自1956年以来的收藏，包括书画、家具、染织、陶瓷、青铜器以及一些综合艺术品等。开馆以后陆续举办过一些基于捐赠的展览，校友和诸方社会贤达给予了我馆很大支持，所以现在最新的馆藏数量达到了23900件（套）左右。

我馆的收藏基于两大发展策略，一个是立足于经典收藏，另一个是面向未来收藏，为未来留下经典，而未来的经典是需要时间检验的。其实，这也是博物馆的一个功能，通过价值判断和取向在一定程度上引导收藏方向。在国外，许多博物馆也是这样做的，但是他们有便利的机制，如果选了不适合的作品，还可以卖掉，以补充新的藏品，调整新的方向。但在国内，我们在选择藏品时会变得更加慎重。另外，作为艺术博物馆，在选择艺术家作品时，需要超脱于市场，甚至自觉地与市场保持一定的距离。因为市场十分复杂，很多因素都会影响作品的价格。恰恰我馆又受到经费制约，所以更倾向于选择有潜力的青年艺术家的作品。

问：请问清华艺博展览的定位和特色是什么？每年都会围绕哪些主题进行展览策划？

杜鹏飞：自建馆之初，冯远馆长就提出了经典品格追求、学术价值追求、创新意识追求、人性化服务追求的办馆理念，一方面聚焦展示中国传统文化的经典艺术，另一方面也关注当代、当下的创新成果。我想这也是我馆展览的大方向，是我馆区别于其他博物馆、美术馆的独特之处。我馆不仅服务于专业的学科教育，比如美术学院和建筑学院的艺术与设计专业，也面向全校师生和公众美育，另外还有面向社会的博物馆职责，所以我馆基于以下三个方面去举办临展和特展。

第一个方面是基于捐赠的展览。比如吴冠中先生诞辰百年的时候，吴先生的家属向我馆捐赠了68件作品，这些作品包括吴先生的绝笔《最后的春天》，以及他为夫人绘制的油画肖像等，之后我们特意将四层8号展厅命名为"吴冠中厅"。

第二个方面是面向专业教育的展览。比如清华美术学群的系列展览，包括雷圭元、白雪石、祝大年、张仃、吴冠中、袁运甫以及忻东旺等艺术家的回顾展，还包括优秀艺术家杜大恺、刘绍荟、王怀庆等人的作品展。除此之外，还举办了面向美术学和设计学专业教育的展览，并助力学生毕业展等。

第三个方面是兼顾通识与公共美育的展览。比如"华夏之华——山西古代文明精粹特展"（图3）、"万物毕照——中国古代铜镜文化与艺术"、"童思妙笔·耕绘奇境——西方插画师作品展"等展览。

图3　华夏之华——山西古代文明精粹特展

自开馆以来，清华艺博累计举办了87个展览，年平均15—20个临展。我馆的每一个自主策划的大展，都会同步开设学术讲座和学术沙龙等，对展览进行深度阐释和专业分享。我觉得，展品展示是第一次阐释，系列学术讲座则是第二次阐释。通过这样的方式，展览就能为观众带来深度解读，而且我馆的学术讲座都是线上线下同步进行，一场大讲座的在线听众可达三四十万。

问：在举办过的展览中，请您列举一些具体展览在展陈设计方面的考量，以及较为特殊的表现形式。

杜鹏飞：我馆的展览类型比较丰富，所以不同类型的展览设计都会充分考虑到展品的特点，包括展览本身的历史背景与脉络，以及试图给观众提供的审美体验等因素。我馆展览部有相对稳定的设计师，对每个展览的内容、空间、形式以及呈现品质都有整体的把握，加之主持展览工作的副馆长一直是清华大学美术学院的老师，因此，总体上我馆的展陈效果有较强的专业性。我举几个例子说明一下。

2019年4月，我馆举办了"器服物佩好无疆——东西文明交汇的阿富汗国家宝藏"展，虽然展品只有230多件，但是我们为那个展览添加了500多张世界各大博物馆与这个主题相关的文物图片来辅助展陈，包括与中外多个国家和地区的对比呈现，最终以4个单元的4个时间跨度将其在世界文明交流史中的位置清晰地刻画了出来。

2021年举办的"栋梁——梁思成诞辰120周年文献展"（图4）在设计上花了很多心思，是我馆的一个大胆尝试。策展工作由美术学院的苏丹（时任工艺美术馆副馆长）和建筑学院的王南、刘畅3位教授合力完成。考虑到梁先生设计过一些著名墓碑和纪念碑，比如人民英雄纪念碑、林徽因纪念碑等，所以展厅的部分空间被设计为类似墓园的风格，高低错落的墓碑上的"墓志铭"就是梁先生珍贵的手稿和文献资料。开展当天，梁先生的家人都来到了展览现场，央视的《中国文艺报道》栏目也为此做了一期专题节目，取得了很好的传播效果，影响力很大。

图4　栋梁——梁思成诞辰120周年文献展

2022年1月，我馆举办了特展"异彩纷呈——古代东西文明交流中的玻璃艺术"。这个展的第一站是在敦煌，现在是在西安。这批展品包括来自日本平山郁夫丝绸之路美术馆的325件（套）玻璃文物，我馆又补充了国内16家博物馆近50件（套）的玻璃器，进行了全新的梳理和阐释。展览以时间为轴，通过玻璃物质材料，展现了人类的古代世界文明史、科技发展史、艺术史和贸易交流史的相关内容。从全世界的视野来看，这次展览是对古代玻璃材料最全面、最系统的一次梳理。

问：面向高校师生，高校博物馆应如何与专业教育互动？面向社会观众，又应如何发挥教育职能？

杜鹏飞：清华艺博美育工作的理念与实践，具体可以概括为"一个目标、三个层次、五个维度"。一个目标指的是向美而行，即使观众获得美的体验、增长美的见识、提升美的判断，通过丰富、多元、系统、高效的收藏、研究、展示、文创和教育活动，达成向美而行的美育目标。三个层次指的是专业教育、通识教育、公共美育，这三者相辅相成、相互促进、相得益彰。五个维度指的是收藏、展览、研究、教育、文创，通过这五个维度实现博物馆的功能。

高校博物馆的教育自觉性肯定更高，除博物馆的社会教育使命之外，还应助力学校的育人使命和学科的建设使命。我馆的教育包含了三个层次，分别是专业教育、通识教育和公共美育。针对这三个层次，我提出了"展教结合，通专兼顾；扎根学校，面向社会"的原则。

"展教结合，通专兼顾"是指面对校内师生的专业教育和通识教育。学校有美院的美术学科和设计学科以及建筑学院的建筑学科，这些都属于专业教育合作的范畴，包括将课堂搬到展厅，甚至是库区。比如美术学院的绘画课程走进"西方绘画500年——东京富士美术馆馆藏作品展"的展厅，开展临摹与创作。还有通识教育课程进展厅，比如人文学院彭林教授的"中国传统礼仪"课程走进"其金孔吉——商周青铜器艺术"的展厅；李睦教授在新雅书院开设的通识课程"艺术的启示"走进"美育人生——吴冠中百年诞辰艺术展"的展厅。此外，在经管学院EMBA的课程表里，参观清华艺博是必不可少的教学环节。为了更好地发挥我馆的教育职能，我校教师可凭院系介绍信提前预约，我们则会及时提供力所能及的服务。除此之外，我馆已累计举办了142期"通专兼顾"的系列学术讲座。

"扎根学校，面向社会"就是针对社会观众的公共美育这一层面。我馆在公共美育方面通过举办系列兼顾学术性、思想性和艺术性的公共美育活动，为公众提供接触和体验艺术的机会。这些活动包括学术讲座、艺术沙龙、"云手作"、"手作之美"等，比如"清华艺博讲坛""艺博品鉴"专题讲座、"手作之美"陶艺探究坊和"光影流年"放映室等项目。目前，我馆的"手作之美"艺术实践探究课已举办43期，"云手作"举办了4期，艺术沙龙举办了16期。

问：请您谈谈清华艺博的文创开发与销售采取了怎样的模式？文创产品的市场反馈与销量如何？

杜鹏飞：我们也在尝试做一些运营方面的事情，比如文创产品的开发。根据调查，目前依靠文创产品能够获得更多经济回报的博物馆凤毛麟角，那为什么大家仍要积极做文创？我认为这恰恰凸显了它的一个重要功能——把博物馆的东西带回家，无形中也让博物馆多了一条更为日常的传播途径，并对公众审美进行主动引导。经过精心设计的文创产品带给人们美的欣赏，如果更多人能从中受益，那么它的意义则更为深远。所以，开发文创产品不仅仅是经济回报的问题。

我馆文创设计的深度源于我们的展览和收藏，文创的目标是"好看、好用、好玩、好吃、好喝"，文创的收益模式是跟第三方合作按销售额来分成。目前，我馆设计了800多款产品，上市产品达400多款，包括了70+的产品体系。2020年3月1日，我们推出了网店，通过线上和线下的结合销售，第一年产值过百万元，第二年逾300多万元，第三年在新冠病毒感染疫情的影响下，我馆的产值还做到了580多万元，着实不易。

2018年12月28日，在由北京旅游网主办的"文旅·起航——2018第二届北京旅游网年度盛典"上，清华大学艺术博物馆荣获"最受喜爱博物馆"奖。2020年12月26日，在由北京市文物局与北京市文化创意产业促进中心共同主办的"歌华传媒杯·2020北京文化创意大赛"文博创意设计赛区总决赛评审会上，"清华艺博藏珍系列文创"最终脱颖而出，在所有参评项目中排名居于首位，荣获2020北京文化创意大赛文博创意设计赛区总决赛一等奖和2020北京文化创意大赛文博创意设计赛区总决赛"优秀文博创新促进奖"两项殊荣。

问：清华大学为艺术博物馆开了专用出入口，请问此举的实际影响有哪些？贵馆是如何提升高校博物馆对校内师生和普通群众的吸引力的？

杜鹏飞：学校为艺术博物馆在东面增开了专用通道，这确实有利于参观者更加便捷地进出展馆。从一开始，我馆的定位就是一所面向社会开放的、专业的艺术博物馆，而不是封闭在学校里面，仅仅为师生服务的教学博物馆。这些年，我馆的观众量超过了240万人次。2019年，我馆的观众量达到了近80万人次。2021年，在新冠病毒感染疫情的影响下，观众量亦超过了40万人次。

因为我馆美育辐射的重要人群是校内师生，所以我们尤为关注在校学生来馆的次数。据统计数据显示，自2021年6月到2022年6月的毕业季，清华校内的全日制学生来馆已经超过了3万人次。为了让更多的学生走进来，我馆对校内学生实行免门票制度，清华校内师生参观清华艺博无须购买普展及特展门票，在检票口直接刷清华校内有效证件即可入馆参观。

对于社会观众群体，会员制度是我馆跟观众保持互动和黏性的一个重要途径，这也是国际上专业博物馆的基本途径之一。我馆的会员制是分类型的，有学生会员与家庭会员、普通会员与高级会员，甚至还有终身会员，也规定了相应的校友优惠政策。同时，会员的数量和黏性也体现了博物馆的活跃度和品质。

问：请您谈谈清华艺博在数字化建设方面的尝试，您如何看待博物馆的数字化前景？

杜鹏飞：博物馆的数字化建设和智慧化建设是需要投入大量资金的事情，所以在这个方面，我馆只能通过筹款或者基于学校信息化建设的支持。我馆现在也在做产品的数字化3D扫描。另外，我馆策划的展览中有超过80个可以通过官网的数字展厅观展，这些都算是我馆的数字化尝试。

对于这个问题的视角和语境，我认为当今世界尚未进入"元宇宙"的状态，数字化和虚拟体验对于博物馆来讲，可以作为一种展望和补充，但是不应该成为博物馆的核心使命，博物馆的核心还是"物"。

问：请问清华艺博在发展过程中遇到的重点问题有哪些？解决途径是什么？

杜鹏飞：这个行业有很多问题，首先是一些政策不能落实的问题。我馆现在有价值好几亿元的藏品滞留在海外运不回来，为了推动这方面制度的改进，2015年开始我馆就向财政部和文物局反映，然后通过人大代表提案。目前，国家文物局已回复要着手推动这个事情，并将我馆列入了进口免关税的名单里。

其次是资金匮乏问题。资金匮乏是目前高校博物馆的普遍困境，由于缺乏后续的投入，一些高校博物馆很难存蓄活力。加之博物馆的平均收入不是很高，也会造成一定程度上的人才流失。高校博物馆属于非营利性质，不管是用于学校教学、公共美育还是展览策划等，都需要资金支持。

钱从哪里来，这是我们一直在探索的问题。对此，我认为可以"两条腿走路"：一是努力争取国有资源的支持。高校博物馆既不能获得像文博系统内部博物馆所享受的国家支持，又不能得到非公立博物馆在政策和制度方面所享有的灵活性。如今，高校博物馆的资金来源十分有限，这种"有限"往往会让我们的举动"受限"。比如我们希望对捐赠人有所补偿，但是现在还无法实现。所以，争取国有资源的支持需要慢慢来，要逐步打通高校与文博系统之间的障碍。二是寻求更多的社会支持。社会捐赠就是其中很重要的一部分。像清华大学艺术博物馆便是由世纪金源集团董事局主席黄如论先生出资捐建的。另外，学校也在研究成立理事会，试图筹集一项有号召力、有公信力、有影响力的艺术博物馆发展基金，以此为博物馆探寻更多的发展可能性。

问：清华艺博作为中国博物馆协会高等学校博物馆专委会主任单位，如何切实助力北京高校博物馆的整体发展？请您谈谈北京地区高校博物馆的未来发展。

杜鹏飞：每个馆都有自己的特点、资源和条件，所以立足于自身的条件，努力做到最好即可。中国博物馆协会高等学校博物馆专委会的主任单位设在我们这里，我们就要做好自身的工作，在未来争取打造出中国高校博物馆的一面旗帜，打造具有国际收藏视野和国际化收藏体系的艺术博物馆，为高素质人才培养、高水平学科建设和校园文化建设打造一座广大师生身边的艺术殿堂，同时面向全社会，成为艺术传播和文化交流的重要场所。

对于高校博物馆未来发展的路径，我总结了以下八点，仅供参考。第一，准确定位，持之以恒；莫问收获，但问耕耘。第二，育人为本，本立道生；五位一体，全面提升。第三，走下牙塔，走出深闺；立足校内，服务社会。第四，因地制宜，因时制宜；因校制宜，因馆制宜。第五，人才学术，优势天然；充分利用，整合资源。第六，资金编制，最大短板；尽力突破，方能发展。第七，优惠政策，不应虚设；馆格平等，岂甘沉默。第八，潜能巨大，蓄势待发；国有良策，一触即发。

万物并作　吾以观复

——观复博物馆

受访人：李瑄，观复博物馆（简称观复馆）常务副馆长，现为中国博物馆协会非国有博物馆专业委员会副主任委员、北京博物馆学会非国有专业委员会副主任。

问：观复馆是全国首家私立博物馆，也是北京首批私立博物馆之一，请您谈一下贵馆的筹建背景和办馆理念。

李瑄：观复博物馆（图1）的建馆背景可以用马未都先生的一句话来概括，即"把自己的兴趣和爱好变成了一份社会责任"。因为博物馆是一个纯公益性的文化机构，博物馆是体现展示、收藏、研究、公众教育这些功能的一个场所。马先生曾讲过观复博物馆的财富不是属于他个人的，而是属于社会的。观复博物馆于1997年1月18日正式对公众开放，目前已成立26年。观复馆所在地（北京市朝阳区大山子张万坟金南路18号）原来是一个厂房，几乎没有绿化环境。2002年，马先生亲自选中了这个地方并着手规划建设。2003年，他在院子里亲手种下了两棵梧桐树，我记得有一年马先生抬着头说，到明年的时候这两棵树就搭起来了。现在，这两棵树像两位白袍将军一样守护在院子里，为来馆参观的游客遮阴纳凉；两年前，马先生又在两棵树中间为观复猫搭了一座梧桐桥，猫可以自由地活动。

私立博物馆与公办博物馆同是社会的公共资源和财富，私立博物馆的馆长更是把自己的爱好和心血转变成了一份社会责任，把博物馆当成了实现梦想和传播中国文化的平台。作为新中国第一家私立博物馆，创始人马未都馆长一直致力于打造观复博物馆传播中国文化、服务社会大众的社会公益属性。他坦言，建立博物馆的初衷是把自己的藏品与众人分享，让公众重拾、看懂、尊重和享受传统文化，理解文物背后所蕴含的历史和文化含义，让人们能够从中国传统文化中汲取营养，提高自我的修养和生活品质，进而继承和发扬中华民族博大精深的传统文化，这正是开设博物馆的真正意义所在。

图 1　观复博物馆建筑外观

　　问：民办馆基本是靠自筹自支，请问贵馆是采取了怎样的运营模式？每年会拿出多少比例的资金用于展览的维护和常展常新？

　　李瑄：私立博物馆作为体制外的非营利性社会服务机构，运营费用不菲，每年都要投入大量经费用于博物馆的日常开销，维持收支平衡实属不易。博物馆的主要开支包括人力成本、基础设施的维护和更新费用、能源消耗成本、藏品保管和陈列展示费用、宣传和策划费用以及依法缴纳的税费等。目前，这些费用在逐年递增，确实给我馆带来了很大的生存压力。为了维持自身的正常运行，开源节流成为私立博物馆需要解决的一个重要问题，销售门票、经营特色文化服务、开发和销售文创产品等成为我馆必不可少的创收方法，这些文化产业多元化的经营方式既能彰显博物馆自身的文化特色，又能吸引观众，达到创收目的。经过多年的不断摸索和积累经验，我馆已经走出了一条将文化事业与文化产业、非营利文化与营利文化服务相结合的私立博物馆发展之路。

观复博物馆每年用于展览和环境维护的资金比例不一样。比如前几年我馆做了煤改电的改造，这方面设备的投入就是一大部分。平日里，我馆的环境也需要有专人养护。现在的博物馆跟以前的博物馆不同了，现在的观众需求高，对博物馆的软件和硬件要求也高，包括博物馆的卫生间是不是有热水、是不是有味道等。这也督促馆方要不断地提高服务水平，维持博物馆的良性状态，希望观众每次来的时候都会感受到我馆的品质是在上升的。不管是展览还是服务都是必须要有资金支撑的。

问： 观复馆还在上海设立了地方馆，地方馆所展示的主题和内容与主馆有何差异性？

李瑄： 上海观复博物馆（图2）展厅面积共900多平方米，坐落于上海中心大厦第37层，也是整座大厦的第一个公共空间层，这个馆的主题和城市是有关系的。上海观复博物馆一共设了5个展厅，其中4个常设展厅，即宋瓷馆、东西馆、金器馆、造像馆，以及一个临展馆。其中的东西馆主要展出了几百年以来东西文化交融的展品，主要有外销瓷、家具、油画等，这个展是专门为上海打造的，因为上海就是东西文化相互交融、碰撞的城市。

金器馆也是专门为上海作为全国金融中心的定位所打造的。这里展示了从公元前4世纪至清代不同时期、不同类型的金器逾200件（套）。

图2　上海观复博物馆

建馆之初，我们团队用了一年多的时间反复研究和测试这个展厅的展陈设计，包括展柜和展台的模式，所以观众走进展厅感受到的是那种特别魔幻的、无法用语言描述的感觉。上海观复博物馆还设计了一个青花水磨石序厅，水磨石地面选用了明代青花缠枝花卉纹盘的图案，寓意"花好月圆"，序厅两侧是弧形的回音壁墙面，当观众站在中间那朵团花上的时候，能听到自己说话的回声。我们常说这是一朵最适合表白的花，现在的年轻人很喜欢。

问：北京民办馆的主题和特色多样，请问观复馆的展览特色和最受观众喜爱的主题是什么？

李瑄：观复博物馆的展馆分为上下两层，观众进门后首先参观右侧的陶瓷馆（图3），再进入家具馆、工艺馆，然后上楼进入门窗馆与临展馆。馆内采取开放式的空间布局，将各类古董文物设置在小巧场景中，使参观者与文物能够亲近接触，以突出其本身的美学价值，给人以美的享受。布展侧重开放形式，强调人与历史的沟通，突出传统文化的亲和力。

图3 观复博物馆的陶瓷馆

观复博物馆的展陈形式非常人性化，家居馆内客厅、书房、卧室、茶室的布置，可以让参观者融入其中，打破了冷冰冰的博物馆形象。我馆大部分家具以开放的场景式展示为主，观众可以近距离观看家具的细部雕工、榫卯结构等，这也是观众最喜欢的方式。工艺馆内常年展览铜胎掐丝珐琅器、铜胎画珐琅器、金属器、漆器、玉器、百宝嵌等历代工艺珍品，并设有松溪草堂的实景陈列（图4）。而在国内少见的门窗馆展厅内，常年展览着中国明清两代长江、黄河流域民居的门窗、隔扇、围栏等建筑构件。古代门窗作为建筑中内檐装修最重要的组成部分，功能性和装饰性相辅相成，千百年来为古人带来生活便利的同时，还承载了大量中国传统文化的信息。全开放式的展览形式，移步换景的展览构思，使参观者恍如步入一座座古代建筑。

图4　松溪草堂的实景陈列

我馆最早策划展览的思路是与观众分享，后来慢慢变成根据观众的需求去打造。比如开始创观复猫品牌的时候，我们就做了奇趣动物园展览，展出了博物馆200多件（套）与动物形象有关的藏品。因为我馆没有临时展馆，做特展的时候要撤掉一个展厅，办奇趣动物园展览时就撤掉了现在工艺馆的藏品。因此，展览空间问题也是好多民办馆目前比较棘手的问题。

问：观复馆在公众文化休闲方面一直得到了很高的认可，请问贵馆是如何巧妙处理好建筑空间与收藏、展示、教育、休闲等方面关系的？请问你们的团队规模与展陈设计模式如何？

李瑄："博物馆是一个为社会及其发展服务的、非营利的永久性机构，并向大众开放。它为研究、教育、欣赏之目的征集、保护、研究、传播并展出人类及人类环境的物证。"这是国际博物馆协会赋予博物馆的定义。今天的博物馆已经由教化、欣赏延伸为个人的精神追求和文化消费，参观者群体也层次不一，既有初涉启蒙的幼儿、学童，又有兴趣广泛的传统文化爱好者，还有通古博今的资深研究者，要调和、均衡不同参观者的需求确实是一个艰巨任务，要做到令参观者高度满意，需要结合藏品以多角度和层次来规划策展内容。做好展览和服务两方面的基础工作是博物馆发展和建设的重要工作环节。

展览是博物馆发挥文化服务功能的重要手段，观复馆遵循的是"与古人对话，与文化同行"的办馆理念，我们注重适应时代精神和满足社会的发展需求，结合独特的馆藏资源优势，突出博物馆自身的文化特色。博物馆通过举办高水平的展览，使大众了解中国悠久的历史和灿烂的文化，同时通过提供多样化的服务手段和举办与展览相关的文化推广活动，让公众充分了解历史与现实的传承脉络，在潜移默化中把参观者融入传统文化的氛围中，感受中国传统文化的魅力，使之成为传统文化的欣赏者和传承人，进而从中汲取精神力量，增强社会共识和凝聚力。

观复馆的展览形式较为特殊，展品最大限度地采用开放式展览，我们相信，在使观众感知并接受博物馆传递给他们的知识和信息之前，应先让他们感受到这是一个值得信任的博物馆。同样，博物馆也通过这种开放式展览表达了对观众的充分信任和尊重，博物馆建馆之初的宗旨即是开办令人亲近的博物馆，我们力求营造一种轻松和谐的氛围，尽量拉近文物与观众的距离，观众置身其中，不管走到哪里，只要停下脚步，都可与文物亲近接触。我们相信并尊重观众，观众自然也会尊重文物，这种信任让我们与观众保持了非常良好的关系，使许多观众慕名而来，博物馆开放近30年来几乎没有发生恶意损坏展品的情况，这也是观复馆的一个展览特色。

我馆在公众文化休闲方面体现出对建筑空间的最大化利用。在观复馆工作的员工都是喜欢这里的。博物馆交通并不方便，所以来这里的观众都是真正喜欢传统文化，喜爱观复猫的观众。观复博物馆虽然是第一批私立博物馆，但是它恰巧符合了当今博物馆发展的理念和定位，既有足够重量级的收藏品，又有文化休闲的沉浸式环境，给人放松的感觉。所以如果是一家人来参观，有喜欢文物的，有喜欢猫的，有想逛商店的……不同层面的需求我馆都能满足。

观复博物馆团队目前一共有80位员工，办公室大部分员工都是一职多能地承担着各项工作。比如我们展览部站馆的工作人员，实际上他们可能是宣传部里的一员，也可能是社教部里的一员。这样安排有一个好处，就是我们的员工能及时收集一线观众的需求与反馈，根据观众的意见调整我们的展览和服务。

问：贵馆除常设展览外，每年还会策划一些特别的临展或巡展吗？

李瑄：观复博物馆所收藏和展出的藏品种类丰富，具有独特的文化、历史、艺术代表性及价值，构成了博物馆发展最坚实的基础。多年来，博物馆收藏的脚步不断，藏品涵盖五千年中国历史文化中最主要的门类，由最初丰富的陶瓷、家具、玉器等收藏，逐渐延伸到金器、金属器、漆器、佛造像、兵器等更为专业、广泛的领域，从不同的角度展示着中华文明的发展进程与无穷魅力。近年来，博物馆的收藏着眼于国际，不断增加多元文化背景的藏品，外销瓷、周边国家佛造像、中西亚金属器等的收藏逐渐增加。古今中外灿烂的历史、多元的交流尽由这些精致的藏品娓娓道来。

除常设展外，观复博物馆会定期独立策划推出特别展览，如"食之美器——康雍乾青花瓷盘展""中国古代文房用具展""吉祥过大年——馆藏吉祥图案瓷器展""依样画猫儿——观复猫彩铅画展""永享太平春——古代精品文物特展"等不同类型、不同题材的特展。而在春暖花开的季节，又会举办以春为主题的"春游富贵地"特展，这些接地气的应景展览对公众有很强的吸引力，使大家领略中华文明无穷魅力的同时也加强了文化的传播。

"依样画猫儿——观复猫彩铅画展"展览了38位观复猫天团成员的彩

铅肖像画，每幅画作的展签上配有二维码，方便观众扫描以便了解更多关于"猫豆"的故事。展览多处表达"用领养代替购买，让生命不再流浪"的倡导，让观众在分享观复猫的同时，树立"关爱动物、尊重生命"的意识。展览另设彩蛋区域，展出了工作人员和粉丝以不同手法创作的25幅观复猫肖像作品，增加了展览的参与度和互动性。

"永享太平春——古代精品文物特展"共展出133件（套）重量级馆藏文物，以"物阜民丰、安居乐业、文武鼎盛、风帆远扬、海晏河清"五大主题，描绘出一幅"永享太平春"的盛世画卷。文物自有力量，这个力量源于先人的智慧，源于千年的光阴，更源于博大璀璨的中华文化。展览以独具特色的、有温度的形式为观众送上一份精神大餐。让如今安享太平盛世的我们，通过观看本次展览，能够从这些中国古代不同时期的精美器物中体味到强大富足的祖国带给每个人的幸福感和自豪感，珍惜来之不易的安定太平。

2022年，我馆举办了"好奇喵——观复猫钻进古画说起居"特展（图5），这个展览基于观复博物馆的背景和观复猫受众群体广泛的特点，将现藏世界各大博物馆的古代国宝级人物画作用猫的形象生动再现，并对应观复博物馆现有藏品合理替换或增加古画中出现的文物。观众看到画面即会产生共鸣，又在共鸣中形成兴趣，从知道古画到愿意了解古画，再到深入细节。在展现53幅观复猫画作的同时，我们特别选取其中的17幅，着眼于画作所描绘的起居方式，梳理画中的家具样式，让好奇的观复猫作为使者，钻进画中对中国古代起居方式的变化进行一番探秘。更重要的是，基于萌猫的形象，有更多的年轻人甚至是小朋友愿意主动看古画、学知识，观复猫也真正起到了传播中华文化、普及传统知识的作用。

问： 在举办展览的同时，观复馆还致力于挖掘馆藏文物的潜在魅力和实用价值，设计了众多系列的文创产品，请问这些文创产品的全年销售情况如何？

图5 "好奇喵——观复猫钻进古画说起居"特展

李瑄：在文创开发方面，观复博物馆积累了丰富的经验，博物馆自2008年起就组建了优秀的设计研发团队和配套销售队伍，研发团队将博物馆藏品中具有中国传统文化特色的纹饰和象征符号与现代商业产品相结合，设计和生产了具有观复博物馆特色的文化创意产品。研发团队自成立以来，自主完成了产品创意、研发、监制的全部工作，整个团队在产品用料、产品质量、产品包装设计等方面严格把关、精益求精，力求最终的文创产品达到完美。观复馆目前主要设计研发的产品类型包括瓷器类、服饰类、家居用品类、石塑类、办公用品类、馆藏艺术品复制类、装饰饰品类等，产品总计逾2000余款。观复团队在文创产品研发过程中，注重知识产权的保护，先后取得产品著作权34项、产品包装专利权1项、产品外观专利权3项，目前还有众多的知识产权正在申请当中。观复博物馆对知识产权的保护意识,有力地维护了自身和合作者的权益,使得产品研发不再受到外部侵权的干扰。

观复馆的文创产品一直紧跟社会发展,不断更新和迭代。除日常文创产品开发外,观复馆还针对博物馆的特展活动同步推出相关文创产品,这类创意产品更具特色,与展览主题遥相呼应,既丰富和延伸了展览主题,使观众可以通过文创产品满足自己对相关文化的精神需求,又帮助博物馆取得了经济上的回报,可谓一举多赢。观复博物馆以文化创意产品为载体,有效地推广了中国传统文化。博物馆通过研发文创产品,既提供了相应文化服务,让公众"把博物馆带回家",又增强了博物馆的自我造血功能,这是解决私立博物馆自我生存问题的最佳方法。文创产品的收入目前已经成为支撑观复博物馆运营的重要资金来源。观复馆在增加国家税收、拉动产业经济、增加社会文化效益方面交出了令社会满意的答卷,同时也更好地承担起了推广中国传统文化的社会责任,赢得了社会的肯定。

问: 观复馆环境典雅,注重人与历史的沟通,是公众文化休闲的好去处,尤其是观复猫深受公众爱戴,请问"猫馆长"给观复馆带来了哪些影响力?贵馆想借此传递哪些观念?

李瑄: 如何利用有限的资源做有意义和有趣的事,是观复团队不断探索的方向。借助于早年我们无意中收养的一只流浪猫,观复博物馆从一个简单的善意收养行为中培养出了一批吸睛无数的文化使者——观复猫,如今的观复猫已经成为观复馆独具特色的文化子品牌。

2003年,我们收养了第一只流浪猫,取名为"花肥肥"。随后十几年间,博物馆又陆续收养了几十只流浪猫,有过流浪或被弃养经历的猫咪在观复馆自由宽松的环境中逐渐打开心扉,用它们的信任和依赖回馈着"铲屎官"。心情好的时候,就出门逛逛,遇到合眼缘的客人就主动上前打个招呼,友好的蹭蹭、治愈的呼噜和温柔的喵喵都给远道而来的客人带来了最真诚温暖的问候。如果它们情绪低落,就蜷缩在猫别墅中,找个舒服的角落安静地思考猫生，满脸"致虚极，守静笃"表情也会令参观者会心一笑。在收养的过程中，"萌"味十足的猫咪触动了我们和客人的内心，流浪的猫咪也最终成长为一群生活在观复博物馆里"有文化"的"猫馆长"。在网络文化盛行的今天，"吸猫"成为不少人喜爱的减压方式和生活情趣，勤奋的学生党、忙碌的上班族、赋闲在家的长者都受到了"喵星人"魅力的影响，互联网上类似"一日吸猫，终身想猫"的句子在萌宠美图下的回复中比比皆是，"吸猫"俨然成为一种精神上的刚需。在这样的大环境下，观复猫顺理成章地成为观复博物馆的文化大使，观复猫也都有了自己崇高的猫生目标——"我们不仅萌，而且有文化，我们要将文化传播给更多喜欢我们的人"。

观复猫萌力十足的形象让我们的传统文化有了新的载体，观复猫本身性格各异，每个"猫馆长"都有名有姓，被观复团队赋予了不同的人格特质、出身背景，游走于现实和虚拟的角色之间。现实中，萌猫在博物馆接待来自世界各地的尊贵宾客，极尽好客表达着"主人"的诚意；在虚拟世界中，观复猫穿梭在漫画、动漫的世界中，在喜怒哀乐的故事中将传统文化的精华与你我分享。此外，连接虚拟与现实的观复猫文创产品也一定能够满足大家爱屋及乌的精神需求。

观复猫拥有自己独立的微博、微信公众号，通过这两个平台，几十万粉丝每天都可以看到它们的最新动态和小故事，微信公众平台的24小时直播更是众多粉丝的精神慰藉。通过持续的曝光和策划团队的奇思妙想，观复猫都有了各自的忠实粉丝。通过实践和调查研究，我们发现透过"喵星人"展现出来的传统文化不仅活力十足，还极大地提高了粉丝了解文物、解读历史的兴趣。在看漫画、读故事的过程当中，无论是大朋友还是小朋友，不但能对每只萌猫的个性有更多的了解，还能将穿插其中的文化知识愉快地消化吸收。

除了在新媒体阵地的努力，观复团队没有忘记让观复猫走进博物馆的展览和社教课程。自公元4世纪猫咪进入中国文史记载以来，有关猫的逸事和神鬼传说点缀在我们历史上的文学作品当中，豢养猫咪本身或许就是一种文化现象，猫咪的萌态更容易让人放松心情，愉快地接受。来到观复博物馆的孩子可以随时和可爱的观复猫嬉戏，告别枯燥的讲解，可以和熟悉的老师、同学一起上课，用他们听得懂的语言与文物对话。

博物馆通过开发"喵星人说爱你"的课程，唤起了孩子们对猫的好奇、对历史探求的兴趣，他们更愿意通过观复博物馆的课程走进"喵星人"的前世今生和悠久的文化历史长河。观复猫还在其他的社教课程中充当了引导者，我们用观复猫的形象制作课件，让这些可爱的萌主穿越在课程之中，使生硬的知识点变得可爱和亲切，更贴合学生们的思维方式。在这样的展览和社教课程中，猫咪萌得有文化，萌得有内涵，它们不再是家庭的宠物、逗孩子开心的小动物，而是有着深刻内涵的文化使者，成为孩子们愿意追随的萌师。

追星族常用这样一句话来形容自己为什么喜欢一个偶像——"始于颜值，陷于才华，忠于人品"。看似简单直白，但真实反映了吸引力的递进和持久关系。观复猫的天团成员们也在努力完善着自己的吸引力法则：始于颜值，陷于个性，忠于内涵。让"猫+文化"的模式不再是生硬地拼凑，而是成为更加充满生命活力的文化载体。

我们的观复猫是生活在博物馆里有文化的猫，虽然这些猫都是流浪和收养来的，但是我们会赋予每一只猫不同的职务和使命，马先生专门召开新闻发布会，下聘书请这些可爱的"喵星人"担任观复博物馆的"猫馆长""接待馆长""宣传馆长""运营馆长""学术馆长"等。马先生认为每只猫都应该有姓氏，于是根据它们的外形起了很有趣的名字，如花肥肥、黑包包、黄枪枪、蓝毛毛、麻条条、云朵朵等，而自己则名"马霸霸"。我们的猫有随救助人姓的。另外，在我馆工作了10年以上的员工，可以让一只猫随自己的姓。所以有一只猫就随我的姓，叫李对称。

"观复猫"三个字是马先生用左手写出来的。第一只猫（花肥肥）是"非典"时被主人遗弃的，被收养的时候它已经五六岁了，在我馆又生活了13年，它是2016年去喵星的，花肥肥已经载入观复猫史。马先生还专门请艺术家做了12个花肥肥的铜雕像，上面的毛纹理都是手工錾刻出来的。我馆还为这些观复猫盖了办公室、别墅、公馆、城堡、凉亭等五大府邸，傲娇的"喵星人"睡的是明晚期的黄花梨罗汉床，坐的是清乾隆紫檀屏风小宝座，办公室配备的是清代黄花梨嵌绿石书桌、清代榉木带脚踏扶手椅，餐具是各式瓷质，包括官、哥、汝、定、钧，甚至元青花等，没事儿翻翻马先生写的《醉文明》，果然是最有文化的猫。很多观众冲着观复猫来到博物馆，在与它们嬉戏的同时也长了见识。观复猫专门有一个团队在养护，猫团队有兽医专业毕业的人员，猫主任同时又是北京有名的救助小动物的专家，对猫的行为学也非常有研究。观复猫提倡的理念是"用领养替代购买，让生命不再流浪"，为流浪猫找到合适的主人。这个活动我馆已经做了很多次了。

观复猫作为观复博物馆的一大特色，也融入了展厅内的各类标识与文创产品。博物馆的门票、院内贴士、导览系统上都印着猫咪的漫画形象。而观复猫主题的文创也成为博物馆创收的一大支柱。包括一些衍生品，比如我馆和中少社合作的儿童读物《观复猫小学馆》（3册）系列图书，观复猫又变成了文化大使和桥梁，成为一个品牌的传递。所以，通过观复猫，我馆想传递的是：观众从这个博物馆带走的不仅是对传统文化的了解，更是一种生活方式和观念，这是一种生态和谐、对生命尊重的观念。

问：请问贵馆如何围绕自身主题将传统文化、古代艺术以恰当方式传播出去？通过哪些有效的教育活动与公众进行良好的互动？

李瑄：在文化传播和品牌建设方面，观复博物馆多管齐下，将传统实物策展、媒介传播与品牌建设有机结合起来，为传统文化的传播和观复品牌的建设探索出了一条发展道路。

在实物策展方面，观复博物馆至今已做各类特展百余次，充分发挥了博物馆收藏、展示、研究、交流、教育的功能。对开办的每个展览，我馆都努力打造精品展览，不片面追求展览数量，充分发挥馆藏文物优势，以展品的档次、文化价值、展陈的艺术水平以及产生的社会效益为展览策划目标，把原来"我展你看"的展览模式变为"你感兴趣，我来策展"的新模式，这些展览均以独具匠心的设计、贴近生活和时代脉搏的策展内容为广大观众奉上了高层次的文化艺术盛宴，受到了社会各界的广泛赞誉。

长期以来，观复博物馆一直努力结合实际，加强人员队伍建设和服务品质管理。博物馆在人员专业知识和服务素质培训方面投入了大量精力，保证了为公众提供优质的综合服务和专业的知识讲解。我们常说以史为鉴，存在于特定历史时间的文物和事件对今天的生活仍有借鉴意义，文物是一切人类历史文化的遗存，可供后人鉴赏、研究、收藏，来观复博物馆的游客或社教学生并不一定有机会去研究和收藏文物，但每个来宾都有了解文物的权利，因此我们仍要不断地去寻求一种更恰当的方式拉近他们和历史之间的距离，让他们感受"过我眼，即我有"的喜悦。我们希望每位游客在参观之后，都会在讲解员的讲解引导下，对一段历史、一件文物产生自己的理解和思考，深者见其深，浅者见其浅，并最终形成自己的历史观。为此，博物馆在节假日期间提供上午、下午每天两场的全程免费讲解服务。自2014年起，还在寒暑假期间特别增加了针对广大学生的免费讲解次数，许多学子满怀兴致前来参观，享受了这份特殊的服务。这份启蒙服务对培养我们文化的传承者意义重大。

问：马未都馆长一直致力于传统文化的普及。作为文化名人，他对贵馆有哪些文化效应和带动作用？

李瑄：不论过去、现在还是未来，观复博物馆的成长与马未都先生的社会影响力是绝对不能分割的，观复博物馆的品牌和马先生同样也是分不开的。与其他社会职务相比，观复博物馆创办人应该是马先生最愿意听到、最乐意承担的头衔。"任何国家都没有将自己民族的文物全部保藏起来的能力，许多珍品往往来自民间收藏，而这些收藏，会变成一种力量，会改变一个人、一个国家、一个民族的现状。"作为收藏界的先行者，马先生的最大收获无疑是观复馆，而作为私立博物馆的先行者，观复馆仍旧任重道远。

在媒介传播方面，观复博物馆自成立以来就非常注重媒介的传播作用。传统文化是中国人最强大的精神动力，传播中国传统文化则是观复博物馆的社会使命，做好媒介的传播工作是弘扬中国传统文化、提升博物馆品牌知名度的重要手段。观复博物馆在媒介传播工作上一直与时俱进，在电视、报刊、网络、图书出版、自媒体等媒介上全面发力，取得了非常瞩目的成绩。

在图书出版方面，观复博物馆目前已经出版100余种独立出版物，以文物和文化类为主，曾多次荣获奖项。在收藏和国学热的当下，众多爱好者以观复馆出版的文物和文化书籍为起手和参学指南。观复馆的出版物累计销量将过千万册，为弘扬中国传统文化做出了巨大贡献。

在电视媒体方面，博物馆创始人马未都先生参加和举行过多种讲坛类节目，涉及的知识面极为广博，其中以2008—2009年在央视《百家讲坛》的讲授节目影响最大。通过《百家讲坛》，中国传统文化走进了普通百姓的视野，观复博物馆也得以名扬四海。之后与广西卫视合作的电视品牌栏目《收藏马未都》历时最长，9年的节目共计制作播出445期，在传播文物和文化知识的同时为观复博物馆培养了一批忠实度极高的粉丝群体，该栏目也成为众多卫视频道的一面文化旗帜。

在网络媒体传播方面，观复博物馆也走在了前列。

2014年，一档充满个人特殊魅力的脱口秀节目在优酷网横空出世，这就是《观复嘟嘟》——一个有态度的脱口秀。此栏目的创新之举在于，将每期天马行空的谈话主题与文物相结合，让受众可以一鱼多吃，从中品味不同的人生感悟。栏目一经推出就追者如云，目前《观复嘟嘟》开播共5

季，各类点击量逾60亿人次。

2018年春季，我们一档大型互联网视频文化艺术节目《博物馆奇妙夜》在爱奇艺独播，邀请文化界的知名人士在著名的博物馆里共同探讨文化、艺术和历史。此节目的播出，拓展了人们的文化视野，让更多的年轻人爱上了博物馆。

2018年10月，观复博物馆另一档展现和品味中国文物与中国传统文化的新节目《国宝100》在优酷和喜马拉雅平台上线播出，马未都先生精彩的脱口秀演绎使观众不但了解了每一件珍宝的文化价值，也通过它们背后的精彩历史故事洞悉了人生百态，让观众更深刻地理解了什么是"历史没有真相，只残存一个道理"。

问：请问贵馆与北京的其他私立博物馆会在哪方面加强合作、共谋发展？

李瑄：我馆和其他博物馆一直都保持着非常好的沟通与联系，包括2017年北京博物馆学会非国有博物馆专业委员会的成立，更加推动了北京地区私立博物馆的联动，每一位馆长都充满情怀，是非常了不起的。

问：请问贵馆作为北京早期的公益性民营事业单位，在博物馆现代化发展的进程中还有哪些困扰？北京计划建设"博物馆之城"，贵馆会做出哪些方面的助力？

李瑄：北京计划建设"博物馆之城"，对于我们文博从业者来说，最直接的感受就是："博物馆之城"建设规划出台后，政府各部门更加关注博物馆的生存和发展，各界对博物馆的调研次数增多，好的政策也在陆续出台，这些关注和利好提振了我们的办馆信心。在建设"博物馆之城"目标的指引下、在政府政策的鼓励下，我们相信北京地区博物馆不论数量还是质量，以及举办展览、接待观众量，都会发生喜人的变化。

博物馆的生存和建设离不开政府的态度和支持力度，对于纯粹的私立博物馆来说，生存是基础，需要政府的政策支持、各场馆的努力经营以及市场大环境的向好，三者缺一不可。希望政府提供持续性的政策和态度上的支持，打造文化生态和不同类别博物馆的生存空间。

1996年10月30日，观复博物馆与另外三家私立博物馆同时获得政府批准成立，一路走来，个中甘苦唯有自知，但初心不改。随着国家政策的不断利好，更有多年来支持观复馆的每位观众一路相随，我馆迎来了蒸蒸日上的今天，我们心怀感恩。

观复博物馆是新中国最早开放的私立博物馆，观复博物馆的成立、运营和发展得益于国家改革开放的大背景，随着经济的快速发展和社会的不断进步，观复馆也在不断加强自我造血能力，摸索出一条比较成功的生存和发展道路，既完成了推广中国传统文化的重要社会责任，又赢得了社会的普遍肯定和认同。政府一系列好政策的出台，给予私立博物馆非常大的支持和认可，我们希望好政策早日落地。未来，我们将与全国各地众多的私立博物馆共同努力，聚沙成塔，在弘扬中华优秀传统文化、构建社会主义核心价值观方面发挥更加积极的作用，相比过去取得的成绩，我们相信明天会更好！

问： 请问贵馆的未来规划与展望是什么？

李瑄： 关于这一点，我想谈谈马先生的心愿，就是使观复博物馆更快地社会化，并形成良好的运营机制，最终完整地留给社会。所以他说过，在他可以做事情的时候希望有一个能够永久使用的新馆落成开放，让观复博物馆可以永续地对社会公众服务，不希望因为个人的变故而影响博物馆的生存。还记得马先生说过内心的愿望：当自己真正退休了，到观复博物馆门口买张票，看看那些文物还挺好的，服务质量和展览水平也不错，就放心了。马先生是我们最敬佩的人，他这种坚忍执着的精神就是我馆的未来。

如果某一天当您走进观复馆，我们最希望听到的评价就是："这是个有温度的博物馆。"

华夏文明的先声

——古陶文明博物馆

受访人：董瑞，古陶文明博物馆（简称古陶馆）馆长。

问：古陶馆成立于1997年，是北京首批民办博物馆之一，请您谈一下贵馆的筹建背景和定位。

董瑞：古陶文明博物馆是我国第一座乃至世界范围内第一座关于陶的专题博物馆，由我国著名收藏家路东之先生个人出资，以保护和弘扬中华文化遗产为宗旨而筹备创建。该馆是北京第一批经审批成立的民办博物馆，于1997年6月15日开馆。成立此馆有两方面因素，第一方面是响应国家层面的号召。民办博物馆是我国经济社会持续稳定发展大背景下公民文化需求增长的必然结果，由社会力量利用民间收藏的文物、标本、资料等文化财产依法设立，具有文化普及鲜明特色的公共文化服务机构，是动员全社会广泛参与，共同构建公共文化服务体系，促进文化大发展、大繁荣，建设和谐社会的一支重要力量。

第二方面是个人因素。古陶文明博物馆是路东之先生个人收藏的展示。作为一位有良知的收藏家、文化学者，路先生很有情怀，在收藏量达到一定规模之后，认为"独乐乐不如众乐乐"，认为这些藏品只珍藏在自己手里而不向社会公众公示的话，会有一点儿不安和罪恶感。路先生的初心是希望这些文物得到最好的尊重，因为这些文物是先人留给后世的重要文遗产，那么最大化实现文物的文化价值和被社会大众所认知才是对这些文物的尊重。所以，出于这样一种情怀、理想和责任，路先生成立了这家博物馆。

关于创办过程，我可以大致讲讲。在北京还没有计划批准民办博物馆的时候，大概在1995年，路先生已经萌生了这样的想法，即把自己所有的藏品捐出来做一个博物馆。那时候，中国人民大学正好在建图书馆，路先生就想把自己的藏品全部捐出来，由中国人民大学出场地来做一个博物馆，但是后来没有洽谈成功。之后，路先生得知北京市文物局打算批民办博物馆时，就积极地筹备、整理资料，然后上报文件，承租了大观园的场地，陆续组织团队，对藏品进行梳理，慢慢把家里的藏品往博物馆搬运，最后做出一个博物馆的框架来。1996年，我们提交了申请，同一批获批的博物馆有4家，但开馆的只有3家。第一家开馆的是观复博物馆。我馆因为场地的重新布置，就选择了在1997年6月15日开馆，这个日子与香港回归临近。我们当时还组建了一个顶尖的学者团队，包括国博的馆长、文博界的专家等。我们的藏品得到了大家的认可，专家们评价说博物馆界出了匹"黑马"。2022年，为纪念我馆开馆25周年，我们特意策划了一个原创临展，这也是对路先生的一个纪念。

问：请您谈谈古陶馆的常设展及其主要特色是什么？

董瑞：我馆的常设展览包括6个系列：第一个系列是"彩陶源首"，展出了黄河流域从仰韶文化一直到夏商周时期的彩陶；第二个系列是"瓦当大关"，瓦当是古代宫廷建筑上用的瓦头，承载了当时社会的精神、历史、经济、政治、艺术水准等方面的信息；第三个系列是"封泥绝响"，路先生以秦封泥的大宗结集与研究震惊学林；第四个系列是"古陶序列"，历朝历代的古陶是不一样的，都体现了当时的政治、经济和文化，承载了大量的信息；第五个系列是"文字的美奥"，因为路先生收藏跟文字相关的文物，包括陶文印章和古骨签，都是非常重要的文字信息；第六个系列是路先生的个人创作作品，其中，很多作品的灵感来源于文物。

　　我馆的主要特色是古陶文明的展示，历朝历代的陶器是人类文明从幼年走到成年的见证物。我馆从初期的个人收藏到成为中国第一批民办博物馆之一，拥有红山文化、新石器时代彩陶及周秦汉唐陶器、战国秦汉瓦当、战国秦汉封泥等数千件（套）文物，构成以古陶文明为主脉、以艺术考古为特色的收藏体系，构成一部近乎完整而形象生动的古陶文明史。其中，秦封泥史是路东之收藏体系中最重要的部分（图1）。路东之对中国文化做出的最重要的贡献之一是发现、保护、研究了秦封泥。他曾在文章中写道："与其说我是它们的拥有者或者主人之一，不如说更像一个奴仆，在完成着定数中的职责和使命。"故宫博物院原副院长李文儒先生说："如果没有路东之，没有路东之这些收藏，没有路东之的古陶文明展览，没有古陶文明博物馆，我们还能找到什么地方，在不太长的时间里一下子看到中国古陶文化、古陶艺术如何之伟大。"

图1　古陶文明博物馆的秦封泥文物藏品

问：请问古陶文明博物馆是通过什么来提升社会影响力的？

董瑞：古陶文明博物馆在成立之前，路先生就以个人名义，向母校西北大学博物馆无偿捐赠20块秦封泥，向成立之初的中国印刷博物馆捐赠自己亲手拓制的《路东之梦斋藏战国秦汉瓦当》手拓本；古陶文明博物馆开馆之后，路东之先生以馆名义先后向中国农业博物馆、中国文字博物馆、首都博物馆等机构捐赠了百余件（套）藏品。

古陶文明博物馆自开馆以来，接待了国内外专家学者、普通观众数十万人，与诸多大专院校、考古基地、博物馆建立友好关系，在首都博物馆、中国园林博物馆等机构举办展览，开展百余次专题讲座、科普教育等活动，实现社会效益最大化，感动并影响了各阶层人士。

问：虽然古陶馆的建筑展览空间有限，但是馆藏的陶制文物系统丰富，请问贵馆是怎么处理建筑空间和展品之间关系的？

董瑞：古陶馆的常设展是路先生在世的时候自己设计的（包括每件文物怎么摆放），我馆的馆徽也是他设计的。我馆的一些展陈特色，比如以豆子代表数字（图2）、用麻将牌上的数字代表展品的序号等，都是路先生的巧思，他本意就是想用自然的一些元素来表现数字，这也形成了一种非常独特的展陈风格。另外，我馆的展板文字全部是路先生亲自书写的。还有一些文物，他都赋了诗。所以，我馆不仅展出了文物，还展出了收藏者对文物赋予的情感，这也大大地提升了文物本身的价值和意义。

虽然我馆的展示空间比较小，但是展品很有特点，路先生在这里面花了很多的心思，他曾说这个博物馆是他一生最重要的作品。

问：请问贵馆有没有策划过其他有特色的临展？贵馆在举办展览的同时也会专注于学术研究吗？贵馆都有什么学术成果？

董瑞：我馆除了常设展览，还策划过很多其他的特色临展。而且，我馆举办过的展览都会编辑出版相应的图册和典籍。2015年5月18日国际博物馆日，我馆曾经做过一个路先生的纪念展"道在瓦砾"，展出了大概500

图 2　展柜内豆子代表数字的展示手法

多件（套）文物。这个展览是崔学谙老师帮我们策划的，题目也是他起的。这个展主要分为四部分，第一部分是"一袭征衣"，讲了路先生的问学之路和收藏之缘；第二部分是"一炷心香"，讲了他收藏的几个大类；第三部分是"一片风景"，讲了路先生的题拓作品和绘画作品；第四部分是"一生宏愿"，讲了路先生的陶馆笃志和办展治学。这个展旨在通过古陶文明博物馆的精品文物，诠释藏品与藏家、物与人、器与道的关系，得到了业界和社会的高度认可。作为展览的学术研究成果，我馆还出版了《道在瓦砾》图集。

1999年，在国内外学术界纪念中国商代甲骨文确认一百年之际，我馆奉上了《路东之梦斋藏甲骨文》这部书。这部书里出现了从未曾见过的甲骨文单字。我馆的这批收藏，为学术研究提供了不少有价值的信息。如二十八、六十、九十六等新见的地名；二十五、二十六、五十七等反映的征伐活动；十五、三十八、五十三、五十五等昭示了王家的猎获。这些都将为商代历史的重建发挥一定的作用。另外，《问陶之旅》这部书是源自我馆开馆10周年。2007年，在首都博物馆办古陶文明展的时候，路先生就想出这个图册，但是路先生当时力不从心，既要布置展览，又要整理资料，所以这部书直到2018年才出版的。2016年，我馆做了一个临展"凝固的时光"，也出了一部书。这部书的封面是一个孤品砖，我们知道大部分的砖都是模子压出来的，但这个孤品砖是手工刻的，砖上面的图案也具有重要的历史价值。

我馆出版的专著《秦风云集》的编排采用了传统古书的编排方式，现在已经脱销了。我馆每年还会出版一些手拓本的典籍类书籍，造价非常高，是纯手工拓出来的，比如《秦封泥集》《战国封泥集》等。每次基本就出40部，因为拓得多了会对文物有伤害。2022年，我馆出版了新的关于古代砖的书籍。我馆出品的典籍都是一些规模较大的收藏机构来收藏，比如国家图书馆、上海博物馆、北大图书馆、北师大图书馆等。我馆在学术研究上一直在努力和尝试，争取将传统的文化通过学术成果展示和宣传出去。

问：民办博物馆基本是自筹自支的模式，请问贵馆运营经费的来源主要是哪些方面？

董瑞：民办博物馆运营经费依靠自给自足，包括馆舍租金、藏品征集、设备购置、日常维护、工作人员薪资等。古陶馆从开馆到现在一直采取自筹自支的模式，博物馆的开销主要用于日常运营、展品更换、空间翻新、照明维修等方面。因为博物馆都是非营利性的，严禁从事商业行为，所以博物馆本身几乎没有太多的利润。在我国，博物馆的收入来源是门票、捐赠和社会资助（包括基金会）等。目前，我馆的资金来源比较单一，运营经费主要由馆际借展费、门票费，还有提供社会教育活动的服务收费，近年来整体收益极不可观，入不敷出。

问：在举办展览的同时，博物馆还致力于开发馆藏文物的潜在魅力和使用价值,请问贵馆是否设计了不同系列的文创产品,哪些系列的文创品受到观众喜爱,全年销售情况如何?

董瑞:从开馆到现在,文创开发和销售都是我馆的短板。虽然我们的藏品很好,文化和学术价值也非常大,但是我们的受众还是不算太多,这也会影响到我馆对文创产品的研发投入,因为投入之后要考虑什么时候能收回成本。在文创开发和销售这一方面,我馆做得不算太好,希望以后借助国家的政策和社会的扶持能够有所改善。

问:请问贵馆如何围绕自身主题将历史文化、古代艺术以恰当方式传播出去?对公众和学生群体会开展哪些特色教育活动?

董瑞:古陶馆从建馆之初,一直在做跟博物馆领域相关的收藏、研究、展览、展示和宣传教育。在社会教育方面,我馆在五六年前成立了一个团队,并联合北京的7家博物馆推出了"古代科技"项目,史家小学应用了这个项目,这也成为一个品牌并获奖。另外,我馆还与西城实验小学联合举办了"金石兴趣教育试点班",启发学生对中华古文明的兴趣和认识。我馆还做了不少的社会教育实践体验活动,在博物馆里面开辟了两个大条案(图3),作为社交活动区,对一些学生和街道居民开展特色活动。观众在参观完博物馆后可以参加体验活动,例如翻制瓦当或者制作陶艺作品等。另外,我馆还根据藏品研发了一些课程,比如瓦当的课程,讲述古代建筑与瓦当文化。我们的课程形成了独立的品牌,也成为北京市文化和旅游局推出的100家旅游体验基地之一。

问:请谈谈贵馆在国际、国内交流与文化传播方面都做了哪些贡献?是否与国内或者国际上的其他民办博物馆建立了学术和文化方面的互动与合作?

董瑞:目前,国内民办博物馆之间的交流很多。我馆会有一些借展,比如宣南文化博物馆办过一个"孝行天下"的展览,就借用了我馆藏的二十四孝砖、彩绘的木雕等。我馆2019年在澳门也办过展览,那次展览我们带了拓片和照片进行悬挂展览，在澳门的影响比较大。我馆在开馆20周年的时候，在北京博物馆学会名下成立了北京民办博物馆专业委员会，建立了北京民办馆之间的沟通和交流机制。近年来，北京市倡导"博物馆之城"的建设，我们委员会也是比较重视的，2022年5·18博物馆日的主题是"博物馆的力量"，我馆在微信公众号上发起了征文活动。通过征文活动，我们了解到观众的真实想法，一些观众还写到我馆和其他博物馆带给他们的影响和博物馆力量，这个活动也特别有意义。

图3　博物馆内的社交活动区

在国际交流方面，我馆刚开馆的时候，日本很多团队（每年二三十个）来参观。日本书法界的很多专家都来古陶馆参观交流过，日本前首相细川护熙也曾来我馆参观交流。另外，韩国的柳琴瓦当博物馆也与我馆建立了密切的合作关系。比利时王国前首相、法国国家自然历史博物馆馆长等也来我馆参观交流。著名学者李学勤曾多次陪同日本、韩国等国学者到访，古陶馆在国际交流方面发挥了一定的作用。

问：北京民办博物馆起步早，种类多，增长速度快。请问贵馆在发展过程中遇到了哪些问题？

董瑞：民办博物馆经过多年发展取得了极大进步。随着观众对博物馆的要求逐渐增多和提高，民办博物馆在发展过程中面临着巨大的挑战，显现出发展的不足。制约民办博物馆的发展因素主要表现为资金短缺、专业人才不足和资源整合能力不强等方面。

第一，民办博物馆属于民办非企业单位，不享有减免租金、社保、残保，文化类企业补贴30%租金等扶持政策。第二，相应的非营利机构或者公共文化服务机构政策配套不完善，民办博物馆面临巨大的生存和发展阻力，例如，古陶文明博物馆自开馆以来租用大观园建筑，租金压力很大。2010年，国家出台的民办博物馆扶持办法中明确，民办博物馆在场馆用地等方面应享有优惠。博物馆建筑本身就是文化承载体，如何实现适应制度与打造精品展馆的平衡，仍是摆在我馆和相关部门面前的一大难题。第三，博物馆的经营运作需要长期和充足的财政支持。民办博物馆应该在运营成本、博物馆藏品研究、展览策划、教育活动举办等方面享有资金支持和专业的指导，民办博物馆需要一个宽容的生存土壤和环境。希望借着北京"博物馆之城"建设的契机，能够真正解决我们民办博物馆的问题。

问：请谈谈贵馆未来的规划。

董瑞：古陶馆未来有两方面的规划。第一方面，从自身出发进行深度挖掘和探讨，统筹各项资源，不断增强自身能力，形成良性循环。古陶馆会尽力做好博物馆的文物收藏和展示，也会在学术研究方面做出更多的努力，希望能够出版一些跟我们藏品有关的社教类图书。第二方面，古陶馆还要继续拓展社会教育和文创开发，希望跟各大企业和高校有更多的合作，借助大家的力量，共同做一些对社会有意义的事。

特邀嘉宾一　夏书绅

超越时空　感染观众

——博物馆陈列中的艺术表现

受访人：夏书绅，中国人民革命军事博物馆研究员，原总设计师。1984—2003年兼任中国博物馆学会理事、陈列艺术委员会主任。2000年任世界全景画协会第四届执行主席等职。现为中国博物馆协会陈列艺术委员会资深专家组组长、国家文物局专家库专家、我国博物馆陈列艺术设计和"全景画"著名专家。

问：您是新中国第一代陈列艺术设计工作者，70余载，一直从事博物馆陈列艺术设计及组织领导工作。您见证了我国博物馆事业的发展及兴盛历程，您能谈一下20世纪50年代您初入军博时的陈列展览状态及当时的设计工作流程吗？

夏书绅：我是上海美专（南京艺术学院前身）学国画的。1950年，我在华东军政大学为配合教学对青年学员及知识分子进行唯物主义教育，做了第一个展览，即"社会发展史展览"。因社会效益好，展出后还出版了3本画册。第二个展览是1953年的"抗美援朝展览"，这个展览不仅有图片展示，还有景观、地图等辅助展品。当时，地图的制作是将三合板和五合板锯成图形刷上乳胶漆，然后用染色的木屑做出有立体感的地形，再用小灯泡做动态灯光演示；小型景观上的人物塑形、服饰、道具都是设计师自已动手做的。那时候我们被称为美术工作员,什么都得会。我因为有一定的绘画基础,事业心也比较强,肯钻研琢磨,很多展示形式都是自己摸索出来的。为配合军事院校马列主义基本知识教育,我先后创建了中国革命运动史、哲学、政治经济学三个形象化教学专修室,受到广大学员和领导的一致好评,多次立功受奖。经过10年的展览工作实践,我积累了一些经验,为以后从事展示工作打下了一定的基础。

1959年4月,我调到军博工作,直到1995年离休,在军博工作了36年。军博是新中国成立10周年首都"十大建筑"之一,1958年10月开始动工建设,这座6万平方米的建筑,用10个月的时间就建成了,这当时在全国也是首创。整个建筑高94.7米,建筑上的军徽直径6米。陈列展览包括红军馆、抗日战争馆、解放战争馆、保卫社会主义建设馆、抗美援朝馆、兵器馆,陈列面积4万多平方米。为争取时间,陈列设计与建筑设计、施工同时进行,当时从全军调来了40多名美术设计人员,虽然大家都没有做过博物馆的陈列设计,但是我们的革命热情很高,干劲十足,互相学习,刻苦钻研,设计图、效果图、施工图都是手绘的。在时间紧、任务重、要求高的情况下,我们努力完成各自承担的工作任务。我因有近10年从事陈列设计的实践经验,接到筹建军博解放战争馆的总体设计任务后,感到得心应手,工作进行得比较顺利。当时是边设计边制作,用了不到半年的时间,我们完成了4万多平方米的陈列布展任务,并于1959年10月新中国成立10周年时进行预展,创造了我国博物馆筹建史上的奇迹。

预展后,军博又经过一段时间的研究、修改、完善,于1960年8月1日中国人民解放军建军33周年时正式对外开放。这年的建军节是军博历史上最难忘的日子。当天上午,军博举行了隆重的开幕式,晚上又举办了盛大的庆祝晚会,周恩来、朱德、贺龙、陈毅、罗荣桓、聂荣臻、叶剑英等都来参加晚会,军博大楼内外灯火通明,展厅全部开放,有演出、电影,还有舞会,到处欢歌笑语,洋溢着欢乐的节日氛围。军事博物馆正式开放后，前来参观的群众络绎不绝，平均每天接待观众万人以上。为了让首长和外宾能在较短的时间内参观完军博的基本陈列内容，1959年11月，筹委会决定在西一楼展厅筹建综合馆。综合馆的内容主要包括第二次国内革命战争、抗日战争、第三次国内革命战争和保卫社会主义建设（包括抗美援朝）四个部分，展厅面积3300平方米，由我主要负责该馆的总体设计。经过一段时间的共同奋战，我们按时、圆满地完成了筹建任务。

军博开馆后，我的工作相对轻松一些，为了提高自己的陈列艺术设计水平，我认真学习了中央工艺美术学院教授吴劳1958年编写出版的《展览艺术设计》一书，以后又学习了两本翻译出版的苏联的专业书籍——《博物馆陈列的组织与技术》和《苏联博物馆学基础》。在此后的几年里，我们对陈列中的照片、文物、文献等内容进行了调整和修改。此外，在这段时间内还完成了数个在全国有较大影响的临时展览。

除了基本陈列，根据国家和部队的需要，军博还做了许多临时展览，如"向雷锋同志学习""毛泽东思想伟大胜利""击落美U-2高空侦察机""打倒新沙皇"等。

回顾建馆初期的基本陈列，虽然受物质和技术条件的限制，但经过大家的共同努力和不断探索，这一时期军博的陈列艺术设计达到了一定的水平。军博陈列展示的是中国人民解放军战史，宏大叙事，辉煌壮阔，展厅宽敞高大，展示设计简洁大气、重点突出，初步形成了综合性军事历史博物馆的陈列艺术设计风格。

问：20世纪70年代末，您已经开始了对全景画、半景画的理论性研究与实践性思考，并作为总策划、总设计主持完成了中国第一个半景画馆——《卢沟桥事变》半景画馆和第一个全景画馆——《攻克锦州》全景画馆的筹建工作。您对中国博物馆展示艺术的发展产生了重要影响，并代表中国多次参加国际全景画大会进行学术交流。请您谈谈中国第一个半景画馆的筹建过程，以及在国际全景画交流中我们发挥了哪些作用？

夏书绅：在改革开放之后，随着经济文化的快速发展，博物馆事业也迎来了黄金时期。在这段时间，我一直思考着如何在新形势下提升陈列艺术水平。1979年9月，我随军博文化交流团赴朝鲜交流访问时，被朝鲜《大田解放战役》全景画馆的展示形式所震撼，回国后我对这一艺术形式做了进一步研究。1983年，在青岛召开的中国博物馆学会学术研讨会上，我发表了《谈全景画》一文，引起国内同行的关注。

1985年，为纪念中国人民抗日战争胜利40周年，中共中央办公厅决定在北京宛平城内筹建中国人民抗日战争纪念馆，并成立了筹备委员会。纪念馆的陈列由总政直属的军博负责，我任筹委会办公室副主任兼陈列艺术总设计师，并向筹委会提出创建我国第一个半景画馆——《卢沟桥事变》半景画馆的建议。我认为这一艺术与现代科技相结合的展示形式，既能突出本馆的重点，又能反映全民族的抗战精神，半景画的主要艺术特点是使观众有身临其境的感受。筹委会采纳了我的建议。半景画馆的建筑要符合其功能要求，即内部空间高度不得少于20米，半径也不得少于20米，且没有柱网。北京市建筑艺术委员会专家的意见是：为维护宛平城的明清建筑风貌，抗日战争纪念馆的建筑高度最好不要超过宛平城墙的高度（6米）。我的意见是：一是建筑要满足半景画馆的功能，二是中国人民抗日战争纪念馆要有一定的体量。于是，我提出：半景画馆建筑的高度可以不超过宛平城门楼的高度（17米），不足部分，可以在半景画馆的建筑工艺图上做下沉式设计，将地面下挖4米多。此方案得到筹委会的支持。之后，为建好具有中国特色的第一个半景画馆，我组织了强有力的创作班子，从初稿、中稿、到现场放大绘制，总共用了两年半的时间，终于完成了这项画面高16米、弧长51米、呈150度展开、地面塑形区面积400余平方米的半景画的创举。这幅巨作至今在我国绘画史上占有很高的位置，通过画面与地面塑形的衔接，声、光、电的营造，让一幅静态的画面注入了叙事的时间元素，充分凸显出中国人民面对外侵时的抗争与不屈。并且通过此半景画的创作，我们积累了许多宝贵经验，为以后全景画、半景画的创作打下了良好基础。

半景画或者全景画对于博物馆陈列展示来讲，是大型的辅助展品，其主要表现的是重点内容、重大历史题材。重大历史题材，在同一场景中是可以跨时空的。目前，国内的全景画都是锦州（《攻克锦州》全景画馆）这个模式，只是大小的区别。其实全景画不一定都要这么大，也可以小一些，建筑也可以做成一层，主要是选好主题，绘画水平要高，不一定要追求大规模。

我代表中国参加了多届国际全景画学术会议，并于1999年在瑞士召开的世界全景画协会大会上，就"中国全景画的发展"做了介绍，令西方同人耳目一新，他们之前从不知道中国也有全景画，并表示非常希望能到中国来参观访问。在半景画的问题上，他们做得不多，规模也很小，没有像咱们这样的半景画，也没有灯光、音效。《卢沟桥事变》半景画的叙事效果可以说在世界上也是首创。2001年，世界全景画协会大会在北京召开，与会代表参观了我们20世纪80年代末所创作的这两个馆之后，均为两馆的场景之宏大、情节之跌宕，以及超越时空所呈现出的审美视觉、恢宏气势所震撼。中国的全景画、半景画虽然起步较晚，但起点较高，已跻身世界先进行列。

问：请您谈谈对全景画、半景画创作的主要经验和体会。

夏书绅：通过多年的工作经验积累，我把创作全景画和半景画的要点总结为以下几点。

（1）选准主题是全景画和半景画创作的首要问题。全景画馆和大型半景画馆工程浩繁，耗资较大，一定要慎重选好主题，适合做全景画的做全景画，适合做半景画的做半景画。

（2）画面一般采用油画，以写实的手法进行创作，虚实结合，风格统一。因为全景画一般都是再现历史的真实，所以只有采用上述手法才能创作出气势恢宏、形象逼真、富有强烈的现场感和独特的艺术感染力。

（3）画面构图采用以看台为中心的散点透视。在全景画的构思和创作过程中，选好视点，确定好视平线，至关重要。《卢沟桥事变》半景画的视点是定在卢沟桥和宛平城北约1000米的钢渣山上；《攻克锦州》全景画的主视点定在锦州城北旧省府大楼西侧，这样既便于重点表现当年作战的城北主攻方向，又可兼顾其余。

（4）从观众看台到画面的最佳距离是13—15米。因为一般人的视觉在一定的照度下，14米左右的距离容易将地面塑形与画面融为一体。

（5）画面与地面塑形的衔接是半景画、全景画成功与否的关键之一。在总体设计的要求下，画家与地面塑形美术师要很好地研究、配合，选择有特点的地物、地貌，将画面与地面塑形科学巧妙地结合起来，使整个场景融为一体。

（6）地面塑形是画面的延伸。地形、地貌、实物、模型要以看台为中心，按照透视比例进行塑造与陈列，地面上的实物、模型要疏密有致，不宜过多、过大、过于复杂。

（7）半景画馆与全景画馆是一项规模巨大的综合艺术工程，即使是画面本身，也大都是集体创作的成果。画家都有自己的艺术风格，但在全景画画面的创作中，必须强调风格的统一。

（8）全景画馆和半景画馆的建筑有其特殊的功能要求，建筑设计师在设计前最好请全景画专家提供工艺设计，确保其对功能的要求，以免造成返工。

（9）为增强全景画和半景画的现场感与震撼力，可适当运用特技灯光、多媒体投影、立体声音响效果与计算机程控等现代化科技手段，将静止的场景营造出动态的艺术效果，但是一定要适度。

问：中国博物馆协会陈列艺术委员会成立于1984年，是中国博物馆协会下设的第一个专业委员会，您担任了陈列艺委会主任之职，带领大家进行学术研究、专业培训、指导博物馆建设，对20世纪八九十年代博物馆陈列艺术水平的提升起到了巨大的推动作用。请您谈一下我们委员会在学术研究、教育培训、指导博物馆建设等方面的重要成果。

夏书绅： 自1984年艺委会成立，我担任艺委会主任已19年，作为新中国成立后的第一代陈列艺术设计工作者，亲身经历了新中国博物馆事业的起步、探索、蓬勃发展与不断创新的过程。艺委会成立的近20年中，根据其宗旨，针对当时博物馆陈列艺术的情况和工作中遇到的主要问题，召开了数场学术研讨会，通过相互交流经验、实地参观考察，进一步提升了大家的设计理念与陈列艺术设计水平。

1991年5月，艺委会联合广州市博物馆学会在广州市举办了"全国首届陈列艺术设计展览"，展出陈列艺术设计图纸、图片资料、实物、模型共计400余件（套），充分展示了陈列艺术设计所取得的丰硕成果，进一步提高了我国博物馆的陈列艺术设计水平，推动了我国博物馆事业的发展。

受国家文物局的委托，艺委会于1986—2001年在扬州培训中心先后举办了4期全国博物馆陈列设计人员培训班，每期3个月左右（第4期为提高班，时间是一个半月），系统地学习陈列艺术设计的基本理论与实践，在学习过程中还组织学员有针对性地参观考察，指导大家带着任务进行设计实习。每期开始前都会召集艺委会主要成员一起研究教学内容，制订教学计划，安排师资队伍。一个比较科学全面的教学计划，有利于学员在短期内掌握陈展设计要领。师资由部分有造诣的艺委会委员担任，大家分专题授课。最早的教材都是手写版，这些老师都是新中国成立后第一批陈展设计师，实践经验丰富，教学中坚持学以致用的教育方针，除了理论授课，还要直接带着问题做设计，带着问题参加到案例的实践中来。学员回馆后都成为博物馆陈列设计的中坚力量。

为了更好地推动陈列设计的学术交流，提高全国博物馆的陈列艺术水平，受国家文物局的委托，我组织艺委会主要成员，历时7年完成了45万字的《中国博物馆陈列艺术》专著，于1997年出版。2001年，为配合此书的形象化解读，反映20世纪最后20年中国博物馆陈列艺术设计成果，编辑出版了《中国博物馆陈列艺术图集》。

在改革开放初期，为了使广大陈列艺术设计人员学习、吸收国外博物馆的展示艺术及现代化展示手段，提高我国陈列水平，艺委会于1986年前后编辑出版了三套介绍美国、日本、朝鲜和苏联等国博物馆陈列艺术的图集及幻灯片等影视资料。

问：您一直致力于军史馆、革命纪念馆类陈列艺术的研究、实践等工作，请问在军史馆、革命纪念馆类的内容主题解读与形式设计把控上应注意哪些重要环节？

夏书绅：作为一个陈列展览的总设计，想做好一项任务，最重要的是很好地解读内容，了解文物展品，若脱离内容，只一门心思扎在形式设计上，做出的方案是站不住脚的。过去博物馆曾经讲形式服从于内容，这不完全对，准确地讲应该是形式与内容的完美结合。对内容深入解读后，主题明确、层次分明，形式设计有了依据。

要做好一个高水平的陈列展览，就要有一个明确的指导思想，只有这样才能统筹全局，做出好的展示创意。我在多年的展示工作实践中，逐渐形成了简约、大气、个性鲜明的展示设计风格。这一设计理念，不仅适用于革命史、军事史类的博物馆，也同样适用于其他类型的博物馆。根据展览内容的不同，设计形式要各有特色，艺术品的类型也要有所变化，比如古代战争馆序厅采用壁画来表现，因为壁画在我国历史比较悠久，具有深厚的历史感，而近代战争馆的序厅则采用了浮雕的形式，从而彰显出它们的时代个性。在军史馆、革命纪念馆中，绘画、雕塑作品要切记创作时做到尊重历史，创作手法在写实的基础上可以适当概括与夸张，以增强作品的力度。景观的制作要尽量采用半景画的创作原则，绘画、雕塑等必须是一流的，不可粗制滥造，以保证陈列艺术的高水平。此外，我还建议，要围绕主题的核心内容做设计，突出文物藏品，在陈列技巧和陈列设备的科学先进性上下些功夫。现在科技发展很快，市场上的新材料也丰富多彩，围绕所陈列的实物展品，能很好诠释内容主题的辅助陈列手段，我是支持的，包括高科技手段的运用，只要运用恰当即可，切忌为了追求"热闹"而搞一些喧宾夺主的技术手段，那就是舍本逐末了。博物馆的陈列还是要以文物为主，解读好文物的历史价值，过多手段的运用反而会造成视觉干扰，使观众记不住重点。

问：请您谈谈北京地区博物馆陈列艺术的未来发展与期待。

夏书绅：第一要精益求精，在陈列艺术设计方面要有创新，工艺制作要求精湛。在艺术品的视觉呈现方面，展陈设计师要有较高的艺术修养、审美力度、鉴别水平。现在，有些纪念馆里面的雕塑处理得不太好，虽然艺术品体量不小，但疏密处理不当，过于写实，艺术品的艺术表现力、感染力都会受到影响。第二要注重博物馆的教育作用，博物馆是爱国主义、科学素养、优秀历史文化等的教育阵地，我们做宣传教育时要尽量考虑到不同年龄段的观众的需求，做好分层宣传教育，充分发挥好博物馆的社会功能。

现在，博物馆的设计师已经具有了国际视野，也涌现出很多设计人才和优秀作品，加之赶上了目前国力强盛及文化大发展，我对我们国家博物馆事业的发展非常看好，也寄予厚望！

特邀嘉宾二　费钦生

大象无形　大音希声
——全球语境下的博物馆陈列设计转换与实践

受访人：费钦生，1930年生于上海，上海博物馆研究员，历任上海博物馆陈列设计部主任，中国博物馆协会陈列艺术委员会副主任、协会第二届理事，上海复旦大学兼职教授，上海大学世博展示与艺术研究中心教授。

问：您是全国资深的博物馆陈列艺术设计专家，在您年轻的时代，中国的博物馆事业尚处在起步阶段，您是在何种机缘巧合下进入上海博物馆的？

费钦生：我是1948年考入上海美专的（刘海粟创办），于1954年分配到上海市文化局，再由市文化局安排我入职上海博物馆陈列部工作。要说机缘巧合，倒是有话可说。1954年春节过后，我到市文化局报到，在市局社会文化事业管理处遇到处长沈之瑜同志。他也是刘海粟的弟子，曾是刘老师的助教。当时，沈之瑜对我说："中国博物馆事业很年轻，需要大家建设，希望你投入进去，将来成为这方面的专家。"在当年，市局社文处领导通管全市博物馆、图书馆、文化馆工作，提倡"任务带学科"，在工作实践中培养人才。1954年春，正逢上海建设中苏友好大厦，沈之瑜奉命任"苏联社会主义建设成就展览"布展处处长，他就把我带了过去。正巧苏联展览专家向中方要求分配两名助手协助他工作，沈之瑜就把我介绍给伏伦卓夫和维克托洛夫，并言明："这是刚毕业的大学生，将来是要任职博物馆展览设计师的，希望苏方两位专家重点培养他。"就这样，我跟苏联专家学习，白天为他出图纸，晚上听他们讲展览设计的流程、方法、技术技巧等，为期近10个月。这是一次系统讲学，苏联专家亦尽心尽力，我由此打下了展示设计的基本功。伏伦卓夫当时已近50岁，是一名建筑师，他告诫我："学展览设计要学会像建筑师一样思考。"这句话我牢记在心，终身受益。

第二次机遇是沈之瑜让我参与中国建筑科学设计研究院（简称"建研院"）1959年的"中国博览建筑调查研究"项目。我从1959—1964年协同建研院，合作完成了大半个中国博物馆建筑调查和博物馆建筑采光照明设计及照明照度标准研究。也借这个机会，认识了许多博物馆馆长和建筑师及展示设计师。例如我采访当年文化部文物局博物馆处处长王振铎（王天木）先生时，他给我讲了一个飞机设计的故事。他说："飞机设计里里外外极为简洁，没有一条多余的线条，整体却充满了设计感。"受此启发，我后来就形成了"有展示设计而不留设计痕迹"的设计理念，认为这是设计的最高境界——"大象无形、大音稀声"。又如我采访中国地质博物馆馆长高振西先生，他说："一切博物馆教育，我看就是科普教育。"这不就是点明了博物馆的社会教育属性吗？这些采访让我受益匪浅。

问：作为上海博物馆的最早一代展陈艺术与设计负责人，您能回顾一下20世纪上海和北京地区博物馆陈展设计施工是如何做的吗？

费钦生：上海博物馆建于1952年12月，文物收藏源自接收旧上海市历史博物馆藏品。又因时任上海市市长的陈毅同志把全年市文化经费的三分之二用于为上海博物馆从香港等地征购文物，实质是抢救流失文物，以及用于建馆之需，从而为上海博物馆的文物收藏与展览打下基础。1949年上海解放前，我参观过旧上海市历史博物馆，那纯粹是物质文化史陈列。

1952年时，上海博物馆陈列仍旧秉承物质文化史展示的宗旨。1956年做过一次改陈，充入了不少新征集到的文物，1959年又进行了一次调整。那时，上海博物馆从南京西路325号原跑马厅总会迁馆至上海中汇大楼。这次调整改变了陈列体系：由物质文化史陈列改为美术通史陈列，并奉文化部文物局意见，将上海博物馆定性为古代艺术博物馆。这次改陈补充了壁画艺术，还专门组织人员去敦煌临摹壁画，同时增加了许多古籍上的版画，甚至近现代的点石斋旧藏《点石斋画报》原稿陈列品等。"文化大革命"之后，将上海博物馆设立专题陈列，分设书法绘画馆、陶瓷陈列馆、古代雕刻馆、中国青铜器陈列馆等。相应地把博物馆业务部门从陈列部调整设置为青铜器部、陶瓷部、书画部、工艺美术部及上海地方史研究部，建立考古部等专业学科部门，原保管部不变，文物保护科学实验室与文物复制厂独立出来。

这一时期的博物馆陈展设计施工是如何做的，要从市文化局的管理体制说起。

新中国成立之初，上海没有现代意义的展览设计企业，只有一家大名鼎鼎的广告公司——荣昌祥广告公司（也可能有些小型广告企业存在，上海是一座商业城市，经济、文化等活动有广而告之之需，解放初这类企业举步维艰）。

20世纪50年代初，上海有个我印象中的第一个展览会——农业展览会（全名记不全了），好像是全国性的博览会。有展览会必然有展览设计，这个设计任务就是调集全市乃至全国美术工作者参与完成的。被调集的美工人员中就有我的夫人朱传玉。农业展览会的地点也是在跑马厅，那地方空间大，可以建许多展馆。朱传玉参与筹建和布展上海水产馆，展出华东地区的鱼类及水产品。

也就是在这样的历史状况下，在建上海中苏友好大厦之际，市文化局社文处为配合布展施工之需，考虑筹建美术工场，招募了流散在社会上的美术工作者，记得应聘的有美术大家张雪父、蔡振华等。他们后来都是上海美协（上海市美术家协会）主要领导，那时候应招的还有彭天皿、郭洪生、张中康等。他们在1956年成立上海美术设计公司，是展览艺术设计的主创骨干。我们这批人应该是新中国第一代展览设计师。此外，当年筹建美术工场时还招募了不少能工巧匠和上海电影业界的木工、油漆工、雕工等人员，展览施工、制作力量得到了扩充。

1959年，为庆祝新中国成立10周年，北京建成了中国历史博物馆、中国革命博物馆、中国美术馆、中国人民革命军事博物馆、民族文化宫等闻名全国的"十大建筑"。为筹建这些展馆，上海美术设计公司（以下简称上美）调集人员参与展览设计和施工，其成员之多、工种之多可谓史无前例。据我所知，中国历史博物馆、中国革命博物馆调集了当时北京地区顶级的美术设计大师如张汀先生等合力攻克展览设计，其中也包括王振铎先生。军博、民族文化宫的陈列展览主持人则有上美设计师郭洪生、彭天皿、杨以中等。杨以中后来还"落户"北京，成为民族文化宫的在编人员。当时的军博展览总展线长达21公里。北京地区的设计中枢集中在中央工艺美术学院及对外贸易促进会等单位，根本照顾不过来，所以上美一时成了全国展览设计的中枢，承接全国博物馆、展览馆的展览设计与施工。上美的展览设计施工团队最多时达数百人，京沪两地合作办展几成传统，延续到"文化大革命"之后。就我个人来讲，还参与过北京卢沟桥中国人民抗日战争纪念馆的基本陈列改建，以及西周燕都遗址博物馆陈列建设。当时北京市文物局局长单霁翔要我帮他每年完成一家博物馆筹建或改陈任务，单局长不想把有限的文博经费"撒胡椒面"式使用，他希望集中投入一馆，见效一馆。那时我已从上海博物馆退休，在上海宝山区宝松美术设计公司任职，因为抱有浓厚的"帮会思想"，认为不宜在北京"横插一脚"，便婉言谢绝了单局长的盛意。

到20世纪80年代，改革开放的同时迎来了思想解放的时代。那时市文化局尚未进入体制改革，上美乃属于文化局社文处领导，与上海博物馆等全市博物馆归属于同级单位。上海博物馆中国古代雕刻馆（1983年）、中国青铜器陈列馆（1986年），中国陶瓷馆（1988年）等都是那个时代的产物。

问：您经历了中国博物馆事业从起步到发展再到蓬勃的历程，能谈一下全国博物馆陈列设计的整体发展脉络，以及近年来在陈列艺术设计观念上的变化吗？

费钦生：要谈全国博物馆陈列发展情况，这个命题太凝重，我做不到。但我可以谈谈从20世纪50年代初到1966年我所经历的上海博物馆办展的情况。我在上海博物馆38年，经历了三次大改陈和一次迁馆（指从上海原跑马厅总会迁至上海中汇大楼），有许多故事可讲。上海博物馆建馆时聘请专家徐森玉、复旦大学教授杨宽等任馆长，留用旧上海历史博物馆全部专家和专业人员。如我所在的陈列部主任蒋大年是早年的田野考古学家，副主任承名世是书画家兼美术史研究者，保管部主任马泽甫是文物鉴定专家，群工部主任蒋天格是复旦大学历史系教授。时任上海市市长的陈毅同志深知办博物馆须靠人才振兴，深信博物馆唯人才才能兴馆，这后来形成上海博物馆用人的传统。要说到办展，那时没有策展人之说，怎么办基本陈列或临时展览？似乎不难，当年上海博物馆的基本陈列是古代物质化史陈列。这是蒋大年先生本行所长，列了这个主题，最先是到文物库房去挑选文物，然后把挑选出来的文物集中在库房空间中再精选，之后编出目录，按时代分类编写主题说明、分题说明、重点说明，并为每件文物编写年代、品名、出土地点等。所谓陈列文本、陈列大纲，就是一份展品目录加文字说明。当年盛行一句行话，叫作"摆出来就是陈列体系"。这种做法一直保留为20世纪60年代中央明确上海博物馆为古代美术博物馆时的传统操作。那时还是美术通史陈列，强调实物真品，一般不允许用复制品，更拒绝一切辅助陈列资料。后来，改陈采用分主题陈列，组成绘画书法馆、陶瓷陈列馆、古代雕刻陈列馆和青铜器陈列馆，亦开始谨慎地使用复制品及辅助陈列资料，例如在陶瓷馆使用1:1复原陶瓷作坊及柴窑、馒头窑等。但其展览操作一概采用"古法",即从选挑展品到编目录再到编写说明,演变成陈列大纲。回顾那个年代的博物馆陈列操作流程,大致与上海博物馆相仿。

这个操作方法的最大好处是把陈列展览的基础放在文物上、放在专家学者认知的知识体系上。不像现在的许多所谓的策展人(curators)是靠"百度"过日子的,什么策展都敢接,根本不懂博物馆的陈列展览是靠丰实的收藏来支持的。他们照样可以写出1英寸厚的陈列大纲,却是假大空地作秀,根本无法落到实处。这亦是亟待解决的问题。

至于陈列艺术设计观念上的变化,我想说的是展览叙事这一观念上的变化。20世纪80年代以前和20世纪80年代以后是博物馆展览叙事观念变迁的一个分水岭。20世纪80年代以前并不是没有叙事,叙事萌芽始于对陈列展览编写说明,以后叙事理念有所递进、发展,到20世纪80年代展览叙事似乎有了大觉醒,其标志就是陈列展览中大量使用辅助陈列展品,所以我得出"没有辅助陈列展品就不可能有完善的展览叙事可能"的结论。我的这个观点是否能站住脚,还有待进一步论证。

问: 您认为博物馆陈列设计应如何与建筑空间对话,陈列艺术又如何与建筑艺术相融合?

费钦生: 这个话题使我想起了展示史,陈列艺术本来是从建筑艺术中脱胎出来的。世界博物馆建筑师在完成建筑设计时,同时完成了室内陈设设计或陈列设计。所谓现代意义上的陈列艺术设计,原本是属于建筑师的行当。之后设计行当细分,分为陈列设计与建筑设计,作为同时是建筑空间设计的它们应是同源的。这一情况让我们看到,为什么建于18—19世纪的英国博物馆(如牛津大学自然史博物馆)的陈列与建筑那么浑然一体,直到今天看来都毫无违和感!

这个案例很好地说明了展览艺术与建筑艺术可以融合、对话。我认为这是陈列艺术设计的最高境界,也是陈列艺术评审的标准之一。

陈列艺术与建筑艺术浑然一体的成功设计案例,在当代建筑设计中亦不乏优秀之作，如贝聿铭先生设计的苏州博物馆、日本的美秀美术馆以及美国波士顿约翰·肯尼迪图书馆。还有德国柏林犹太博物馆的建筑与陈列，建筑师本人丹尼尔·里博斯金德（Daniel Libeskind）就是犹太人。如从高空看，这座博物馆的建筑空间是一段曲折、折叠的图形，实际上是从犹太"大卫之星"解构出来的，与陈列内容有密切联系的文脉关系，象征了世界犹太民族生命的曲折以及受迫害的流亡历史。外墙的镀锌铁皮冷酷而严峻，刀痕切割出来的不规则长条形状的"窗户"象征着创伤。在德国法西斯统治时期，犹太人遭受屠杀的历史罄竹难书，观众入馆需要走过一条狭窄、漫长、空间很高的水泥走道，尤其是走廊中观众的必经之地满铺上万块铁饼人脸，每个铁饼人脸都面露失声的号叫，观众踩踏其上咣咣作响，充满恐怖。这就是陈列的声音叙事，是里博斯金德与装置艺术家合作的完美之作。上面所举贝聿铭与里博斯金德的作品，前者为深刻懂得中国传统文化艺术的学者型建筑师，后者是受德国法西斯迫害的亲历者，他们深懂陈列内容的精髓，又都是建筑师兼陈列设计师，因而其作品都成为出类拔萃的经典。

在当代设计细分的语境下，我们应该力求陈列艺术与建筑艺术的和谐、协调、统一。但是陈列设计独立于建筑设计，常常会演化出双方无法对话、互不融合的状况，譬如建筑师看到陈列设计会评价建筑空间根本无法布展，矛盾百出。我认为展陈设计师应该学会像建筑师一样思考陈列设计，大家相互理解、包容、沟通。想想上海的油罐艺术中心，还有国内许多旧厂房改建成的博物馆，为什么会成功？想明白了，道理就通了。

问：20世纪80年代，在没有专业博物馆照明灯具的情况下，您在上海博物馆中国古代雕刻陈列中采用了全人工照明，并且遮蔽了自然光，展出的视觉效果令众多博物馆赞叹及效仿，您能谈谈当时的创作历程吗？对于现在博物馆陈列中的照明设计，您有哪些好的建议？

费钦生：情况确实如您所说，40多年前中国大陆还没有博物馆专业照明，设计师的选择要么是白炽灯，要么是6000K的荧光灯，选择空间有限。20世纪80年代我刚从美国回来，馆领导要我策划上海博物馆所藏的古代石刻陈列。因刚回国，我对国外博物馆陈列灯光照明效果印象深刻，总想找个机会实践下。这下机会来了，因为当年石刻陈列展厅面积仅300平方米，用来做实验正好，我跃跃欲试。那时欧美博物馆所用的电光源及灯具类型已经很丰富，而我们一无所有，真可谓一穷二白，逼迫我们去想方设法。这时我就想到去求教上海灯具研究所。20世纪60年代初，我与北京建研院合作做博物馆照明实验时，与上海灯具研究所打过交道，认识章海聪所长，我向他提出开发这种叫作射灯的灯具。我以为国外射灯虽好，但面对光源特别刺眼，所以提出面对光源不刺眼，但射光要有强大的方向性、聚焦功能，且不形成光斑，光源与被照物最大距离要求大于400厘米，中心照度必须在150勒克斯以上。这个要求——既要投光有方向性又不允许有光斑（是指不允许如舞台上的追光灯那样）实际上是互相矛盾的。真是多亏了章海聪所长的奇思妙想，他的解决方案是选择医用无影灯做光源，25伏50瓦的灯泡，用11厘米直径的反光碗反射光线。试样出来后，我们在该所实验室试用，效果理想。只是实际应用的电源得降压，由通用的220伏降为25伏，而且相应的导线内芯须加粗（因为电压越低电阻越大），导线不宜过长（长了电阻更大）。最后在300平方米的展厅内，我们按展线所需分布7台巨大的变压器，解决340余盏射灯的供电问题，平均每件石刻用灯3—5盏，聚焦后石刻最高照度在375勒克斯，边缘照度不低于170勒克斯，色温控制亦好，在3500K左右。最终解决了雕刻陈列主光与辅光的布光问题。此时再看那些佛像，不再是躺在库房地板上那样的冷峻呆板模样了，而是面露慈祥的笑容，看起来有了温度与亲近感。

大家知道，实现全人工照明的展室必须遮蔽自然光。当时300平方米的矩形展厅东西两厢各有低侧窗4扇，为了全人工照明，只得用厚实的窗帘把8扇窗全遮蔽了。这下犯了难，春秋两季室温尚可，到了盛夏室温升高到39摄氏度,上海博物馆的讲解员和观众视这个展厅为火炉,动用了10台立式风扇都降不下室温。这种状况一直持续了3年,直到1985年我随陕西省文物局赴日本考察,在京都参观古建园林——二条城时,看到日本建筑传统的木窗——"无双"窗,那是一种类似闽南建筑中常见的双层立式木板窗,可左右推拉,既通风又可遮蔽阳光直射。回国后我改进了设计,发明了用古铜色铝合金线材折边成"冂凵"型互扣,只可通风不让通光,做成窗户前的立式隔断,一举解决了开窗通风不透光的矛盾,并广泛应用于青铜器馆、石刻馆。后来,我还把这种装置应用在厦门大学人类学博物馆中,沿用10来年,证明了其有效性。

从博物馆展览照明历史来看,40余年后的今天,真的是"天翻地覆慨而慷"了,光源、灯具的选择都可以让人挑花眼。要说我对陈列照明有哪些好建议,从绿色节能来说,当然首推LED光源,展陈设计师的任务还是以正确选择照度、色温、显色这三个指数为主导。国际与国内都有博物馆照明规范可供参考,但色温与显色指数尚存在很大的选择空间,这就是我很平庸的建议,供参考。

问: 当下博物馆陈列中为了更好地叙事表达和展示效果,会大量应用场景复原、景观箱及多媒体展项等,这些辅助陈列品的应用,水平参差不齐,实际效果褒贬不一,想请您谈谈您的看法。

费钦生: 您说的景观箱大概指的是Diorama吧!Diorama原指在陈放单一自然标本的case背板上,描绘该标本生态环境的风景画。这在早期博物馆图档中可以查到。后来设计制作演变,要为某一种属标本群体描绘生态环境,不仅是画背板,还有景观中的置景物,如树林、岩石、花草之类。这时case用不上了,需改做巨大的箱体,这就产生了真正的Diorama。

我的认识是,这些辅助陈列都是展品,它应与实物展品、文物标本原件组合在一起,组合成完善的陈列展览。展览叙事由于有辅助陈列的支持才能叙事,展览叙事萌发始于辅助陈列的应用。当然,无论是Diorama、场景复原，还是数字技术、多媒体，都是陈展设计中好的技术手段。应用时要把握"度"的问题！我指的是适度！凡事过犹不及！我认为陈列组合功在怎么组合，功在陈列语言的巧妙应用，而不在于什么陈列国际化、先进性代表。此外，博物馆展陈的最高标准是叙事真实性，文物标本要真实，辅助陈列资料亦应反映真实，这就是陈列内容设计与陈列形式设计的至高标准，是博物馆陈列的价值所在。据此，都不值一提。我要说的是凡事须做研究与考证。辅助陈列的展品制作都属于艺术创作，作为创作，态度非常重要，必须严慎，慎之又慎！话说回来，传统的辅助陈列手段不会因时代变迁而失色，仍有英雄用武之地，博物馆人无须过度追逐时髦。

问：那您觉得博物馆的展览叙事应该怎么定义，如何体现？展览叙事中陈列语言包括哪些方面呢？

费钦生：单件展品的罗列是构不成展览的。凡展览必然是展品之群体，且会有展品的组合关系。这个担任组合的人（现在称作curator，即策展人），必然会有叙事意向。譬如给文物、标本定个名，注明年代，说明采集或出土地点，以及为什么要把这件文物标本与那件文物标本组合在一起，是为了说明什么问题。我认为这些都是叙事。所以我断定：凡有陈列展览，即有叙事的起步。这是我对于展览叙事的观点之一。

我把展览叙事分为两类：第一类是文字类叙事。这类叙事，在早期博物馆的展览中，除了展品名牌，几乎不见展板文字表达，但不能说没有叙事。只是文字表达仅在陈列大纲的写作中和General Guide（导览手册或展览简介中）的编辑上。我在朋友帮助下，曾查阅了美国自1900年以来的General Guide，的确都有详细的叙事诠释，且逐年因陈列调整、藏品更替而重编出版。但查找图像资料，不管是人文、艺术类展览还是自然科学类展览，只见绘画雕塑作品和动植物标本陈列，而不见其他辅助陈列品。墙上挂的是一幅幅画，沿墙或展厅中央立的是一尊尊雕塑，始终秉持传统方式。美国的大都会艺术博物馆、法国的卢浮宫博物馆、英国的大英博物馆等，至今无不如此。还有英国牛津大学自然史博物馆依然保留19世纪的陈列展览原貌，成了一件至此可见的19世纪的陈列艺术标本。

中国现代的艺术陈列，如上海博物馆书画馆、故宫博物院的书画馆、沈阳故宫博物院的书画陈列，文字的展览叙事也呈隐性状态。除了展品名牌，或依年代排比，或按风格流派的远近，用主题、分题、重点说明等配置文字版面，这些都应被视为叙事表达。陈列的艺术形式亦只需做到这一步。至于作品的创作背景叙事、流传经过之类的故事，或作品本身的故事，例如《韩熙载夜宴图》卷、《清明上河图》卷等，无须也不可能体现在陈列形式设计中表达。叙事表达只能在导览手册或出版图录中。

第二类是非文字的形象叙事。何谓非文字的形象叙事？我的定义是，展览叙事由实物展品（文物、标本）结合辅助陈列展品，如图表、图解、地图、模型、沙盘、Diorama、场景，以及现代高新技术的数码艺术创作，经过形象设计实现叙事目的。无须文字解释，观众即可理解展示内容。非文字的形象叙事仅体现在陈列的艺术形式设计中，但其关键在于展品组合的方式方法。这是陈列内容设计的研究核心，也是陈列艺术形式的设计核心，共同构成博物馆展览特有的"陈列语言"。

"陈列语言"一词最早见于1962年8月文化部文物局颁发的文件《关于博物馆和文物工作的几点意见》中的第二条："……博物馆的陈列要以它特有的语言向观众说话。"我认为这个命题反映了博物馆陈列工作的特征与基本规律，也是指导展示设计的原则和方法。陈列语言的正确运用有利于提高博物馆展览的社会教育作用，是博物馆学中非常值得探讨研究的课题。博物馆展示设计是一门艺术。任何艺术都有自己的艺术语言，如同美术、建筑、戏剧、音乐等都有自己独特的艺术语言一样。陈列作为艺术，当然应该有自己的语言。陈列语言归属于造型艺术的创作，是收纳美术、建筑、戏剧、影视、音乐及现代数字技术语言的创作综合。

构成博物馆陈列语言语素的核心部分是文物、标本与所有的辅助陈列展品的组合。这一组合还包括陈列的空间语言，诸如展厅空间、博物馆内外环境及造型艺术手段中的构图、光线、色彩等。我一直认为，陈列中使用辅助陈列是展览叙事的起始，是符合事实的。展览叙事方式与陈列语言运用本身是多元的。举个例子，1959年中国历史博物馆与中国革命博物馆于新中国成立10周年的国庆节正式对外开放。在中国革命博物馆陈列中，有组"淮海战役解放南京"的陈列，展出占领"总统府"一幕。它是这样叙事的：选用一幅放大了的历史照片高高挂在展墙上，解放军战士冲锋陷阵冲上"总统府"门楼，欢呼胜利。在巨幅照片下方设一低矮的平柜，柜内展出一套蒋介石的办公用品和铜质名章等物。平柜上的玻璃罩设计成四坡水式，平柜一侧立一木质旗杆，拦腰折成两段，中华民国的旗帜从折断的旗杆上垂下，横披在平柜的一角。墙上的标题是"蒋家王朝的覆灭"，一语道破，非常点题。不用文字说明，观众也能理解。这组陈列称得上陈列语言的经典之作。

问：作为行业前辈，您对博物馆陈列设计人才的培养有何建议？陈列设计师应该具备什么样的素养，在陈列设计中如何理性思考？

费钦生：在我的博物馆生涯中，20世纪80年代前我只是个默默无闻、埋头于陈列艺术的设计师。20世纪80年代我去了美国，眼界开阔了许多。回国后，改革开放的大浪把我推上教育行业，我曾在复旦大学、上海大学执教，讲的是博物馆学中的陈列学，与其说是讲学，不如说是回顾总结经验，梳理出一些规律性的东西。

我的思考之一，就是您提出的第二个问题：陈列设计师应该具有什么样的素养？我是一个从事陈列艺术与陈列形式设计的设计师，从素养来说，第一要有美学素养，心想手绘善于作图；第二要懂建筑学，要点在于理解建筑空间；第三要懂博物馆学。我认为，一名合格的展陈艺术设计师至少具备这三方面的素养，陈列艺术创作就是美术学、建筑学、博物馆学三者结合的产物。这个素养的养成非一日之功，要靠积累，有厚积才能薄发！

我的思考之二，陈列艺术是通过物质技术实现的。艺术创作需要思想情感的冲动，但思想情感需靠物质技术把精神转化成物质空间—博物馆展览，因而设计师须理性思考陈列与建筑空间、材料、工艺选择、技术应用、造价把控、施工管理与时间进度，以及消防、安保等的关系。不善于理性思考就无法成为一名优秀的陈列设计师，特别是必须对市场调查了如指掌。

我的思考之三，是设计人才培养问题。现在各大学都设有文博学院或展示设计专业，但我不太了解学科设置与专业实况。就博物馆学来说，如果没有如历史、考古专业学科的支持，博物馆学还能成为博物馆学吗？！同样，如果没有自然、科学、技术专业学科的支持，博物馆学同样无法成立！这些都是我对博物馆学的认知和观点。想到现今高校设置的专业，在学科的配置上是否有所缺陷？一般所谓博物馆学专业多偏重于人文学科，这样的学生毕业后进入自然博物馆或科学、技术博物馆是否能很快适应，是否还需补课？同样，即便是展示设计专业的学生也会面临这些问题。我们应该看到，博物馆学或展示学本身就是边缘学科，具有跨界（cross over）的特征，横跨到教育学与传播学领域，甚至其他更宽泛的生物学、科学与技术领域。这些问题都是高校任职的老师要思考的。我的观点是，我们要培养的不是专家而是"杂家"——跨学科并具有广博知识学养的人才。

问：关于专业词语界定，目前博物馆界和博物馆协会等机构习惯用"博物馆陈列艺术与设计"，高校与博物馆展示设计学科相关的科研人员习惯用"博物馆展示设计""博物馆展陈设计"，对这些专业词语的界定您是怎么认为的？

费钦生：您提的这个问题反映了您对专业词语的关注。俗语说：名不正，言不顺。这也就是我迫切期待编纂出版"陈列展览展示专业词汇"的愿望了。专业词语不明确，亟待厘清，不能再这么含糊不清下去了。依我理解，"陈列"与"展示"两词实则是同一事物的两种不同称谓，用英语表述就是display。Display作为名词可以译为陈列或展示，作为动词则是指人的一种行为方式。我们长期以来习惯称博物馆的展览为"陈列",而且意指基本陈列,即常设的、长年不变的展览。而把临时的、时段短的展览称作"临时展览"。"临时展览"是"基本陈列"的补充,它往往有一定的主题,在一定的主题下展开更详细的阐释。有些博物馆为表现收藏的丰富性或主题陈列多样性,亦会邀请本土其他博物馆或域外博物馆到本馆举办该馆收藏品的展览。陈列也好,展示也好,其物质空间的存在就是展览会(exhibitions)。这就是实质!

至于"博物馆陈列艺术与设计"有两重意思。一是指陈列的内容设计与陈列的形式设计的组合。二是专指陈列的形式设计,所谓陈列艺术或展示艺术,即通过艺术、技术形式表达的一种"空间艺术"作品。它与建筑艺术、绘画雕塑艺术、音乐艺术、戏剧艺术、舞美艺术、舞蹈艺术、电影艺术一样,是设计作品。展览过后或撤展以后,把展览会的图像拍成照片或视频保存,或印成图录,可供传播、借鉴与研究。

如果跳出博物馆"陈列"与"展示"的概念,作为学科的设计领域讲"展示设计",其概念范围就比"陈列设计"要大到可能几十倍。展示设计确实是一个大概念。譬如商业展示设计就包括商品的橱窗展设计、商场陈列的布局设计、世界博览会EXPO各馆的展示设计、会展设计、主题公园设计、时装展示,以及包罗万象的events(事件)展示设计,当然也包括博物馆展陈设计。如果要将"展示设计"绘谱系树的话,其分支枝叶将是极为茂盛的。

问:通过《探索者的履印》这本专著,了解到您曾在20世纪80年代考察过美国博物馆近10个月,对您最大的触动是什么?回国后在实际工作中有哪些方面借鉴?您是如何做到理论研究与具体实践相结合的?

费钦生:要说最大的触动是什么?我可以简单地告诉您:是对设计师的尊重!我在美国纽约的大都会艺术博物馆曾亲耳听到该馆馆长审看设计师布展设计方案时,谦逊地说他的话仅供参考,最后由设计师拍板定稿!

在古代青铜器展览移师芝加哥菲尔德自然史博物馆时，奈弗林馆长力排众议，大力支持设计师创意方案，最后设计师做出由镜面反射玻璃组合成的大型八角形展柜，使我们带去的4件秦兵马俑和两匹陶马呈现出千军万马的映像效果，几乎复原了秦俑坑考古现场的风貌。

回国后在实际工作中有哪些借鉴？1983年，在上海博物馆做出全人工照明的古代雕刻陈列，算是开全国博物馆的先例。1986年，筹建中国青铜器陈列。1988年的陶瓷陈列和之后的上海博物馆书法绘画馆，实现全部是黑盒子的人工照明陈列。

至于理论与实践结合，我认为我做得不够好。我只是做到了勤于实践，慎于思考，做个有心人，有所思必记之，如此而已！

问： 随着社会精神文明需求的提升，我国博物馆的建设如火如荼，尤其近年来存在中标后的设计施工时间不断缩短，很多展览项目出现了同质化现象，您如何看待这种行业问题？有何解决方法吗？

费钦生： 这个问题说来话长。在我的博物馆陈列展览观念中，陈列内容设计与陈列形式设计从哲学层面讲是辩证统一的关系，是一件事物的两个面，缺失任何一面事物就不能成立。从学理上讲，陈列内容设计是研究工作，陈列形式设计也是研究工作，是内容设计的延续与发展，这一过程是由思想与精神转化为物质与陈列的空间存在。但是在现今，陈列内容设计与形式设计被人为地切割成两截，要知道一个成功的展览，不管是基本陈列还是临时展览，是靠时间研磨出来的。讲得通俗些，展览是用文火慢慢炖出来的"佛跳墙"，不是快餐食品！我在上海博物馆做展览设计时，特别是基本陈列设计，都是在陈展内容酝酿阶段就参与工作了，几乎是与内容设计同步酝酿思考形成方案。这个思考少则半年或一年，多则延续两三年。1986年我做上海博物馆青铜器馆陈列设计时，一个展柜的台座造型设计就琢磨了近两年，我真的感谢马承源馆长的耐心！那个青铜器馆开馆后，受到了业内、业外的赞同，产生了一定的社会影响。

在展览策划流程中，内容策划是馆方的事，即招标行为的甲方，往往流程较长，因为这是研究需要。而事实上，形式设计亦需要投入时间来分析内容设计、结构层次、展品组合关系，还要考虑什么是重点、亮点、兴奋点，以及艺术技巧表现手段及技术上的可能性。在当前招投标语境下，发标方一般将时间限定在30个工作日，多的也不过45个工作日，少的则只有15个工作日。这对乙方设计师来说压力是巨大的！在这样的压力下就产生出相互抄袭的行为，其结果就是同质化，即千馆一面！

解决问题之道在于三点：第一，招投标可以实行分轨制，把体制内的设计师解放出来，把内容设计与形式设计留给甲方，把施工布展招标给乙方；第二，单轨制留给没有设计师的中小型博物馆，实行设计施工"一体化"；第三，让博物馆管理者明白，好展览是由时间研磨出来的，请给展示设计师留有充分时间思考设计，不要逼着设计师去借鉴、翻百度、翻图库。我们提倡原创，不仅是形式设计，也包括内容设计。

问： 感谢费老师，最后，您对我国未来的博物馆陈列艺术与设计有何思考和期待呢？

费钦生： 在我的认识中，陈列艺术应包括陈列内容与陈列形式两方面。对于陈列内容将来会有怎样的研究与发现、提高、变化，我不敢预期；但对于陈列形式设计，我很期待"元宇宙"时代的到来。只是，我亦不忘历史证明成功的传统陈列手段的表达！

特邀嘉宾三　周士琦

理解与阐释：新时代博物馆陈列设计的思考

受访人：周士琦，1947年考入国立北平艺术专科学校（简称北平艺专），1951年毕业于中央美术学院实用美术系，历任中央美术学院展览工作室、中国革命博物馆展览设计研究员，北京博物馆学会名誉理事，陈列设计委员会主任。

问：周老师，您好！应北京社科基金重点项目"新中国70年北京博物馆建设历程与经验研究"需要，我们特邀请您做一个采访，请问您对现在我国博物馆陈列设计的整体发展有什么看法？近年来博物馆陈列设计水平有何变化？

周士琦：新时代的博物馆陈列设计发展离不开院校学科的发展，院校培养了大批的设计人才，公司的设计水平和能力也在普遍提高。博物馆的陈列设计好的也有，但一般化的案例还是比较多，博物馆陈列设计与所花的时间和自身功底有很大的关系，我国博物馆的数量虽然有大的提升，但是部分博物馆的陈列设计存在对陈列内容的深度挖掘不够的问题。20世纪80年代前，对博物馆的陈列设计强调"政治第一、艺术第二"，现在这种现象还有没有呢？我很难说没有。所以从博物馆的发展来讲，一定要培养和转变干部的想法，这个思想层面的变化很重要。我在国家文物局举办的扬州培训班上讲过，博物馆陈列设计是形象思维和逻辑思维的高度统一，不是谁决定谁。博物馆陈列设计要突出个性，不能同质化，红色展览不是刷红了墙挂几张照片就可以，现在的陈列设计工作很难有从3年前就开始准备的，红色陈列也出现了固定模式和套路。所以近年来，我认为博物馆陈列设计经历了从"政治第一、艺术第二"到"形象思维与逻辑思维高度统一"的转变。

博物馆陈列设计是一项复杂的、交叉的、综合性强的系统工程。博物馆陈列始终要坚持设计与实践相结合、理论与研究相结合、设计与新技术相结合的发展思路，从而促进整个博物馆陈列艺术设计水平的提高。目前，博物馆陈列艺术设计面临三大任务与相应的要求。第一，是已建成的老馆在进行陈列的调整与更新中，如何突出自身的特点；第二，是以古旧建筑为馆舍的博物馆，如何在陈列设计中解决好古建筑保护与陈列艺术之间的矛盾；第三，是新建馆在设计筹建过程中，如何协调好陈列设计人员与建筑师之间的关系，使他们密切合作，达到陈列艺术与建筑功能的统一。

问： 周老师，请您从博物馆学科的角度谈谈陈列设计的重要性。博物馆陈列设计师应该怎样提升自我？

周士琦： 北京大学文博学院考古专业也设置了博物馆学的课程，其负责人宋向光教授邀请我去参加了他们的课程讨论，我提出了一个观念，就是博物馆学虽然不是培养专门的设计人员，但是要增加一些课程让学生了解博物馆陈列设计的具体工作，而不是让他们去学怎么做设计。博物馆学的学生大部分具有历史学、考古学背景，他们对历史和文物很了解，但是要把历史知识变成陈列艺术，这个是不同专业要解决的问题。历史文章是文学脚本，而陈列设计是分镜头脚本，所以说考古的历史文章和陈列艺术是两回事。另外，文物和画展的陈列还不一样，文物强调相互间的关系，陈列设计和建筑的采光照明也有一定的关系。整体来讲，博物馆陈列从内容到陈列设计施工，是一个系统工程，不是单一的问题，这个需要陈列设计师整体去理解和把握。

所以从我们自己来讲，陈列设计师要怎么提升自我呢？不是做表面的文章和只学习书本的知识，必须要理论和实践相结合。我们在做具体设计的时候，可以借用齐白石作画的"寂寞之道"和"移花接木"等手法。另外，在心态上，我们做设计跟作战一样，设计的构思就像哪场战役要用哪个侦察连、哪个突击队似的，这是很有道理的。胡适也讲过"大胆设想，小心求证"，我们在设计开始的时候可以大胆创新和想象，在落地的时候又要寻找事实进行求证。大多数人认为国外才有工业设计，但是回看我们中国的大鼎、三星堆里出土的文物，你说没有设计能做出来吗？所以说中国五千年文明怎么能没有设计呢？比如汉字的活字版，不仅在江南一些文化发达的地区存在，在兰州也有西夏文的活字版，这个传播就太厉害了。

博物馆的陈列设计，从前期的调研到对文化的深入了解都是非常重要的，比如"郭沫若展览"（图1），怎么突出郭老的革命性？很多人以为郭沫若是民主人士，其实他是一个革命家，怎么通过他的生平陈列展览把这个点突出来？这个就是展览的独特之处。陈列设计者应当深入了解和研究所陈列的内容，根据展览主题确定其设计特点；须熟知所展示文物的性质、用途、造型、大小、质地、颜色，以及历史背景、文化内涵等情况，以便在设计时采用相应的造型、大小、质地、颜色，并配以展柜、展板、台座、底衬、灯光等辅助设施，从而将所陈列文物的个性特征最大限度地突出表现和衬托出来，使陈列形式和陈列内容达到高度和谐统一，并且显示出陈列设计的高度个性化特征，最终收到更趋完美的陈列艺术效果。

问：周老师，您做过很多的博物馆陈列设计案例，请您从过去的设计实践中，谈谈在博物馆陈列设计过程中哪些方面是比较重要的？

图1　郭沫若纪念馆展厅组图（馆方提供）

周士琦：1952年，我还在展览工作室，那时候还没有去革命博物馆，就设计举办了反对美国细菌战的展览，北京的很多医学专家参加了展览内容的设计。这个展览后来还去东欧参加了一个和平会议，很受欢迎。20世纪80年代，我到哈尔滨去参观了侵华日军第七三一部队罪证陈列馆，那里之前是个无人区，解放以后又在那里建工厂，后来把所有工厂清除，办了这个展览。当时，从省文物保护单位到国家文物保护单位用了23年，2012年，这里被列为世界文化遗产预备名录。2013年，我给馆方写了"世界遗产"几个字。2014年，我国在旧址新建了一个由华南理工大学何镜堂院士设计的"侵华日军第七三一部队罪证陈列馆"，我参与了建筑评审，这个中标方案的立意就是"破解黑匣子"。展出后，我提出的意见是最后胜利部分的陈列不太理想，因为保留下来的文物不多，大厅显得比较空，我们作为战胜国的渲染不够，战败国投降的气氛应该再加强。后来我到了齐齐哈尔，了解到日军临走时把毒气弹埋在地下，有农民挖出来后把毒气弹上面的铜帽拧下来去卖，结果手就被毒烂了，所以当地有关部门办了个展览加以宣传。但是，当地爱国主义教育意识的深度还不够强，我告诉他们办这个展应该体现文化思想的侵略，当时中国人自己在这里种的大米中国人不能吃，需要日本侵略者把高粱米改为文化米后，中国人才可以吃，这是对种族的危害，是奴化教育。所以只有对文化现象进行充分认识和深度挖掘，再通过陈列设计加以表现，才能做出真正有水准的展览。要做好一个陈列设计，策展的立意角度很重要，假若没有从事实本身的角度去解读展览，很难做出有感染力的展览。2015年适逢抗日战争胜利70周年，中国海关博物馆策划了一个临展（图2），把海关和抗日战争内容结合起来了，这个策展角度就找得很有意义。

图2 中国海关博物馆海关与抗日战争临展

博物馆的陈列设计必须要按照博物馆的规律，形式不是随意性的，它受到各方面条件的制约，形式要依博物馆的个性、文物、主题而定，依环境、历史文化传统而定，依功能结构、材料及技术工艺而定。

问：从当今博物馆发展的趋势来看，北京地区的博物馆数量已经是全国第一，那么您认为北京地区的博物馆陈列设计和上海以及我国其他城市有什么区别吗？

周士琦：北京的历史文化底蕴很深厚，和其他城市不一样，北京整体比较传统稳重，上海有"海派"的称谓，是相对比较开放的，但是上海有些馆的采光有点问题，我们行业内称之为"黑屋点灯"，这是因为建筑师在做建筑设计的时候没有考虑到陈列设计需求，中国共产党早期北京革命活动纪念馆的陈列设计在结合自然采光方面就做得比较好（图3）。有一次，我参加南京一个博物馆陈列的评审，我说南京和上海都在长江下游，南京作为六朝文化古都，要是和上海的博物馆陈列设计做出来是一样的那就失败了。北京地区博物馆自21世纪以来有了很大的发展，但是我国一些地方性的博物馆和大城市的博物馆发展存在不平衡的问题。

图3 中国共产党早期北京革命活动纪念馆展厅

问： 近些年，随着博物馆陈列设计的快速发展，很多大城市的博物馆设计水平和陈展理念都比较高，但在一些三线、四线的小城市还存在一定认知差距，个别项目缺乏专业化操作。另外，现在许多项目在陈展设计施工时仍有赶工期现象，致使展览公司无法按照正常流程进行，诸多项目出现同质化问题。请您谈谈解决之道。

周士琦： 我一直反对"当年建馆、当年开馆""白加黑"的做法，博物馆陈列设计是需要时间去研究和落地的，建馆之初就要把这个时间量预留好。近几年，国家文物局发布了《博物馆展览内容设计规范》（WW/T 0088—2018）、《博物馆陈列展览形式设计与施工规范》（WW/T 0089—2018），我认为非常及时，虽然博物馆陈列设计从内容、设计到施工工艺有约定俗成的流程，但是很多项目确实在实施时不按章法来，出现了很多不易弥补的问题，有了成文的官方规定，更便于推广和参照执行。目前，博物馆陈列设计中的照明设计意识也提高了。有一次，某博物馆的陈列设计把墙面复原成有肌理的地质岩石墙面，但是实施以后又总觉得哪里不对劲，在效果调整时把我邀请过去，仔细观察后，我发现他们把施工的灯和展览的灯都打开了，于是我让他们把施工灯关了，只开展示灯光，问题就解决了。所以说，在什么情况下用什么样的光源，达到的效果是完全不一样的，这也说明博物馆陈列设计是有基本关系和顺序的，必须按流程来。另外，博物馆的陈列设备也应该单独设计，并且要和建筑空间风格保持一致，现在很多馆的文物陈列柜喜欢用现成的展柜，或者是靠厂家提供通用的展柜，这是缺乏独特性的。比如，我在西藏博物馆的前言牌、展柜造型设计上都增加了具有西藏建筑特色的"八吉"图案，展出后馆方非常满意。每个馆都有自己的陈展主题、地域特色、文化属性，只要我们潜心研究、用心设计，必然会设计出符合这个馆自身陈列特点的好作品。

问：谢谢周老宝贵的建议，我还想请教您关于现代新媒体、数字化技术在博物馆陈列设计应用方面的问题。我们都知道这些技术本身很先进，但是该怎么恰当地运用到博物馆陈列中？想听听您的意见。

周士琦：从博物馆人的角度来讲，我对高科技、新技术是认可的，但是我们应该做到"需要用才用"，而不能"为了用而用"，这里面存在很多其他的问题，比如噪声干扰、后期的维护和运营成本等问题。1978年，我国在科技大会展览会上最早运用到了全息摄影、遥感技术等。另外，20世纪80年代中国长城博物馆在一进门处用遥感技术来展现长城全貌的展项，这些都是我国最早的高科技在博物馆的应用。做韶山毛泽东同志纪念馆的时候，有人提议用特型演员来演开国大典，然后把剧照陈列在空间里，我就提出反对意见，对于博物馆陈列设计来讲，那样的做法是不够严谨的。比如一个展览如果真的只有一个兵马俑，那么可以通过VR技术来展现其他的兵马俑，这个效果就可以。另外，中国铁道博物馆对高铁的体验用高科技的手段呈现也是效果很好的（图4），包括现在奥运会运动员的训练也用到一些VR技术。所以说，新技术要怎么应用，一定要了解清楚它的性能、效果，并服从文物和陈列的需求，切记不能滥用。

问：最后，请您给当下博物馆陈列设计从业人员一些寄语。

周士琦：在博物馆陈列设计过程中，要注意博物馆陈列的特色与个性、陈列设计与建筑环境和空间的利用和呼应、影响展览设计的陈列设备等因素。加强博物馆的理论与方法的研究，不断探索博物馆事业的自身规律，培养博物馆专业人才,这是发展博物馆事业的根本。博物馆陈列应力求体现我国当代先进文化的前进方向,体现鲜明的时代特点,勇于创新,增强精品意识,努力打造陈列精品。

图4 中国铁道博物馆高科技体验项目(馆方提供)

结语与展望

　　北京地区博物馆的发展与悠久的历史和独特的地理优势有密切的关系，文物建筑、名人历史为北京地区博物馆建设提供了丰富的资源。我们通过文献、调研和访谈发现，北京地区的博物馆在近百年的发展历程中，取得了令人瞩目的成就，对社会文化生活产生了很大的影响。北京地区博物馆发展经历了初创时期、新中国成立初期、改革开放、2008年北京奥运会几个大的机遇期，在学术研究、展览创新、社会教育等方面都取得了一定的成绩，形成了以官方主办为先导、社会办馆多元化、藏品等级高、数量大，博物馆的建设发展影响力广的特点，这些使得北京地区博物馆成为北京地区文化建设的亮点。但是，在发展过程中也存在很多问题，比如北京地区博物馆的群体辐射力与北京作为全国文化中心的地位还有差距；北京地区博物馆的门类与数量还不均衡，80%以上是以古代文物为主的历史类博物馆，自然科技类、艺术类博物馆的数量明显不足；大部分博物馆的展示陈列形式老旧，有待提升；大部分博物馆相对集中，处于城市中心区域，在区域配置上不均衡。

　　新时代，国家层面因势利导，相继出台了《关于加强文物保护利用改革的若干意见》及《关于推进博物馆改革发展的指导意见》等文件，为北京地区博物馆未来的发展提供了机会。2018年，《关于加强文物保护利用改革的若干意见》出台，鼓励高校、国有博物馆发展，支持非国有及中小型博物馆、特色博物馆发展，同时加强扶持与监管。各博物馆不再像往日那样单打独斗，日益重视联盟作用。各体系内博物馆联盟、跨体系联盟，各单位在展陈、研究、藏品管理与保护等专业业务上联盟，联系日益紧密。高校博物馆、国有博物馆、行业博物馆、非国有博物馆、特色博物馆渐成体系。

2020年4月推出的《北京市推进全国文化中心建设中长期规划（2019年—2035年）》，其中第39条提出"打造汇聚老城文化精髓的博物馆群"，"发挥故宫博物院、中国国家博物馆等'国字号'带动作用，提升首都博物馆、孔庙和国子监等市级博物馆的影响力，打造京报馆、京华印书局、湖广会所、临汾会馆等一批富有老城文化内涵的主题博物馆、纪念馆、展览馆等，布局更多'小而美'的特色博物馆"。

2021年5月，由中央宣传部、国家发展改革委、教育部、科技部、民政部、财政部、人力资源社会保障部、文化和旅游部、国家文物局等九部委联合印发的《关于推进博物馆改革发展的指导意见》提出，到2025年，形成布局合理、结构优化、特色鲜明、体制完善、功能完备的博物馆事业发展格局，博物馆发展质量显著提升，在弘扬中华优秀传统文化、革命文化和社会主义先进文化，构建公共文化服务体系、服务人民美好生活，推动经济社会发展、促进人类文明交流互鉴中的作用更加彰显。到2035年，中国特色博物馆制度更加成熟定型，博物馆社会功能更加完善，基本建成世界博物馆强国，为全球博物馆发展贡献中国智慧、中国方案。

未来，随着北京城市功能的重新定位，北京地区博物馆将迎来更多的发展空间和机遇，博物馆要以强化首都意识、坚持首善标准、突出北京特色、完善布局、补充门类为指导思想，以促使质量明显提升、数量稳步增长为基本原则，以各项业务工作领先于全国其他省区市、实现博物馆的整体发展为目标。发挥博物馆在塑造北京城市品质、引领城市文化方面的重要作用，这对我国文化强国战略的推进具有重大的意义。

参考文献

一、专著

[1] 北京博物馆学会.北京博物馆年鉴（1912—1987）[M].北京：北京燕山出版社，1989.

[2] 北京博物馆学会.北京博物馆年鉴（1988—1991）[M].北京：北京燕山出版社，1992.

[3] 北京博物馆学会.北京博物馆年鉴（1992—1994）[M].北京：北京燕山出版社，1995.

[4] 北京博物馆学会.北京博物馆年鉴（1995—1998）[M].北京：北京燕山出版社，2000.

[5] 北京博物馆学会.北京博物馆年鉴（1999—2003）[M].北京：北京燕山出版社，2006.

[6] 北京博物馆学会.北京博物馆年鉴（2004—2008）[M].北京：北京燕山出版社，2010.

[7] 北京博物馆学会.北京博物馆年鉴（2009—2012）[M].北京：北京燕山出版社，2015.

[8] 刘超英.博物馆蓝皮书：北京地区博物馆发展报告（2019~2020）[M].北京：社会科学文献出版社，2021.

[9] 文化部文物局.中国博物馆学概论[M].北京：文物出版社，

1985.

[10] 夏书绅.感悟壮美：中国全景画、半景画的缘起与世界全景画［M］.北京：人民美术出版社，2014.

[11] 周士琦.跨时空的历史文化再现：中国博物馆陈列艺术60年［M］.南京：译林出版社，2018.

[12] 费钦生.六十年陈列艺术之路［M］.上海：上海古籍出版社，2012.

[13] 艾晶.光之变革：博物馆　美术馆　LED应用调查报告［M］.北京：文物出版社，2016.

[14] 中国博物馆协会登记著录专业委员会.中国智慧博物馆蓝皮书：2016［M］.北京：红旗出版社，2016.

[15] 段勇.智慧博物馆理论与实务［M］.上海：上海大学出版社，2021.

二、期刊文章

[1] 梁丹.北京早期博物馆概述［J］.中国博物馆，1988（4）.

[2] 胡妍妍.北京地区博物馆的现状与前景［J］.中国博物馆，1991（3）.

[3] 刘如凯.谈陈列展览中的版式设计［J］.中国博物馆，1995（4）.

[4] 李耀申.中国革命纪念馆事业的回顾和展望（一）［J］.中国博物馆，1995（2）.

[5] 李耀申.中国革命纪念馆事业的回顾和展望（二）［J］.中国博物馆，1995（4）.

[6] 王建涛.北京博物馆的布局分析［J］.中国博物馆，2002（3）.

[7] 杨海荣，阎磊.论博物馆建筑内部的交通流线设计［J］.四川建筑科学研究，2009，35（5）.

[8] 杨云鹏,张景秋.北京城区博物馆时空间分布特征分析[J].人文地理,2009,24(5).

[9] 于绍璐,张景秋.北京城区文化设施利用的空间分异研究:以博物馆、体育馆、展览馆为例[J].北京社会科学,2010(3).

[10] 欧阳琳,刘芳,徐春燕,等.北京地区高校博物馆发展综述[J].大众文艺,2010(14).

[11] 王蓓蓓.北京自然博物馆展示色彩设计中生态性语言的表达[J].艺术与设计(理论),2011,2(3).

[12] 邓小昭.西南师范学院图书博物馆专修科办学述评[J].图书馆论坛,2011,31(6).

[13] 艾晶,李晨.中国博物馆陈列艺术学的发展历程与展望:周士琦先生访谈录[J].中国博物馆,2012(2).

[14] 单珍,宫艺兵,龙思宇.博物馆展示流线设计中拓扑学的应用研究[J].华中建筑,2014,32(1).

[15] 李军.中国博物馆学专业教育的早期发展:以国立社会教育学院、北京大学为考察中心[J].中国博物馆,2015,32(4).

[16] 贾萍.新时期革命纪念馆陈列内容设计的几点思考[J].中国纪念馆研究,2016(1).

[17] 黄洋.浅谈博物馆陈列内容设计中的主要问题和对策[J].中国纪念馆研究,2016(2).

[18] 何丹,李雪妍,周爱华,等.北京地区博物馆旅游体验研究:基于大众点评网的网络文本分析[J].资源开发与市场,2017,33(2).

[19] 穆筱蝶."互联网+"背景下博物馆文创开发策略研究:以北京故宫博物院为例[J].新闻研究导刊,2017,8(21).

[20] 王静,王玉霞.北京博物馆文化旅游服务质量提升研究[J].北京

联合大学学报（人文社会科学版），2017，15（3）.

［21］张静.博物馆陈列展览空间的设计探析［J］.中国民族博览，2017（11）.

［22］李健.浅谈革命类纪念馆陈列设计［J］.中国纪念馆研究，2017（1）.

［23］林少雄.博物馆4.0时代的物质叙事与空间融合［J］.美育学刊，2018，9（4）.

［24］李明.谈博物馆展览内容策划的若干问题［J］.大众文艺，2018（10）.

［25］刘文杨.博物馆革命历史题材展览的策划与实施［J］.安徽文博，2019（0）.

［26］王鹏远.中国国家博物馆智慧国博建设的思考［J］.中国博物馆，2019（2）.

［27］王曦.新时代高校博物馆教育的创新路径：以北京大学赛克勒考古与艺术博物馆为线索［J］.中国国家博物馆馆刊，2019（3）.

［28］鲁莎莎，来守英，于兴兴.现代博物馆展陈空间设计方法探究［J］.东方收藏，2020（21）.

［29］王春法.关于智慧博物馆建设的若干思考［J］.博物馆管理，2020（3）.

［30］刘守柔.1980年代以来中国博物馆学本科专业课程的发展［J］.南方文物，2021（3）.

［31］庞雅妮，王炜林.考古研究成果的博物馆展示与活化："早期中国"系列展览的策划与实施［J］.中国博物馆，2021（4）.

［32］白杰，张靓，罗征.生态博物馆理论及其北京实践：致敬中国博物馆学的杰出贡献者苏东海［J］.博物院，2022（1）.

［33］邹萍萍，李杰琼.红色文化传播实践的情感动员机制研究：以北

京地区革命历史博物馆为例［J］.传播与版权，2022（10）.

［34］北京市文物局.北京博物馆之城建设探索［J］.博物院，2022（4）.

三、会议文献

［1］郑志海.论北京博物馆的社会教育工作［C］//北京博物馆学会.北京博物馆学会首届学术讨论会文集.［出版地不详］：［出版者不详］，1987.

［2］周士琦.新时期博物馆陈列艺术设计的回顾与展望［C］//北京博物馆学会.北京博物馆学会第二届学术会议论文集.北京：经济日报出版社，1997.

［3］马希桂，董纪平.北京地区博物馆发展概述［C］//中国博物馆学会.回顾与展望：中国博物馆发展百年——2005年中国博物馆学会学术研讨会文集.北京：紫禁城出版社，2005.

［4］杜永梅.北京地区博物馆发展不平衡问题初探［C］//北京市文物局，首都博物馆联盟，北京博物馆学会.百年传承　创新发展：北京地区博物馆第六次学术会议论文集.北京：中国书籍出版社，2012.

［5］崔学谙.北京博物馆事业发展概述［C］//影博·影响（2016年第01期2016年合订本上 总第97期）.［出版地不详］：［出版者不详］，2016.

［6］李健文，苗雨雁，黄艳军.北京地区数字博物馆应用现状调查报告［C］//北京市科学技术协会，北京市文物局，北京市经济和信息化委员会.数字博物馆研究与实践（2009）.北京：中国传媒大学出版社，2010.

四、学位论文

［1］刘挺.博览建筑参观动线与展示空间研究［D］.上海：同济大学，2007.

［2］郝翠.建国以来北京博物馆功能设计发展趋势研究［D］.北京：北方工业大学，2011.

［3］侯雅静.博物馆陈列展览空间设计研究［D］.广州：华南理工大学，2012.

［4］王京民.博物馆财务战略管理研究［D］.咸阳：西北农林科技大学，2012.

［5］郭晨.北京地区民办博物馆个性特征研究［D］.北京：北京建筑工程学院，2012.

［6］刘希言.北京地区艺术博物馆长期陈列研究［D］.北京：中央美术学院，2013.

［7］刘杉.北京私立博物馆的空间形态研究［D］.北京：清华大学，2015.

［8］郭智.北京地区博物馆建筑地域性表达研究［D］.北京：北京建筑大学，2020.

［9］郭扬.北京地区非国有博物馆现状调查研究［D］.天津：天津师范大学，2020.

致　谢

　　本书系北京社科基金重点项目"新中国70周年北京博物馆建设历程与经验研究"的研究成果之一。感谢北京师范大学艺术与传媒学院提供的学术交流平台与经费支持，助推了本书的研究与写作。北京地区博物馆展陈的发展研究包括了博物馆的建馆史、博物馆的展陈发展史、博物馆的类型、博物馆的展陈设计、博物馆的文创与智慧服务等方面的研究。这些研究对象既是独立存在的，也是相互关联的。本书的研究既具有宏观和全局的视野，也有具体的现象研究。

　　本书的研究有赖于合作者中国海关博物馆展陈部韩晓玲主任的大力协作，我们克服各种困难共商研究内容与研究计划，对资深专家及各馆馆长的采访采取了线上线下相结合的方式。写作过程中数次遇到瓶颈，得益于相互鼓励和支持，才一步一步完成了本书。

　　在整个写作过程中，得到了很多专家学者的支持。感恩北京博物馆学会理事长刘超英女士及名誉理事周士琦先生的慷慨赐序；感谢中国人民大学历史学院考古文博系李梅田教授、北京大学考古文博学院宋向光教授、北京师范大学历史学院单月英副教授在本书起笔和落笔之际，对本书书名、大纲、重点章节内容的把关与指导；感谢中国国家博物馆相瑞花研究员、中国人民革命军事博物馆姜廷玉研究员、中国妇女儿童博物馆展陈部王瑞主任等专家在此书开题及框架之初所给予的中肯建议；感谢北京地区众多博物馆在调研、采访过程中的大力支持，使本书数据可考、内容翔实；感谢北京清尚集团田洪茹老师在博物馆访谈阶段的协助，以及我的研究生秦宝怡同学辗转于北京市各大博物馆采集数据资料并归纳整理所付出的辛勤劳作。

  本书编撰仓促，仍存在不当之处，恳请专家与同人指正。

杨 茗